全国中等职业技术学校汽车类专业教材

汽车电子控制装置

（第 三 版）

人力资源和社会保障部教材办公室组织编写

中国劳动社会保障出版社

简介

本书的主要内容有：汽车发动机电子控制装置、电子控制自动变速器、汽车制动防抱死系统（ABS）和驱动防滑系统（ASR）、汽车舒适性控制系统、其他电子控制装置等。

本书由毛红孙主编，侯湘晖副主编，莫春华、方永念、李军、李宣荀、廖作兴、肖华炜参加编写；金君堂主审。

图书在版编目(CIP)数据

汽车电子控制装置/毛红孙主编. —3版. —北京：中国劳动社会保障出版社，2013
全国中等职业技术学校汽车类专业教材
ISBN 978-7-5167-0734-0

Ⅰ.①汽… Ⅱ.①毛… Ⅲ.①汽车-电子控制-中等专业学校-教材 Ⅳ.①U463.6

中国版本图书馆CIP数据核字(2013)第266007号

中国劳动社会保障出版社出版发行

（北京市惠新东街1号 邮政编码：100029）

*

北京谊兴印刷有限公司印刷装订 新华书店经销

787毫米×1092毫米 16开本 16.75印张 354千字

2013年12月第3版 2025年3月第13次印刷

定价：29.00元

营销中心电话：400-606-6496

出版社网址：http://www.class.com.cn

http://jg.class.com.cn

前　言

为了更好地适应中等职业技术学校汽车类专业教学要求，全面提升教学质量，人力资源和社会保障部教材办公室组织有关学校的骨干教师和行业、企业专家，在充分调研企业生产和学校教学情况、广泛听取教材用户反馈意见的基础上，对全国中等职业技术学校汽车类专业教材进行了修订和补充开发。

本次教材修订和补充开发工作的重点主要体现在以下几个方面：

第一，完善教材体系，更好地满足教学需求。

结合职业院校汽车类专业设置和办学特点，调整并完善了教材体系，与专业通用基础教材相衔接，开发了汽车维修、汽车电器维修、汽车钣金与美容、汽车检测、汽车营销等专业方向教材，构建了“通用基础平台+不同专业方向平台”的教材体系。此外，还针对学校对电控技术、车载网络技术、新能源汽车等高新技术的教学需求，开发了相应的教材。

第二，反映技术发展，适应岗位职业能力需求变化。

随着汽车制造水平的不断提高，汽车维修的内容和工艺发生了相应变化；伴随着私家车保有量的不断增长，汽车营销、汽车美容等相关从业人员的职业能力要求也在发生相应变化。因此，本次修订工作注重在教材中增加新知识、新技术、新材料、新工艺等方面的内容，体现教材的先进性。同时，根据中级工从事相关岗位工作的实际需要，合理确定学习目标，对教材内容的深度、难度作了适当调整，同时注重综合职业能力的培养。

第三，融入先进教学理念，创新教材表现形式。

专业通用基础教材的编写以汽车及其零部件为载体，充分体现专业特色；专业方向教材的编写根据学校教学实际，充分体现一体化教学思路，增加了实训内容在教材中的比重。为了增强教材的表现效果，提高学生的学习兴趣，教材中使用了大量高质量的实物图片，部分教材采用双色或彩色印刷。

第四，开发辅助产品，提供教学服务。

为了方便教学，配套开发了习题册、教学参考书和电子课件。电子课件可通过中国劳动社会保障出版社网站（http：//www.class.com.cn）免费下载。

本次教材修订工作得到了河北、江苏、浙江、山东、山西、广东、广西、陕西等省、自治区人力资源和社会保障厅及有关学校的大力支持，在此表示诚挚的谢意。

人力资源和社会保障部教材办公室

2012年7月

目　录

第一章　汽车发动机电子控制装置

§1—1　汽油发动机电子控制燃油喷射系统

学习目标：

1. 掌握汽油发动机电子控制燃油喷射系统的组成、类型、控制原理与特点。

2. 了解汽车发动机电子控制燃油喷射系统主要元件的拆装与检修，以及各元件的检测方法。

3. 掌握汽车发动机电子控制燃油喷射系统工作原理和特点。

一、燃油喷射电子控制系统的作用和组成

汽油发动机电子控制燃油喷射系统由空气供给系统、燃油供给系统和电子控制系统组成，如图 1—1—1 所示。电子控制燃油喷射系统的作用是及时向发动机供给各种工况下所需要的燃油量。

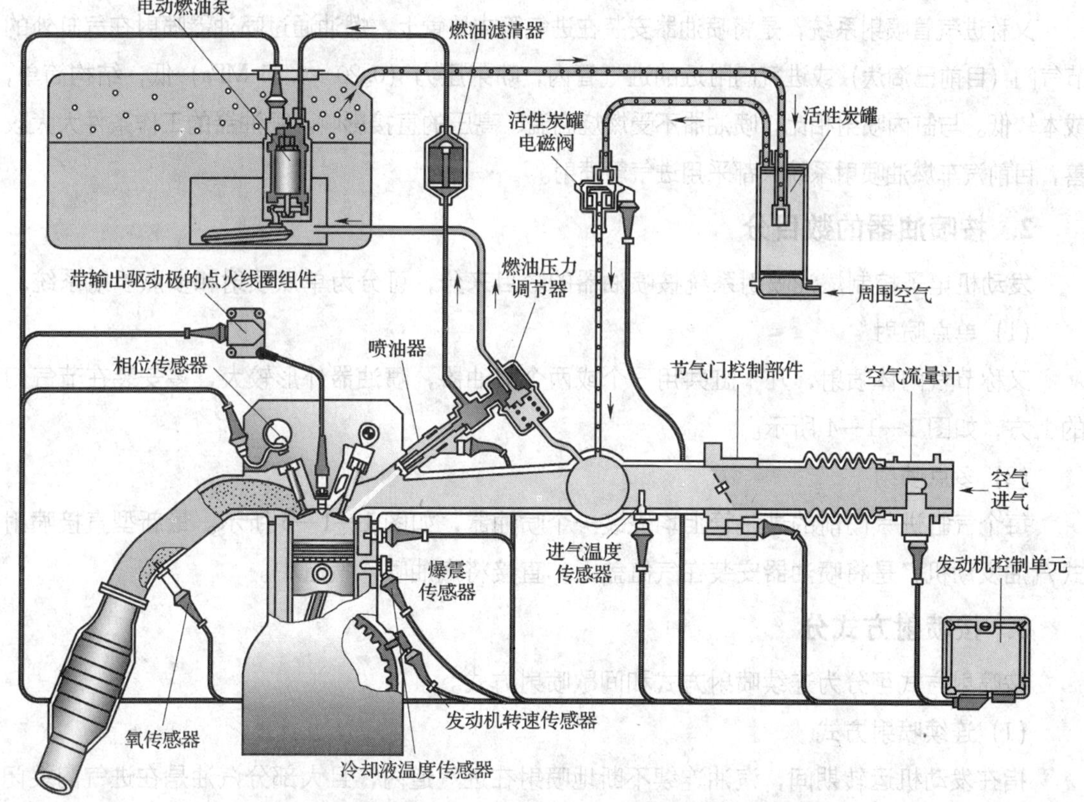

图 1—1—1　桑塔纳 AJR 发动机电子控制燃油喷射系统的组成

二、汽油发动机电子控制燃油喷射系统的分类

1. 按燃油喷射部位分

发动机电子控制燃油喷射系统按燃油喷射部位的不同，可分为缸内喷射系统和缸外喷射系统，如图 1—1—2 和图 1—1—3 所示。

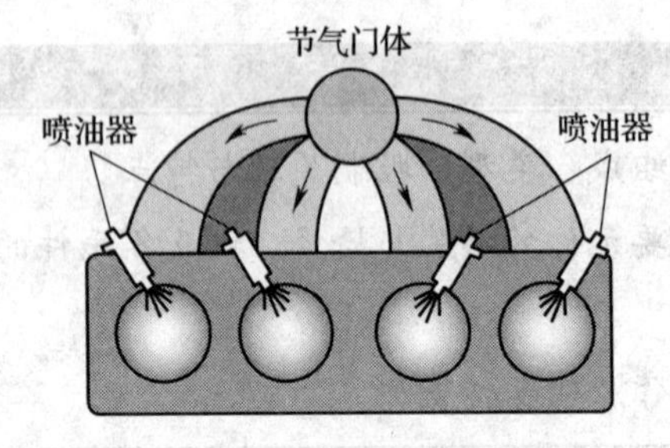

图 1—1—2 缸内喷射

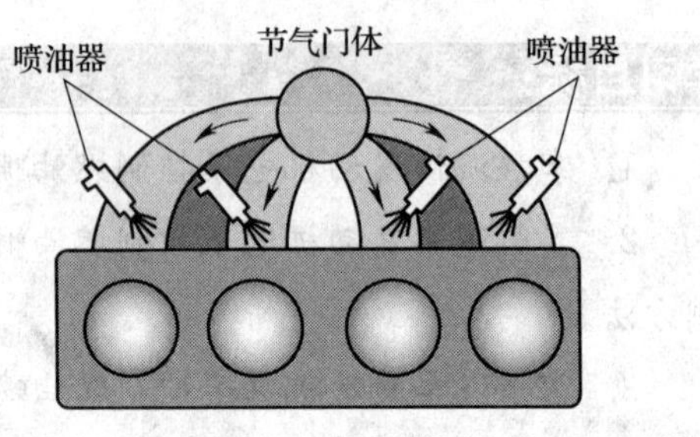

图 1—1—3 缸外喷射

(1) 缸内喷射

缸内喷射是将喷油器安装在气缸盖上，把燃油直接喷入气缸内，需要较高喷射压力(3～5 MPa)，喷油器的结构和布置比较复杂，目前尚未广泛应用。

(2) 缸外喷射

又称进气管喷射系统，是将喷油器安装在进气管或歧管上，燃油通过喷油器喷射在气缸外的节气门（目前已淘汰）或进气门附近的进气管内，喷射压力（0.20～0.35 MPa）低，结构简单，成本较低。与缸内喷射相比，喷油器不受燃烧高温、高压的直接影响，喷油器的工作条件大大改善，目前汽车燃油喷射系统大都采用进气管喷射。

2. 按喷油器的数目分

发动机电子控制燃油喷射系统按喷油器的数目来分，可分为单点喷射和多点喷射系统。

(1) 单点喷射

又称节气门体喷射，几个缸共用一个或两个喷油器，喷油器外形较大，多安装在节气门的上方，如图 1—1—4 所示。

(2) 多点喷射

每个气缸进气门前的进气管上均安装一个喷油器，如图 1—1—5 所示。最新型直接喷射式汽油发动机，是将喷油器安装在气缸盖上，直接将汽油喷入气缸中。

3. 按喷射方式分

按喷射方式可分为连续喷射方式和间歇喷射方式。

(1) 连续喷射方式

指在发动机运转期间，汽油连续不断地喷射在进气道内，且大部分汽油是在进气门关闭时喷射的，因此大部分汽油在进气道内蒸发。目前一般不采用此种喷射方式。

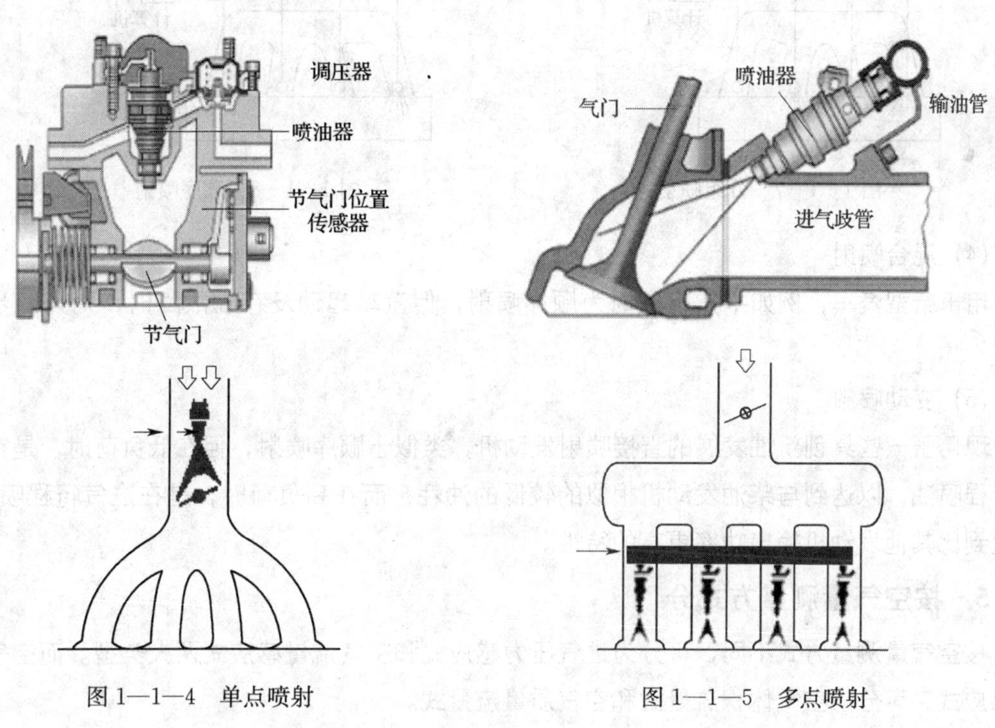

图 1—1—4 单点喷射

图 1—1—5 多点喷射

(2) 间歇喷射方式

又称脉冲喷射、定时喷射，即当喷油器通电时喷油，喷油器断电时结束喷油。喷射是以脉动的方式在某一段时间内进行的，通过控制喷油器的喷射持续时间来控制喷油量，目前应用广泛。

4. 按喷射时序分

按喷射时序可分为同时喷射、分组喷射、顺序喷射、混合喷射和变动喷射。

(1) 同时喷射

如图 1—1—6 所示，将各气缸的喷油器并联，所有喷油器由计算机统一控制，同时喷油，同时断油。用于早期生产的汽车上，或现代新型汽车在起动、存在故障时，也会采用这种喷射方式。按设计不同，曲轴每转 180°、360° 或 720°，所有喷油器同时喷油一次。

计算机

图 1—1—6 同时喷射

(2) 分组喷射

如图 1—1—7 所示，将各气缸的喷油器分成几组，同一组喷油器同时喷油或断油。例如点火顺序 1—5—3—6—2—4 的六缸发动机，1、5、3 缸为一组，6、2、4 缸为一组，曲轴每转 360°，各组喷油一次，常用在缸数较多的发动机上。

(3) 顺序喷射

如图 1—1—8 所示，喷油器由计算机分别控制，按发动机各气缸的工作顺序喷油。

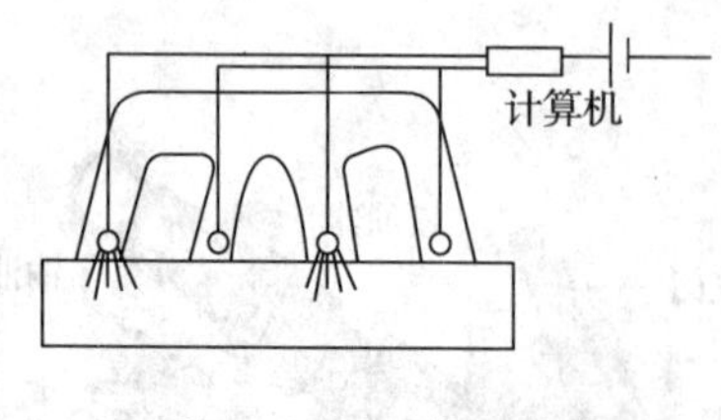

图 1—1—7 分组喷射

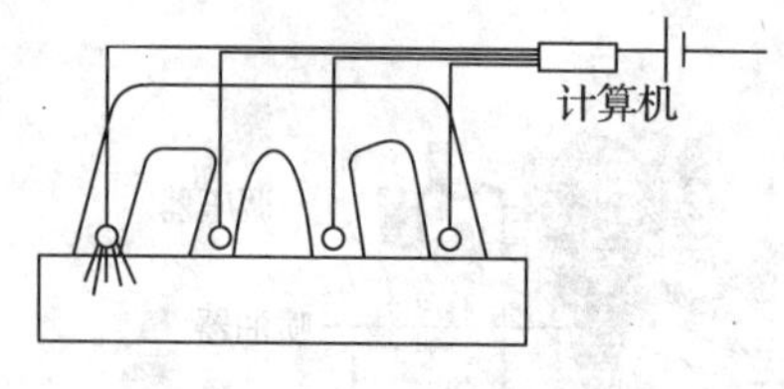

图 1—1—8 顺序喷射

(4) 混合喷射

用于新型汽车，例如平常行驶时为顺序喷射，但汽车起动及存在故障时，则为同步喷射。

(5) 变动喷射

现用于一些具创新性发展的直接喷射发动机，类似于顺序喷射，但在低负荷时，是在压缩行程喷油，以达到与柴油发动机相似的较低的油耗；而在高负荷时，是在进气行程喷油，以达到比其他发动机输出功率更高的特性。

5. 按空气量测量方式分

按空气量测量方式不同，可分为进气压力感应式和空气流量感应式两大类型。而空气流量感应式又可分为空气体积流量式和空气质量流量式。

(1) 进气压力感应式 (间接测量式 D 型)

如图 1—1—9 所示，采用进气歧管压力传感器来检测进气歧管负压 (真空度)，结合发动机转速，推算出吸入的空气量。这种方式因进气管内空气压力波动，进气量测量精度不高，但是进气阻力小，充气效率高。

(2) 空气流量感应式 (直接测量式 L 型)

如图 1—1—10 所示，由空气流量传感器直接测量进入进气歧管的空气量，检测精度高于 D 型。它又可以分两种类型:

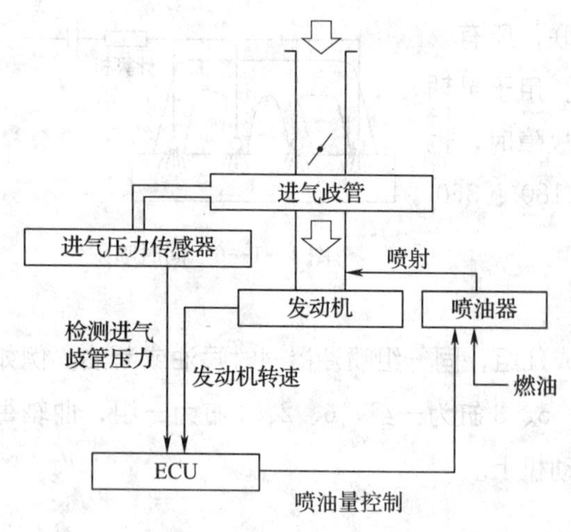

图 1—1—9 进气压力感应式

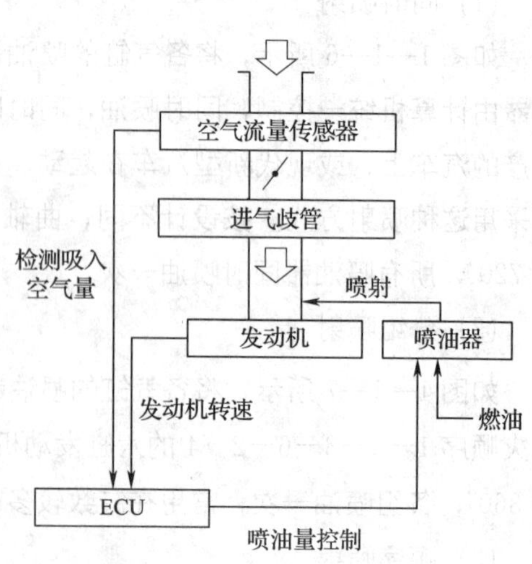

图 1—1—10 空气流量感应式

1）空气体积流量式。用叶片式空气流量传感器或卡门旋涡式空气流量传感器测量空气的体积量。

2）空气质量流量式。热膜式、热线式空气流量传感器主要用于测量空气的质量。进气阻力小，精度高。

6. 按喷射压力分

按喷射压力分有低压燃油喷射、中压燃油喷射和高压燃油喷射。

（1）低压燃油喷射

燃油压力为 98 kPa 左右，如进气管喷射的单点喷射系统即为低压燃油喷射。

（2）中压燃油喷射

燃油压力为 245～343 kPa，如进气管喷射的多点喷射系统即为中压燃油喷射。

（3）高压燃油喷射

燃油压力在 4.9 MPa 以上，如汽油直接喷射发动机即为高压燃油喷射。

三、汽油发动机电子控制燃油喷射系统的工作原理和优点

1. 工作原理

燃油由燃油泵从燃油箱中泵出并加压，经燃油滤清器过滤后，通过燃油脉动减振器减少其脉动，在燃油压力调节器的作用下，使喷油总管的油压与进气歧管内的压力差保持恒定值（250 kPa），再由油管配送至各喷油器，喷油器根据电控装置（ECU）发出的喷油指令开启，适时、适量地将燃油喷入进气门前的进气歧管中或气缸内。

2. 优点

（1）良好的使用性能

1）提高冷起动性能。由于燃油雾化比传统观念的化油器供油系统良好，再加上冷起动电子控制加浓，所以发动机起动性能得到提高。

2）改善加速性能。采用喷油器直接向进气门处喷油，供油及时，减少了供油滞后时间，使加速性能得到改善。

3）提高动力性能。因为燃油喷射装置的进气歧管截面增大，进气压力损失较小，同时没有化油器喉管压力降和进气管的强预热，减少了进气歧管的热损失。因此，提高了发动机的充气效率，增加了发动机的输出功率和输出扭矩，使发动机动力性能大为提高。

4）稳定工作性能。由于能较精确地控制各缸混合气浓度与工况的匹配，没有化油器浮子室油面高度的变化，保证各缸混合气分配均匀，空燃比稳定，所以能在各种工况下稳定工作。

（2）良好的经济性能

由于喷油量是根据进气量来进行精确匹配控制，且各缸燃油分配均匀，相对于传统的化油器供油系统来说，耗油量相对降低，提高了经济性。

(3) 充分改善的环保性能

由于喷油量和进气量是按最佳空燃比进行配比，燃油燃烧完全，再加上三元催化净化装置的作用，能使废气中的CO、HC和NO_x等含量得到很大程度的控制，降低到一定范围内。

§1—2 空气供给系统

学习目标:

1. 掌握空气供给系统的作用、组成。
2. 掌握空气供给系统各组成部件的结构组成和工作原理。
3. 了解空气供给系统各组成部件的检测方法。

一、空气供给系统的作用

空气供给系统的作用是为发动机可燃混合气的形成提供必需的空气，并检测进入气缸的空气量。

二、空气供给系统的组成

空气供给系统主要由空气滤清器、空气流量计（D型EFI系统无此装置，另设进气压力传感器)、节气门体、节气门位置传感器、进气总管、进气歧管、温度传感器等组成，如图1—2—1所示。

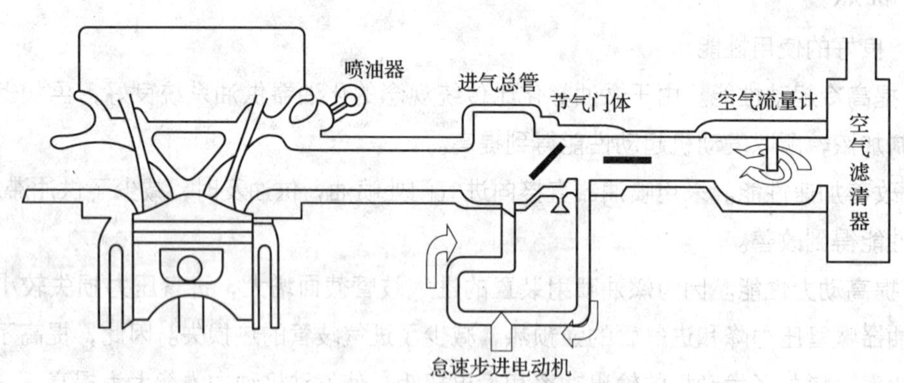

图1—2—1 空气供给系统组成

空气经空气滤清器、空气流量计（L型)、节气门体、进气总管、进气歧管进入气缸。进入发动机气缸的空气量由电控单元ECU根据安装在进气道上的空气流量计（或进气压力传感器）检测到的进气信号求得。一般行驶时，空气的流量由节气门来控制（节气门由加速踏板操作)。怠速时，节气门关闭，空气由旁通气道通过，由怠速控制阀控制流经旁通气道的空气量来实现怠速的控制，如图1—2—2所示。

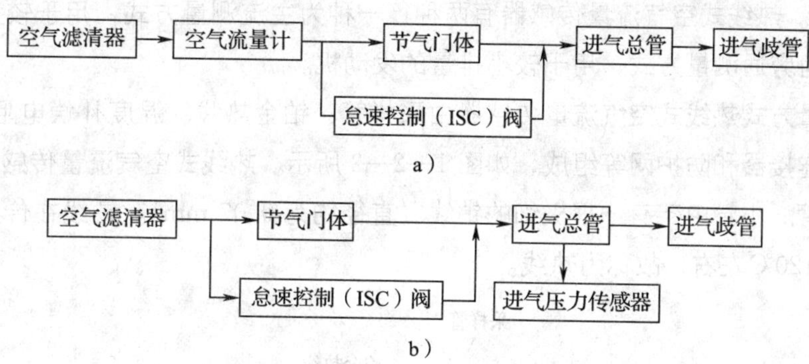

图 1—2—2　空气供给系统对进气量的控制

a）L 型　b）D 型

在低温发动机起动后暖机时，怠速空气控制阀的通路打开，供给暖机时所需的空气量便进入进气歧管，此时发动机的转速较正常怠速高，称为高怠速。随着发动机冷却水温升高，怠速空气控制阀使旁通通道的开度逐渐减小，发动机的转速逐渐降至正常怠速。

三、空气供给系统各组成部件的结构、工作原理及检测

1. 空气流量传感器

空气流量传感器（又称空气流量计）一般安装在空气滤清器与节气门体之间的进气管上，其在 L 型发动机上采用。

（1）空气流量传感器的作用

用来检测发动机进气量大小的传感器，它将进气量大小转变成电信号输入电子控制单元（ECU），作为燃油喷射和点火控制的主控制信号。

（2）空气流量传感器的类型

根据测量原理不同，可以分为翼片式（叶片式）空气流量传感器、卡门旋涡式空气流量传感器、热线式（热丝式）空气流量传感器和热膜式空气流量传感器 4 种类型。

在 L 型多点燃油喷射系统中，就使用空气流量传感器直接测量进气量，因此进气量的测量精度高（D 型电控燃油喷射系统使用进气压力传感器测量进气量）。在 L 型燃油喷射系统中，其进气量测量所用的传感器分体积流量型传感器和质量流量型传感器。体积流量型传感器有翼片式、卡门旋涡式；质量流量型传感器有热线式和热膜式。质量流量型传感器工作性能好，但生产成本高。在奔驰轿车以及国产桑塔纳 2000 GSi 型轿车、捷达的 GT、GTX 型轿车上都采用了热膜式空气流量传感器。

目前热线式和热膜式代替了翼片式和卡门旋涡式空气流量传感器，在很多汽油车上广泛使用。

（3）热线式空气流量传感器

1）特点。热线式空气流量传感器的特点是体积小、构造简单、反应速度快和测量精度高。

2）分类。热线式空气流量传感器有两种：一种为主流测量方式，用于较大排量的发动机；另一种为旁通测量方式，用于较小排量的发动机。

主流测量方式热线式空气流量传感器由采样管、铂金热线、温度补偿电阻（冷线）、控制线路板、连接器和防护网等组成，如图1—2—3所示。热线式空气流量传感器在进气道内套有一个小管。小管中架有一根极细的铂线（直径约为0.07 mm）。铂线在传感器工作时被电流加热至120℃左右，故称为热线。

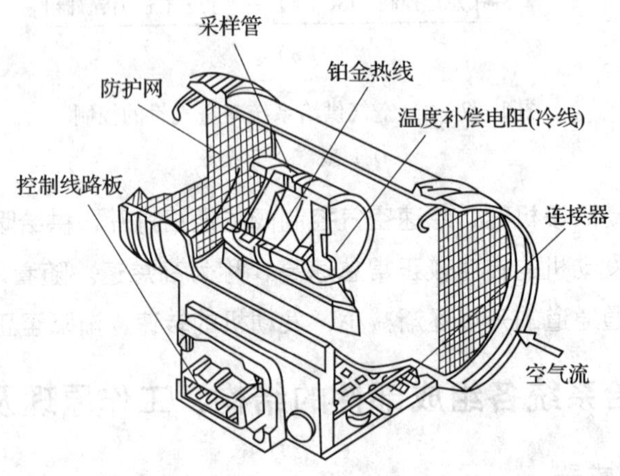

图1—2—3　主流测量方式热线式空气流量传感器

如图1—2—4所示为旁通测量方式热线式空气流量传感器，与主流测量方式热线式空气流量传感器不同的是，它把铂金热线和补偿电阻（冷线）安装在旁通空气道中。热线和温度补偿电阻用铂线缠绕在陶瓷螺旋管上。

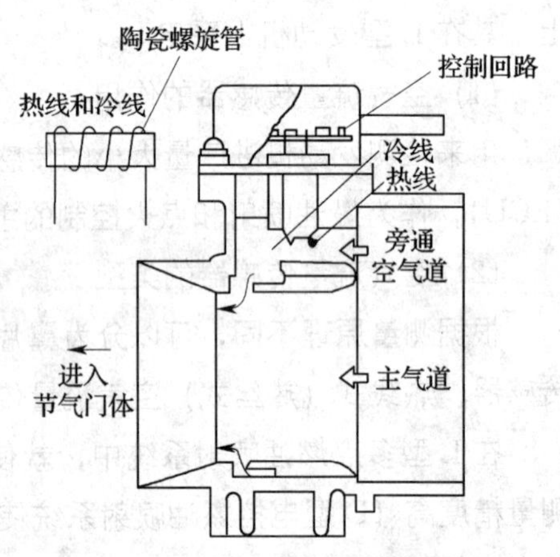

图1—2—4　旁通测量方式热线式空气流量传感器

3）工作原理。铂金热线（热线电阻）在传感器工作时由控制电路提供的电流加热到120℃左右。

温度补偿电阻（冷线）被安置在进气口一侧，所以又称之为冷线，它的电阻也随进气温度变化而变化。当传感器工作时，控制电路向热线提供的电流使冷线温度始终低于热线温度100℃。这样冷线温度起到参考标准作用，使进气温度的变化不会影响热线测量进气温度的精度。

当空气流经热线时，热线的热量被空气带走，使其冷却。热线周围流过的空气质量越大，被带走的热量越多。

热线式空气流量传感器作用的基本原理是保持冷线与细铂金线（热线）间的温度差一定。当流经热线的空气量少时，热线被带走的热量少，为保持温度差一定，控制电路送往热线的电流量少；反之，当空气量多时，热线被带走的热量也多，为保持温度差一定，控制电路送往热线的电流量也多，供应的电流的大小取决于空气质量流量，也因车型不同而异。电流的变化，经传感器中的惠斯通桥电路后输出电压信号给 ECU。这样一来，吸入空气量越多，电流的变化越大，空气流量传感器输出电压越高，反之越小。

以往热线式空气流量传感器还有自洁功能，当发动机熄火时，电路会把热线自动加热至1 000℃，以清洁流量传感器。新型热线式空气流量传感器的热线因有特殊防污材料涂层，已不需要在发动机熄火后瞬间通电除污。

(4) 热膜式空气流量传感器

热膜式空气流量传感器的特点和热线式空气流量传感器相同，而且可靠、耐用，不会因黏附污物而影响测量精度。

热膜式空气流量传感器的测量原理和热线式空气流量传感器基本相同，它采用板式热电阻代替热线式空气流量传感器中的铂线，其结构如图 1—2—5 所示。与热线式相比，它具有较为耐用的特性。

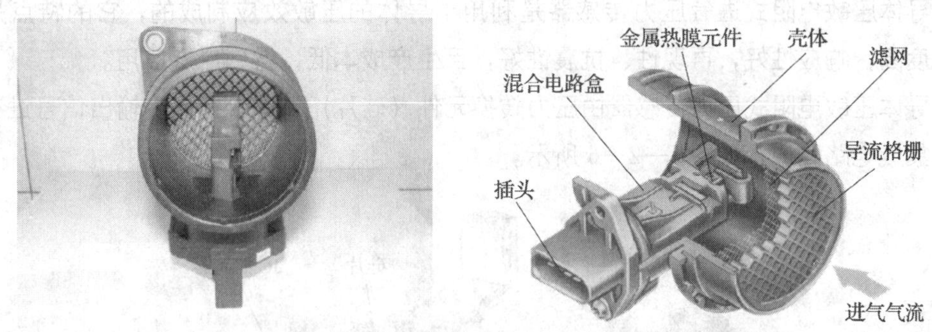

图 1—2—5　热膜式空气流量传感器

(5) 热膜式空气流量传感器的检测

1) 检测电源电压。将点火开关置于“ON”位置，用万用表测量空气流量传感器插座的 2 号端子与 3 号端子之间的电压，其值应与蓄电池电压一致；若无电压或读数偏差太大，应检查空气流量传感器的线路。检查传感器的 4 号端子与 3 号端子之间的电压，其值应为5 V左右。

2) 检测信号电压。将点火开关置于“OFF”位置，把传感器从汽车上拆下来，当热膜式空气流量传感器在静态不吹风的情况下，测量空气流量传感器插头 3 号端子与 5 号端子之间电压，一般为 1.5 V 左右（具体参数参照具体车型维修手册）。使用一个 450 W 电吹风，将电吹风的出风口紧靠传感器入口，用冷风挡向传感器内吹风，将吹风机缓慢向后移动。随着与传感器入风口端的距离增大，传感器插头 3 号端子与 5 号端子之间电压值应逐渐减小。否则，应更换空气流量传感器。

2. 进气压力传感器

进气压力传感器是另一种检测发动机进气量的传感器，应用在 D 型发动机 EFI 燃油喷射系统中，它是 D 型燃油喷射系统的重要部件，相当于 L 型发动机 EFI 燃油喷射系统中的空气流量传感器。

(1) 进气压力传感器的作用

进气歧管绝对压力传感器的作用是根据发动机的负荷状况检测出进气歧管内压力的变化，并转换成电信号与转速信号一起输入 ECU，ECU 对此信号进行计算和判断，作为发动机基本喷油量控制和点火控制的依据。

进气歧管绝对压力（或简称进气压力）传感器一般安装在发动机进气歧管上。

(2) 进气压力传感器的分类

目前应用进气压力传感器测量发动机进气量的车型较多，压力传感器的种类也较多。进气压力传感器按信号产生的原理可分为电压型和频率型两种。电压型有半导体压敏电阻式（或称电阻应变计式）、膜盒传动的可变电感式；频率型有电容式和表面弹性波式。其中应用较多的是半导体压敏电阻式和电容式进气压力传感器。下面我们介绍半导体压敏电阻式进气压力传感器。

(3) 半导体压敏电阻式进气压力传感器

半导体压敏电阻式进气压力传感器是利用半导体的压敏效应制成的，它的特点是尺寸小，精度高，响应性好，再现性、抗震性好，且生产成本低，得到广泛应用。

半导体压敏电阻式压力传感器由压力转换元件（硅片）和把转换元件输出信号进行放大的混合集成电路构成，如图 1—2—6 所示。

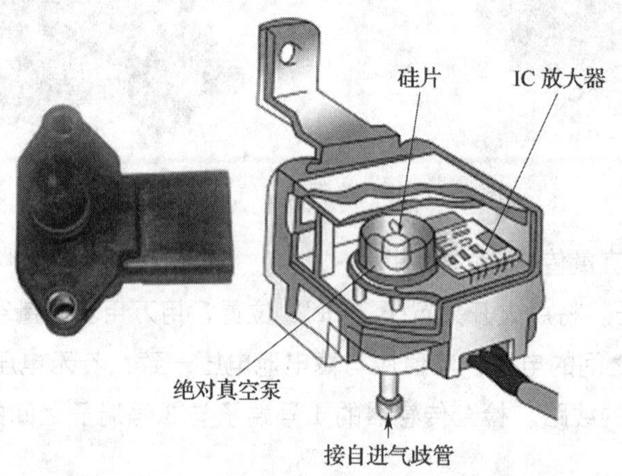

图 1—2—6　半导体压敏电阻式进气压力传感器

压力转换元件是利用半导体的电压效应制成的硅膜片。硅膜片的一面是真空室，另一面导入进气歧管压力。硅膜片为边长 3 mm 的正方形，它的中部经光刻腐蚀形成直径约 2 mm、厚约 5 μm 的薄膜。薄膜周围有四个应变电阻，以惠斯登电桥方式连接，如图 1—2—7 所示。

硅膜片的一侧是真空室，所以进气歧管压力越高，硅膜片的变形越大，它的应变与压力成正比。附着在薄膜上的应变电阻的阻值与压力成正比变化，这样就可以利用惠斯登电桥把硅膜片的变形变成电信号。因为输出的电信号很微弱，所以用混合集成电路进行放大后输出，作为进气管的压力信号输入到计算机中。进气歧管压力传感器与 ECU 的连接电路如图 1—2—8 所示。

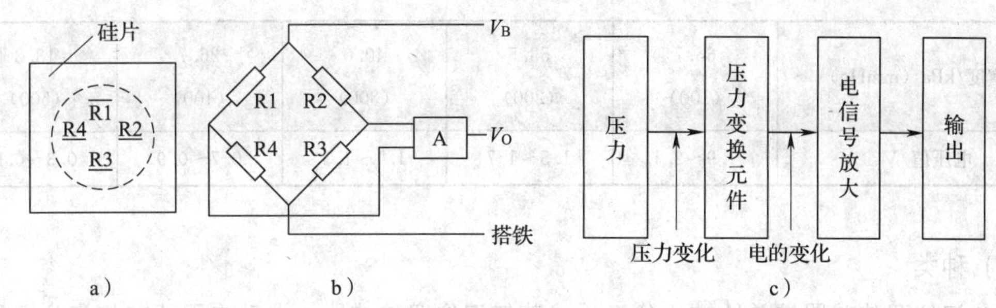

图 1—2—7　压敏电阻式进气压力传感器工作原理图

a）硅膜片　b）电路示意图　c）工作原理框图

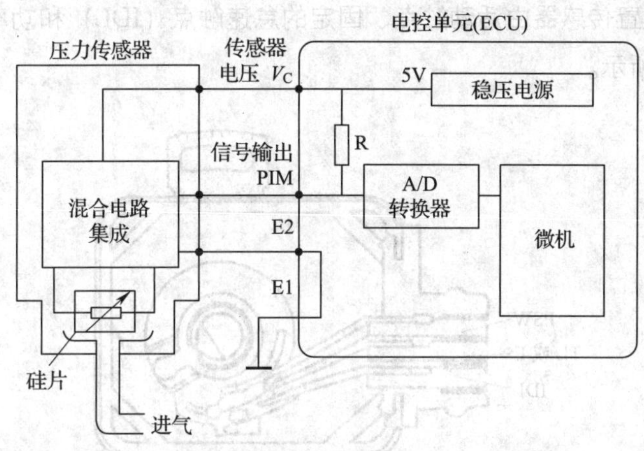

图 1—2—8　进气歧管压力传感器与 ECU 的连接电路

（4）半导体压敏电阻式进气压力传感器检测

1）测电源电压。从汽车上拆下传感器线束，打开点火开关，测量 V_C 端子与 E_2 端子之间的电压，应为 5 V 左右。

2）检测信号电压。如图 1—2—9 所示，拔下传感器的真空软管。接上手动真空泵，打开点火开关，检测信号端子 PIM 与搭铁线之间的信号电压。操作手动真空泵，随着真空度的升高，输出电压变小，将不同真空度下的输出电压下降量与表 1—2—1 中的标准值相比较，如不符，应更换进气歧管压力传感器。

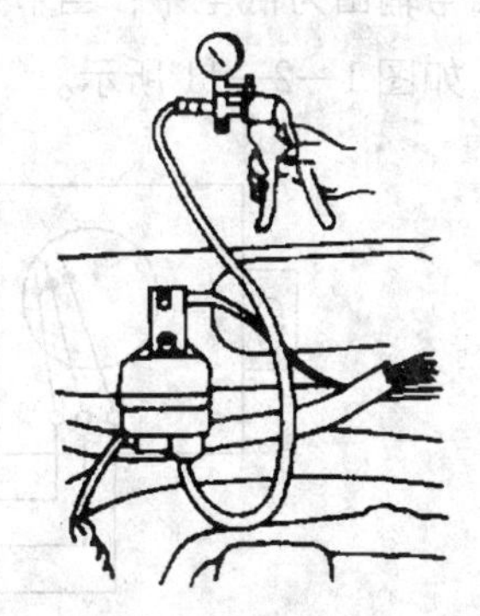

图 1—2—9　压力传感器输出信号电压检测

3. 节气门位置传感器

（1）功能

节气门位置传感器安装在节气门体上的节气门轴的一端，它的作用是将节气门的开度大小转变为电信号输入 ECU，ECU 根据此信号判别发动机的工况，并根据不同工况对混合气浓度的需求来控制喷油时间。

表 1—2—1　　进气歧管压力传感器在不同压力下 PIM 与 E2 间的电压值

真空度/kPa (mmHg)	66.7 (100)	53.5 (200)	40.0 (300)	26.7 (400)	13.3 (500)
电压值/V	1.9～2.1	1.5～1.7	1.1～1.3	0.7～0.9	0.3～0.5

(2) 种类

节气门位置传感器按总体结构分开关式节气门位置传感器、滑动电阻式节气门位置传感器和综合式节气门位置传感器。

(3) 开关式节气门位置传感器

开关式节气门位置传感器由活动触点、固定的怠速触点（IDL）和功率触点（PSW）组成，如图 1—2—10 所示。

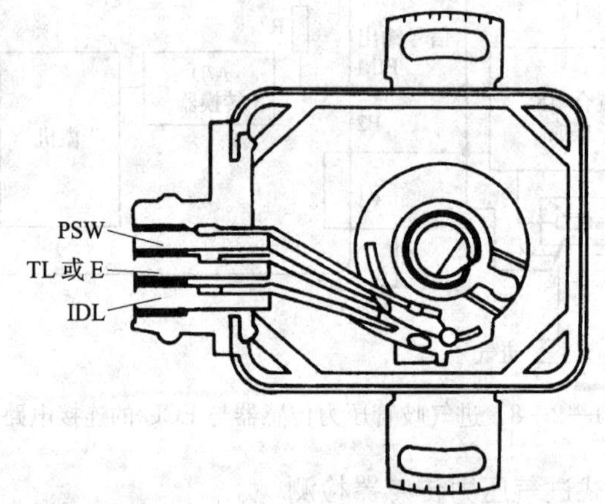

图 1—2—10　开关式节气门位置传感器

当节气门关闭时，怠速触点闭合，怠速工况信号输出为高电平，功率触点信号输出为低电平；当节气门开度在 80%以上时，功率触点闭合，功率工况信号输出为高电平，怠速工况信号输出为低电平；当节气门处于中间位置时，怠速工况信号、功率工况信号均输出低电平，如图 1—2—11 所示。

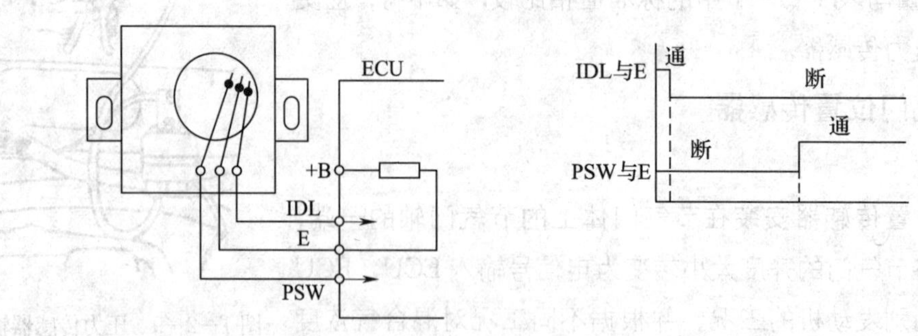

图 1—2—11　开关式节气门位置传感器的接线法及输出特性

(4) 滑动电阻式节气门位置传感器

滑动电阻式节气门位置传感器是一种线性电位计，有两个与节气门联动的可动电刷触点，它有三线式和四线式两种类型，如图 1—2—12 和图 1—2—13 所示。一个触点可在电阻上滑动，利用变化的电阻值感知节气门的开度；另一个触点在节气门全关时与怠速触点接触，电路如图 1—2—13 所示。

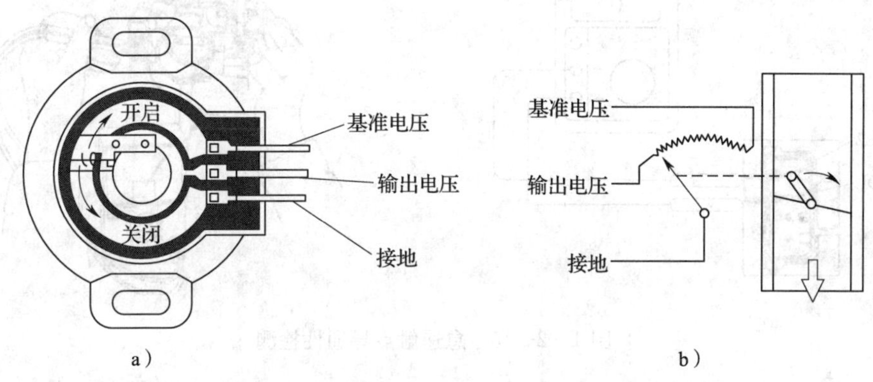

图 1—2—12 滑动电阻式节气门位置传感器结构原理（三线式）

a）内部结构 b）原理电路

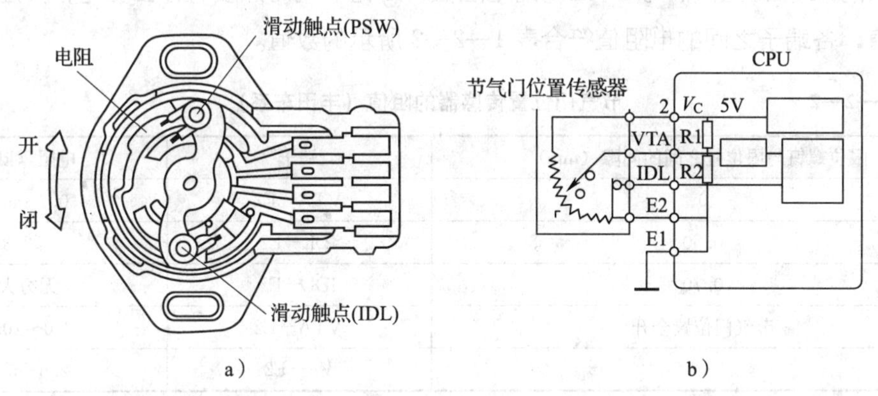

图 1—2—13 滑动电阻式节气门位置传感器结构原理（四线式）

a）内部结构 b）原理电路

(5) 综合式节气门位置传感器

综合式节气门位置传感器，可检测发动机的怠速状态、负荷状态和加减速状态，它有 IDL 触点、PSW 触点、ACC1 和 ACC2 触点，如图 1—2—14 所示。ACC1 和 ACC2 用以检测加速状态。当急加速时，ACC1 和 ACC2 交替处于 ON/OFF 状态，ECU 进行非同步喷射控制，以提高加速油量。

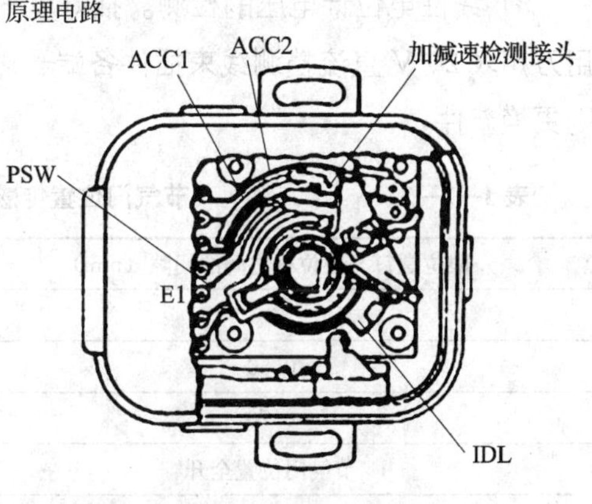

图 1—2—14 综合式节气门位置传感器结构

(6) 节气门位置传感器的检测

1) 怠速触点导通性检测。从汽车上拆下传感器线束插座，用万用表的“kΩ”挡检测IDL与E2之间的电阻。当节气门全闭时，怠速触点IDL与E2之间的电阻值为0；当节气门全开时，怠速触点IDL与E2之间的电阻值为无穷大，如图1—2—15所示。

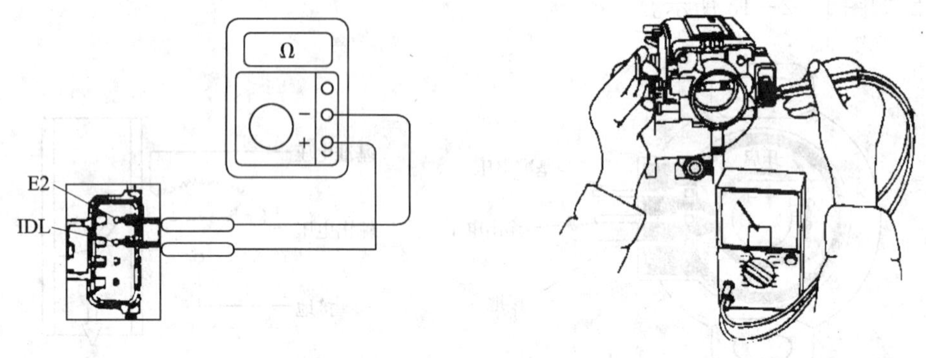

图1—2—15 怠速触点导通性检测

2) 线性电位计电阻的检测。用万用表的kΩ挡测量端子VTA与E2之间的电阻值。用手转动节气门位置传感器中轴，在节气门开度逐渐增大的过程中，所测电阻值应随之变化；用万用表的kΩ挡测量V_C与E2之间的电阻值，无论节气门开度有什么变化，其应是无变化的固定值，各端子之间的电阻值符合表1—2—2所示的数值。

表1—2—2 节气门位置传感器的阻值（丰田车系）

限位螺钉与限位杆之间的间隙（mm）	端子	电阻（kΩ）
0	VTA—E2	0.2～5.7
0.50	IDL—E2	≤2.3
0.70	IDL—E2	无穷大
节气门位置全开	VTA—E2	2.0～10.2
—	V_C—E2	2.5～5.9

3) 线性电位计电压的检测。插好节气门位置传感器插头，点火开关置于“ON”位置，用万用表20 V直流挡测线束插件各端子之间的电压，其值应符合表1—2—3所示数值，否则更换新件。

表1—2—3 节气门位置传感器的电压值（丰田车系）

限位螺钉与限位杆之间的间隙（mm）	端子	电压（V）
0	VTA—E2	0.5～0.8
0.50	IDL—E2	9～14
0.70	IDL—E2	9～14
节气门位置全开	VTA—E2	3.8～4.8
—	V_C—E2	4.5～5.5

将万用表（用 20 V 直流电压挡）的红表笔搭接在节气门位置传感器的信号输出端子 VTA 上，黑表笔搭接在 E2 上，用手转动节气门位置传感器中轴，测量传感器的输出电压。当节气门开度逐渐增大，所测电压值也应随之增大，否则应更换新件。

将万用表（用 20 V 直流电压挡）的红表笔搭接在节气门位置传感器的信号输出端子 IDL，黑表笔搭接在 E2 上，在节气门全闭时电压应为 0 V；用手转动节气门位置传感器中轴，测量电压应接近于电源电压，否则应更换新件。

4. 发动机冷却液温度传感器

热敏电阻式温度传感器是用陶瓷半导体材料掺入适量氧化物，根据所需要的形状，在高温下烧结而成的温度系数很大的电阻体制成的。在工作范围内，按陶瓷半导体的电阻与温度的特性关系，热敏电阻可以分成三种类型。第一种是负温度系数热敏电阻（NTC），在工作范围内，其电阻值随温度的升高而减小；第二种是正温度系数热敏电阻（PTC），在工作范围内，其电阻值随温度的升高而增加；第三种是临界温度热敏电阻（CTR），在临界温度时，其阻值发生锐变。汽车上大多使用负温度系数热敏电阻式温度传感器。

（1）功能

发动机冷却液温度传感器检测冷却液温度，将不同的电阻值转换成电压信号传送给 ECU，以修正基本喷射时间和喷油量。

发动机冷却液温度传感器即水温传感器一般安装在发动机缸体、缸盖的水套或节温器内并伸入水套中，与冷却水接触。发动机冷却液温度传感器大多用负温度系数热敏电阻制成，具有负温度系数。水温低时，电阻值大，水温高时，电阻值小。水温传感器的结构和特性如图 1—2—16 所示。水温传感器接头有两个端子与 ECU 连接，其中一个端子是信号端子，输出电压随热敏电阻值的变化而变化，ECU 根据电压的变化测得发动机的水温；另一个端子是接地端子。

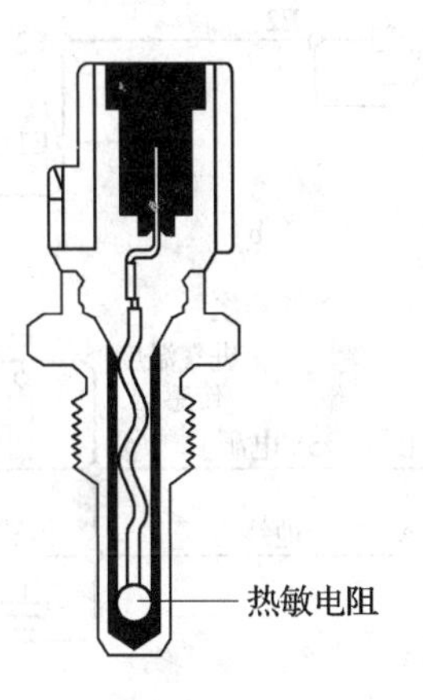

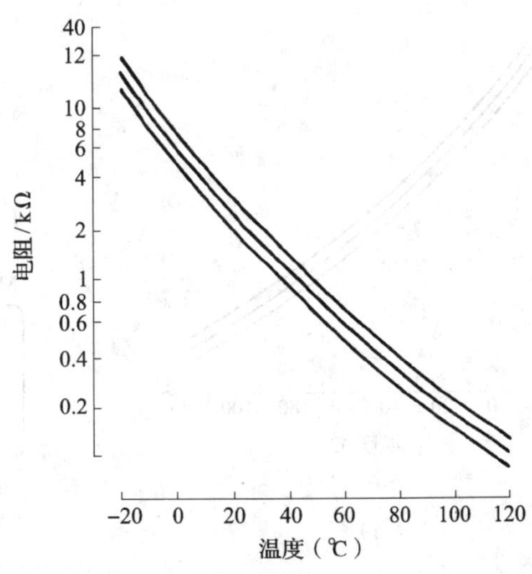

图 1—2—16　水温传感器结构原理和特性图

(2) 发动机冷却液温度传感器的检测

用万用表检测冷却液温度传感器。电阻的检测：从发动机出水管上拆下水温传感器。万用表校表，用导线将传感器与万用表表笔连接良好。打开万用表，使用 kΩ 挡，把传感器置于传感器固定架上，并把其放置于烧杯中。把烧杯安置在支架上往烧杯内加水，水刚好满至传感器安装螺母下线合适。在烧杯中放置一支温度计。用酒精灯加热杯中的水，让其受热，如图 1—2—17 所示。观察温度计和万用表的读数变化。随着温度逐渐升高，所显示的电阻值下降，冷却液温度传感器的电阻值与温度的高低成反比，将测得值与标准值相比较，若不符合，应更换冷却液温度传感器。

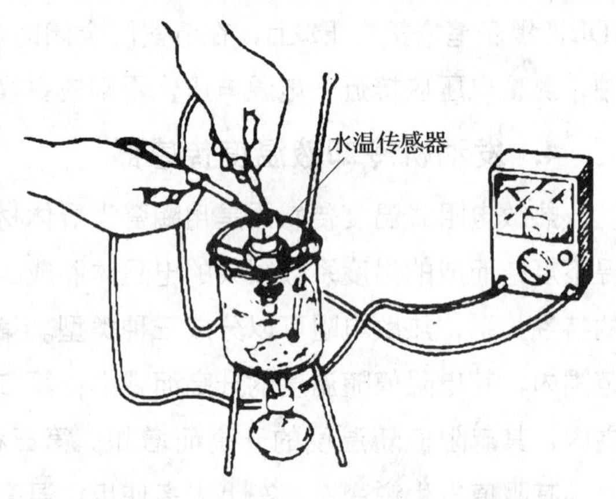

图 1—2—17 水温传感器的检测

测量完毕，将温度计拿出，熄灭酒精灯，关闭万用表，待水温冷却后，将传感器拿出，重新安装到车上，注意涂抹密封胶或安装密封圈。

5. 进气温度传感器

(1) 功能

进气温度传感器与水温传感器一样，采用负线性热敏电阻作敏感元件。其作用是测量进气的温度，并输送给 ECU 作为修正喷油量的参考依据。D 型 EFI 系统安装在空气滤清器的壳体内或进气总管内，L 型 EFI 系统安装在叶片式空气流量计内。进气温度传感器的特性图及与 ECU 的连接如图 1—2—18 所示。

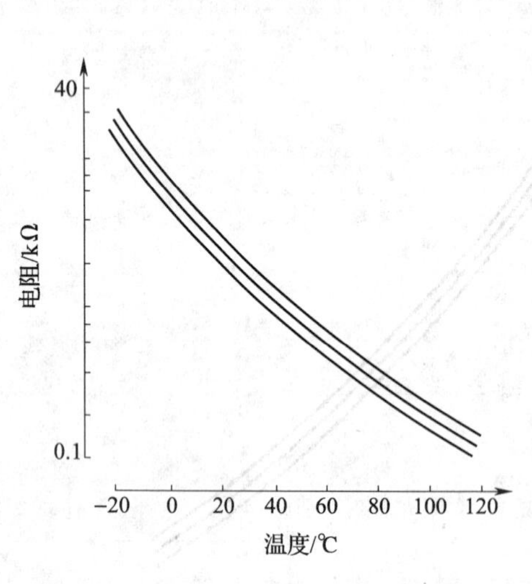

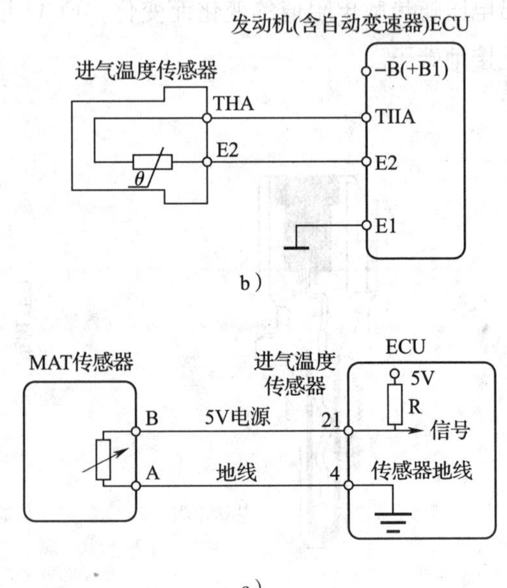

图 1—2—18 热敏电阻的特性图及接线法

a）热能电阻特性图 b）皇冠 3.0 轿车接线 c）北京切诺基吉普车的接线

现代汽车发动机、自动变速器和空调等系统使用温度传感器，来测量发动机的水温、进气温度，自动变速器油液温度，空调系统环境温度，为发动机的燃油喷射、自动变速器的换挡、离合器锁定、油压控制以及空调自动控制提供依据。这些控制工作都是依据温度传感器提供的温度信息来实现的。

(2) 进气温度传感器的检测

电阻的检测：关闭点火开关，拔下进气温度传感器导线连接器，然后用旋具将进气温度传感器从发动机空滤处或进气歧管上拆下。万用表校表，用导线将传感器与万用表表笔连接良好。打开万用表，使用 kΩ 挡，将温度计与传感器固定在一起，把传感器置于传感器固定架上。如图 1—2—19 所示用吹风筒吹传感器，观察温度计和万用表的读数变化。进气温度传感器的电阻值与温度的高低成反比，随着温度逐渐升高，其所显示的电阻值下降，将测得的值与标准值相比较，若不符合，应更换进气温度传感器。

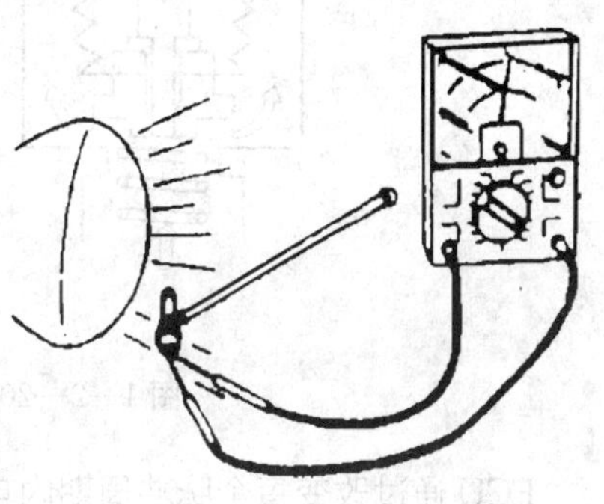
图 1—2—19　进气温度传感器的检测

测量完毕，关闭万用表，将传感器拿出，重新安装到车上，注意涂抹密封胶或安装密封圈。

6. 怠速空气控制阀

(1) 功能

怠速空气控制阀是怠速控制系统的执行器，通常安装在节气门体上，其作用是自动调整发动机怠速转速。它的功能是控制节气门旁通空气道的空气量，通过调节空气通道面积来控制空气流量。

(2) 种类

各汽车厂的电磁阀名称不同，但均属相同的控制功能。常见的怠速控制阀有：直接驱动式、步进电动机型怠速控制阀、平动电磁阀式怠速控制阀和旋转电磁式怠速控制阀四种。其中，由于节气门直接驱动式在控制时的力量必须大于节气门关闭方向的复位弹簧弹力，因此只有部分汽车采用这种体积较大的执行器，大部分都是采用旁通空气式怠速空气控制阀，在此不再介绍。

(3) 平动电磁阀式怠速控制阀

1) 平动电磁阀式怠速控制阀的结构组成。如图 1—2—20 所示是平动电磁阀式怠速控制阀的结构图。它是用一个脉冲电磁阀来控制通过旁通空气道的空气量。与普通电磁阀的结构基本相同，它由电磁线圈、阀轴及阀等组成。

2) 平动电磁阀式怠速控制阀的工作原理。工作时，阀门的关闭由 ECU 提供的电脉冲控制。当电磁线圈通电时，产生电磁吸力，使阀轴做轴向移动，带动阀脱离阀座，形成空气通道；电磁线圈断电时，阀轴在回位弹簧的作用下向下移动，关闭旁通空气道。

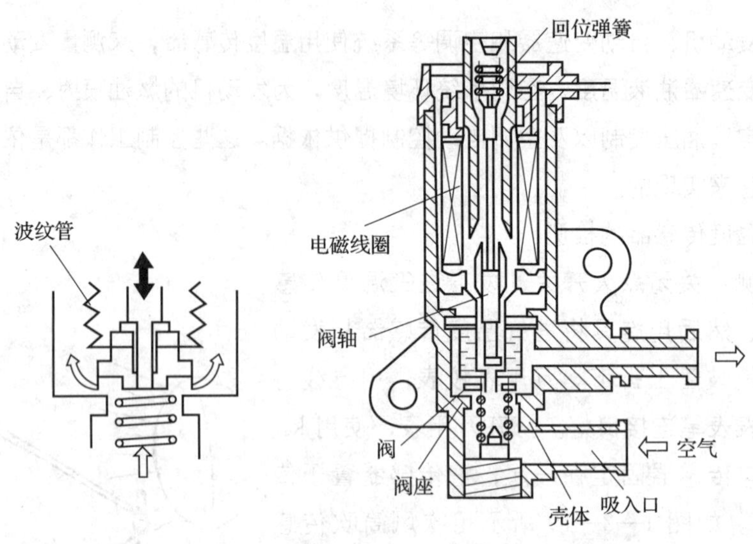

图 1—2—20 平动电磁阀式怠速控制阀的结构图

ECU 通过改变每个脉冲周期内电流接通和断开的时间比率（称为占空比），即通过改变电磁开启和关闭的时间比率，来控制通过旁通空气道的空气量。当发动机的怠速转速低时，ECU 自动提高脉冲电流的占空比，增加进气量；反之，当怠速过高时，降低占空比，减少进气量。

(4) 步进电动机式怠速控制阀

1) 步进电动机式怠速控制阀的结构。步进电动机式怠速控制阀由步进电动机、螺旋机构（螺杆和螺母）、阀芯、阀座等组成，如图 1—2—21 所示。

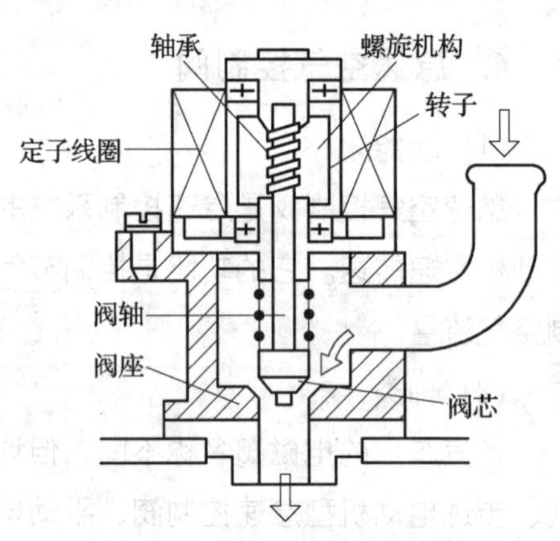

图 1—2—21 步进电动机式怠速控制阀的结构图

2) 步进电动机式怠速控制阀的工作原理。螺旋机构中的螺母和步进电动机的转子制成一体。螺杆与步进电动机壳体之间为滑动花键连接，使螺杆不能做旋转运动，只能沿轴向做直线运动。当步进电动机转动时，螺母驱动螺杆做轴向移动。步进电动机转子每转动 1 圈，螺杆便移动 1 个螺距。螺杆上固定着阀芯，螺杆向前或向后移动时，带动阀芯关小或开大旁通空气道的通过截面。ECU 通过控制步进电动机的转动方向和转角来控制螺杆的移动方向和移动距离，从而达到控制旁通空气道的通过截面、调整进气量的目的。

3) 步进电动机式怠速控制阀的检测

①步进电动机式怠速控制阀的电阻检测。步进电动机式怠速控制阀通常有 2～4 组线圈，各组线圈的电阻值为 10～30 Ω。用数字万用表电阻 200 Ω 挡测量步进电动机式怠速控制阀的电阻，如线圈电阻值不在上述范围内，应更换怠速控制阀，如图 1—2—22 所示。

②步进电动机式怠速控制阀的动作检查。将蓄电池电源或稳压电源机电源以一定顺序输送给步进电动机各线圈，就可使步进电动机转动。各种步进电动机的线圈形式和接线端的布

置形式都不同。首先，将步进电动机连接器端子 B1 和 B2 与蓄电池正极相连，然后将端子 S1、S2、S3、S4 依次（S1－S2－S3－S4）与蓄电池负极相接，此时步进电动机应转动，阀芯向外伸出；若将端子 S1、S2、S3、S4 按相反的顺序（S4－S3－S2－S1）与蓄电池负极相接，步进电动机应朝相反方向转动，阀芯向内缩入。如图 1—2—23 所示。

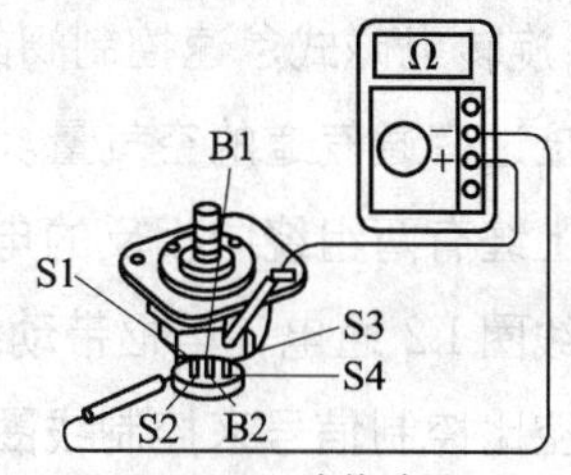

B1、B2—公共端子
S1、S2、S3、S4—步进电动机
第 1 组至第 4 组线圈端子

图 1—2—22　步进电动机的电阻检测

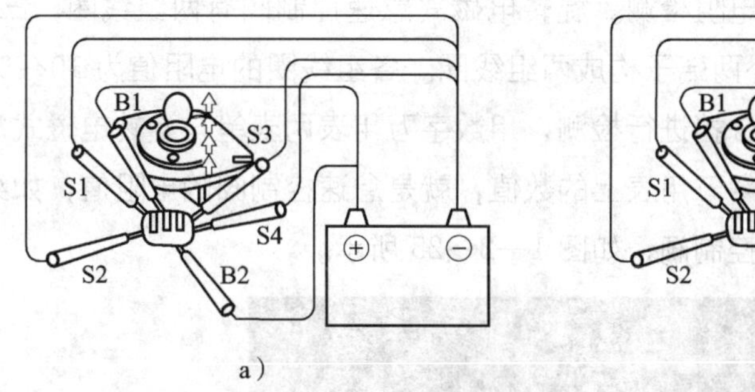

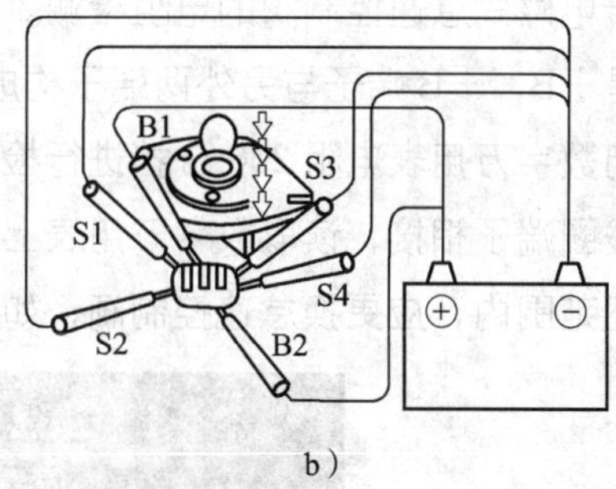

a）　b）

图 1—2—23　步进电动机式怠速控制阀的动作检查

a）各端子按 S1、S2、S3、S4 顺序与蓄电池负极相接　b）各端子按 S4、S3、S2、S1 顺序与蓄电池负极相接

（5）旋转电磁式怠速控制阀

1）旋转电磁式怠速控制阀的结构。旋转式电磁式怠速控制阀如图 1—2—24 所示，主要由永久磁铁、电枢、旋转滑阀等组成。

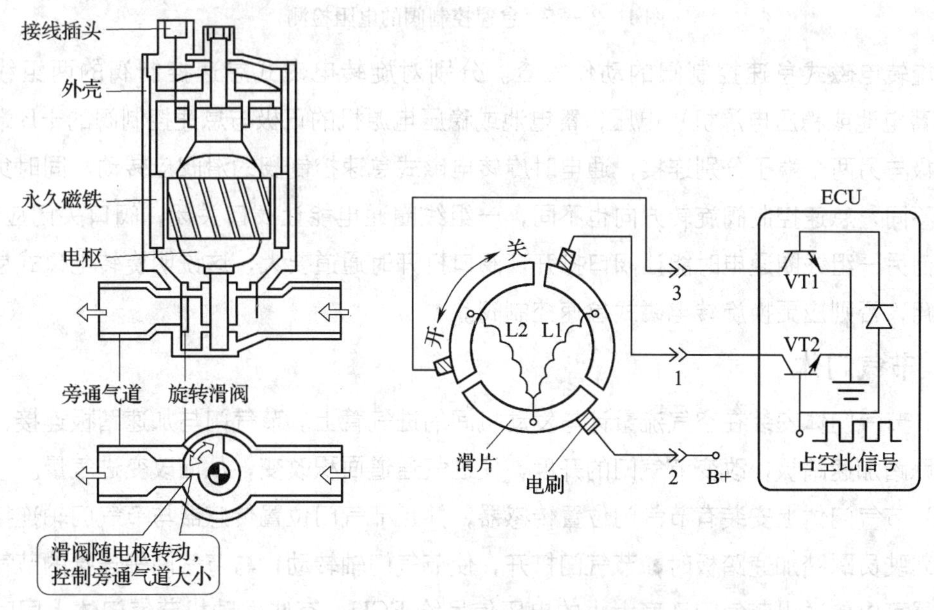

图 1—2—24　旋转电磁式怠速控制阀结构图及控制电路

2）旋转电磁式怠速控制阀的工作原理。旋转滑阀固定在电枢轴上，与电枢轴一起转动，来控制流过旁通气道的空气量。磁场由固定在壳体上的永久磁铁产生，电枢位于磁场中，电枢铁芯上缠有两组绕向相反的电磁线圈 L1、L2，当线圈 L1 通电，电枢带动滑阀顺时针偏转，当线圈 L2 通电，电枢带动滑阀逆时针偏转。ECU 根据实际怠速与设定目标值比较后校正的占空比控制信号来控制线圈 L1、L2 的通电时间，当占空比小于 50%时，线圈 L1 通电时间长，电枢带动滑阀顺时针偏转，旁通气道关小，怠速降低；反之，怠速升高。一般滑阀偏转角度在 90°内，正常工作时，占空比的范围为 18%（滑阀关闭）～82%（滑阀打开）。

3）旋转电磁式怠速控制阀的检测

①旋转电磁式怠速控制阀的电阻检测。旋转电磁式怠速控制阀有两组线圈，三个端子，中间端子是+B，+B 端子与另外两端子构成两组线圈。各组线圈的电阻值为 10～30 Ω。在检测时使用数字万用表电阻 200 Ω 挡进行检测，用数字万用表两表笔与旋转电磁式怠速控制阀的两组线圈端子相接，读取数字万用表上的数值，就是怠速控制阀的电阻值，如线圈电阻值不在上述范围内，应更换怠速控制阀，如图 1—2—25 所示。

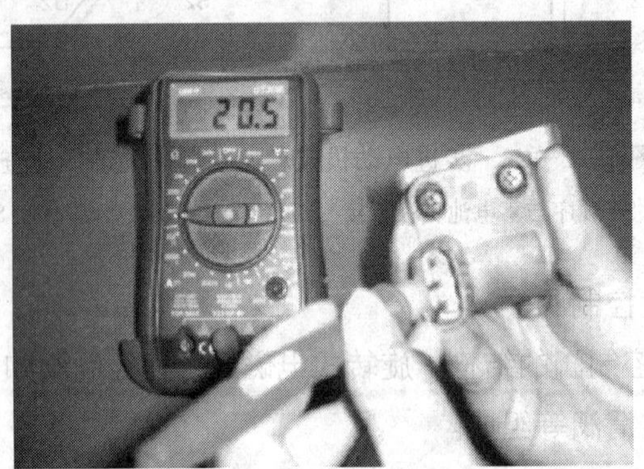

图 1—2—25　怠速控制阀的电阻检测

②旋转电磁式怠速控制阀的动作检查。分别对旋转电磁式怠速控制阀的两组线圈通 12 V（蓄电池或稳压电源机）电压，蓄电池或稳压电源机的正极与怠速控制阀的+B 端子相接，负极与另两个端子分别连接，通电时旋转电磁式怠速控制阀的滑阀应转动，同时负极所接端子不同，怠速控制阀旋转方向也不同，一组线圈通电能让阀口关闭，阀口关闭应迅速、严密；而另一组线圈通电时能让阀口打开，阀口打开时通道要大，这说明旋转电磁式怠速控制阀可用，否则应更换旋转电磁式怠速控制阀。

7. 节气门体

（1）节气门体安装在空气流量计与发动机间的进气管上。节气门与加速踏板连接，驾驶员通过踩踏加速踏板，改变节气门的开度，使进气通道面积改变，从而改变进气量。

（2）节气门体上安装有节气门位置传感器，并且节气门位置传感器与节气门轴连接在一起。当驾驶员踩踏加速踏板时，节气门打开，使节气门轴转动，与节气门轴连接的节气门位置传感器可以传送出节气门开度大小的电压信号给 ECU。有些发动机节气门体上同时安装有空气阀及怠速空气控制阀，以提供快怠速及修正发动机的怠速，如图 1—2—26 所示。

(3) 节气门体周围引入发动机冷却液，可防止在寒冷天气时节气门转子及阀门周围结冰。另设有缓冲器，以避免减速时车辆振动及排气污染。

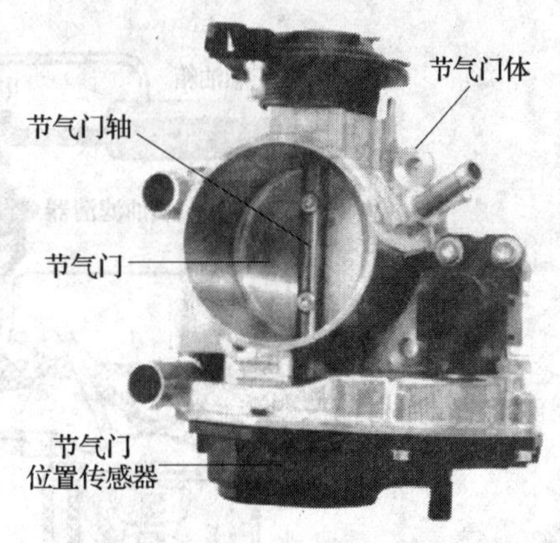

图 1—2—26　节气门体上的零件

8. 发动机进气管

发动机进气管由进气总管和进气歧管组成。

单点喷射发动机采用中央喷射的方法，如图 1—2—27a 所示。

在多点喷射发动机中，为了消除进气脉动，保证各缸进气分配均匀，对进气总管和进气歧管在形状、容积等方面都提出了严格的设计要求。各缸分别设独立的进气歧管，进气歧管与进气总管可制成整体式，如图 1—2—27b 所示，也可制造成分开式进气管，如图 1—2—27c 所示。

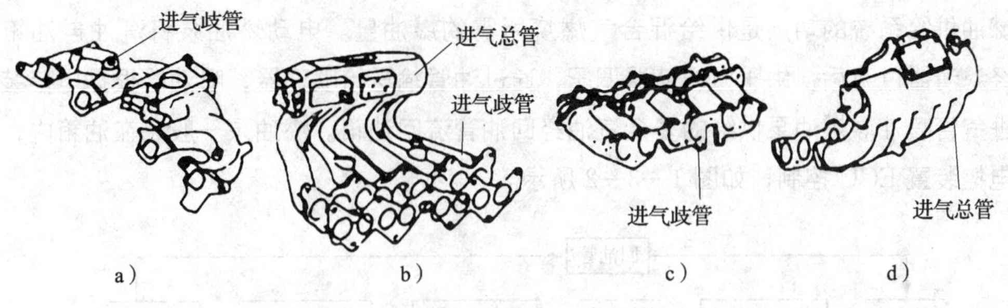

图 1—2—27　进气管

a) 单点喷射发动机进气管　b) 整体式进气管　c) 分开式进气管

§1—3　燃油供给系统

学习目标:

1. 掌握燃油供给系统的组成、作用和工作原理。
2. 掌握燃油供给系统各组成部件的结构、工作原理。
3. 了解燃油供给系统各组成部件的检测方法。

一、燃油供给系统的组成及作用

燃油供给系统由电动燃油泵、燃油滤清器、燃油压力调节器、燃油脉动减振器（脉动阻尼器）、喷油总管、喷油器、冷起动喷油器（装有电子阻风门的发动机不装冷起动喷油器）及油管等组成，如图 1—3—1 所示。燃油供给系统的作用是及时地向发动机供给各种工况下所需要的燃油量。

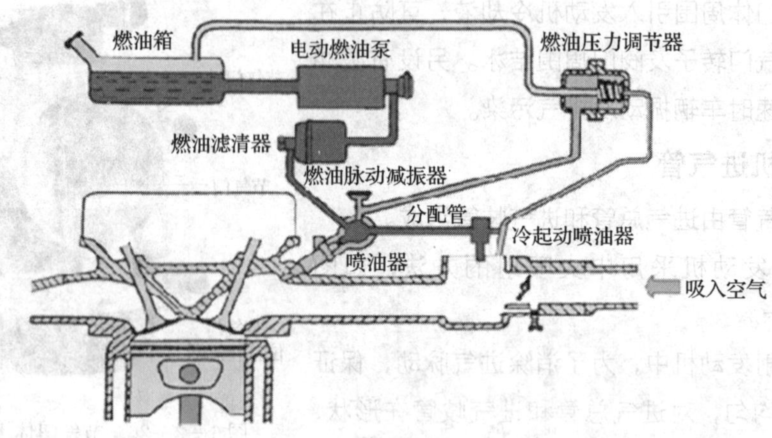

图 1—3—1 燃油供给系统的组成

二、燃油供给系统工作原理

燃油供给系统的功用是供给混合气燃烧所需的燃油量。电动燃油泵将汽油自油箱内吸出，经滤清器过滤后，由压力调节器调压，通过油管输送给喷油器，喷油器根据电控装置指令向进气管喷油。燃油泵供给的多余汽油经回油管流回油箱。燃油泵一般装在油箱内，喷油器由电控装置 ECU 控制，如图 1—3—2 所示。

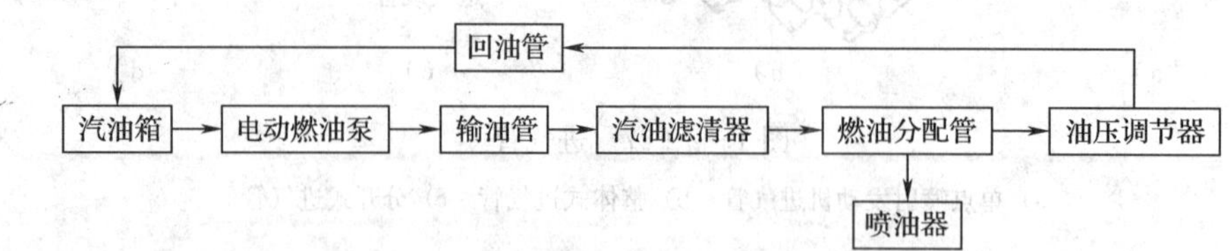

图 1—3—2 燃油供给系统工作原理图

三、燃油供给系统各组成部件的结构、工作原理及检测

1. 电动燃油泵

(1) 作用

电动燃油泵的作用是连续不断地向燃油系统供给具有足够压力的燃油。

(2) 分类

电动燃油泵分类方法如下：

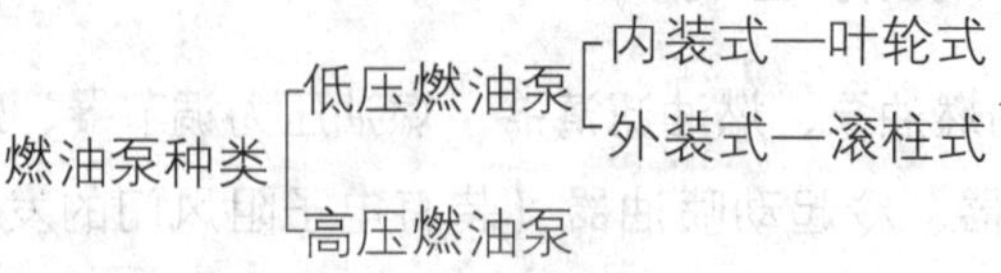

(3) 叶轮式燃油泵

1) 特点。泵油时脉动小，不需调节阀，因此体积小，质量轻；使用叶轮，电动机可小

型轻量化；装在油箱内不占空间，管路也简化；因装在油箱内，所以无气阻及燃油泄漏问题。

2）构造。叶轮式燃油泵由直流电动机部、泵部、吸入口、吐出口、安全阀及止回阀组成，如图 1—3—3 所示，在现代发动机中使用最多。

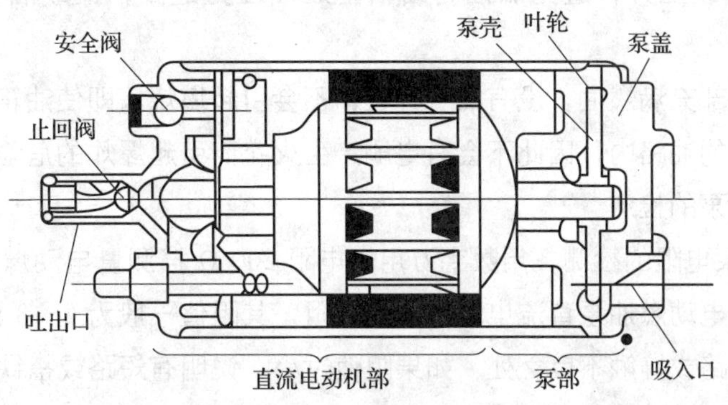

图 1—3—3 叶轮式燃油泵的外观与构造

3）工作原理。当油泵运转时，转子周围小槽内的燃油跟随转子一同高速旋转。在离心力的作用下，燃油出口处油压增加并产生一定的真空，使燃油被吸入并被泵向吐出口，如图 1—3—4 所示。

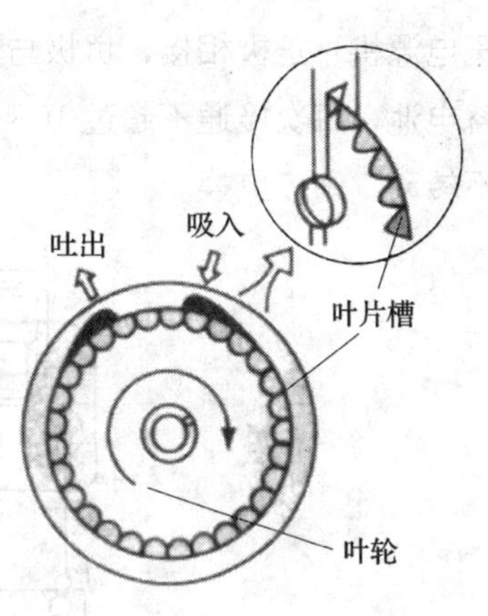

图 1—3—4 叶轮泵的工作原理

（4）滚柱式燃油泵

1）构造。滚柱式燃油泵由直流电动机、泵室、吸入口、吐出口、安全阀、止回阀与调节阀等组成，如图 1—3—5 所示。

2）工作原理。燃油泵工作时，直流电动机带动转子一起旋转，滚柱因离心力沿着间隔环绕内壁移动，以此三个零件所包围容积的变化，将燃油吸入，经电动机外壳、止回阀及调节阀，最后由吐出口送出，如图 1—3—5 所示。

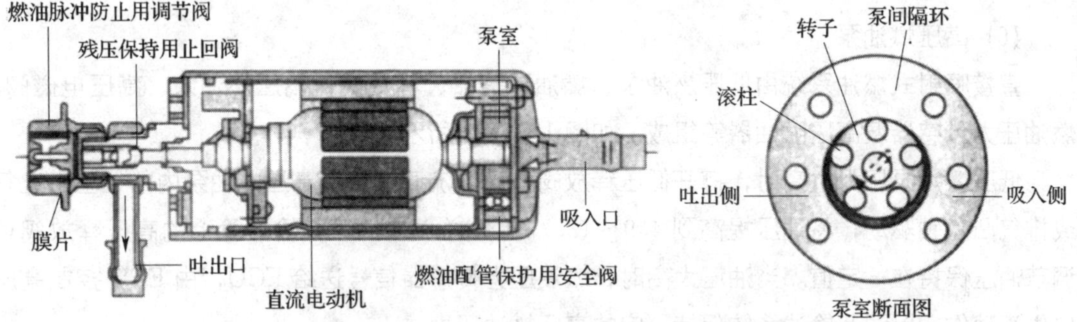

图 1—3—5 滚柱式燃油泵的构造及工作原理

无论是叶轮泵还是滚柱泵，都有一个安全阀（也称限压阀）和一个止回阀（也称单向阀）。止回阀的作用是在油泵不工作时阻止燃油倒流回油箱，以保持发动机停机后的燃油压力，便于再次起动；而安全阀的作用是当燃油系统正常工作时，阀门关闭，燃油不断地被送出泵体。而当油压过高时阀门打开，部分燃油在油泵和电动机内部循环，这样可以防止燃油压力继续上升，避免燃油管路堵塞进油压力过高，造成油管破裂、漏油或燃油泵损坏。

平时电动机内部充满燃油，没有氧气存在，不会引起燃烧。即使油箱没有汽油，空气也无法进入充满油气的油路内，因此不会有电刷产生火花而引起爆炸的危险。

(5) 电动燃油泵的检测

1) 电动燃油泵电阻的检测。用数字万用表电阻 200 Ω 挡测量电动燃油泵上两个接线端子间的电阻，即为电动燃油泵直流电动线圈的电阻，其阻值一般为 2～3 Ω（20℃），如果阻值过大，说明有断路或接触不良之处；如果阻值过小，说明有短路或搭铁故障。但具体还是要根据车型而定。如电阻值不符合本车型维修手册的要求，则需更换。

2) 电动燃油泵工作状态的检查。如图 1—3—6 所示将电动燃油泵正极与蓄电池（或稳压电源机）正极相接，负极与蓄电池（或稳压电源机）负极相接。并使电动燃油泵尽量远离蓄电池，每次接通不超过 10 s（时间过长会烧坏电动燃油泵电动机的线圈）。如电动燃油泵不转动，则应更换。

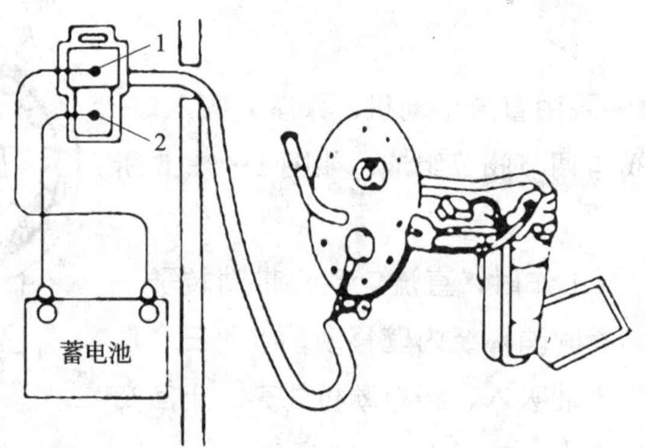

图 1—3—6 电动燃油泵工作状态的检查

(6) 高压燃油泵

直接喷射式燃油系统由低压燃油泵、燃油滤清器、释放阀、高压燃油泵、高压电磁阀、燃油压力传感器及高压喷油器等组成，如图 1—3—7 所示。

低压燃油泵压力过高时，打开低压释放阀，燃油流回油箱。高压燃油泵内的柱塞由进气或排气凸轮轴驱动，将油压提高到 4.9～12.7 MPa 送入输油管，输油管上的高压释放阀可调节油压保持在一定值。当油压太高时，燃油压力传感器信号送给 ECU，由 ECU 控制高压电磁阀动作，以调节输油系统保持一定的高压燃油压力。

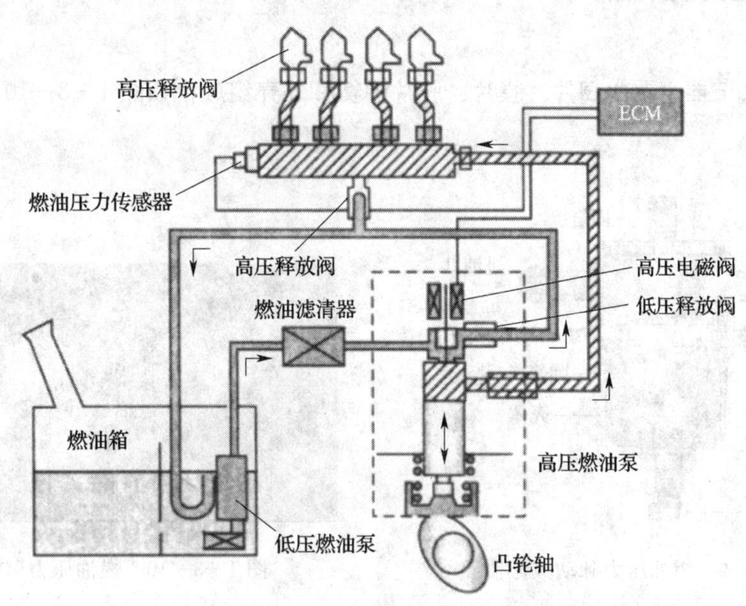

图 1—3—7 直接喷射式燃油系统构成

2. 燃油滤清器

(1) 作用

滤除燃油中的杂质和水分，防止燃油系统堵塞，减小机械磨损，以保证发动机正常工作，如图 1—3—8 所示。

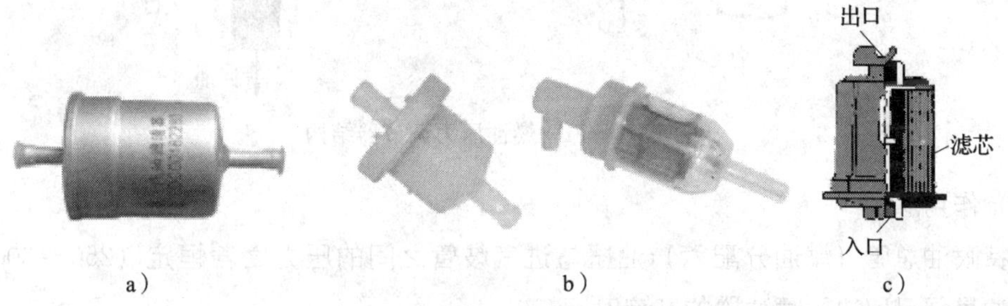

图 1—3—8 燃油滤清器的类型和结构

a）金属外壳的燃油滤清器 b）塑料外壳的燃油滤清器 c）燃油滤清器的结构

(2) 安装和更换

纸质滤芯可滤去直径大于 0.01 mm 的杂质。燃油滤清器是一次性使用的，一般每行驶 40 000 km 更换一次。燃油滤清器外壳上的箭头（或字母 IN）表示燃油的流进方向，安装时不允许倒装。

3. 燃油压力脉动减振器

作用：减少燃油管路中压力的波动，降低噪声，它由壳体、膜片、弹簧、调节螺钉等组成，安装在输油管的一端，如图 1—3—9 所示。

4. 燃油压力调节器

(1) 组成

燃油压力调节器主要由阀片、膜片、膜片弹簧和外壳组成，如图 1—3—10 和图 1—3—11 所示。

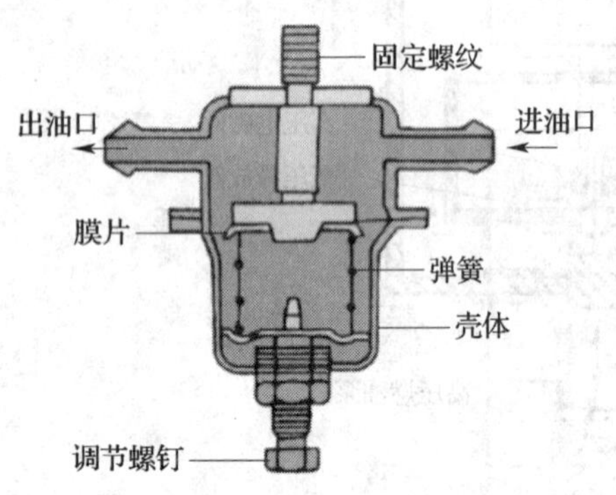

图 1—3—9 燃油压力脉动减振器

图 1—3—10 燃油压力调节器

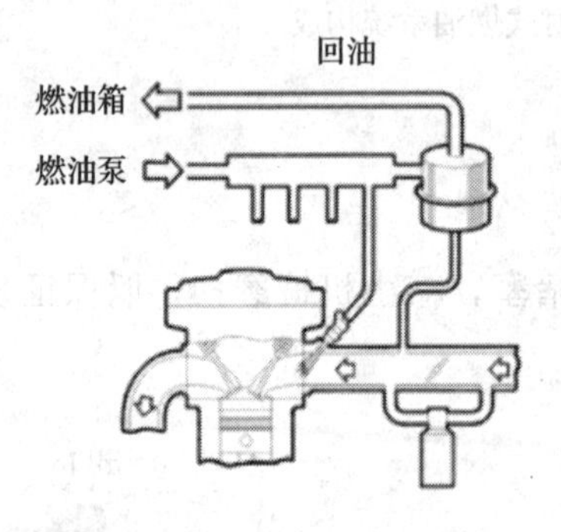

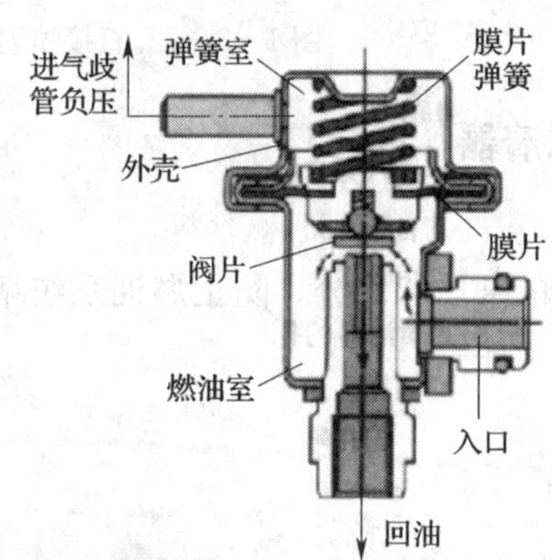

图 1—3—11 燃油压力调节器结构

(2) 作用

保持喷油总管（燃油分配管）油压与进气歧管之间的压力之差恒定（250～300 kPa）。这样喷油量便只取决于喷油器的开启时间。

喷油总管压力＝进气歧管压力＋300 kPa

当供油总管的燃油进入燃油室，其油压超过预定值时，即进气歧管真空度增加，此时燃油压力将膜片向上顶，克服弹簧压力，使阀门打开，燃油室内过剩的燃油经回油管流回油箱中，油压减少；当油压低于弹簧力与进气歧管压力之和时，阀门关闭，油压升高。

(3) 燃油压力调节器的检查

燃油供给系统燃油压力调节器的检查包括两个方面：

1）检查供油系统油压。当电源电压正常时，将油压表连接到燃油分配管上，起动发动机并使其怠速运行，油压表压力额定值应为 250 kPa 左右；当突然加大节气门开度时，油压表压力应迅速增大到 320 kPa 左右；当拔下燃油压力调节器上的真空管时，油压表压力必须升高到 320 kPa。如油压不符合上述规定，说明供油系统有故障，应检修或更换有关部件。导致油压过高的原因是燃油压力调节器损坏，应更换新件。导致油压过低的原因是油管接头或油管漏油、燃油滤清器堵塞、蓄电池电压过低或燃油压力调节器损坏等。

2）检查供油系统的密封性能和保压能力。当电源电压正常时，起动发动机并使其怠速运行，使油压表压力达到 250 kPa，断开点火开关，等待 10 min 后，油压表压力必须高于 200 kPa。如压力低于 200 kPa，则再次起动发动机并使其怠速运行，使油压达到额定值后，断开点火开关，并用钳子夹住回油管，同时观察油压表压力，等待 10 min 后，如表压力高于 200 kPa，说明燃油压力调节器失效，应更换新件。

5. 燃油分配管

作用：固定喷油器和燃油压力调节器，并将燃油分配给各个喷油器。如图 1—3—12 所示，燃油分配管安装在发动机进气歧管上部。燃油分配管又称供油管、油架，俗称油轨。

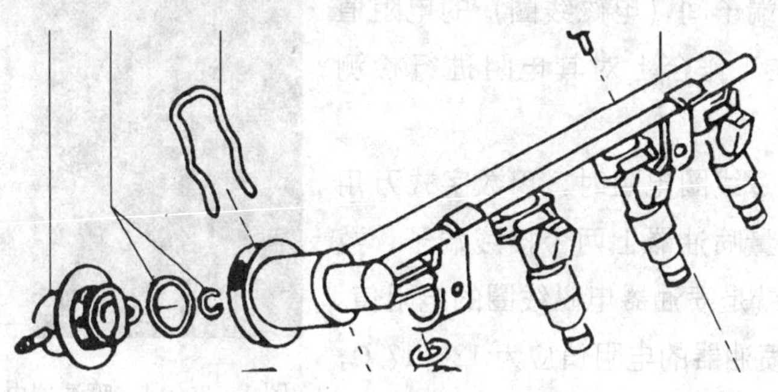

图 1—3—12　燃油分配管

6. 电磁式喷油器

(1) 分类

电磁式喷油器的种类很多，按结构分，有针轴式、球阀式、片阀式；按驱动方式分，有电流驱动式和电压驱动式；按电阻值的大小分，有低阻值喷油器（2～5 Ω）和高阻值喷油器（12～17 Ω）；按喷射部位来分，有缸外喷射式喷油器和缸内直接喷射式喷油器。但总的来说，电磁式喷油器主要由针阀、回位弹簧、电磁线圈和电插头等组成，其中针阀由喷油器体与衔铁构成，其结构如图 1—3—13 所示。

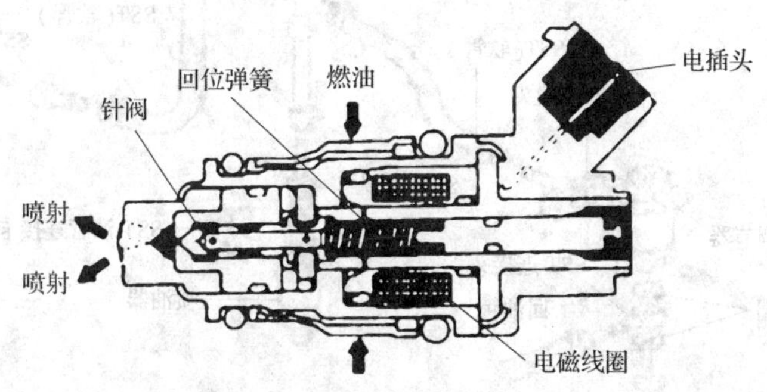

图 1—3—13　电磁式喷油器的结构

(2) 工作原理

喷油器外部有引出插座，经线束与 ECU 连接，当电磁线圈内有电流通过时，线圈产生的磁场吸动衔铁（又称柱塞）向上移动，直到针阀的凸肩与挡板接触为止，此时针阀全开，即打开了喷孔，与此同时汽油经喷油孔喷入气道、进气歧管或气缸内。

喷油量的多少，由喷油器通电时间的长短来控制。通电时间的长短称为脉冲宽度，喷油器通电时间越长，脉冲宽度越宽，喷油量越多。

缸外喷射式喷油器通电时电压很低，燃油压力也低；缸内直接喷射式喷油器通电时电压很高，燃油压力也很高。

(3) 电磁式喷油器的检测（缸外喷射式喷油器）

1）喷油器电磁线圈电阻的检测。拔下喷油器的导线连接器，用数字万用表电阻 200 Ω 挡测量喷油器上两个接线端子间（电磁线圈）的电阻值或拆下喷油器放在工作台上对其电阻进行检测(见图 1—3—14)。

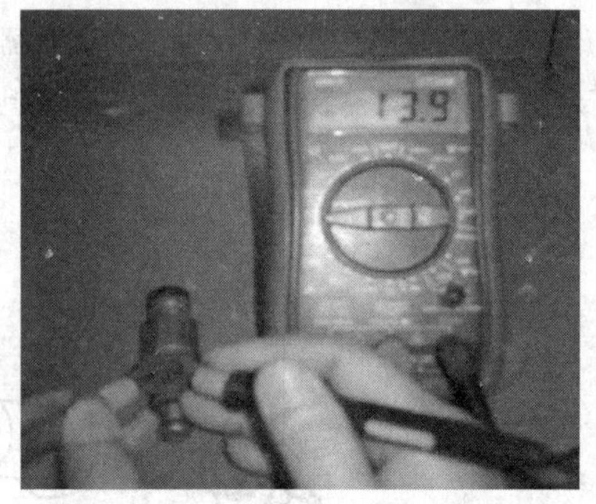

图 1—3—14 喷油器电磁线圈的电阻检查

测量喷油器电磁线圈电阻时，用数字式万用表电阻 200 Ω 挡测量喷油器上两个接线端子，数字万用表上的数值就是喷油器电磁线圈的电阻值。20℃时，高电阻型喷油器的电阻值应为 12～17 Ω，低电阻型喷油器应为 2～5 Ω。如果电阻值不符，应更换喷油器。

2）喷油器的工作检查。将喷油器放在工作台上，用导线将喷油器的两端子分别与蓄电池或稳压电源机的“+”“-”端子连接（不分正负极）。通电时，喷油器应有节奏和清脆的“嗒嗒”声，这表明喷油器的工作性能良好，否则应更换。

3）喷油器喷油量的测试。首先拔下各喷油器的导线连接器，从车上拆下主输油管，再从主输油管上拆下喷油器，如图 1—3—15 所示连接喷油器、燃油压力调节器、进油管、检查用的软管以及专用的软管接头等。

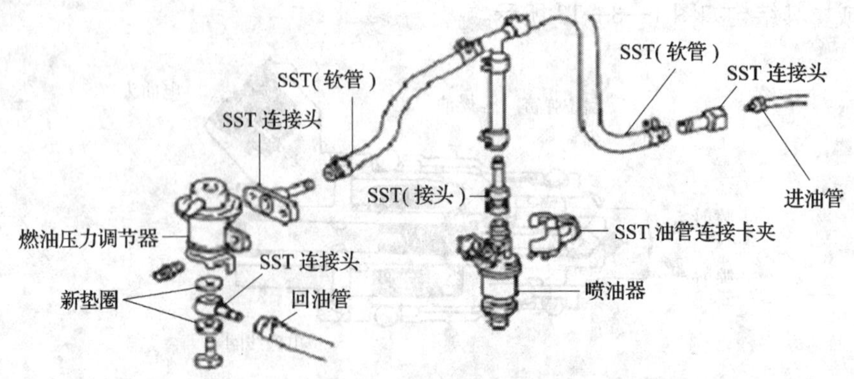

图 1—3—15 喷油器测试的油路连接

如图 1—3—16 所示将蓄电池或稳压电源机的正、负极与喷油器连接好，通电 15 s，用量筒测出喷油器的喷油量，观察燃油雾化情况。当喷油时雾化颗粒均匀，而且喷射时整个雾气成锥状，断油时快速不拖拉是好的。每个喷油器测试 2～3 次，取其平均值。标准喷油量为 70～80 cm^3（15 s），各喷油器间的喷油量允差为 9 cm^3，如喷油量不符合标准，则应更换或清洗喷油器。

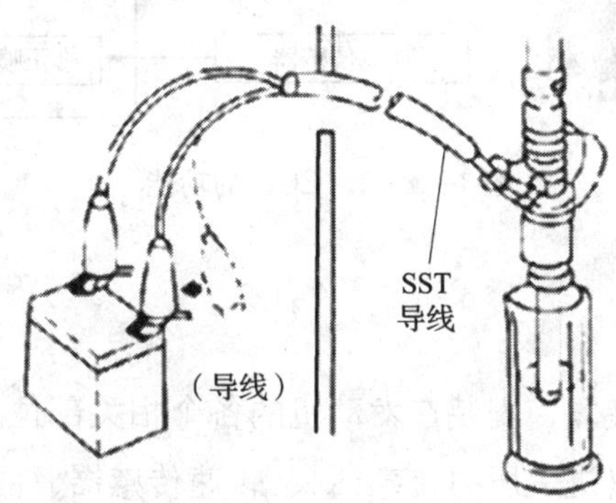

图 1—3—16　喷油量的检查

在检测喷油量后，脱开蓄电池与喷油器的连接线，检查喷油器喷嘴处有无漏油，要求每分钟漏油不多于 1 滴。

§1—4　电子控制系统

学习目标：

1. 掌握汽油发动机电子控制燃油喷射系统的作用、组成。
2. 理解各传感器、执行器的作用、组成及工作原理。
3. 了解各传感器、执行器的检测方法。

一、电子控制系统的组成及工作原理

汽油发动机电子控制燃油喷射系统的电子控制系统由传感器、电控单元（ECU）、执行器三部分组成。其作用是由传感器采集发动机的工况信号，根据采集到的各种传感器的信号，由 ECU 进行综合分析和处理，确定最佳喷油量、最佳喷油时刻，使发动机获得最佳空燃比。

ECU 根据空气流量信号和发动机转速信号确定基本的喷油时间（喷油量），再根据其他传感器（如冷却液温度传感器、节气门位置传感器等）对喷油时间进行修正，并按 ECU 最后确定的总喷油时间向喷油器发出指令，使喷油器喷油（通电）或断油（断电），如图 1—4—1所示。

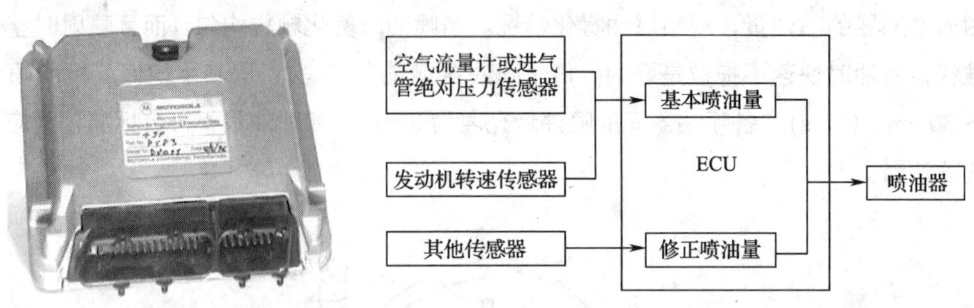

图 1—4—1　ECU 的功能

二、传感器

传感器是一个信号转换装置，安装在发动机的各个相关部位。在汽车燃油供给系统中，常用的传感器有空气流量计（进气压力传感器）、转速传感器、曲轴位置传感器、节气门位置传感器、温度传感器、氧传感器、爆震传感器和车速传感器等。其中，空气流量传感器(进气压力传感器)、节气门位置传感器、温度传感器等在空气供给系统中已经介绍。下面介绍的是其他传感器的结构、工作原理和检测。

1. 曲轴位置传感器

(1) 作用

用于发动机曲轴位置、上止点位置的测定，又用于发动机转速的测定。将发动机转速及上止点脉冲信号传送给 ECU，以确定最佳点火时刻、喷油时刻。

(2) 安装位置

有的安装在分电器内，也有安装在飞轮、曲轴或凸轮轴处的。曲轴位置传感器又称曲轴角度传感器。

(3) 种类

有三种类型：电磁式、霍尔式及光电式。

1) 电磁式曲轴位置传感器

①组成。它由永久磁铁、信号线圈与带轮齿的信号转子组成，安装在分电器内，如图 1—4—2 所示。

②工作原理。当信号转子旋转时，信号转子上的轮齿与绕在线圈中的磁头空气间隙发生变化，导致通过感应线圈的磁场发生变化而产生感应电动势输出。每个轮齿靠近、正对和远离磁头时，将产生一个完整的交流电压信号，其波形如图 1—4—3 所示。

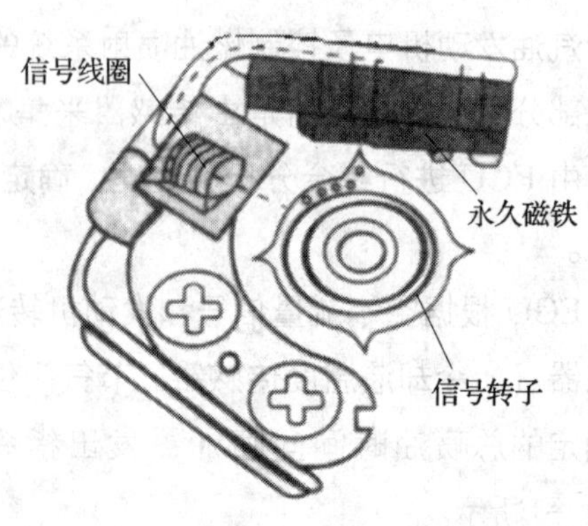

图 1—4—2　电磁式曲轴位置传感器组成

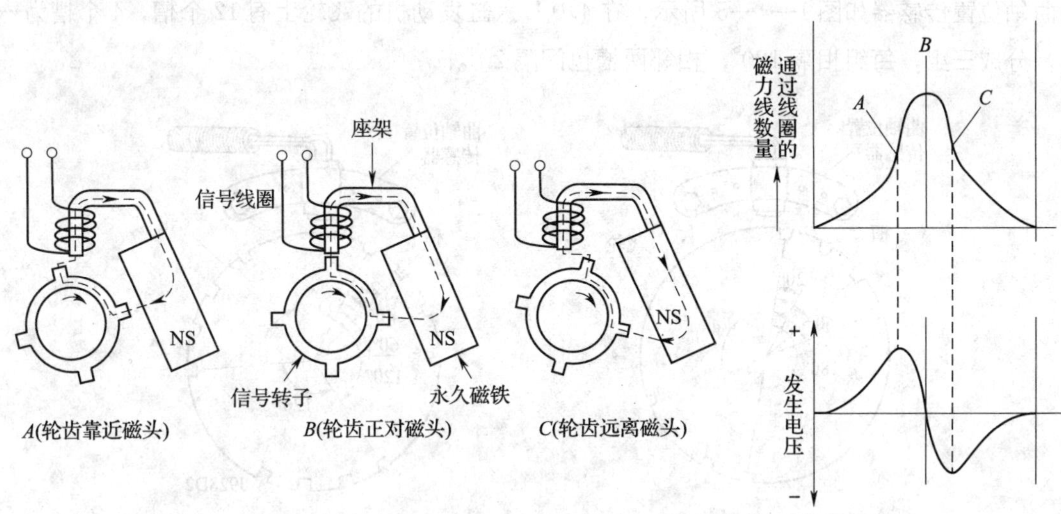

图 1—4—3　电磁式曲轴位置传感器的工作原理

磁感应式传感器突出优点是不需要外加电源，永久磁铁起着将机械能变换为电能的作用，其磁能不会损失。转速越高，传感线圈中的感应电动势也就越高。由于转子凸齿与磁头间的气隙直接影响传感器输出电压的高低，因此在使用时，转子凸齿与磁头间的气隙不能随意变动。气隙如有变化，必须按规定进行调整。气隙一般设计为 2.0 mm 左右（具体以各系列车的参数为准）。

2）霍尔式曲轴位置传感器。霍尔效应是由美国物理学家霍尔发现的。当电流通过放在磁场中的半导体基片（即霍尔元件），且电流方向与磁场方向垂直时，在同时垂直于电流与磁场的方向上，半导体基片内产生一个与电流大小和磁感应强度成正比的电压，这个电压就称为霍尔电压 U_H，如图 1—4—4 所示。霍尔式曲轴位置传感器有以下几种类型。

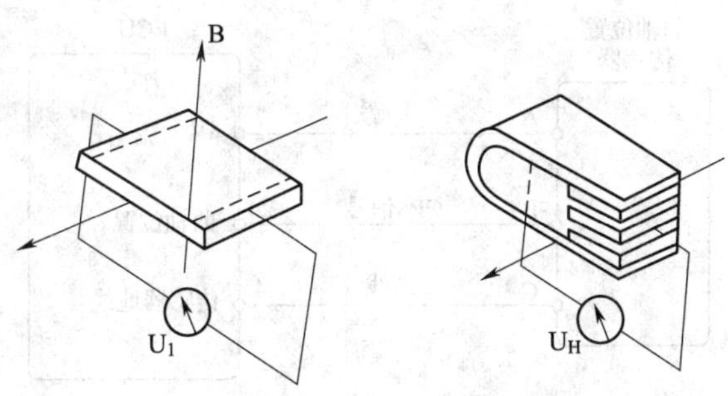

图 1—4—4　霍尔效应原理图

①采用触发轮齿的霍尔式曲轴位置传感器。霍尔式曲轴位置传感器由磁铁、霍尔元件及触发叶片（或轮齿）等组成。四缸发动机有四个触发叶片（即有四个凹槽）。

克莱斯勒公司的霍尔式曲轴位置传感器安装在飞轮壳上，采用触发轮齿的结构。同时在分电器内设置同步信号发生器，用以协助曲轴位置传感器判别缸号。北京切诺基汽车的霍尔式曲轴位置传感器如图 1—4—5 所示，在 4.0 L 六缸发动机的飞轮上有 12 个槽，4 个槽为一组，分成三组，每组相隔 120°，相邻两槽也间隔 20°。

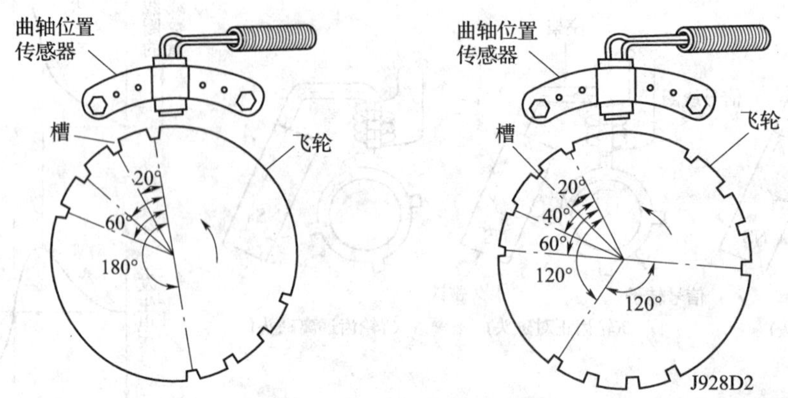

图 1—4—5　切诺基汽车的霍尔式曲轴位置传感器

当飞轮齿槽通过传感器的信号发生器时，霍尔传感器输出高电位；当飞轮齿槽间的金属与传感器成一直线时，传感器输出低电位。因此，每当 1 个飞轮齿槽通过传感器时，传感器便产生 1 个高、低电位脉冲信号。当飞轮上的每一组槽通过传感器时，传感器将产生 4 个脉冲信号。六缸发动机每一转产生 3 组脉冲信号。由于第 4 个槽的脉冲下降沿对应活塞上止点 (TDC) 前 4°，故 ECU 根据脉冲情况很容易确定活塞上止点前的运行位置。除此之外，ECU 还可以根据各脉冲间通过的时间，计算出发动机的转速。

一般霍尔式曲轴位置传感器与 ECU 有三条引线相连，如图 1—4—6 所示。其中一条是 ECU 向传感器加电压的电源线，输入传感器的电压为 8 V；另一条是传感器的输出信号线，当飞轮齿槽通过传感器时，霍尔传感器输出脉冲信号，高电位为 5 V，低电位为 0.3 V；第三条是通往传感器的接地线。

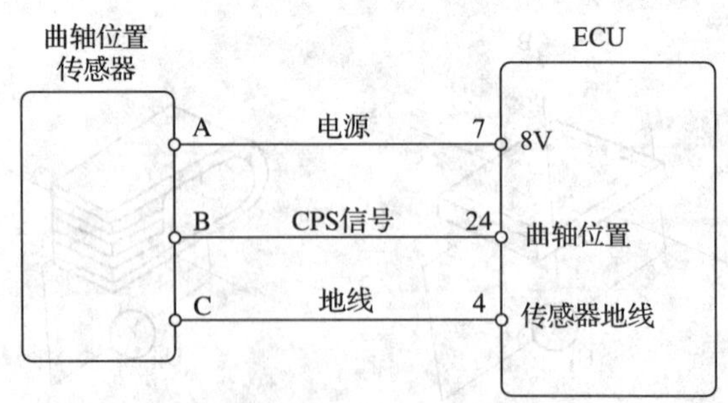

图 1—4—6　霍尔式曲轴位置传感器工作电路

②采用触发叶片的霍尔式曲轴位置传感器。霍尔式曲轴位置传感器安装在曲轴前端，采用触发叶片的结构，如图 1—4—7 所示。在发动机的曲轴传动带轮前端固定装着内外两个带触发叶片的信号轮，与曲轴一起旋转。

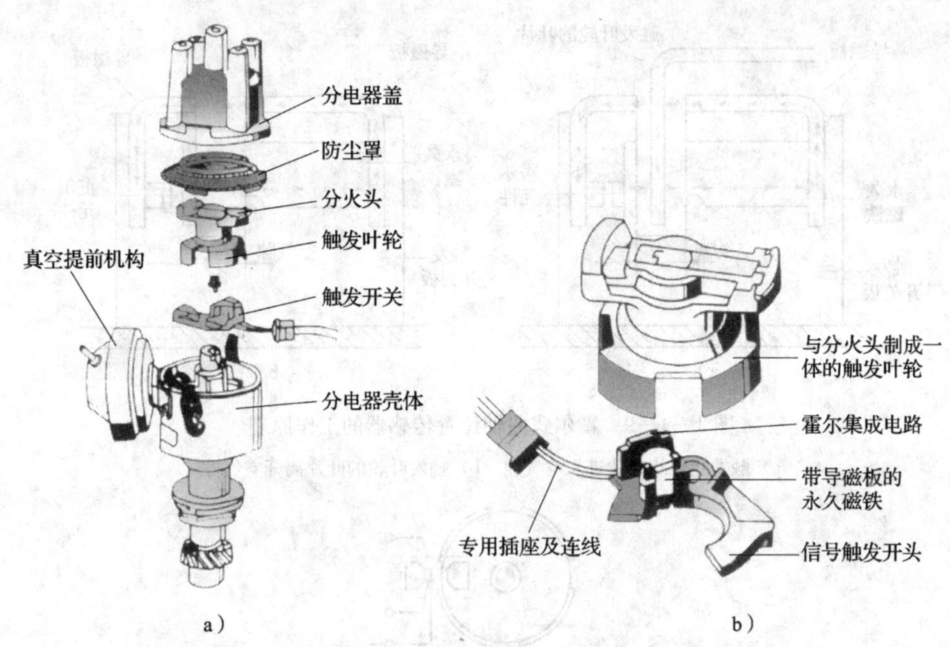

图 1—4—7 美国 GM 公司的霍尔式曲轴位置传感器

a）霍尔式分电器结构 b）霍尔式点火信号发生器

如图 1—4—8 所示，霍尔信号发生器由永久磁铁、导磁板和霍尔集成电路等组成。内外信号轮侧面各设置一个霍尔信号发生器。信号轮转动时，每当叶片进入永久磁铁与霍尔元件之间的空气隙时，霍尔集成电路中的磁场即被触发叶片所在旁路（或称隔磁），如图 1—4—9a 所示，这时不产生霍尔电压；当触发叶片离开空气隙时，永久磁铁 2 的磁通便通过导磁板 3 穿过霍尔元件，如图 1—4—9b 所示，这时产生霍尔电压。将霍尔元件间歇产生的霍尔电压信号经霍尔集成电路放大整形后，即向 ECU 输送电压脉冲信号。其原理与波形如图 1—4—10 所示。

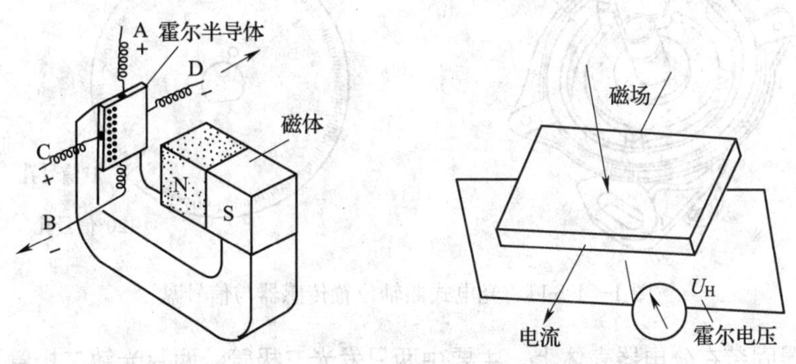

图 1—4—8 霍尔信号发生器的工作原理

3）光电式曲轴位置传感器。日产公司光电式曲轴位置传感器设置在分电器内，它由信号发生器和带缝隙和光孔的信号盘组成，如图 1—4—11 所示（以六缸为例）。信号盘安装在分电器轴上，其外围有 360 个槽孔，产生 1°曲轴转角信号；120°信号槽孔 6 个（间隔 60°），其中第 1 缸信号槽孔较宽，传送出的信号宽度比其他五个缸大。

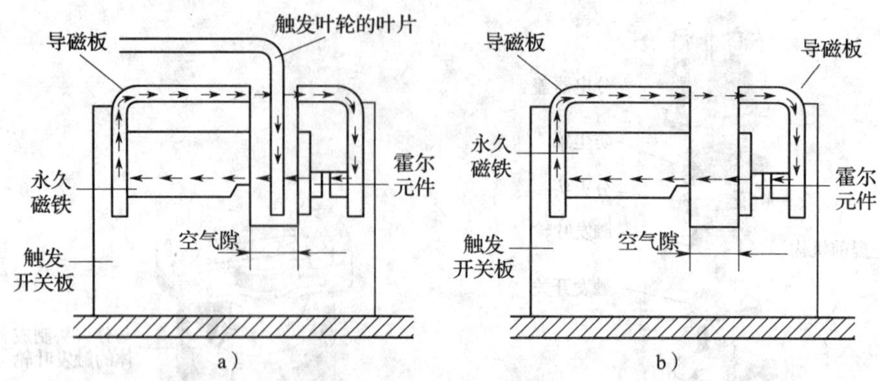

图 1—4—9　霍尔式曲轴位置传感器的工作原理

a）触发叶轮的叶片进入空气隙　b）触发叶轮的叶片离开空气隙

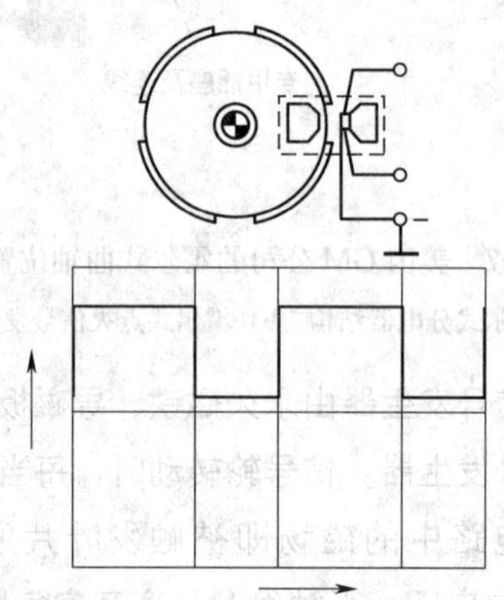

图 1—4—10　霍尔传感器原理及波形图

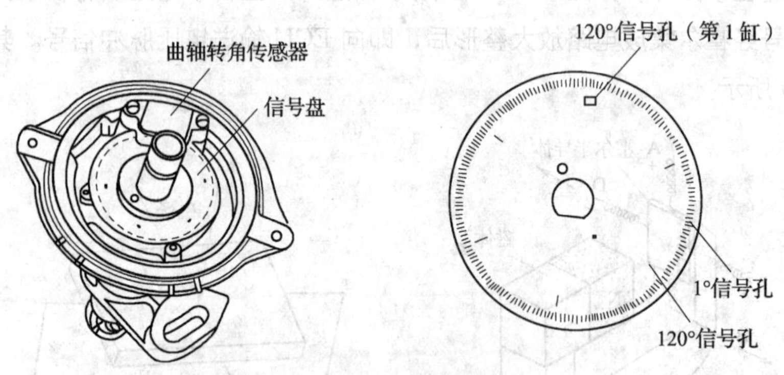

图 1—4—11　光电式曲轴位置传感器与信号盘

信号发生器固装在分电器壳体上，主要由两只发光二极管、两只光敏二极管和电子电路组成，如图 1—4—12 所示。两只发光二极管分别正对着光敏二极管，发光二极管以光敏二极管为照射目标。当发光二极管的光束照射到光敏二极管上时，光敏二极管感光而导通；当发光二极管的光束被遮挡时，光敏二极管截止。信号盘位于发光二极管和光敏二极管之间，当信号盘随发动机曲轴运转时，因信号盘上有光孔，产生透光和遮光的交替变化，使信号发生器输出表示曲轴位置和转角的脉冲信号。如图 1—4—13 所示为光电式信号发生器的作用原理。

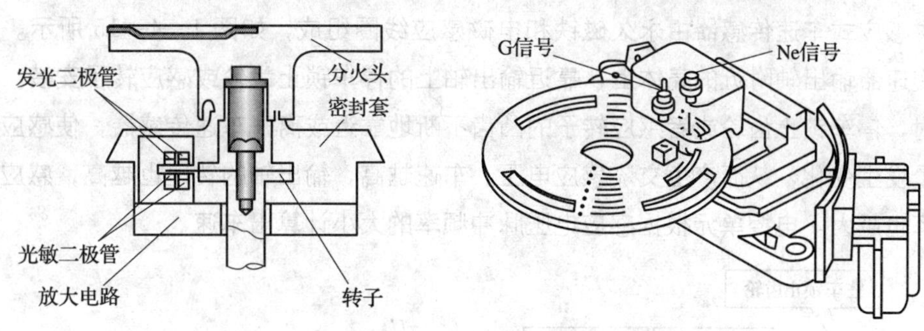

图 1—4—12　光电式凸轮轴/曲轴位置传感器结构图

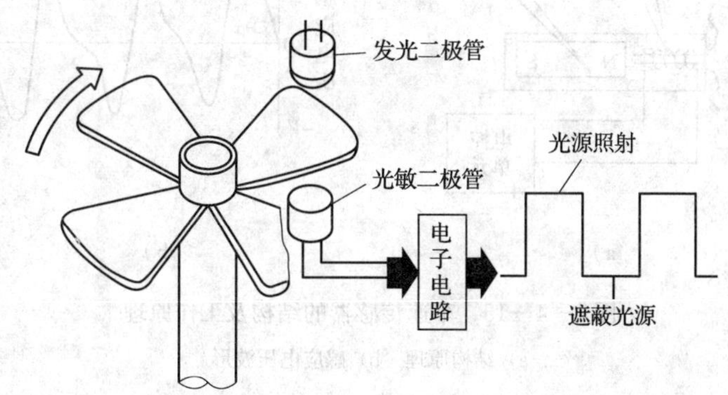

图 1—4—13　光电式信号发生器的作用原理

2. 车速传感器

(1) 车速传感器的分类和作用

车速传感器有电磁感应式、光电式和可变磁阻式三种，下面主要介绍电磁感应式车速传感器。

电磁感应式车速传感器安装在自动变速器输出轴附近，如图 1—4—14 所示。电磁感应式车速传感器用于检测自动变速器输出轴的转速。电控单元 ECU 根据该车速传感器的信号计算车速，作为自动变速器换挡控制的依据。

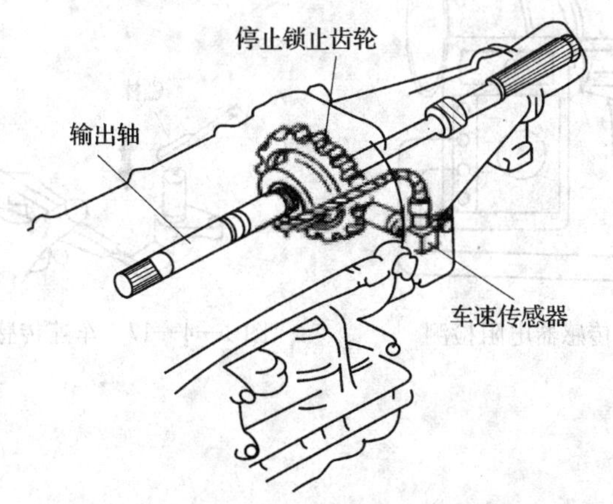

图 1—4—14　电磁感应式车速传感器的安装位置

(2) 车速传感器的组成

电磁感应式车速传感器由永久磁铁和电磁感应线圈组成，如图 1—4—15 所示。它固定在自动变速器输出轴附近的壳体上，靠近输出轴上的停车锁止齿轮或感应转子安装。当输出轴转动时，停车锁止齿轮或者感应转子的凸齿不断地靠近或离开车速传感器，使感应线圈内的磁通量发生变化，从而产生交流感应电压。车速越高，输出轴的转速也越高，感应电压的脉冲频率也越大。电控单元根据感应电压脉冲频率的大小计算出车速。

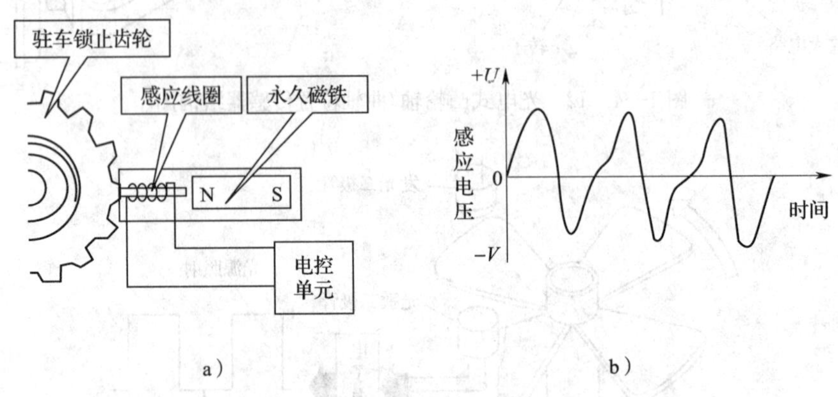

图 1—4—15 车速传感器的结构及工作原理

a) 结构原理 b) 感应电压波形

(3) 电磁感应式车速传感器的检测

用万用表欧姆挡测量车速传感器两接线端之间的电阻，如图 1—4—16 所示。不同车型自动变速器的这种传感器感应线圈的电阻不完全相同，通常为几百欧到几千欧。

测量输出轴转速传感器输出脉冲时，用万用表交流电压 200 V 的挡位测量传感器的两接线柱，如图 1—4—17 所示，用一根铁棒或一块磁铁迅速靠近又离开传感器，快速地重复此动作，观察万用表有无脉冲感应电压，一般大于 0.1 V。如没有感应电压或感应电压很微弱，说明传感器有故障，应更换。

图 1—4—16 车速传感器电阻检测

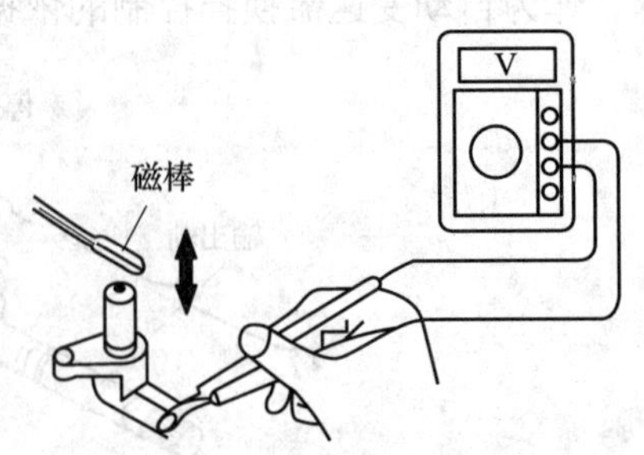

图 1—4—17 车速传感器脉冲电压的检测

3. 氧传感器

(1) 作用

氧传感器是排气氧传感器 EGO (Ehaust Gas Oxygen Sensor) 的简称，是在电子汽油喷射式发动机上用于反馈控制的传感器。氧传感器用来检测排气中的氧含量，并将其检测结果转变为电信号输入 ECU，ECU 根据氧传感器的输入信号对喷油量进行修正，使混合气浓度保持在理想空燃比附近的范围内，实现空燃比的反馈控制，即闭环控制。它一般安装在排气管上，如图 1—4—18 所示。

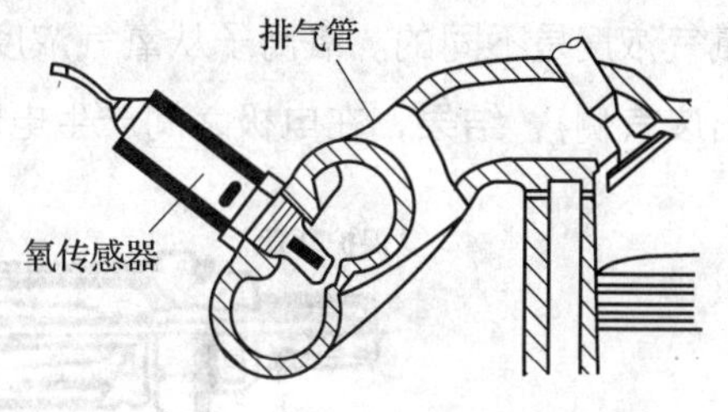

图 1—4—18　氧传感器的安装位置

（2）类型

目前实际应用的氧传感器有氧化锆式氧传感器和氧化钛式氧传感器两种。氧传感器一般在 300～600℃的环境下才能正常工作，所以许多氧传感器增设了加热器。氧化锆式氧传感器又分为加热式和非加热式两种。而氧化钛式氧传感器本身有一个电加热器。

（3）结构原理

1）氧化锆式氧传感器。氧化锆式氧传感器的基本元件是专用陶瓷体，即二氧化锆（ZrO_2）固体电解质。陶瓷体制成试管式的管状，也称锆管。锆管固定在带有安装螺钉的固定套中，锆管内外表面都覆盖着一层多孔性的铂膜作为电极。锆管内表面电极与大气相通，外表面则与废气接触。为了防止废气中的杂质腐蚀铂膜，在锆管外表的薄膜上覆盖着一层多孔的氧化铝保护层，并且还加装一个防护套管。氧传感器的接线端有一个金属保护套，其上开有一孔，用于锆管内表面与大气相通，导线将锆管内表面铂极经绝缘套从传感器引出，如图 1—4—19 所示。

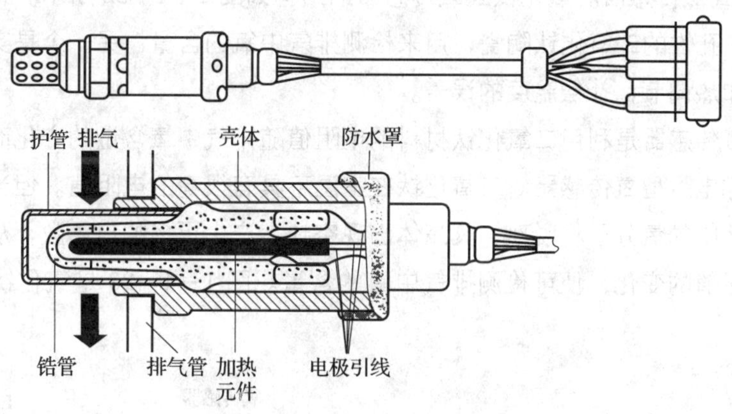

图 1—4—19　氧化锆式氧传感器结构

为了保证氧传感器具有稳定的输出信号，必须保证氧传感器处于 300℃以上工作环境。因此，在氧传感器内部增加一个陶瓷加热元件，用于保证其工作温度，这种称为加热式氧化锆氧传感器，如图 1—4—20 所示。这种加热式的氧传感器有四根线，两根与 ECU 相连，另外两根是电源正、负极线。加热元件受 ECU 控制，无论排气温度是多少，只要不超过工作极限温度，陶瓷体温度总是不变化。

氧化锆是一种具有氧离子传导性的固体电解质，氧化锆在高温下具有这样一种特性，即当内外侧的氧浓度差较大时，就会产生电动势。大气一侧和汽车排出废气一侧的氧气浓度及氧气浓度是不同的。氧离子从氧气浓度高的一侧（大气侧）移向氧气浓度低的一侧（汽车排出废气侧），结果，在电极之间产生电动势，如图 1—4—21 所示。

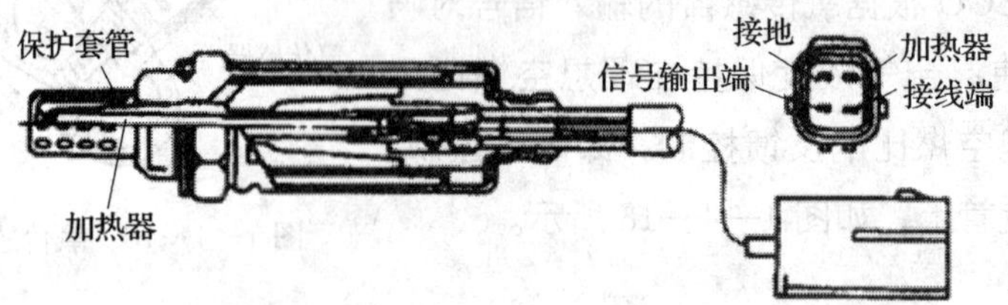

图 1—4—20　加热式氧化锆氧传感器

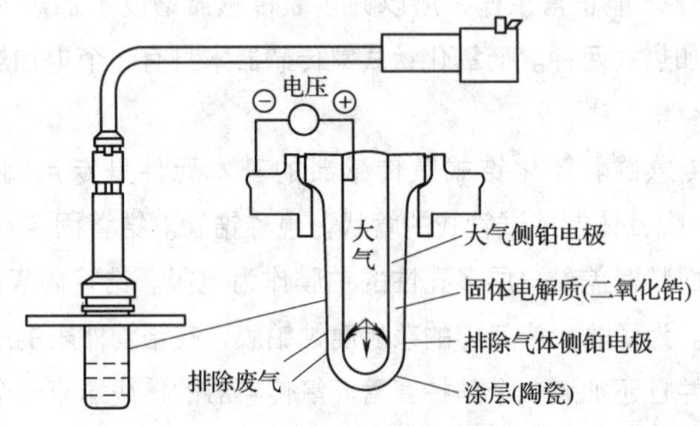

图 1—4—21　氧化锆式氧传感器工作原理图

2）氧化钛式氧传感器。氧化钛式氧传感器的结构如图 1—4—22 所示。它有两个氧化钛元件，一个是多孔性的二氧化钛陶瓷，用来检测排气中氧的含量；另一个是实心的二氧化钛陶瓷，用来作加热调节，补偿温度的误差。

氧化钛式氧传感器是利用二氧化钛材料的电阻值随排气中氧含量的变化而变化的特征现象制成的，又称电阻型氧传感器。二氧化钛在室温下具有很高的电阻值。但当排气中氧含量少时，二氧化钛中的氧分子将脱离，其晶体出现空缺，产生更多的电子数，从而使电阻大大降低，利用电阻值的变化，便可检测排气中氧的含量。图 1—4—23 是氧化钛式氧传感器的工作电路图。

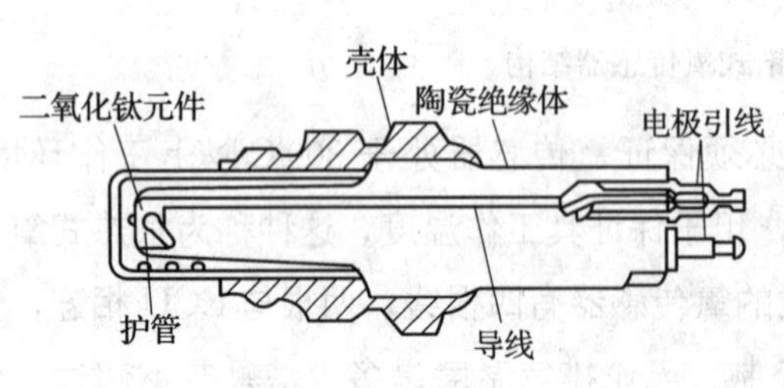

图 1—4—22　氧化钛式氧传感器结构

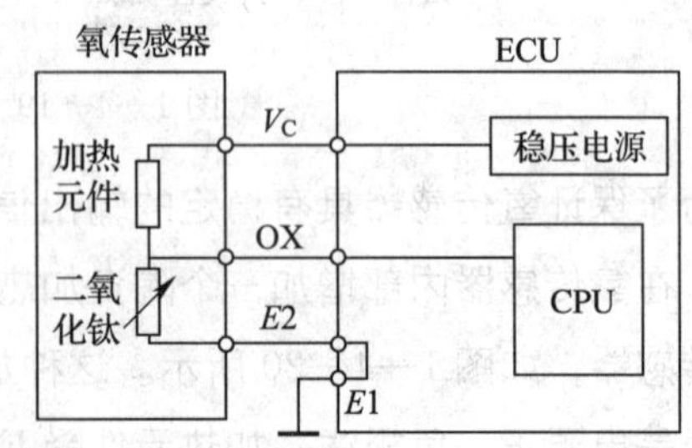

图 1—4—23　氧化钛式氧传感器的工作电路图

由于二氧化钛的电阻也随温度不同而变化，因此，在氧化钛式氧传感器内部也有一个电加热器，以保持氧化钛式氧传感器在发动机工作过程中的温度恒定不变。

氧化钛式氧传感器和氧化锆式氧传感器的主要区别是：氧化锆式氧传感器是将废气中的氧分子含量的变化转换成电压的变化；而氧化钛式氧传感器则是将废气中的氧分子含量的变化转换成传感器电阻的变化。

(4) 氧传感器的使用

使用氧传感器进行反馈控制的发动机必须使用无铅汽油，因为含铅汽油燃烧后废气中的铅分子会附着在氧传感器表面上，堵塞多孔性铂层，甚至会侵入氧化锆内部，阻碍氧离子的扩散，使氧传感器的灵敏度下降，最终失效，使发动机进入开环控制状态，出现这种情况称之为氧传感器中毒。此外，氧传感器还会发生硅中毒，即汽油和润滑油中含有的硅化合物、燃烧后生成二氧化硅、硅橡胶密封圈使用不当散发出的有机硅气体等，使氧传感器产生硅中毒而失效。因此，在使用和维护作业时，要选用无铅汽油和质量好的润滑油，正确选用和安装橡胶圈，不要在传感器上涂抹不符合原厂规定的溶剂和密封胶。

(5) 氧化锆式氧传感器的检测

1) 测量氧传感器加热器电阻。点火开关置于“OFF”，拔下氧传感器的导线连接器，用万用表欧姆挡测量氧传感器接线端中加热器端子与搭铁端子间的电阻，其电阻值应符合标准值（一般为 4～40 Ω)。如不符合标准，应更换氧传感器。测量后，接好氧传感器线束连接器，再作进一步的检测。

2) 测量反馈电压（动态检测)。起动发动机，让发动机保持以 2 500 r/min 左右的转速运转，同时检查电压表指针能否在 0～1 V 之间来回摆动，记下 10 s 内电压表指针摆动的次数。在正常情况下，随着反馈控制的进行，氧传感器的电压一般在 0.4 V 左右不断变化，10 s 内反馈电压的变化次数应不少于 8 次，否则更换传感器。

(6) 氧化钛式氧传感器的检测

1) 检测加热器电阻。用高阻抗数字式万用表欧姆挡对氧传感器的加热电阻值进行测试。拔下氧传感器线束插头，测试氧传感器 A、B 接线柱间的电阻值。正常情况下，其阻值一般为 5～7 Ω。如果电阻为无穷大，则说明加热电阻烧断，应更换传感器。

2) 检查氧传感器的电源电压。打开点火开关，用万用表电压挡测量传感器的电源电压，其标准值为1 V，如图 1—4—24 所示。

3) 检查氧传感器加热器电源电压。打开点火开关，用万用表电压挡测试传感器的加热电源电压，其标准值应为 12 V。

4) 检查氧传感器的反馈电压。打开点火开关，起动发动机，使之在怠速下正常运转，然后用电压表测量电控单元 ECU 上氧传感器的信号接脚与搭铁之间的电压值，其值应为 0.2～0.8 V。提高发动机转速，其电压值应为 0.6～1.0 V，否则应更换氧传感器。

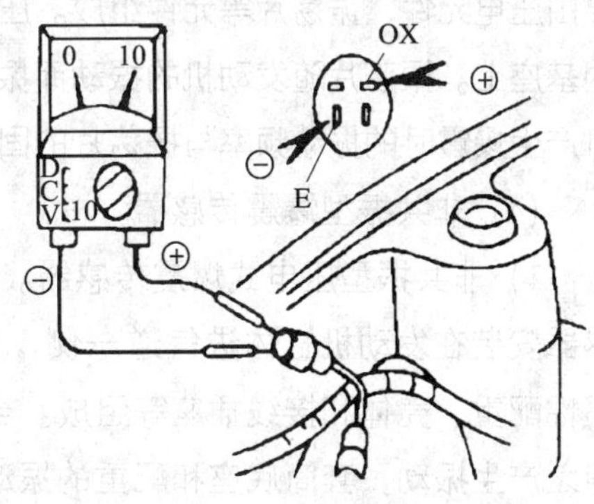

图 1—4—24 氧传感器的检测方法

5）动态测试。使发动机充分预热，拔下燃油压力调节器的真空软管，堵上歧管，使混合气加浓（空燃比减小）。在怠速状态下测量电控单元 ECU 连接器传感器端子与搭铁之间的电压，氧传感器上的电压应大于 0.5 V，否则更换氧传感器。

4. 爆震传感器

(1) 作用

爆震传感器安装在发动机的缸体上，用来检测发动机的爆震情况，并将信号传给 ECU，ECU 根据爆震信号对点火提前角进行修正，从而使点火提前角保持最佳。

(2) 类型

常用的爆震传感器有共振型爆震传感器和非共振型爆震传感器两种。共振型又分为磁致伸缩式和压电式两种；非共振型又有压电式和垫圈式。

(3) 共振型爆震传感器

1）共振型磁致伸缩式爆震传感器。它是应用最早的爆震传感器，其结构如图 1—4—25 所示，主要由感应线圈、伸缩杆、永久磁铁和壳体组成。当发动机产生爆震而使机体发生振动时，磁芯受振偏移致使感应线圈内磁通量发生变化，线圈产生感应电动势，此电动势即为爆震传感器的输出电压信号。

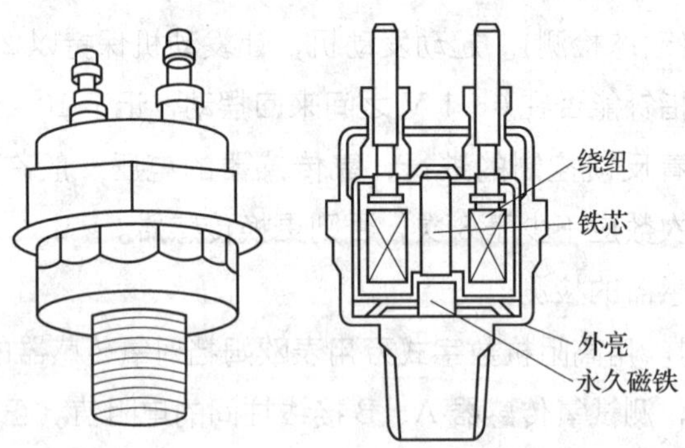

图 1—4—25　共振型磁致伸缩式爆震传感器结构

2）共振型压电式爆震传感器。共振型压电式爆震传感器，其结构如图 1—4—26 所示，主要由压电元件、振荡片等元件组成。压电元件紧密地贴合在振荡片上，振荡片则固定在传感器的基座上。振荡片随发动机的振动而振荡，波及压电元件，使其变形而产生电压信号。当发动机产生爆震时的振动频率与振荡片的固有频率相符合时，压电元件将产生最大的电压信号。

(4) 非共振型爆震传感器

1）非共振型压电式爆震传感器。桑塔纳 2000GSi 型轿车采用的非共振型压电式爆震传感器安装在发动机缸体进气道一侧，其结构如图 1—4—27 所示，主要由套筒、压电元件、惯性配重、壳体和接线插座等组成。当发动机缸体产生振动时，传感器套筒底座及惯性配重随之产生振动，套筒底座和配重的振动作用在压电元件上，压电元件的信号输出端输出与振动频率和振动强度有关的交变电压信号。

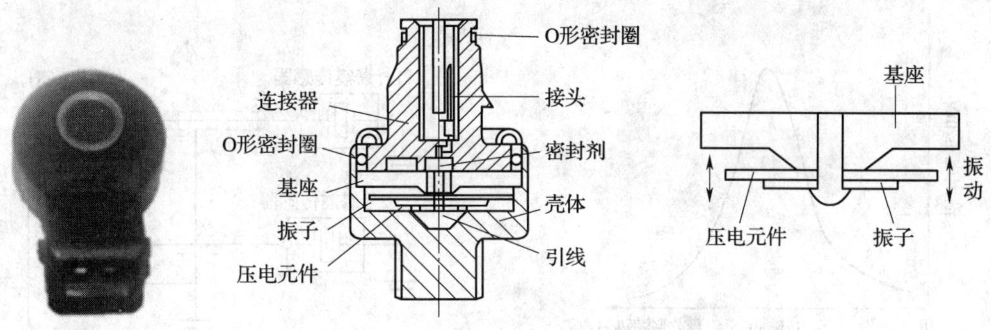

图 1—4—26　共振型压电式爆震传感器结构

2）非共振型垫圈式爆震传感器。另一种非共振型爆震传感器是垫圈式爆震传感器，其结构如图 1—4—28 所示，安装在火花塞垫圈与气缸盖间，它是通过检测火花塞被拧紧力矩的变化，间接地测量燃烧压力。

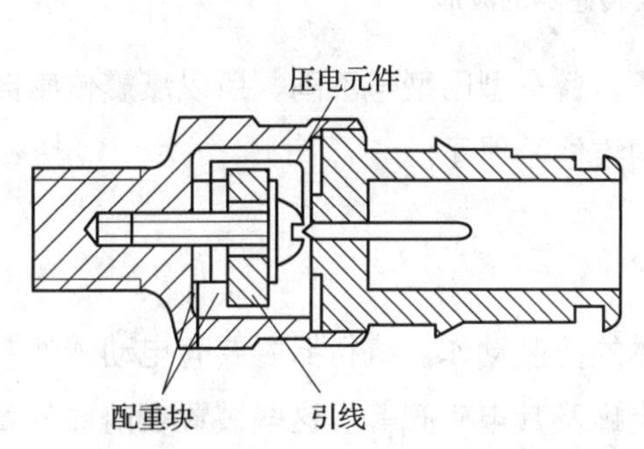

图 1—4—27　非共振型压电式爆震传感器结构

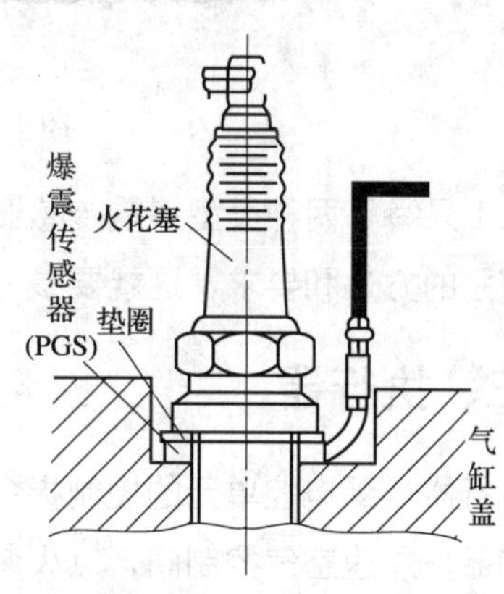

图 1—4—28　非共振型垫圈式爆震传感器结构

（5）共振型磁致伸缩式爆震传感器的检测

1）检测电阻。用万用表欧姆挡检测线圈的电阻，其阻值应符合规定值（具体数据见具体车型维修手册），否则更换爆震传感器。

2）检测输出信号。打开爆震传感器的连接插头，在发动机怠速时用万用表电压挡检测爆震传感器的接线端子与搭铁间的电压，应有脉冲电压输出，如图 1—4—29 所示。否则应更换爆震传感器。

（6）共振型压电式爆震传感器的检测（以皇冠 3.0 车为例）

1）检测电阻。拔下爆震传感器导线插头，用欧姆表检测 1 号爆震传感器 4 接线端子或 2 号爆震传感器接线端子与外壳间的电阻，如图 1—4—30 所示。电阻应为∞（不导通）；若电阻为 0 Ω（导通），则需更换爆震传感器。

2）检测信号电压。拔下爆震传感器的导线插头，当发动机怠速运转时，用示波器检测爆震传感器的接线端子与搭铁间应有脉冲波形输出，如图 1—4—31 所示。如果没有脉冲波形输出，说明爆震传感器已损坏，需更换爆震传感器。

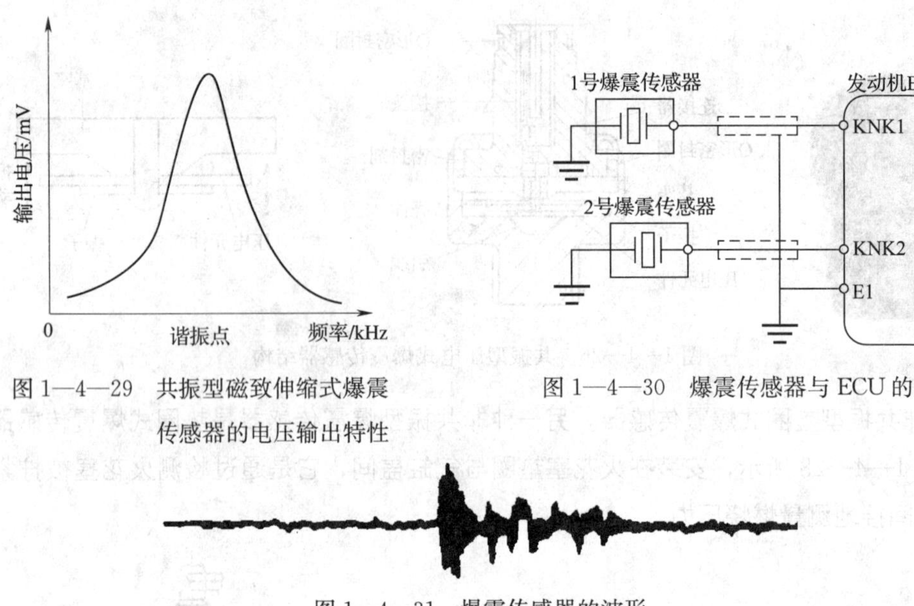

图 1—4—29 共振型磁致伸缩式爆震传感器的电压输出特性

图 1—4—30 爆震传感器与 ECU 的连接

图 1—4—31 爆震传感器的波形

以上只举了两种类型爆震传感器检测的例子，各车型因型号不同，所以爆震传感器的检测还有别的方法和要求，这就要参考各类型车的维修手册了。

三、执行器

执行器接受电控单元的控制指令，完成具体的控制动作。执行器主要有电动燃油泵，电磁喷油器，怠速空气控制阀，点火装置和活性炭罐及其电磁阀等。这些装置在前面的章节或后面的内容中有详细的介绍，在此就不再介绍。

四、继电器及开关信号

1. 主继电器

(1) EFI 主继电器的结构和工作原理

1) EFI 主继电器的结构。EFI 主继电器作用是控制 ECU（除随机存储器 RAM 电路外）的电源电路，如图 1—4—32 所示。EFI 主继电器一般多采用滑阀型，且一般为四脚型的继电器，其结构如图 1—4—33 所示。

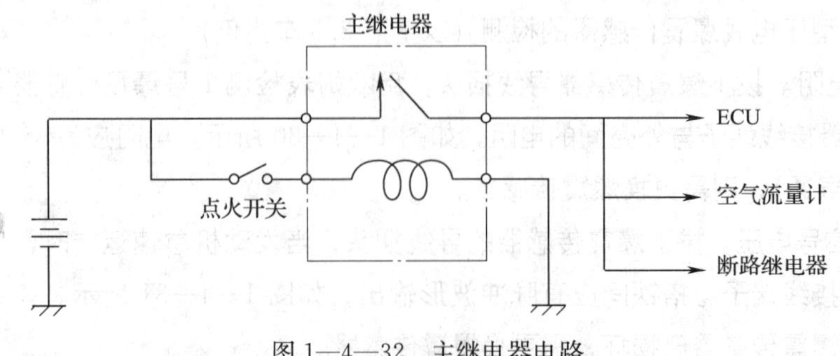

图 1—4—32 主继电器电路

2）EFI 主继电器的工作原理。当接通点火开关时，电流通过主继电器线圈，滑阀被吸引，触点闭合，于是电源向 ECU（+B 或 B1）供电；当断开点火开关时，主继电器触点打开，切断 ECU 的电源电路。

（2）EFI 主继电器的检测

检测：用万用表的欧姆挡测端子 1 与 2 间的电阻，其值应为小于 0.5 Ω，测端子 3 与 5 间的电阻，其值应为∞，否则需更换继电器。在端子 1 与 2 间加 12 V 电压，用万用表的欧姆挡测端子 3 与 5 间的电阻，其值应小于 0.5 Ω，否则更换继电器。

2. 电动油泵继电器的结构和工作原理

（1）电动油泵继电器的结构

电动油泵继电器（也称为断路继电器）用于控制电动汽油泵的电源电路（仅在发动机运转时接通电路）。图 1—4—34 所示为油泵继电器的结构。油泵继电器一般采用五脚型，也有的采用四脚型、六脚型。

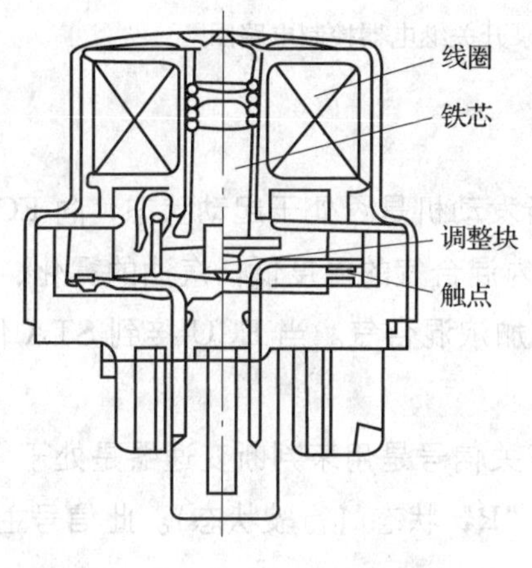

图 1—4—33　主继电器结构

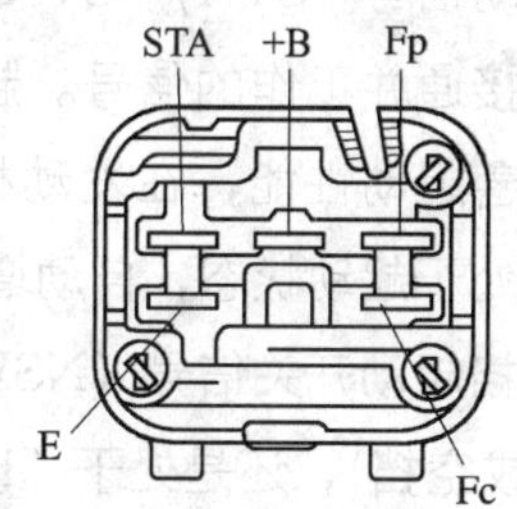

图 1—4—34　油泵继电器的结构

（2）电动油泵继电器的工作原理（以 D 型发动机为例）

如图 1—4—35 所示，当发动机起动时，点火开关位于起动（STA）位置，继电器线圈 L2 通电，继电器触点闭合，燃油泵通电工作。发动机起动后，发动机转速信号（Ne）输入 ECU，ECU 内三极管导通，继电器线圈 L1 通电，燃油泵继续工作。因此，只要发动机运转，继电器触点总是闭合的，即燃油泵总是工作的。ECU 通过发动机的转速信号，检测发动机的运转状态。如果发动机停止运转，三极管截止，继电器线圈 L1 断电，其触点断开，燃油泵停止工作。

（3）五脚电动油泵继电器的检测

用数字万用表电阻 200 Ω 挡检查各端子之间的状况，端子 STA 与 E 之间应导通，端子+B 与 Fp 之间应不导通。如果不符合上述要求，应更换继电器。

在端子 STA 和 E 上施加蓄电池电压（或稳压电源机电压），用数字万用表电阻 200 Ω 挡检查端子+B 与 Fp 之间应导通。如果不符合要求，则应更换继电器。

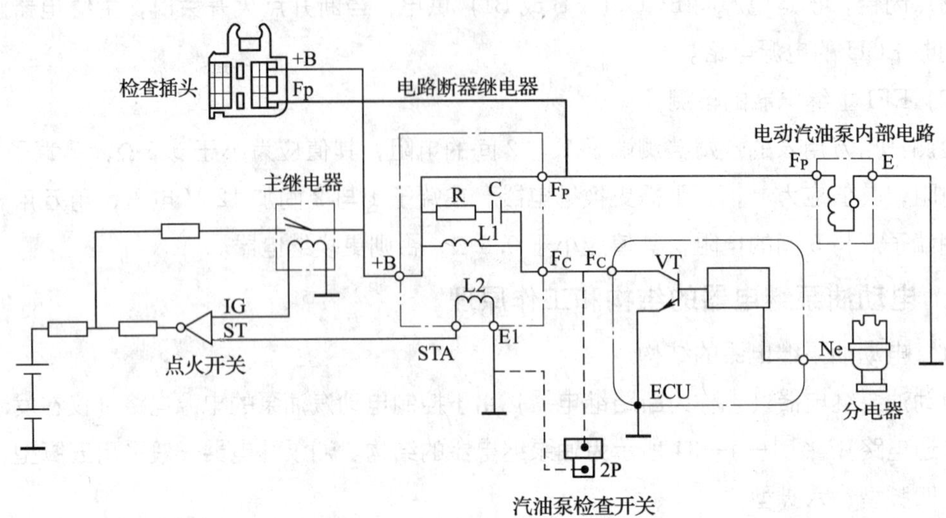

图 1—4—35 D 型 EFI 系统燃油泵开关继电器控制电路图

3. 开关信号

(1) 起动信号 (STA)。STA 信号是用来判断发动机是否处于起动状态，向 ECU 提供起动继电器接通并工作的信号。起动时，进气管内混合气的温度低，汽油的雾化、蒸发较差，为了改善起动性能，在发动机起动时，必须加浓混合气。当 ECU 接到 STA 信号时，确认发动机处于起动状态，自动增加喷油量。

(2) 空挡起动开关信号 (NSW)。空挡起动开关信号是用来判断变速器是处于"P"或"N"(停车或空挡)，还是处于"L""2""D"或"R"状态 (行驶状态)。此信号主要用来控制怠速系统。空挡起动开关安装在变速器壳体上。

当点火开关处于 ST 位置时，ECU 的 NSW 端与蓄电池正极相连，自动变速器处于"P"或"N"挡时，空挡起动开关闭合，起动继电器电路接通，并向 ECU 输入一个低电平信号，此时发动机可以起动；自动变速器处于"L""2""D"或"R"挡时，空挡起动开关断开，起动继电器电路断路，并向 ECU 输入一个高电平信号，此时发动机不能起动。

(3) 点火开关信号 (IGN)。点火开关信号是用来判断点火开关是否处于点火状态。当点火开关处于"ON"位置时，ECU 将会控制怠速步进电动机进入预定位置，接通燃油泵断电器电路，根据进气歧管压力、大气压力和进气温度传感器的信号，确定基本喷油量，根据各传感器信号，修正喷油时间和点火时刻等。

(4) 空调开关信号 (A/C)。空调开关信号是用来判断空调压缩机是否处于工作状态。当空调压缩机工作时，向 ECU 提供一个高电平信号，ECU 根据空调开关信号控制发动机怠速时的点火提前角、怠速转速和断油车速等。

§1—5　汽油发动机燃油喷射控制

学习目标：

1. 掌握燃油喷射时喷油器的控制及工作原理。
2. 掌握燃油喷射时喷油正时的控制原理。
3. 掌握燃油喷射时喷油量的控制原理。
4. 理解燃油喷射时电动燃油泵的控制原理。
5. 了解燃油喷射时喷油器的波形分析及造成发动机工作不正常的电子控制因素。

从1980年起，汽车的电子控制系统已经进入类似微型计算机控制，能将数个控制功能集中在一个ECU中，称为集中控制。现代汽车的燃油电控喷射系统在燃油喷射控制过程中主要有对喷射正时、喷油量、怠速、燃油泵等方面的控制。

一、喷油器的控制及工作原理

燃油喷射式发动机所需的燃油是燃油泵和喷油器供给的。在燃油喷射系统中，单点喷射系统采用1～2个喷油器装在进气管节气门的上方，进行集中喷射，使喷射出的汽油与空气流形成可燃混合气，由进气管分配到各个气缸。多点喷射系统，是在每个气缸的进气门前安装一个喷油器，将汽油喷射到进气歧管进气门外，当进气门打开时，将汽油与空气的混合气吸入气缸内。现代汽车一般采用多点喷射发动机，而多点喷射系统一般采用间歇式喷射，此喷射方式的喷油器由ECU进行控制，如图1—5—1所示。

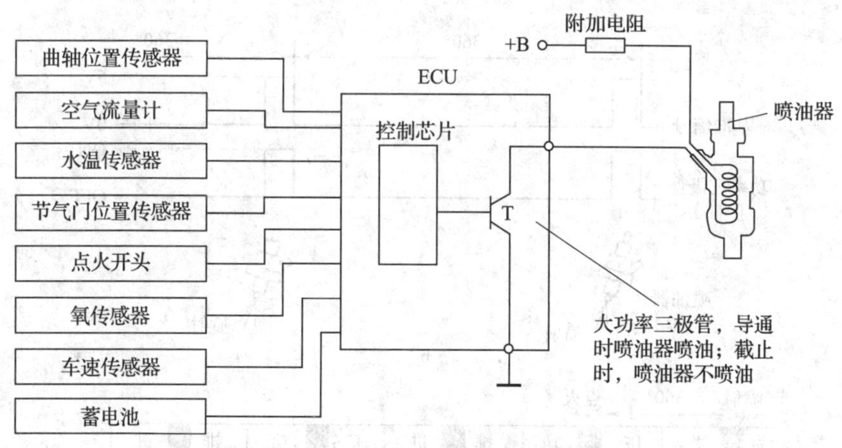

图1—5—1　燃油喷射控制系统

当发动机工作时，各传感器将信号输入ECU，ECU根据各信号，经运算判断后输出控制信号，控制三极管的导通或截止。当三极管导通时，喷油器电磁线圈的电路接通，产生的电磁吸力将阀门打开，喷油器喷油；当三极管截止时，喷油器电磁线圈的电路断开，回位弹簧使阀门关闭，喷油器停止喷油。

喷油器的喷油量与喷口面积、针阀行程、喷油压力等因素有关，当这些因素确定后，喷油量的大小取决于喷油器针阀开启的时间，即取决于喷油器电磁线圈的通电时间。

二、喷油正时的控制

喷油正时是喷油器开始喷油的时刻。即 ECU 根据发动机的工况，适时发出喷油指令，将喷油器打开而喷油的时刻。

1. 多点间歇的喷油正时控制

多点间歇燃油喷射系统是每个气缸配有一只喷油器，安装在燃油分配总管上。根据燃油喷射时序的不同，多点间歇燃油喷射可分为同时喷射、分组喷射和顺序喷射三种基本类型。它们对喷油正时的要求各不相同。

(1) 同时喷射正时控制

如图 1—5—2 所示，ECU 控制各缸喷油器同时喷油，喷油正时与发动机工作过程没有联系。每个工作循环同时喷油 2 次。各缸喷油时间不可能均为最佳，混合气质量不一致。此电路结构与软件较简单，现已很少使用。

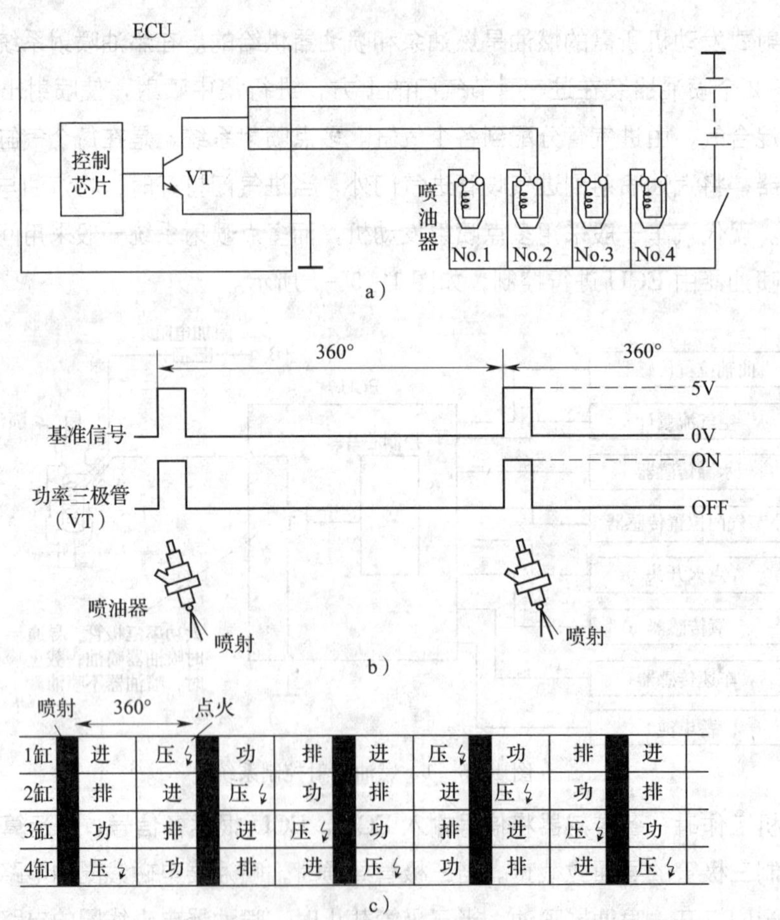

图 1—5—2 同时喷射电路与正时的关系

(2) 分组喷射正时控制

将喷油器分为 2 组（四缸发动机）或 3 组（六缸发动机），ECU 用 2 路或 3 路控制电路控制各组喷油器，以各组最先进入做功行程的气缸为基准。每个工作循环各组均喷射 1 次，如图 1—5—3 所示。

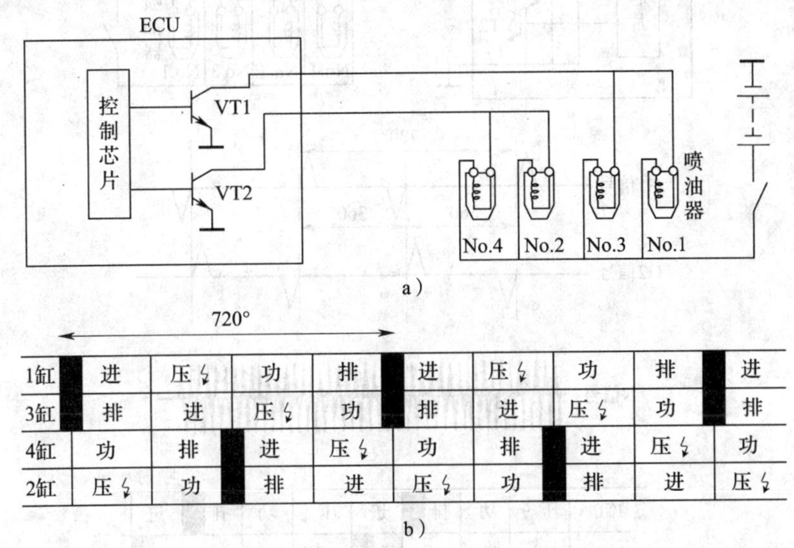

图 1—5—3 分组喷射电路与正时的关系

(3) 顺序喷射正时控制

ECU 根据凸轮轴位置传感器信号（G 信号）、曲轴位置传感器信号（Ne 信号）和发动机的做功顺序，确定各缸工作位置。当确定某缸活塞运行至排气行程上止点前 60°～70°时，ECU 输出喷油控制信号，接通喷油器电磁线圈电路，该缸即开始按顺序喷油（1—3—4—2 或 1—5—3—6—2—4），如图 1—5—4 所示。优点是各缸喷油时刻均可设计在最佳时刻，缺点是控制电路和控制软件较复杂。

三、喷油量的控制

电磁喷油器的喷油量取决于电磁阀打开的时间（喷油器喷射持续时间），也就是取决于 ECU 提供的喷油脉冲信号宽度（简称为喷油脉宽）。喷油量的控制即喷油脉宽的控制，目的是使发动机可燃混合气的空燃比符合要求，使发动机具有良好的经济性和动力性，排放污染大为降低。

1. 起动时的喷油量（即喷油脉宽）控制

起动时喷油脉宽＝基本喷油脉宽（由水温传感器确定）＋进气温度修正值＋电压修正值

起动发动机时，由于发动机转速很低且波动较大，无论 D 型系统中的进气歧管绝对压力传感器还是 L 型系统中的空气流量传感器，都不能精确地确定进气量，进而影响合适的喷油脉宽的确定。因此，在发动机冷起动时，ECU 不是以空气流量传感器信号或进气压力

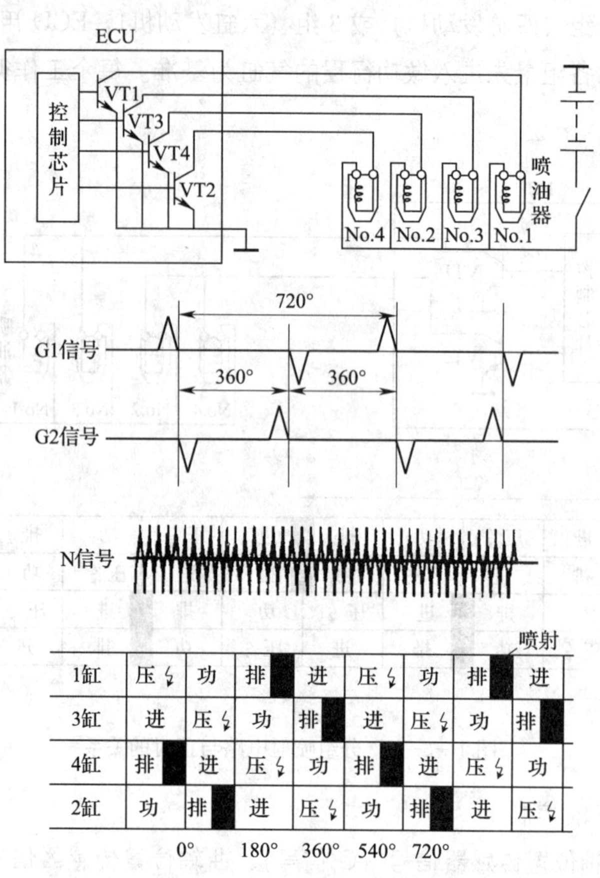

图 1—5—4　顺序喷射电路与正时的关系

传感器信号作为计算喷油量的依据，而是按照可编程只读存储器中预先编制的起动程序和预定空燃比控制喷油。具体地说，在起动时，ECU 根据当时的发动机水温，由存储器中的水温—喷油脉宽图找出相应的喷油脉宽（见图 1—5—5），然后用进气温度和蓄电池电压等参数进行修正，得到起动时的喷油脉宽。

当点火开关接通起动（ST）挡位时，ECU 的 STA 端便接收到一个高电平信号，此时 ECU 再根据曲轴位置传感器和节气门位置传感器信号判定发动机是否处于起动状态。如果曲轴位置传感器信号表明发动机转速低于 300 r/min，且节气门位置传感器信号表明节气门处于关闭状态，则判定发动机处于起动状态，并控制运行起动程序。由水温传感器信号 ECU 查出根据水温—喷油脉宽图确定的基本喷油脉宽；根据进气温度信号对喷油脉宽作修正（延长或减短）；根据蓄电池电压相应延长喷油脉宽信号，以实现喷油量的进一步修正，即电压修正，如图 1—5—6 所示。

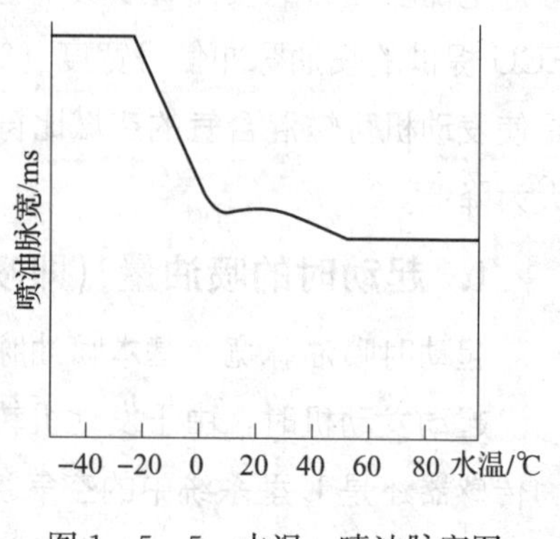

图 1—5—5　水温—喷油脉宽图

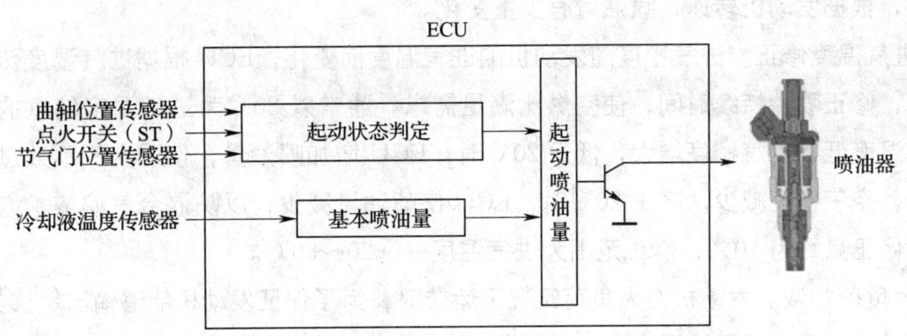

图 1—5—6　起动时的喷油脉宽（即喷油量）控制原理图

2. 起动后的喷油量（即喷油脉宽）控制

发动机转速超过预定值（300 r/min）时，ECU 确定的喷油脉宽信号满足下式：

起动后喷油脉宽＝基本喷油脉宽＋ 喷油修正脉宽

(1) 基本喷油量

基本喷油量是在标准大气状态（温度为 20℃，压力为 101 kPa）下，根据发动机每个工作循环的进气量、发动机转速和设定的空燃比（即目标空燃比，一般是理论空燃比 14.7）确定。

D 型电控燃油喷射系统的基本喷油量由发动机转速信号和进气管压力信号确定。根据进气管压力信号确定喷油量，是以进气量与进气管压力成正比为前提的，这一前提只在理论上成立。实际工作中，进气脉动使充气效率变化，进行再循环的排气量的波动也影响进气量。因此，ECU 还须根据发动机转速信号（Ne）对喷油量作修正。

L 型电控燃油喷射系统的基本喷油量由发动机转速、进气量信号确定。这个基本喷油脉宽是实现理论空燃比的喷油时间。

由此可见，进气量传感器（空气流量传感器或进气歧管绝对压力传感器）和发动机转速传感器（也称曲轴位置传感器）是燃油喷射系统中最重要的两个传感器，特别是进气量传感器，其精度高低将直接影响喷油时间的计算精度，从而影响发动机的动力性和经济性。

(2) 起动后各工况下喷油量的修正

1) 起动后加浓。发动机完成起动后，由于温度较低混合气雾化不良，当点火开关由 ST 位置转到 ON 位置，或发动机转速已达到或超过预定值时，ECU 额外增加喷油量，使发动机保持稳定运行。喷油量的初始修正值根据水温确定，然后随温度升高按某一固定速度下降，逐步达到正常。

2) 暖机加浓。冷机时燃油蒸发性差，为使发动机迅速进入最佳工作状态，必须供给浓混合气。在水温低时，ECU 根据水温传感器信号相应增加喷油量，冷却液温在－40℃时加浓量约为基本喷射量的两倍。

暖机加浓还出现在怠速触点信号接通或断开时。当节气门位置传感器中的怠速触点接通或断开时，根据发动机转速，喷油量有少量变化。

3）进气温度修正。进气密度随发动机的进气温度而变化，ECU 根据进气温度传感器提供的信号，修正喷油持续时间，使空燃比满足需求，通常以 20℃为进气温度信息的标准温度。进气温度低，空气密度增大，低于 20℃时，ECU 增加喷油量，使混合气不致过稀；进气温度高，空气密度减少，高于 20℃时，ECU 使喷油量减少，以防混合气偏浓。增加或减小的最大修正量约为 10%，修正范围为进气温度——20～60℃。

4）大负荷加浓。发动机在大负荷工况下运转时，为了保证发动机能够输出足够的转矩，改善加速性能，要求使用浓混合气以便获得大功率，ECU 根据发动机负荷增加喷油量。发动机负荷状况可以根据节气门开度或进气量的大小确定，故 ECU 可根据进气歧管压力传感器、空气流量传感器、节气门位置传感器输送的信号判断发动机负荷状况，决定相应增加的喷油量。大负荷的加浓量约为正常喷油量的 10%～30%。有些发动机的大负荷加浓量还与水温信号有关。水温越低，喷油增量比例越大，加浓持续时间越长。

5）过渡工况空燃比控制。发动机在过渡工况下运行时（汽车加速或减速行驶），为获得良好的动力性、经济性，空燃比应作相应变化，也需要适量调整喷油量。ECU 判定相应工况的信号有进气管压力（PIM）、发动机转速（Ne）、车速（SPD）、节气门位置（TPS）、空挡起动开关（NSW）和水温（THW）等。

6）怠速稳定性修正（D 型系统）。在 D 型系统中，决定基本喷油脉宽的信号是进气管压力。在过渡工况时，进气管压力信号相对滞后于发动机转速，造成发动机转速上升时，输出转矩不足。为了提高发动机怠速运转时的稳定性，ECU 根据进气管压力信号（PIM）和发动机转运信号（Ne）对喷油量作修正。具体操作为随压力增大或转速降低，增加喷油量；反之，则减少喷油量。

7）空燃比反馈修正。在装有三元催化转化器的电控汽油机中，用氧传感器对排气中氧含量进行检测，ECU 根据检测结果对空燃比进行修正，将空燃比控制在理论空燃比附近。

(3) 断油控制

断油控制是指 ECU 停止向喷油器发送喷射信号，喷油器停止喷油。

断油控制有两种方式：一种是减速时以降低燃油消耗和改善排气净化为目的的断油控制；另一种是发动机高速运转时，以防止发动机损坏为目的的断油控制。

1）减速断油控制。当节气门关闭而发动机转速在设定转速以上时，ECU 将判断为不需要供油的减速状态，此时 ECU 进行断油控制。

断油控制还要根据有无其他负荷以及发动机冷却水温度等因素确定，并依此确定断油范围，如图 1—5—7 所示是依据发动机冷却水温度确定的断油转速和恢复转速示意图。

2）超速断油控制。超速断油控制是指发动机转速超过某一规定转速时，ECU 停止向喷油器发出喷油指令，以防发动机损坏。目前，对电控燃油喷射发动机来说，一般采用切断燃油喷射的电子转速限制装置。ECU根据发动机的实际转速与存储器中的最高转速进行比较，当实际转速达到最高转速时，ECU立即停止向喷油器输出喷油信号，喷油器停止喷油。当发动机转速降低到某一规定值时，又恢复供油，如此循环，如图1—5—8所示。

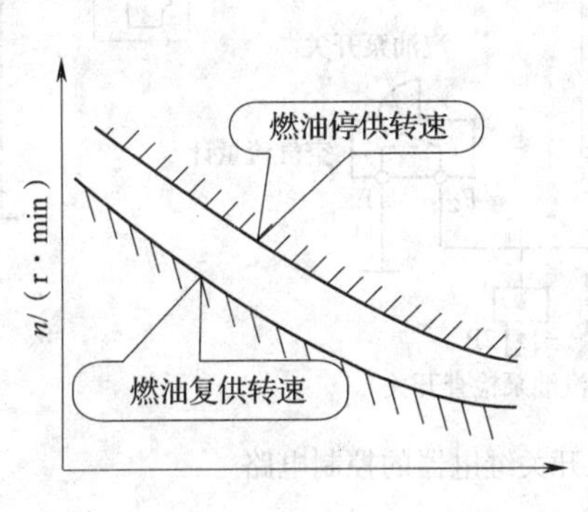

图1—5—7 减速断油控制曲线

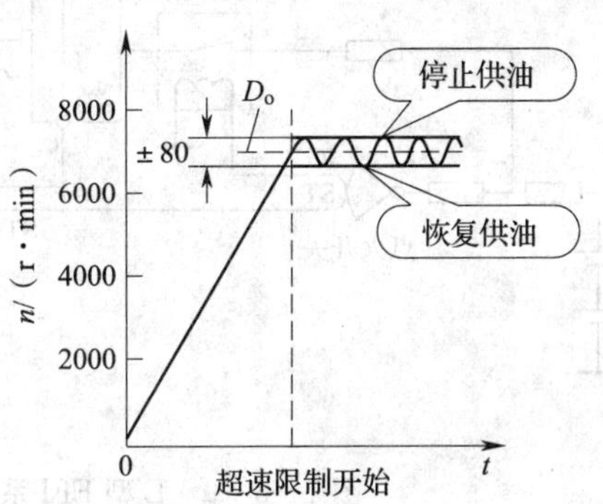

图1—5—8 超速断油控制曲线

四、电动燃油泵的控制

电控燃油喷射发动机喷油器的燃油是由电动燃油泵提供的，电动燃油泵的工作也是受控制的。

在装有EFI系统的发动机上，电动燃油泵只有在发动机起动或运转时才工作，发动机不转动，即使点火开关闭合，燃油泵也不工作。现用的许多发动机为了控制泵油量，还根据发动机的负荷和转速等情况，对燃油泵的转速进行控制。

1. 燃油泵开关继电器的控制

电动燃油泵的控制，其实是对燃油泵开关继电器的控制。继电器触点闭合，燃油泵通电工作；继电器触点断开，燃油泵停止工作。D型EFI系统和L型EFI系统的燃油泵控制电路是不同的，常用的有以下三种控制方式。

(1) D型EFI系统燃油泵开关继电器的控制

D型EFI系统燃油泵开关继电器的控制电路如图1—4—5所示。

当发动机起动时，点火开关位于起动（ST）位置，继电器线圈L2通电，继电器触点闭合，燃油泵通电工作。发动机起动后，发动机转速信号（Ne）输入ECU，ECU内三极管导通，继电器线圈L1通电，燃油泵继续工作。因此，只要发动机运转，继电器触点总是闭合的，即燃油泵总是工作的。ECU接收发动机的转速信号，检测发动机的运转状态。如果发动机停止运转，三极管就截止，继电器线圈L1就断电，继电器触点断开，燃油泵停止工作。

(2) L型EFI系统燃油泵开关继电器的控制

L型EFI系统燃油泵开关继电器的控制电路如图1—5—9所示。

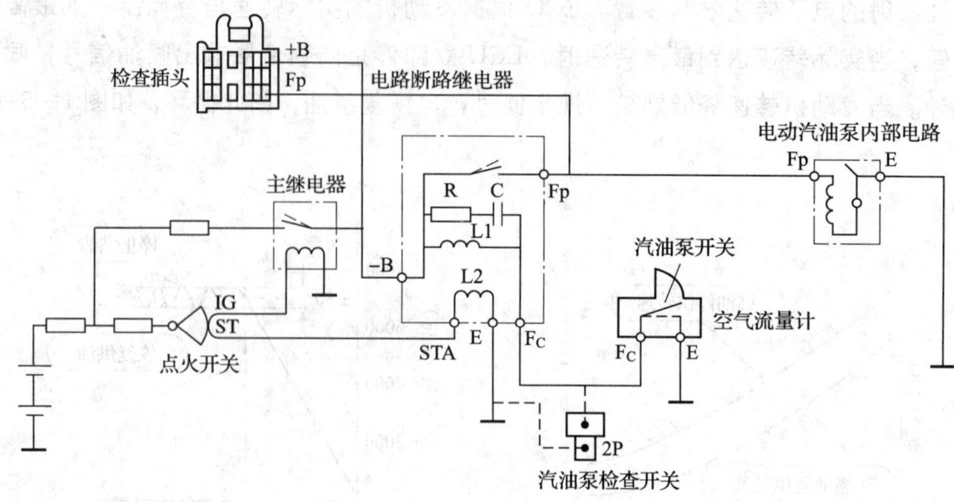

图 1—5—9 L 型 EFI 系统燃油泵开关继电器的控制电路

在 L 型 EFI 系统中，燃油泵开关装在空气流量计内。起动发动机时，点火开关位于起动（ST）位置，燃油泵开关继电器的线圈 L2 通电，继电器触点闭合，燃油泵工作。发动机起动后，进气管内的空气流使空气流量计的翼片转动，此时空气流量计内的燃油泵开关接通，继电器的线圈 L1 通电，燃油泵继续工作。因此，只要发动机运转，继电器触点总是闭合的，即燃油泵总是工作的。ECU 通过空气流量计信号，检测发动机的运转状态。如发动机停止运转，空气流量计内燃油泵开关断开，继电器线圈 L1 断电，其触点断开，燃油泵停止工作。

(3) 晶体管型 EFI 电动燃油泵的控制

晶体管型 EFI 电动燃油泵的控制电路如图 1—5—10 所示。

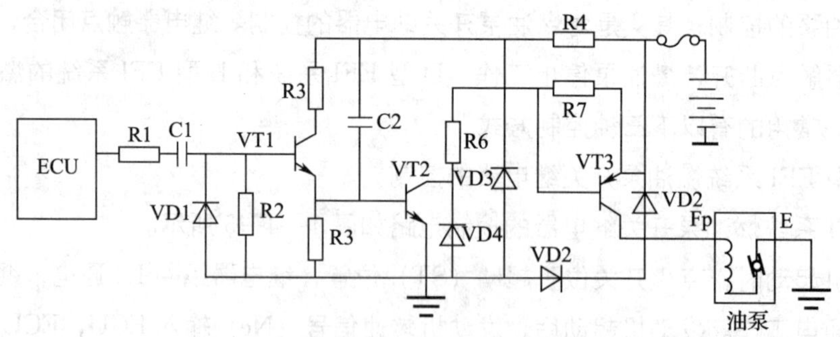

图 1—5—10 晶体管型 EFI 电动燃油泵的控制电路

晶体管 VT1 是控制信号输入级，VT2 是激励级，VT3 是输出驱动级。当点火开关位于工作挡（ON）位置时，+12 V 的电源电压加在 VT3 的发射极端，同时经 R7、R6 和 R4、R3 分别加在 VT2 和 VT1 的集电极端。C2 经 R4 和 R5 被充电，充电电流在 R5 上产生的电压降为 VT2 提供了正向偏置而使其导通，从而驱动燃油泵工作。由于 C2 的容量较大，所以充电过程可持续 3～5 s，充电结束后，VT2、VT3 截止，燃油泵停止工作。燃油泵工作这几秒钟，足以使系统建立一定燃油压力供起动发动机用。当发动机旋转后，点火系统开始工作，由点火线圈负极输出的脉冲信号经 R1、C1 送到 VT1 基极触发 VT1 工作，由 VT1 输出的信号经 VT2 放大而激励 VT3，VT3 驱动燃油泵工作。虽然触发 VT1 基极的是脉冲信号，但由于触发频率较高，再加上 C2 的平滑滤波作用和燃油泵电动机的惯性作用，所以燃油泵还连续工作。

2. 燃油泵转速的控制

发动机在低速或中小负荷工况下工作时，需要的供油量相对较小，此时燃油泵低速运转。当发动机在高速运转或大负荷下工作时，需要的供油量较大，此时燃油泵要高速运转，才能增加其泵油量。一般燃油泵转速控制分低速和高速两级。目前常见的燃油泵控制方式有以下几种：

(1) 电阻式

电阻式燃油泵控制电路如图 1—5—11 所示。

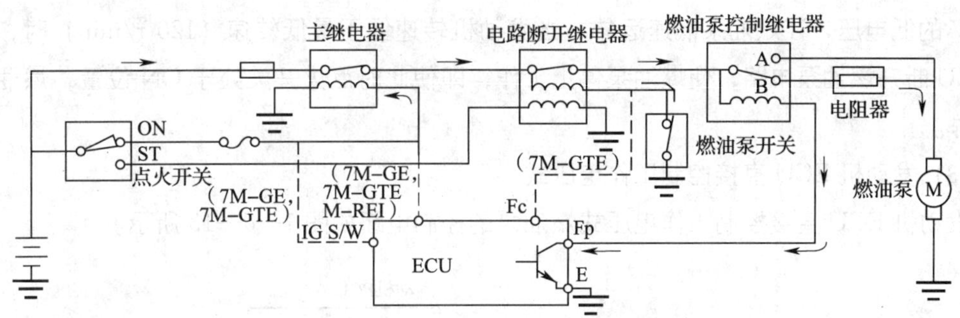

图 1—5—11 电阻式燃油泵控制电路

在燃油泵控制电路中，增设一个电阻器（降压电阻）和油泵控制继电器（或电阻器旁路继电器）。发动机工作时，ECU 根据发动机的转速和负荷，对燃油泵控制继电器进行控制，燃油泵控制继电器则控制电阻器是否串联进燃油泵电路中。当发动机在低速、中小负荷工况下工作时，燃油泵控制继电器的触点 B 闭合，电阻器串联进燃油泵电路中，加在燃油泵上的电压降低，燃油泵低速运转；当发动机在高速、大负荷工况下工作时，ECU 输出信号，切断燃油泵控制继电器的电阻器电路，使触点 A 闭合，电阻器不串联进燃油泵电路中，作用在燃油泵上的电压升高，燃油泵高速运转。

(2) 专用 ECU 控制式

专用 ECU 控制式燃油泵的控制电路如图 1—5—12 所示。

燃油泵专用 ECU 对燃油泵转速的控制，也是通过控制作用在燃油泵电动机上的不同电压来实现的。当发动机起动或在高转速、大负荷工况下工作时，发动机 ECU 向燃油泵专用 ECU 输入一高电位信号，此时燃油专用 ECU 的 FP 端向燃油泵电动机供给较高电压（相当于蓄电池电压），使燃油泵高速运转；当发动机在怠速或小负荷工况下工作时，发动机 ECU 向燃油泵专用 ECU 输入一低电位信号，此时燃油泵专用 ECU 的 FP 端向燃油泵电动机供给

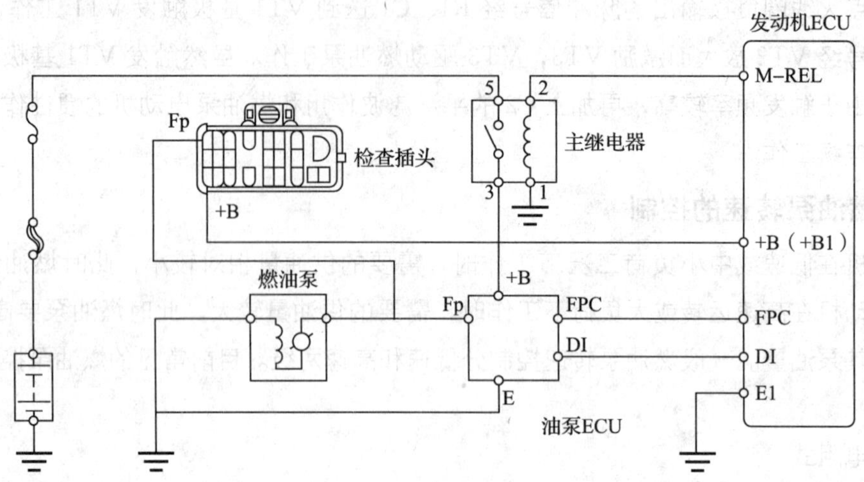

图 1—5—12　专用 ECU 控制式燃油泵的控制电路

约 9 V 的低电压，让燃油泵低速运转。当发动机转速低于最低转速（120 r/min）时，燃油泵 ECU 断开燃油泵电路，使燃油泵停止工作，即使此时点火开关处于 ON 位置，燃油泵也不工作。

(3) 发动机 ECU 直接控制工作电压式

发动机 ECU 直接控制工作电压式燃油泵的控制电路如图 1—5—13 所示。

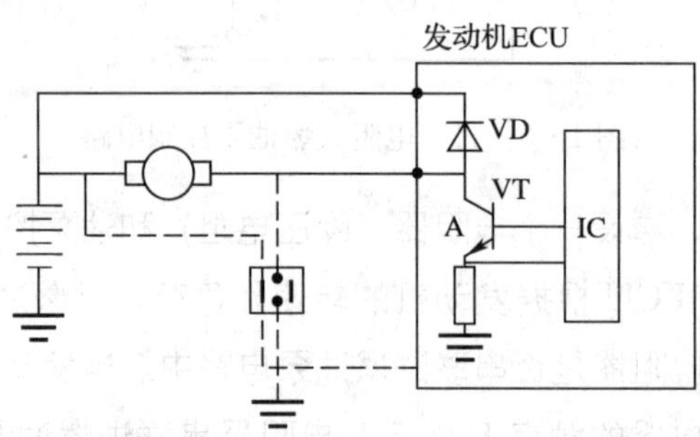

图 1—5—13　发动机 ECU 直接控制工作电压式燃油泵电路图

发动机工作时，发动机 ECU 根据燃油消耗量、需要的回油量和供油装置的温度等，通过内部的控制回路，控制功率三极管进行高频率（约 20 kHz）的导通和截止，控制 A 点的平均压降值（分压值），使燃油泵保持所需的工作电压。燃油泵的工作电压与发动机负荷成正比变化。发动机 ECU 在进行实际控制时，燃油泵的工作电压主要随发动机转速和喷油脉冲宽度变化，如图 1—5—14 所示。

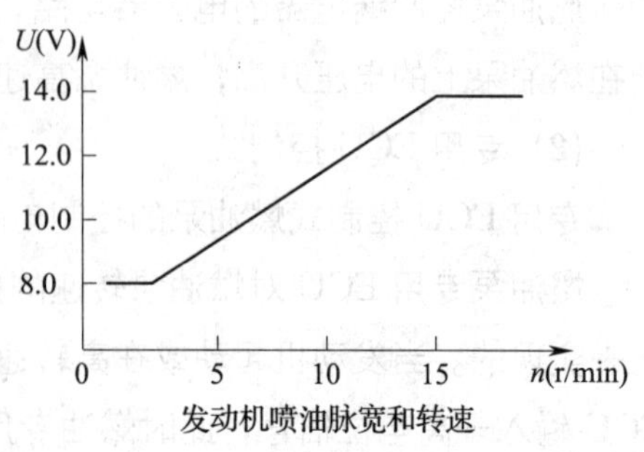

图 1—5—14　燃油泵工作电源电压电路特性

图 1—5—13 中的二极管为反馈二极管。在功率

三极管工作中截止的瞬间，反馈电流经过二极管构成回路，这样不仅可以平缓工作电流，而且也可以节省40%左右的电功率，降低燃油泵的运转噪声。

采用发动机ECU直接控制燃油泵的方式中，有的还装有燃油继电器，如图1—5—13中虚线部分，装有燃油泵继电器的燃油泵工作情况见表1—5—1。

表1—5—1　　燃油泵工作情况

点火开关位置	发动机情况	燃油泵继电器	燃油泵工作情况
接通ON	未转	断开	工作5 s
	起动	接通30 s	工作
	运转	断开	工作
	熄火后	断开	1 s内停止工作

五、喷油器波形分析

图1—5—15所示为饱和开关喷油器驱动器控制喷油脉冲波形，波形上显示了3个数据：喷油脉宽、最低电压和峰值电压。观察发动机冷起动、热起动、怠速、缓慢加速和急加速的喷油波形变化，根据喷油波形变化，判断造成故障的可能部位。以桑塔纳时代超人轿车为例。在热车时，发动机转速为800 r/min，此时喷油脉宽应为1.00～2.50 ms，一般怠速时为1.5～5 ms，冷起动或节气门全开时为6～35 ms。车型不同，则这些数据也会有所不同。如果急加速时喷油脉宽没有增加，应检查空气流量传感器和节气门位置传感器。如果冷起动时喷油脉宽仅为3～4 ms，会造成冷车起动困难，应检查水温传感器、起动信号、空气流量传感器信号（或进气压力传感器信号）。如果加速性能不良，而波形上显示的喷油脉宽在加速时就很快增加，这说明控制信号、传感器信号没故障，应检查系统油压、喷油状况、点火高压等。又如观察氧传感器信号和喷油脉宽的关系，可以清楚地看到喷油脉宽在正常全浓（氧传感器高信号）至全稀（氧传感器低信号）范围内，喷油脉宽在0.25～0.5 ms之间变化。波形中最大电压也称作峰值电压，是喷油器驱动器切断时，喷油器线圈产生的自感电动势。峰值电压因汽车制造厂商的不同和发动机的不同而不同，其正常的范围为30～100 V。波形中最小电压即为喷油器驱动器导通电压，为0～2 V。如果波形显示的是一条0 V的直线，则表示喷油器驱动器已被击穿，这种情况说明只要接通点火开关，喷油器就处在常喷油状态；如果波形显示的是一条电源直线，则表示喷油器驱动器断路，此时接通点火开关后喷油器不再喷油。

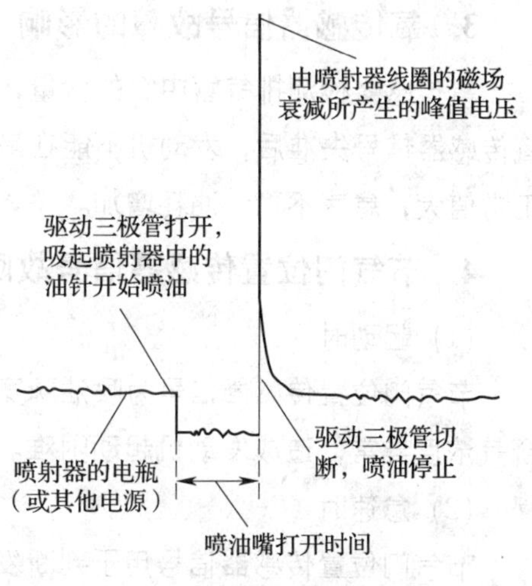

图1—5—15　喷油器波形图

六、造成发动机工作不正常的因素

1. 进气压力传感器信号故障的影响

(1) 起动时

电控单元根据此传感器信号作为燃油喷射和点火控制的主控信号。进气压力传感器出现故障导致信号中断时或传感器上的真空管脱落时，ECU 使发动机进入应急状态，造成发动机不能起动或起动困难。

(2) 怠速时

发动机怠速时，因进气压力传感器信号失准，不能检测出进入发动机气缸的空气量，使 ECU 判断错误，造成混合气的空燃比不符合要求，因而怠速不稳。

(3) 急加速时

快速踩下加速踏板，此时喷油脉宽应该迅速增加至 6～35 ms，但因信号故障，喷油脉宽没有增加，这样一来发动机加速时转速上升就变得缓慢，有迟滞现象，还有可能出现踩下加速踏板后转速不升反降甚至熄火的现象。

2. 水温传感器信号故障的影响

(1) 起动时

发动机起动时由水温传感器信号决定基本的喷油脉宽（即喷油量），在冷起动时，喷油脉宽应该增加至 6～35 ms，进行冷起动加浓。如水温传感器提供的信号失准，起动时喷油脉宽仍为 1.5～5 ms，会造成不能起动或起动困难，特别是在冷起动时。

(2) 怠速时

水温传感器信号是喷油正时、喷油量和点火提前角等的修正信号。如信号失准，就会导致发动机怠速不稳，发抖或起动时易熄火；如果拔下水温传感器插头，此时 ECU 的失效保护功能就以水温设定在一个固定值（如 80℃）来对发动机进行控制。

3. 氧传感器信号故障的影响

氧传感器检测排气管中氧的含量，以供 ECU 修正和调整喷油量（即空燃比）。怠速时，氧传感器信号失准后，发动机不能在最佳状态下工作，导致混合气过浓或过稀，喷油脉宽比正常值大，怠速不稳，油耗增加。

4. 节气门位置传感器信号故障的影响

(1) 起动时

节气门位置传感器信号为喷油脉宽（喷油量）的修正信号，信号失准后，会使发动机混合气浓度异常，造成发动机起动困难。

(2) 怠速时

节气门位置传感器信号用于判断发动机的节气门开度的大小，信号失准后使发动机混合气浓度不佳，发动机怠速不稳，发动机转速小幅度内波动。

（3）加速工况

快速踩下加速踏板，喷油脉宽应该迅速增加至 6～35 ms，但信号失准后，喷油脉宽没有增加，发动机加速时转速上升慢，反应迟缓，甚至踩下加速踏板后转速不升反降甚至熄火。

5. 其他信号故障的影响

（1）进气温度传感器信号

用于修正喷油正时、喷油量和点火提前角，信号失准后怠速不稳，加速时转速上升迟缓，动力不足，混合气过浓。

（2）爆震传感器信号

用于修正点火正时，信号失准后，发动机产生爆震，特别是加速时爆震，点火正时不准，发动机工作不良。

（3）空调信号（A/C）

用于检测空调压缩机的工作情况，控制发动机怠速时的点火提前角、怠速转速、断油转速及修正怠速时的喷油量。信号失准后，发动机怠速不稳，转速下降。

§1—6　缸内汽油直接喷射系统

学习目标：

1. 缸内汽油机直接喷射发动机的优点。
2. 缸内汽油直接喷射发动机的特殊设计。
3. 缸内汽油直接喷射系统构造与作用。

一、概述

缸内直喷又称 FSI（Fuel Stratified Injection），即燃料分层喷射技术，是用来改善传统汽油发动机供油方式的不足而研制的缸内直接喷射技术。传统的汽油发动机是通过 ECU 采集凸轮位置以及发动机各相关工况从而控制喷油嘴将汽油喷入进气歧管。但由于喷油嘴离燃烧室有一定的距离，汽油同空气的混合情况受进气气流和气门开关的影响较大，并且微小的油颗粒会吸附在管道壁上，使燃烧不充分。因此喷油嘴直接将燃油喷入气缸这一技术就成了各汽车厂商争向采用的发动机技术，这套由柴油发动机衍生而来的技术目前已经大量使用在大众（含奥迪）、宝马、梅赛德斯一奔驰、通用以及丰田车系上。

各厂商对缸内直喷技术的英文缩写不同，大众为 TSI、奥迪为 TFSI、梅赛德斯一奔驰为 CGI、宝马为 GDI、通用为 SIDI、福特为 GDI、比亚迪为 TI。图 1—6—1 所示为缸内直喷结构原理图。

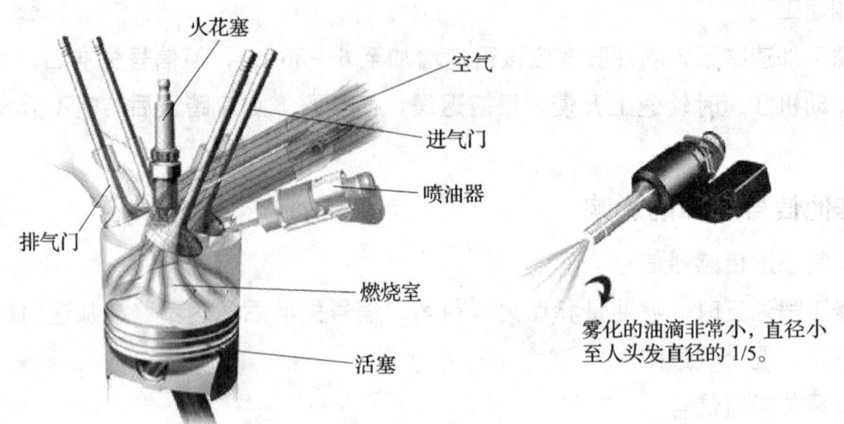

图 1—6—1 缸内直喷结构原理图

FSI 发动机对燃油品质的要求比较高，目前国内有些油品的状况很难达到 FSI 发动机的要求，所以部分装配了 FSI 的进口高尔夫出现了发动机的“水土不服”。

二、缸内汽油机直接喷射发动机的优点

与那些把汽油喷入进气歧管的发动机相比，FSI 发动机的主要优势有：动态响应好、功率和扭矩可以同时提升、燃油消耗降低。省油即可减少 CO_2的排放量，再配合新式设计及装置，缸内汽油直接喷射发动机也可大幅度降低 CO、HC、NO_2的排放，因此缸内汽油直接喷射发动机也称环保发动机。

缸内直接喷射发动机能有以上的优点，原因是 FSI 发动机有至少两种燃烧模式：分层稀薄燃烧和均质燃烧。

1. 分层稀薄燃烧

分层燃烧是指进气时，通过缸内空气的运动在火花塞周围形成易于点火的浓混合气，混合比达到 12∶1 左右，外层逐渐稀薄的分层混合气层，当火花塞周围的浓混合气点燃后，燃烧迅速波及外层的一种燃烧模式。

分层稀薄燃烧的关键是在进气管中安置一翻板，封住下进气管，让进气加速通过，与活塞顶配合，形成进气旋涡。如图 1—6—2a 所示。

分层燃烧时喷油时间在上止点前 60°至上止点前 45°，喷射时刻对混合气的形成有很大影响，燃油被喷射在活塞顶的凹坑内，喷出的燃油与涡旋进气结合形成混合气。

点火时，只有火花塞周围混合状态较好的气体被点燃，这时周围的新鲜空气以及来自废气再循环的气体形成了很好的隔热保护，减少了气缸壁散热，提升了热效率。

而使用稀薄燃烧的发动机，在进气行程中并不进行供油，而是在压缩行程后段才进行供油，利用高压的供油泵以及特殊的喷油嘴设计，将油气有效地集中在火花塞附近，让燃油一口气地点烧，达成最佳的燃烧效果，而空气与燃油的比例，最多可以降低至 40∶1 以下，大幅降低了发动机运转的油耗。

2. 均质燃烧

均质燃烧与分层稀薄燃烧的进气过程相同，油气混合时间加长，缸内形成均质的混合气，空燃比为 14.7∶1。燃烧发生在整个燃烧室内，对点火时间的要求没有分层燃烧那么严格。

均质燃烧进气过程中节气门位置由油门踏板决定，进气歧管中的翻板位置视不同情况而定。当中等负荷时，翻板依然是关闭的，有利于形成强烈的进气旋流，利于混合气的形成与雾化。当高速大负荷时，翻板打开，增大进气量，让更多的空气参与燃烧。均质燃烧情况下空燃比小于或等于 1。如图 1—6—2b 所示。

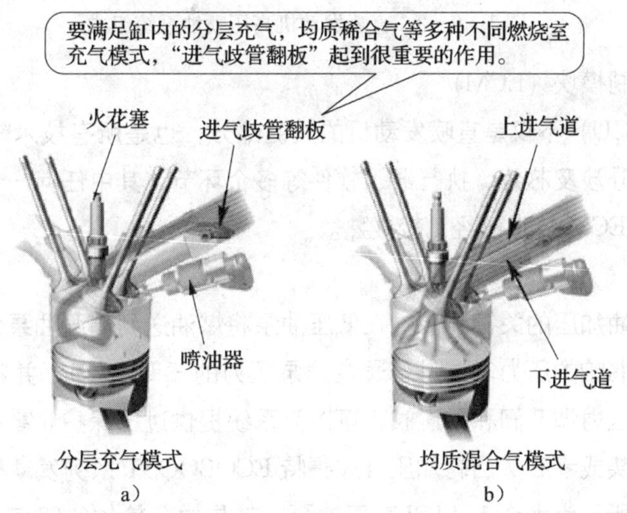

图 1—6—2　缸内直喷分层充气模式和混合气模式翻板工作情况

a）分层充气模式　b）均质混合气模式

三、缸内汽油直接喷射发动机的特殊设计

缸内汽油直接喷射发动机为达到动态响应好、功率和扭矩可以同时提升、燃油消耗降低等这些优点，有以下几项特殊的设计：

1. 高压喷油系统

高压喷油系统可以说是直喷发动机最关键的系统。与以前油气在进气歧管内混合，然后被负压吸入发动机不同，直喷发动机是用高压喷油嘴将燃油喷入气缸，由于气缸内压力已经很大，因此需要喷油系统具备更大的压力。

如图 1—6—3 所示（以大众 1.4TSI 为例），高压喷油系统主要可以分为发动机控制单元（ECM）、高压油轨、高压油泵和喷油嘴四部分。其中 ECM 主要采集发动机数据，按照预定程序控制喷油时机和喷油量，从而实现最高燃烧效率；而高压油泵则主要负责燃油的加压，高压油轨主要起均衡各喷油嘴喷射压力的作用，而最终的喷油任务则由喷油嘴来执行。此外，还有多个传感器提供燃油压力等信息，确保整个系统的高效率。

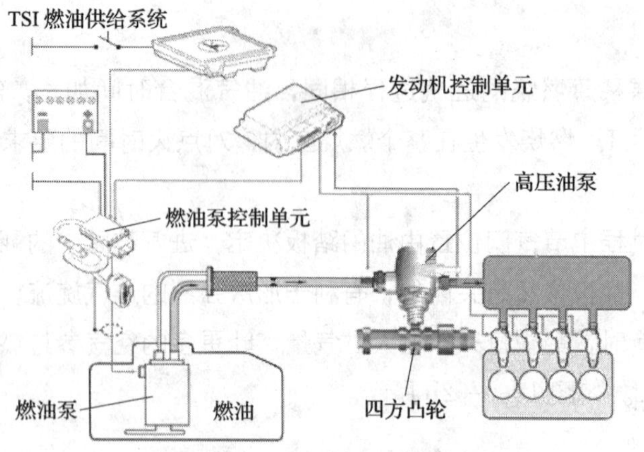

图1—6—3　直喷发动机高压喷油系统组成

(1) 发动机控制模块 (ECM)

ECM (或称ECU) 不仅是直喷发动机的关键部分，也是所有技术较新的内燃机的重要组成部分，这个部分涉及芯片、执行器、软件等多个环节，其中任何一个环节缺失都无法实现量产装车。目前ECM技术已经比较成熟。

(2) 高压油泵

高压油泵是燃油加压的关键环节，在低压油泵将燃油送到高压油泵之后，高压油泵可以将汽油加压到十余兆帕的压力 (这是普通汽油泵压力的三四十倍)，并将其送入油轨。高压油泵里集成了燃油压力调节阀和限压阀，可以为系统提供过压保护。高压油泵通常是由凸轮轴带动，内部有双头或者三头凸轮加压 (如福特ECOBOOST系列发动机的“9号凸轮”)。

如图1—6—4所示为大众1.4TSI高压油泵，其是由凸轮轴的四点式凸轮驱动。TSI的高压燃油泵是一个结构简单的单柱塞泵，泵成一定角度安装在气缸盖罩上，靠进气凸轮轴上的四方 (四点式) 凸轮来驱动。四点式凸轮可使油泵供油行程和各缸相应喷油过程同步，各缸喷油均匀性和重复性比较好。

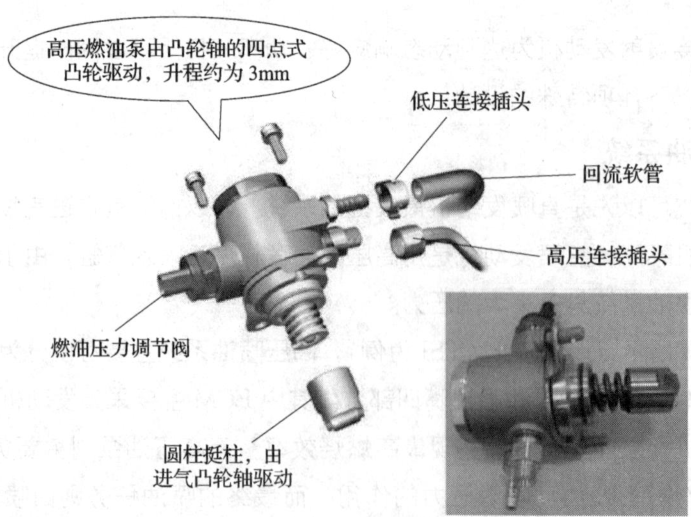

图1—6—4　大众1.4TSI直喷发动机高压油泵

(3) 高压喷油器

安装在气缸盖上，配合高压汽油泵，将汽油喷入气缸中，喷油压力为 4.9～11.76 MPa (50～120 kg/cm²)，如图 1—6—5 所示为 1.4TSI 发动机的喷油嘴，它采取 6 孔喷嘴模式 (GTDi 使用的喷油嘴是 7 孔喷油嘴)，可以防止在节气门全开或在预热催化转化器过程中，油束覆盖整个活塞顶部。

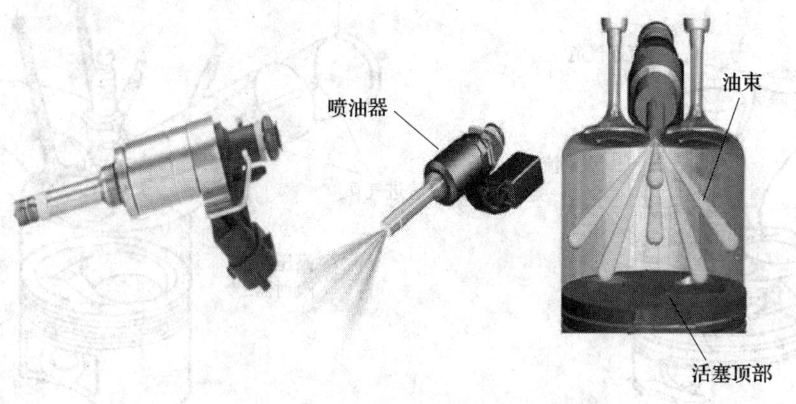

图 1—6—5　直喷发动机高压喷油嘴

2. 其他发动机部件设计

除喷油系统外，其他发动机部件也要为直喷做出相应的设计，才能确保发动机的高效。

(1) 气流产生装置

在气流产生方面，与传统发动机相比，缸内直喷汽油发动机气流产生装置已有所改变。如前文所述，在进气道中安装一翻板。其他公司的气流产生装置也大同小异，如丰田公司、三菱公司的产品。

1) 丰田汽车公司两条进气道中，一为直线孔道，一为螺旋孔道，直线孔道中设涡流控制阀，低负荷时关闭，空气经螺旋孔道进入气缸，可形成强烈涡流，如图 1—6—6 所示。

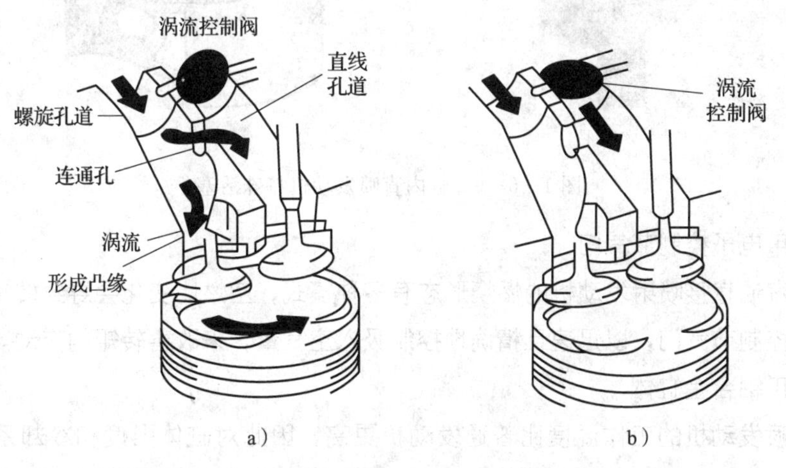

图 1—6—6　丰田汽车公司采用的气流产生装置

a) 低负荷时　b) 高负荷时

2）与丰田公司不同，三菱汽车公司采用两条垂直进气道，进气道中不装控制阀，如图1—6—7所示。

3）日产汽车公司也采用两条直进气道，但只在其中一条进气道上装设涡流控制阀，如图1—6—8所示。

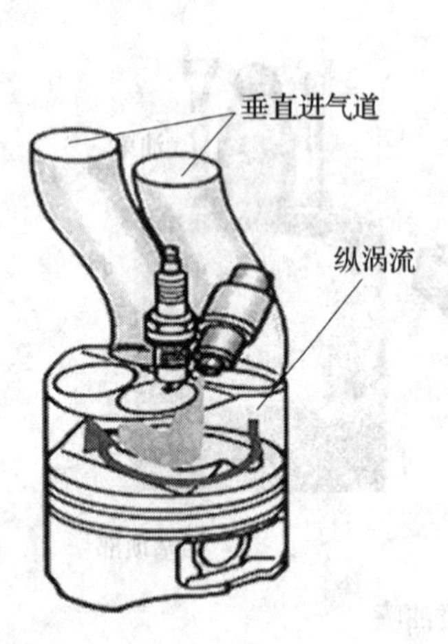

图1—6—7 三菱汽车公司采用气流产生装置

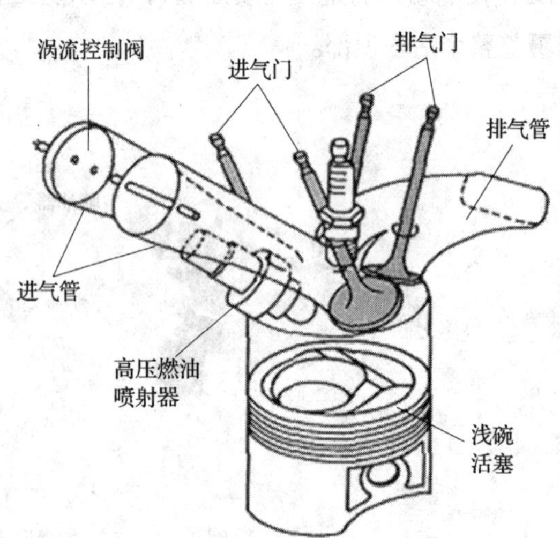

图1—6—8 日产汽车公司采用气流产生装置

(2) 采用特殊活塞

活塞顶部凹陷为浅碗或深碗形，并削成不规则形状，如图1—6—9a为奥迪1.8TFSI发动机所采用的活塞构造，图1—6—9b为日产NEODi发动机所采用的活塞构造。

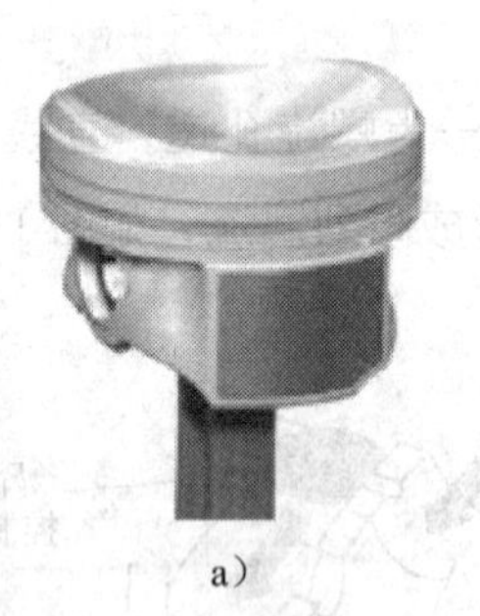

a)

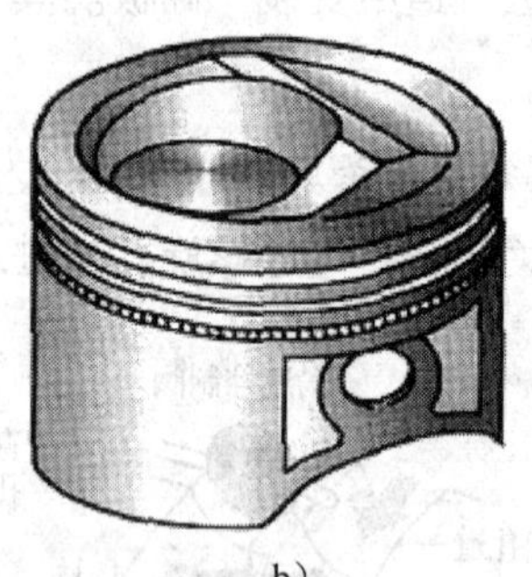

b)

图1—6—9 缸内直喷发动机特殊活塞

(3) 采用电子控制节气门

因缸内汽油直接喷射发动机的燃烧形态有多种模式，空燃比变化会导致转矩变动，因此利用计算机控制节气门，以迅速且精确地控制吸入空气量，来改善转矩的变动。

(4) 采用铝合金缸体

由于直喷发动机的工作温度比普通发动机更高，因此对缸体强度和冷却系的要求也更高。在保证强度的前提下，更多的新型直喷发动机采用了散热更好的铝合金缸体，同时还采用了强化的冷却系统，保证发动机更高的热效率。如大众1.4TSI发动机中采用了两套独立的冷却系统，一套是依靠发动机动力实现对其自身冷却循环的冷却系统（主冷却系统），另一套冷却系统是通过电动水泵驱动，主要用于对涡轮增压器和增压空气的冷却（副冷却系统）。

四、缸内汽油直接喷射系统工作原理（以大众 1.4TSI 为例）

如图 1—6—3 所示，低压油泵将油从油箱泵出来，经燃油滤清器后进入高压泵，高压泵在凸轮轴的带动下将汽油加压，同时 ECM 以脉冲宽度调制的方式控制油压调节器，将油压调至十余兆帕（50～150 bar）并将其送入油轨。高压油在高压油轨稳定压力后，ECM 控制喷油嘴，适时地将高压油喷入气缸内。

在低负荷时，油门为半开状态，燃油系统在发动机压缩冲程喷注燃油，特别的活塞顶设计使吸入的空气和喷入的燃油形成滚流，仅在火花塞周围形成达到理论空燃比的足以燃烧的空燃混合气来引燃整个燃烧室内的混合气；而在燃烧室的其他地方则为富含空气的高空燃比混合气，所以形成稀薄燃烧。

在全负荷时，ECM 根据吸入空气量精确地控制燃油的喷注量，燃油与空气同步注入气缸并充分雾化混合，使符合理论空燃比的混合气均匀地充满燃烧室，即形成匀质燃烧，充分的燃烧使发动机动力得到淋漓尽致的发挥。而燃油的蒸发又使混合气降温去除了爆震的产生。也就是说在均匀燃烧的情况下，在获得高动力输出和扭矩的同时付出了较低的燃油消耗。

五、一些品牌公司缸内直喷代号的含义

1. 大众 TSI

在国外大众的 1.4T 发动机以及进口尚酷 1.4T 发动机上都安装了 TSI 发动机，TSI 是 Twincharger Fuel Stratified Injection 这几个单词首字母的缩写，通过单词表面意思可以理解为双增压＋分层燃烧＋喷射的意思。TSI 发动机是在 FSI 技术的基础之上，安装了一个涡轮增压器和一个机械增压器。鉴于涡轮增压和机械增压的特性，机械增压可以从怠速开始就为发动机提供增压效果，弥补了涡轮增压系统的延时缺点，所以 TSI 是一种极高效率的发动机形式，是动力性与燃油经济性的完美统一。

不过，国内生产的 1.4T 发动机则省掉了机械增压和分层燃烧，仅保留了涡轮增压和缸内直喷。

2. 奥迪 TFSI

TFSI 是带涡轮增压（T）的 FSI 发动机的简称 TFSI（一般奥迪系列车型这样称呼）。不过由于国内油品的问题，国产奥迪 TFSI 并没有使用分层燃烧技术。

3. 通用 SIDI

通用汽车公司的燃油直喷技术的代号为 SIDI，SIDI 是 Spark Ignition Direct Injection 的缩写，直译为火花点燃直接喷射技术。

通用汽车公司的SIDI技术依靠缸内均质燃烧来提升效率，并没有使用稀薄分层燃烧技术。由于国内油品的限制，引入国内的直喷发动机均不使用分层燃烧，通用汽车公司的SIDI也不例外。没有使用分层燃烧使SIDI发动机拥有对油品适应性强的优势，官方产品手册上也并没有对SIDI发动机作出任何特殊的养护要求。

以上是一些品牌缸内直喷发动机的英文缩写含义，其他品牌的产品在这不再一一介绍。虽然缸内直喷技术拥有上文所述的动态响应好、功率和扭矩可以同时提升、燃油消耗降低等优点，但是缸内直喷科技也有缺点，因为从经济层面来看，采用缸内直喷的供油系统除了在研发过程中必须花费更大成本，在部件构成复杂且精密的情况下，零部件的价格也比传统供油系统更为昂贵，这也是未来缸内直喷发动机尚待克服的问题。

§1—7 点火控制

学习目标：

1. 掌握汽车点火系统的基本组成及作用。
2. 掌握汽车点火控制的类型和工作情况。
3. 理解汽车点火控制的内容。

一、点火系统概述

汽油机在压缩接近上止点时，可燃混合气由火花塞点燃。能够在火花塞两电极间产生电火花的全部设备称为发动机点火系统。它的作用是将汽车电源供给的低压电转变为高压电，并按照发动机的作功顺序与点火时间的要求适时、准确地配送给各缸的火花塞，从而点燃气缸内被压缩的可燃混合气。点火高压必须准时、可靠，适应发动机的不同工况。

点火系统的基本装置包含电源、点火触发装置、点火正时控制装置、高压产生器、高压线圈、高压电分配装置、高压导线及火花塞等，如图1—7—1所示。目前，汽车上应用的点火系统类型多样，通常按照点火系统的结构和发展历程可分为三种基本类型：传统点火系统、电子点火系统和计算机控制点火系统。其中，以普通电子点火系统保有量最大。

1. 传统点火系统

指点火线圈一次电路的通断由断电器触电控制的点火系统。传统点火系统结构简单，成本低廉，但故障率高，高速性能差，已逐步淘汰。

2. 电子点火系统

指点火线圈一次电路的通断由晶体管控制的点火系统，也称“晶体管点火系统”或“半导体点火系统”。电子点火系统具有高速性能好、点火时间精确、结构简单、质量轻、体积小等优点，但由于电喷技术的出现，其已被计算机控制点火系统取代。

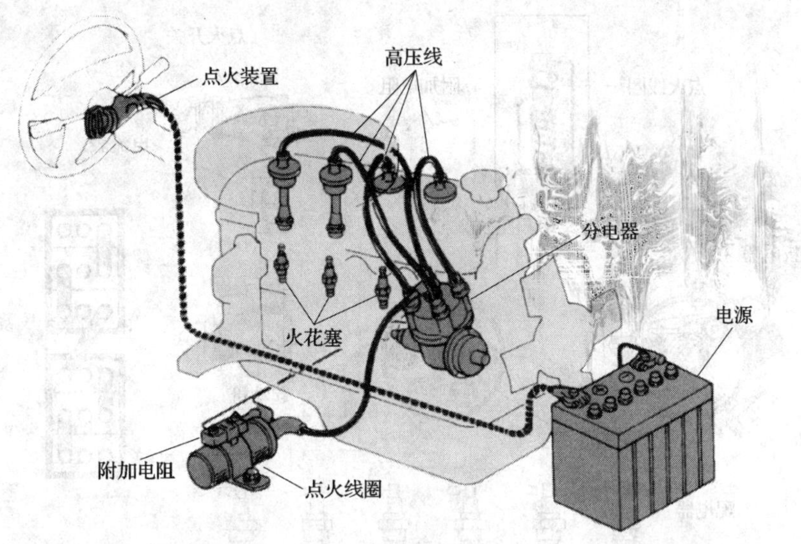

图 1—7—1　点火系统的组成

3. 计算机控制点火系统

计算机控制点火系统也称为微机控制点火系统，是指计算机根据各种传感器输入的信号，经过数学运算和逻辑判断，控制点火控制器一次电路通断的点火系统。计算机控制点火系统是最先进的点火系统，应用越来越广泛。

二、点火控制的类型和基本工作原理

1. 传统机械式触点点火系统

如图 1—7—2 所示，传统的点火系统点火时刻和一次线圈电流的控制是由机械传动的断电器触点来完成的。由发动机凸轮轴驱动分电器轴控制着断电器触点的张开、闭合角度和时刻。如图 1—7—3 所示。

2. 电子点火控制系统

如图 1—7—4 所示，无触点电子点火系统一般由曲轴位置传感器、电子点火控制器、点火线圈、火花塞等构成。分电器内装有曲轴位置传感器，它与点火器中的大功率晶体管配合，相当于传统点火系统中的断电器触点。

在发动机工作时，点火信号发生器（曲轴位置传感器）产生脉冲信号输送给电子点火控制器，脉冲信号控制点火器内晶体管的导通与截止。当输入点火器的脉冲信号使晶体管导通时，点火线圈一次绕组回路接通，储存点火所需的能量；当输入点火器的脉冲信号使晶体管截止时，点火线圈一次绕组回路断开，二次绕组便产生高压，此高压经配电器和高压线送至火花塞，以便完成点火。

3. 微机控制点火系统的组成

微机控制点火系统主要由传感器、各种控制开关信号、电控单元 ECU、点火控制器、点火线圈及火花塞等组成，如图 1—7—5 所示。

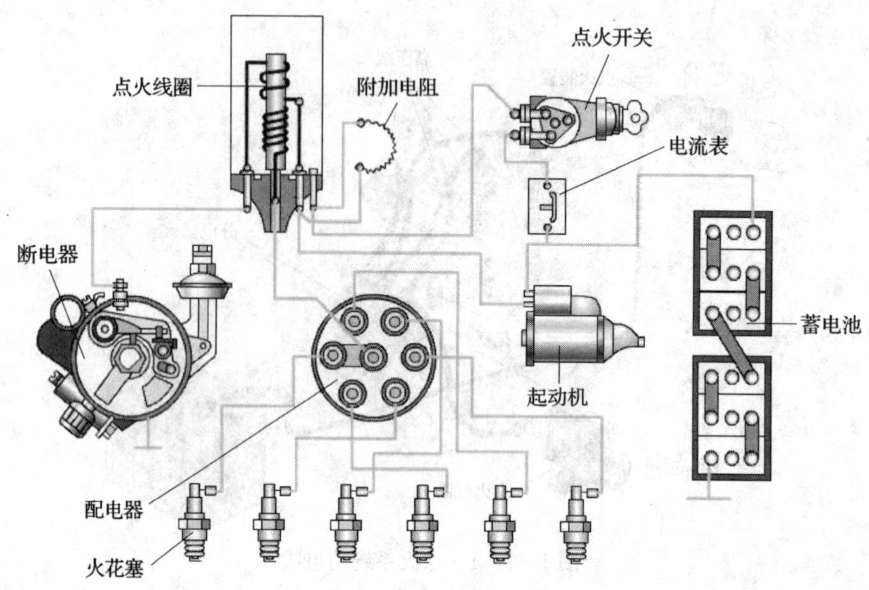

图 1—7—2 传统机械式触点点火系统的组成

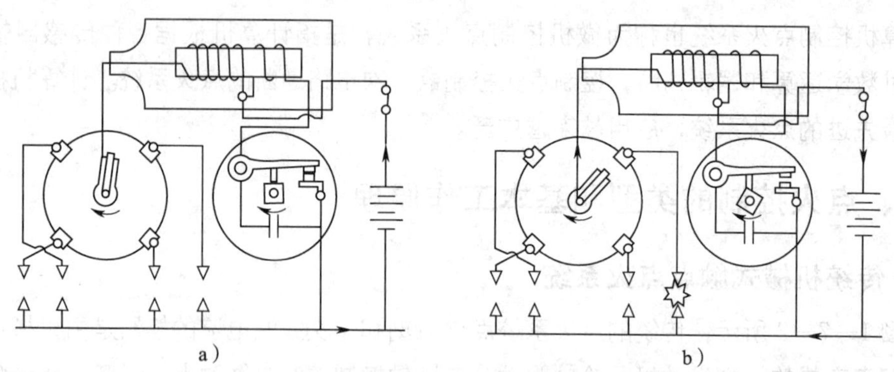

图 1—7—3 传统机械式触点点火系统的工作情况

a）一次电路 b）二次电路

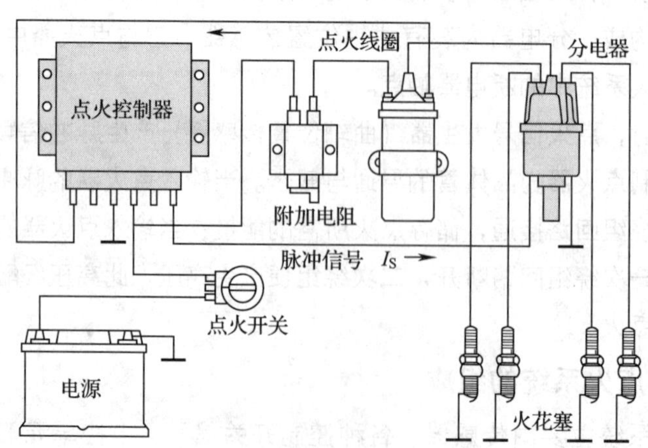

图 1—7—4 电子式有分电器式点火系统的工作情况

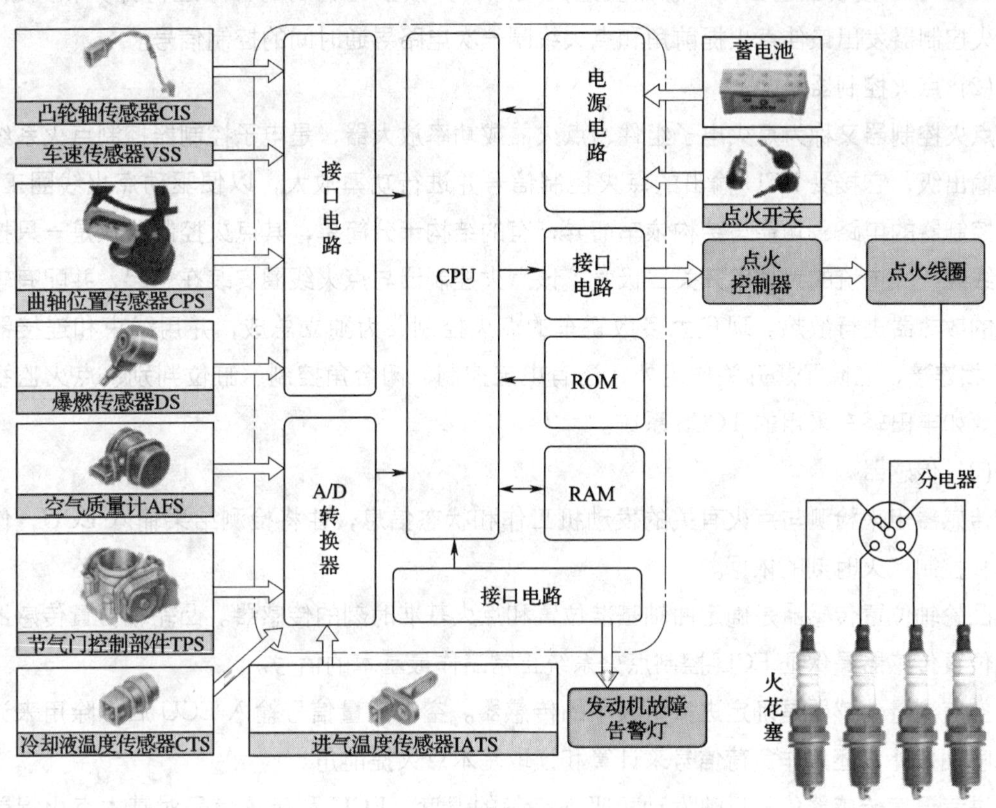

图 1—7—5 微机式点火系统的组成

当发动机起动、怠速或汽车滑行时，微机设有专门的控制程序和控制方式进行点火控制。当发动机正常工作时，CPU 通过传感器把发动机的工况信息收集到 RAM 中，并不断检测凸轮轴位置传感器信号，判定是哪一缸将到达压缩上止点。当接收到标志信号后，CPU 立即对曲轴转角进行计数，以便控制点火提前角。另外，CPU 根据反映发动机工况的转速信号、负荷信号以及与点火提前角有关的传感器信号，从 ROM 中查询出相应工况下的最佳点火提前角和点火一次电路导通时间。在此期间，CPU 一直在对曲轴转角进行计数，判断点火时刻是否到来。当曲轴转角等于最佳点火提前角时，CPU 立即向点火控制器发出控制指令，使功率三极管截止，点火线圈一次电流切断，二次线圈产生高压电，并按点火顺序分配到各缸，各缸火花塞跳火点燃可燃混合气。

(1) 电子控制器 (ECU)

现代汽车发动机大多数都采用电子控制器（ECU）集中控制系统，其中微机控制点火系统仅是电子控制器的一个子系统。电子控制器（ECU）既是燃油喷射控制系统的控制核心，也是点火控制系统的控制核心。在 ECU 的只读存储器（ROM）中，除存储有监控和自检等程序之外，还存储有该型号发动机在各种工况下的最佳点火提前角。随机存储器（RAM）用来存储微机工作时暂时需要存储的数据，如输入/输出数据、单片机运算得出的结果、故障代码、点火提前角修正数据等，这些数据根据需要可随时调用或被新的数据改写。CPU不断接收上述各种传感器发送的信号，并按预先编制的程序进行计算和判断后，向点火控制器发出最佳点火提前角和点火线圈一次电路导通时间的控制信号。

(2) 点火控制器

点火控制器又称为点火电子组件、点火器或功率放大器，是电子控制器控制点火系统的功率输出级，它接受ECU输出的点火控制信号并进行功率放大，以便驱动点火线圈工作。点火控制器的电路、功能与结构依车而异，有的结构十分简单，其点火控制器仅是一只控制点火线圈一次电流的大功率开关三极管，该点火控制器与点火线圈安装在一起，并配有较大面积的散热器进行散热。现代大多数轿车的点火控制器为独立总成，并用线束和连接器与ECU相连接，它除了起开关作用外，还有电流控制、闭合角控制、缸位判别、点火监视等功能。如丰田轿车采用的TCCS系统。

(3) 传感器

传感器用来检测与点火有关的发动机工作和状态信息，并将检测结果输入ECU，作为计算和控制点火时刻的依据。

凸轮轴位置传感器是确定曲轴基准位置和点火基准时刻的传感器。凸轮轴位置传感器和曲轴位置传感器是保证ECU控制点火系统正常工作最基本的信号。

空气流量传感器是确定进气量大小的传感器。空气流量信号输入ECU后，除用来计算基本喷油量外，还用作负荷信号来计算和读取基本点火提前角。

进气温度传感器信号反映发动机吸入空气的温度。ECU利用该信号对基本点火提前角进行修正，另外利用该信号控制起动和发动机暖机期间的点火提前角。

节气门位置传感器将节气门开启角度转换为电信号输入ECU，ECU利用该信号和车速传感器信号来综合判断发动机所处的工况（怠速、中等负荷、大负荷、减速），并对点火提前角进行修正。

爆震传感器用于点火提前角闭环控制系统。ECU可根据爆震传感器输出的信号来判断发动机是否发生爆震，从而对点火提前角进行修正。

各种开关信号用于修正点火提前角。起动开关信号用于起动时修正点火提前角；空调开关信号用于怠速工况下使用空调时修正点火提前角；空挡安全开关仅在采用自动变速器的汽车上使用，ECU利用该开关信号来判断发动机是处于空挡停车状态还是行驶状态，然后对点火提前角进行必要的修正。

(4) 点火线圈

微机控制下的点火线圈中通常有两组线圈，初级线圈和次级线圈（也称一次线圈，二次线圈）。

点火线圈依照磁路分为开磁式及闭磁式两种。传统的点火线圈是用开磁式，其铁芯用0.3 mm左右的硅钢片叠成，铁芯上绕有一次与二次线圈，如图1—7—6所示。

如图1—7—7所示，闭磁式则采用形似“日”字形和“口”字形的铁芯绕一次线圈，外面再绕二次线圈，磁力线由铁芯构成闭合磁路。

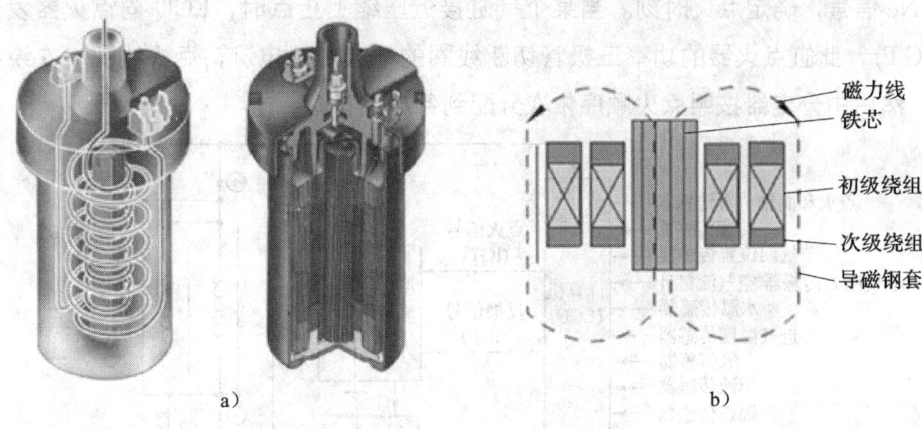

图 1—7—6　开磁路式点火线圈

a）开磁路式点火线圈外形　b）开磁路

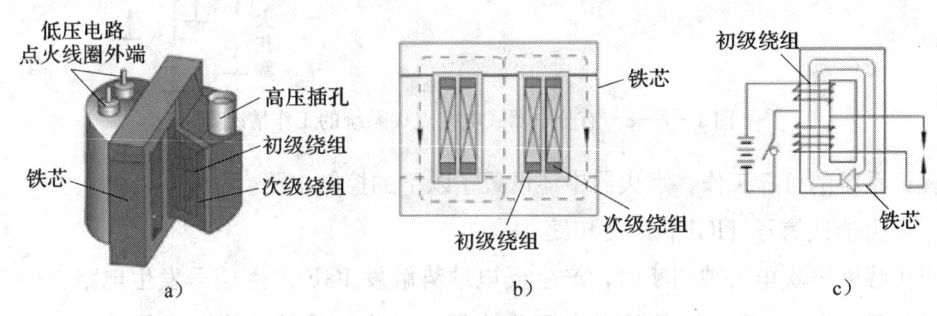

图 1—7—7　闭磁路式点火线圈

a）闭磁路点火线圈外形　b）“日”字形铁芯的磁路　c）“口”字形铁芯的磁路

闭磁式点火线圈的优点是漏磁少，能量损失小，体积小，因此电子点火系统普遍采用闭磁式点火线圈。一次线圈一端与车上低压电源（+）连接，另一端与开关装置（断电器）连接。二次线圈一端与一次线圈连接，另一端与高压线输出端连接，输出高压电。当一次线圈接通电源时，随着电流的增长四周产生一个很强的磁场，铁芯储存了磁场能；当开关装置使一次线圈电路断开时，一次线圈的磁场迅速衰减，二次线圈就会感应出很高的电压。一次线圈的磁场消失速度越快，电流断开瞬间的电流越大，两个线圈的匝比越大，则二次线圈感应出来的电压越高。

三、微机控制点火系统的类型

现代轿车上采用的微机控制点火系统主要有两种类型：一种是有分电器式微机控制点火系统（也称为“有分电器式电控点火系统”）；另一种是无分电器式微机控制点火系统（也称为“无分电器式电控点火系统”）。

1. 有分电器式微机控制点火系统

如图 1—7—8 所示，有分电器式微机控制点火系统中，ECU 根据曲轴位置传感器输入的G和Ne信号，确定点火时刻。当某个气缸接近压缩上止点时，ECU向点火器发送点火信号（IGT），此缸点火器的功率三极管切断线圈的一次绕组电流，点火线圈二次绕组产生高压电，然后由分电器按照点火顺序依次分配到各缸火花塞。

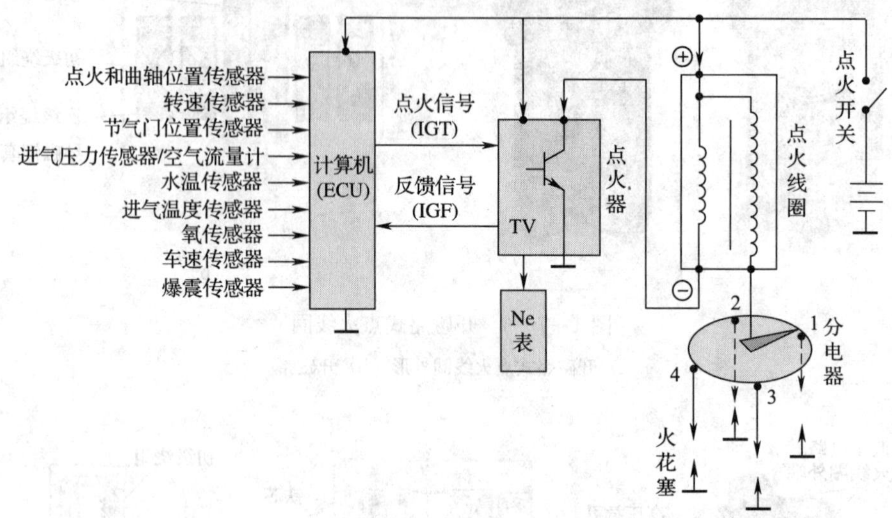

图1—7—8　有分电器式电控点火系统的工作情况

为保证系统的可靠工作，点火器中还设置了以下的控制电路。

(1) 点火确认信号（IGF）发生电路

当点火线圈一次电流被切断时，产生反电动势触发IGF产生信号发生电路，输出一个点火确认信号（IGF）反馈给ECU。如果点火器的功率三极管不能正常导通和截止，ECU和微处理器就接收不到反馈信号IGF，表明点火系统发生故障，将立即切断燃油喷射。

(2) 锁止保护电路

用来限制点火线圈和功率三极管的通电时间，当点火线圈和功率三极管的通电时间超过预定的时间，则锁止保护电路将使功率三极管截止，切断电流，以保护点火线圈和功率三极管。

(3) 过压保护电路

用来限制通过点火线圈和功率三极管的电压，当供电电压过高，过电保护电路使其截止，以保护点火线圈和功率三极管。

分电器式微机控制点火系统的控制方法，虽然在判断上止点的曲轴位置参照基准信号的设定和曲轴转角的分度方法会因车型而异，但是点火正时和一次线圈通电时间的控制原理和基本方法是相同的。

2. 无分电器式微机控制点火系统

无分电器式点火系统完全取消了传统的分电器，没有分电器盖和分火头。由于点火线圈产生的高压电直接送到了火花塞，因此，也被称为直接点火系统。无分电器式微机控制点火系统的配电方式主要有三种：单独点火方式、双缸同时点火方式、二极管配电点火方式。

(1) 独立点火是指一个气缸配套一只点火线圈，如图1—7—9所示。独立点火产生高压电的方式与分电器的电控点火系统产生高压电的方式大致相同，但去除了机械分电器和高压线，点火线圈下直接安装火花塞，使得能量传递损失和漏电损失减小，机械磨损的机会减小。同时，火花塞均有金属层和绝缘胶包裹，大大减少了电磁干扰，使发动机点火效果大为提高。

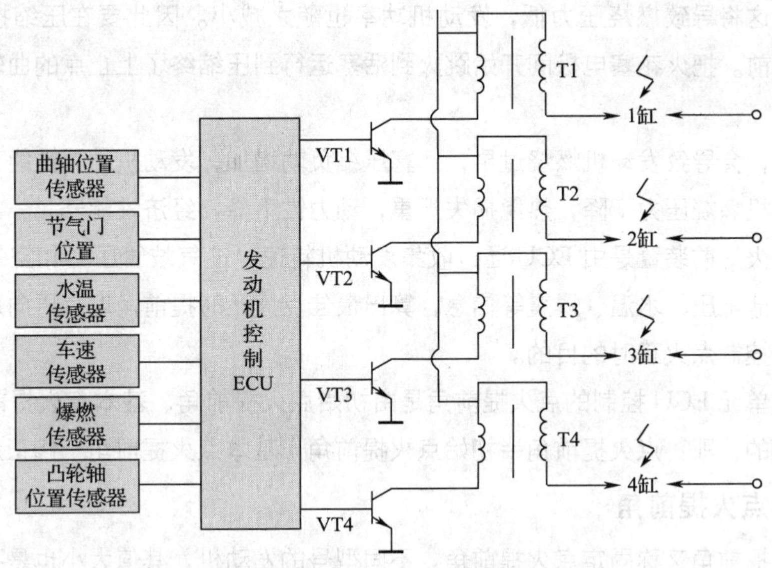

图 1—7—9 独立点火系统的工作情况

(2) 双缸同时点火是指一只点火线圈同时为两个气缸点火，如图 1—7—10 所示。这种方式要求一只点火线圈同时为两个火花塞点火，同时点火的两个气缸工作相位相差 360°曲轴转角，这样当其中一个气缸接近压缩行程上止点时，另一气缸必然在接近排气行程上止点，若此时点火，两个气缸的火花塞将同时跳火。压缩行程的气缸压力高，放电困难，火花塞需要击穿的电压高；排气行程的气缸则相反，所以排气气缸上的火花塞损失电能较小，可以忽略。

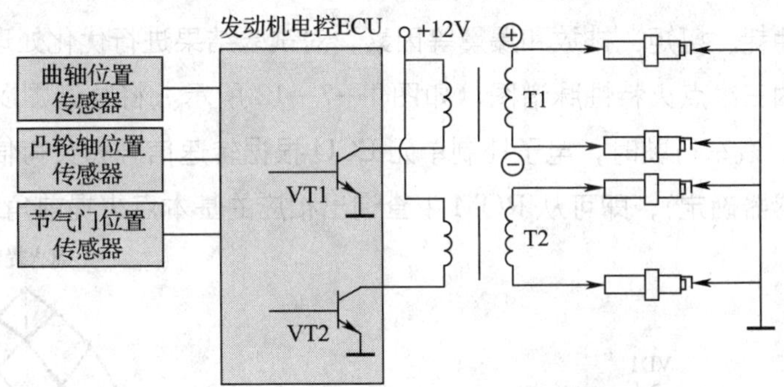

图 1—7—10 双缸点火系统的工作情况

(3) 二极管配电点火是点火线圈有两个一次绕组和一个二次绕组，二次绕组有两个输出端，在通往四个火花塞的高压电路中串联 4 个高压二极管，如图 1—7—11 所示。此系统利用二极管单向导通的原理，使得每次有两个气缸的火花塞可以跳火。

四、点火时刻的控制过程

点火时刻对发动机性能影响很大，从火花塞点火到气缸内大部分混合气燃烧，并产生很高的爆发力需要一定的时间，虽然这段时间很短，但由于曲轴转速很高，在这段时间内，曲轴转过的角度还是很大的。若在压缩上止点点火，则混合气一边燃烧，活塞一边下移而使气缸容积增大，这将导致燃烧压力低，发动机功率也随之减小。因此要在压缩接近上止点点火，即点火提前。把火花塞电极间开始跳火到活塞运行到压缩终了上止点的曲轴转角称为点火提前角。

点火过早，会导致发动机燃烧过早，活塞压缩负功增加，发动机动力性能下降，点火过迟会引起发动机燃烧压力下降，热能损失严重，动力性下降，经济性能差。

现代的点火提前装置是由 ECU 通过收集发动机转速、进气歧管压力和空气流量、节气门位置、蓄电池电压、水温、爆震等信息，算出最佳点火正时提前角度，再向点火器发出点火信号以达到控制点火正时的目的。

电子控制单元 ECU 控制的点火提前角是由初始点火提前角、基本点火提前角和修正点火提前角组成的，即：点火提前角＝初始点火提前角＋基本点火提前角＋修正点火提前角。

1. 初始点火提前角

初始点火提前角又称固定点火提前角，不同型号的发动机，其值大小也是不同的，一般在上止点前 6°～12°。在下列情况时，实际点火提前角等于初始点火提前角：

(1) 发动机起动时或发动机转速低于 400 r/min 时。

(2) 诊断插座检测 T 端子短路或者怠速触点闭合，车速低于 2 km/h 时。

(3) 当发动机 ECM 系统起动备用系统工作时。

2. 基本点火提前角

基本点火提前角是发动机最主要的点火提前角，是设计时确定的点火提前角。设计时，综合考虑发动机油耗、扭矩、排放和爆震等因素，对试验结果进行优化处理后，可获得以转速和负荷为变量的三维点火特性脉谱图，如图 1—7—12 所示。将脉谱图以数据形式存储到 ECU 的 ROM 中，汽车行驶时，电子控制单元 ECU 根据转速信号和负荷信号（由空气流量和节气门位置传感器确定），即可从 ROM 中查询出相应的基本点火提前角来控制点火。

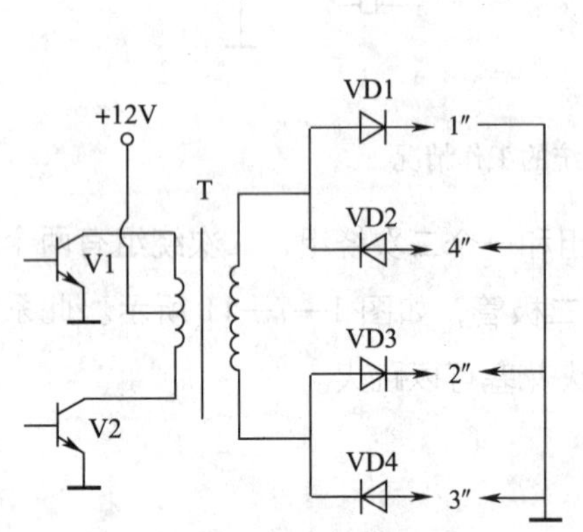

图 1—7—11 二极管配电点火系统的工作情况

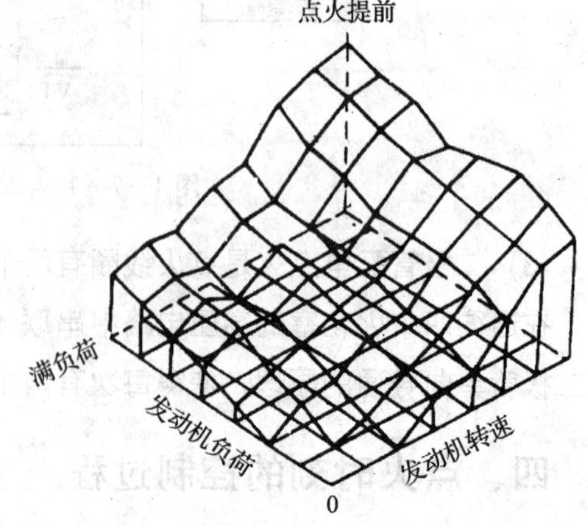

图 1—7—12 三点火特性脉谱图

当发动机转速一定时，随着负荷的加大，节气门开大，进入气缸的可燃混合气量增多，压缩终了时的压力和温度增高。同时，残余废气在气缸内所占的比例减小，混合气燃烧速度加快，这时，点火提前角会适当增大。反之，发动机负荷减小时，点火提前角则适当减小。当发动机节气门开度一定时，随着转速增高，燃烧过程所占曲轴转角增大，这时，ECU 会适当加大点火提前角。

3. 修正点火提前角

修正点火提前角是 ECU 根据相关因素（冷却水温度、进气温度、开关信号等）适当增大或减小点火提前角，适应发动机的运转状况，以得到良好的动力性、经济性和排放性能。修正点火提前角主要有暖机修正、怠速修正、过热修正和空燃比修正四种。

（1）暖机修正

暖机修正指节气门位置传感器的怠速触点闭合时，发动机冷却水温度较低，ECU 对点火提前角进行的修正。当冷却水温度低时，增大点火提前角，以促使发动机尽快暖机。当发动机冷却水温逐渐上升时，点火提前角修正值会逐渐减小。

（2）怠速修正

怠速修正是指为了使发动机怠速时运转稳定，ECU 对点火提前角进行的修正。发动机怠速运转时，可能由于使用电气设备，如空调，使得发动机负荷发生变化，从而引起发动机转速改变，此时，ECU 对点火提前角进行动态修正。发动机怠速增高，ECU 适当增大点火提前角，使发动机稳定地运转；反之则减小点火提前角。

（3）过热修正

当发动机冷却水温度较高时，则控制系统减小点火提前角，防止爆燃，避免发动机过热；若此时 ECU 收到怠速信号，则控制系统增大点火提前角，避免发动机长时间过热。

（4）空燃比修正

当电控燃油喷射系统进入闭环状态时，ECU 会进行空燃比修正，在修正空燃比的过程中，修正喷油量增加，混合气变浓，则减小点火提前角；反之则增大点火提前角。

发动机实际点火提前角是初始点火提前角、基本点火提前角和修正点火提前角之和。发动机每转一周后，ECU 就计算并输出点火提前角的调整量，当传感器测出发动机的转速和负荷有变化时，ECU 就使点火提前角做出相应的改变。但当 ECU 计算出的实际点火提前角超过最大或最小点火提前角的允许值时，ECU 则以最大或最小提前角的允许值进行调整。

最佳的点火提前角还会随许多因素变化，混合气的燃烧速度、混合气的成分、燃烧室形状、压缩比、汽油的抗爆性能都会影响点火提前角。例如使用辛烷值高、抗爆性能好的汽油，点火提前角会较大；铂金间隙过大相当于点火时间过早，控制系统会减小点火提前角；高压火过弱相当于点火时间过晚，控制系统会增大点火提前角。

五、闭合角的控制

闭合角即点火通电时间，是指点火线圈一次电路的功率三极管导通期间，发动机曲轴转过的角度。

对于常用的电感储能式电子点火系统来说，一次电路断开瞬间其电流所能达到的值（即一次电路断开电流），与一次电路的通电时间有关。只有通电时间达到一定值时，才能使一次电流上升到足够大，并在一次电路断路时使二次线圈产生足够高的高压电。但如果通电时间过长，点火线圈会发热而损坏。

闭合角的大小取决于发动机转速和蓄电池电压的大小。当发动机转速升高时，应适当增大闭合角，以防一次电路断开电流减小，点火线圈储能下降；当蓄电池电压下降时，在相同的通电时间内一次电流所能达到的值会减小，此时应增大闭合角。

对闭合角进行控制时，在ECU的内存中储存了根据发动机转速和电源电压确定的闭合角三维数据图谱，如图1—7—13所示。在发动机的实际工况中，ECU通过查找图谱中的数据，就可以计算出最佳点火闭合角。

六、爆震控制

爆震是汽油发动机中一种不正常的燃烧。发动机工作时如果产生爆震，火花塞电极或活塞就会产生过热等现象，因此要避免发动机产生爆震。

爆震与点火提前角、汽油的辛烷值有关。如图1—7—14所示是爆震与点火时刻、发动机转速的关系图。发动机发出最大转矩的点火时刻（MBT）是在开始产生爆震点火时刻(爆震界限附近)。因此点火系统在设定各工况的最佳点火时刻时，应留有离开爆震界限的余量。无爆震反馈控制时，所留余量相对大些，这时的点火时刻比发动机发出最大转矩的点火时刻（MBT）滞后，故输出的扭矩有所降低；有爆震传感器进行反馈控制时，可用检测到的爆震界限，把点火时刻控制在接近爆震极限的位置，这样可以更加精确有效地控制点火时刻，以利于提高发动机的输出功率和燃油经济性。

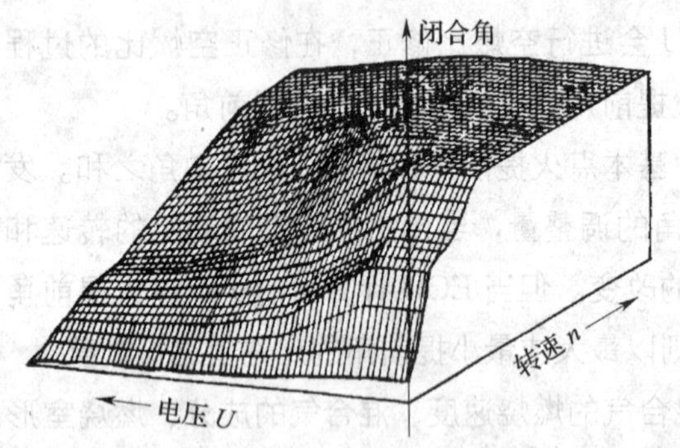

图1—7—13　闭合角三维数据图谱

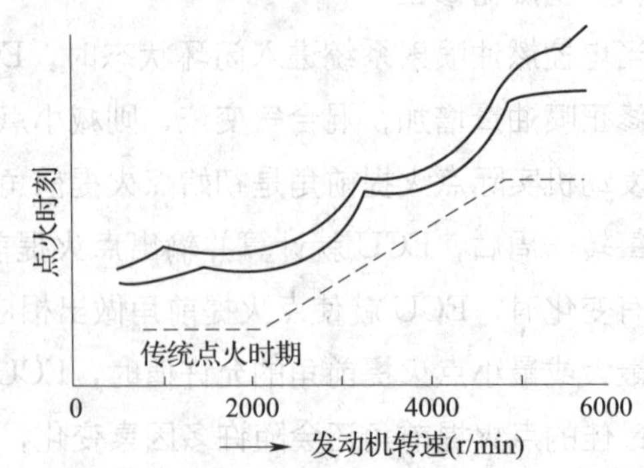

图1—7—14　爆震与点火时刻、发动机转速的关系图

爆震传感器安装在气缸体上，利用压电晶体的压电效应，把爆震传到气缸体上的机械振动转换为电信号输入ECU，ECU把爆震传感器输出的信号进行滤波处理并判定有无爆震。当检测到爆震时，ECU就立即减小点火提前角，爆震强，推迟的点火提前角大；爆震弱，推迟的点火提前角小。每次调整都以一个固定的角度递减，直至爆震消除为止。而后又以一个固定角度提前，当发动机再次出现爆震时，ECU又使点火提前角再次推迟，如此反复进行调整。

§1—8　怠速控制

学习目标：

1. 掌握汽车怠速控制的基本原理。
2. 掌握汽车怠速控制的类型和工作情况。

一、怠速控制概述

怠速一般指发动机对外无功率输出时以最低转速运转。发动机怠速控制系统的主要功能就是由 ECU 自动维持发动机怠速工况稳定运转。

怠速控制的目的是降低怠速时的燃油消耗量，减少有害物质的排放，在冷车运行或接入电器负荷、空调装置、自动变速器、动力转向等时，怠速仍能平稳运转。

怠速控制的内容一般有：起动后控制、暖机控制和负荷变化时控制等。怠速控制的实质是怠速时对进气量的控制，怠速时的喷油量，是与进气量相匹配的原则相增减。

二、怠速控制的类型

怠速的控制方式一般有两种基本类型：一种是直接控制节气门关闭位置的节气门直动式，如图 1—8—2a 所示；另一种是控制节气门旁通通道中空气流量的旁通空气式，如图 1—8—2b 所示。一般常用旁通空气式。

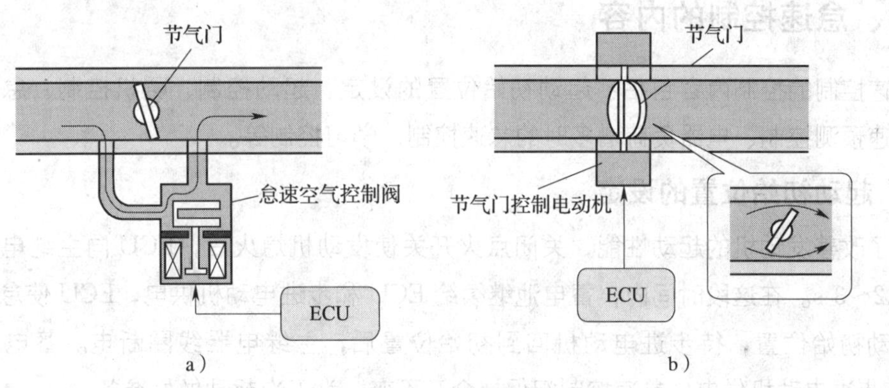

图 1—8—1　怠速控制执行机构的控制方式

a）节气门直动式　b）旁通气道式

实际上汽车很早就实行了怠速控制，只不过是采用手动控制或机械控制。怠速的转速一般只能在汽车停驶条件下由维修技术人员进行调整。但发动机运行条件变化（如冷却水温变化、使用了空调器、自动变速器等）后，将使怠速偏离原来的调整值。

而采用电子技术对发动机怠速进行控制，可以保证发动机在不同工况下的怠速稳定运转，而且利用微机的信号可以使怠速接近目标转速。微机控制的怠速系统还有很多修正的项目，这对发动机工作的稳定性、经济性以及排放污染量的减少带来许多好处。因此，由ECU 控制的各种怠速控制装置已被广泛应用在电子控制的燃油喷射系统中。

三、怠速控制原理

图 1—8—2 所示是怠速控制系统。首先，ECU 根据怠速开关、节气门位置信号、车速信号等判断发动机是否处于怠速状态，然后采用发动机转速的反馈控制信号，即 ECU 把发动机的实际转速与根据发动机冷却水温度、空调压缩机负荷以及自动变速器（液力变矩器）的负荷状况所决定的目标转速进行比较，根据比较得出的差值确定相当于目标转速的控制量，去驱动控制空气量的执行机构工作。

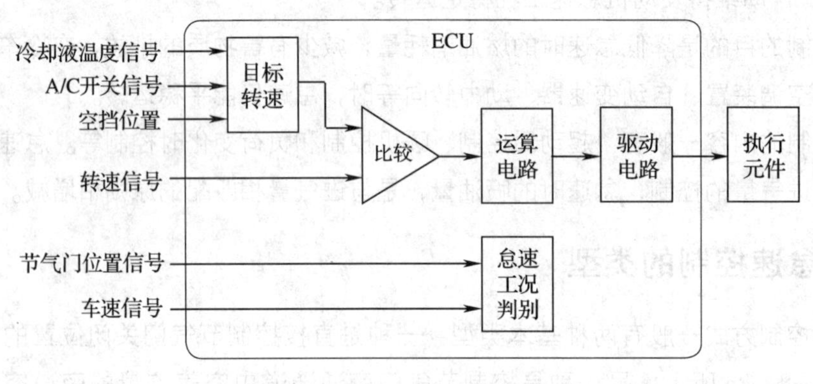

图 1—8—2　怠速控制系统

四、怠速控制的内容

怠速控制的控制内容包括：起动初始位置的设定、起动控制、暖机控制、怠速稳定控制、怠速预测控制、电器负荷增多时的怠速控制、学习控制等。

1. 起动初始位置的设定

为了改善发动机的起动性能，关闭点火开关使发动机熄火后，ECU 向主继电器线圈供电延续 2～3 s。在这段时间内，蓄电池继续给 ECU 和步进电动机供电，ECU 使怠速控制阀回到起动初始位置，待步进电动机回到初始位置后，主继电器线圈断电。蓄电池停止给 ECU 和步进电动机供电，怠速控制阀保持全开不变，为下次起动做好准备。

2. 起动后控制

发动机起动时，由于怠速控制阀预先设定在全开位置，在起动期间经怠速空气道可供最大的空气量，有利于发动机起动。但怠速控制阀如果始终保持在全开位置，发动机起动后的怠速转速就会过高，所以在起动期间 ECU 根据冷却液温度的高低控制步进电动机，调节控制阀的开度，使之达到起动后暖机控制的最佳位置，此位置随冷却液温度的升高而减小，控制特性数据存储在 ECU 内，如图 1—8—3 所示。

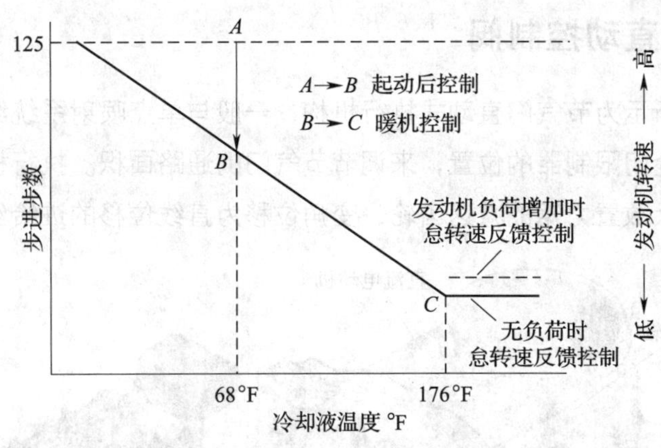

图 1—8—3　步进电动机的步数与冷却液温度的关系曲线

3. 暖机控制

暖机控制又称快怠速控制，在暖机过程中 ECU 根据冷却液温度信号按内存的控制特性控制怠速控制阀的开度，随温度上升，怠速控制阀开度逐渐减小。当冷却液温度到达 70℃时，暖机控制过程结束。

4. 怠速稳定控制

在怠速运转时，ECU 将接收到的转速信号与确定的目标转速进行比较，其差值超过一定值（一般为 20 r/min）时，ECU 将通过步进电动机控制怠速控制阀，调节怠速空气供给量，使发动机的实际转速与目标转速相同。怠速稳定控制又称反馈控制。

5. 怠速预测控制

发动机在怠速运转时，如变速器挡位、动力转向、空调工作状态的变化都将使发动机怠速转速波动或熄灭，在发动机负荷出现变化时，不待发动机转速变化，ECU 就会根据各负载设备开关信号（A/C 开关等）通过步进电动机调节怠速控制阀的开度。

6. 电气负载增多时的怠速控制

在怠速运转时，如使用的电器负载增大到一定程度，蓄电池电压就会下降。为了保证电控系统正常的供电电压，ECU 会根据蓄电池电压调节怠速控制阀的开度，提高发动机的怠速转速，以提高发电机的输出功率。

7. 学习控制

在 ECU 的存储单元中，存储着怠速控制阀的步数与发动机怠速转速的对应表。但发动机使用过程中，由于磨损等原因会导致怠速控制阀的步数与发动机怠速转速的对应关系发生改变，在此情况下，ECU 利用反馈控制功能使怠速转速回归到目标值的同时，还可将对应的实际步数存储在 ROM 中，以便在此后的怠速控制过程中使用。ECU 会定期更新怠速控制阀步数与发动机转速对应的数据表，以便让怠速控制系统更快地达到目标转速。

五、节气门直动控制阀

如图 1—8—4 所示为节气门直动式执行机构，一般与单点喷射系统组合安装。执行机构与节气门操纵臂的全闭限制器的位置，来调节节气门的通路面积。执行机构由产生旋转力矩的直流电动机、增大放置力矩的减速齿轮、变角位移为直线位移的进给丝杠等部件组成。

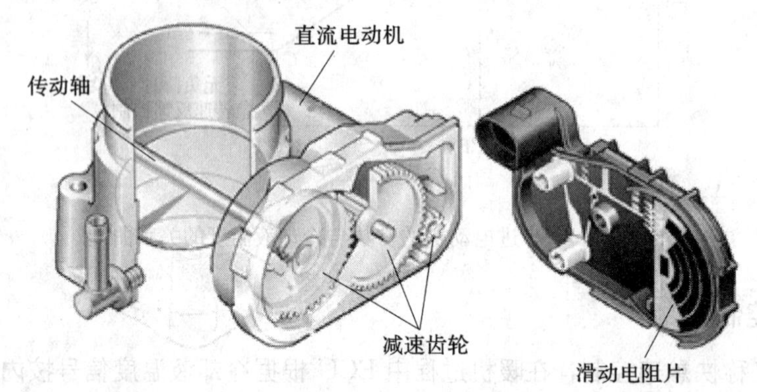

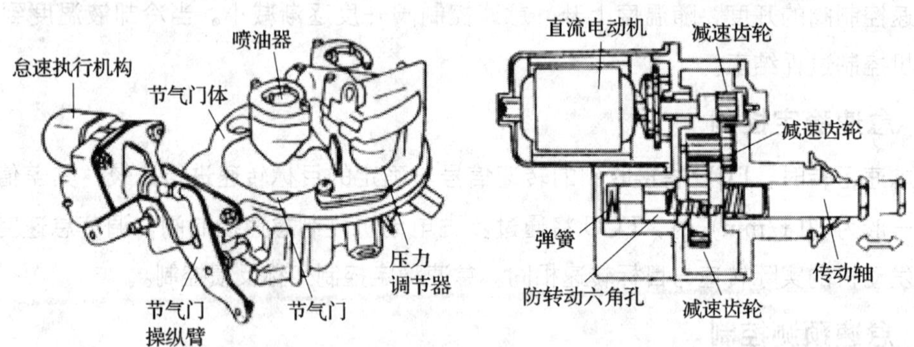

图 1—8—4　节气门直动式怠速控制阀

以这种方式组成的执行机构具有很强的工作能力，控制位置稳定性好，但是由于使用减速成机构，变位速度慢，因此响应性不太好。

六、旁通空气式控制

采用旁通空气的控制方式时，通常在系统中设有旁通道，以此连接节气门的前方与后方，利用执行器控制旁通道的截面积大小，调整节气门全闭时的进气量来控制怠速转速。当阀门开大时，旁通空气道截面积增大，空气流量增大，怠速转速提高；反之，当阀门开度变小时，旁通空气道截员积减小，空气流量减小，怠速转速降低。常用的控制方法有：步进电动机控制式、旋转滑阀控制式和电磁控制式等。

1. 步进电动机型怠速控制阀

步进电动机是将电脉冲信号转换成相应的角位移或线位移以控制转子转动的电动机。步进电动机主要由转子和定子组成，丝杠机构将步进电动机的旋转运动转变为直线运动，使阀心做轴向移动，改变阀心与阀座之间的间隙，如图 1—8—5 所示。

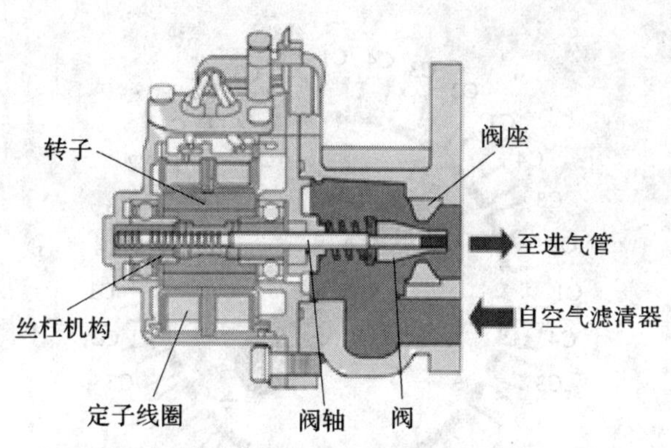

图 1—8—5 步进电动机式怠速控制阀

如图 1—8—6 所示，步进电动机式控制阀内部的线圈由 ECU 控制其搭铁回路，以便控制怠速控制阀的工作。当 ECU 控制使步进电动机的电磁线圈 C1、C2、C3、C4 按 1－2－3－4 的顺序通过晶体管依次搭铁时，定子磁场顺时针转动。如果电磁线圈按 4－3－2－1 的顺序依次搭铁，步进电动机的线圈按相反的顺序通电，转子则随定子磁场同步反转。定子上有 32 个爪级，步进电动机每转一步为 1/32 圈，工作范围为 0～125 个步进级，如图 1—8—7 所示。

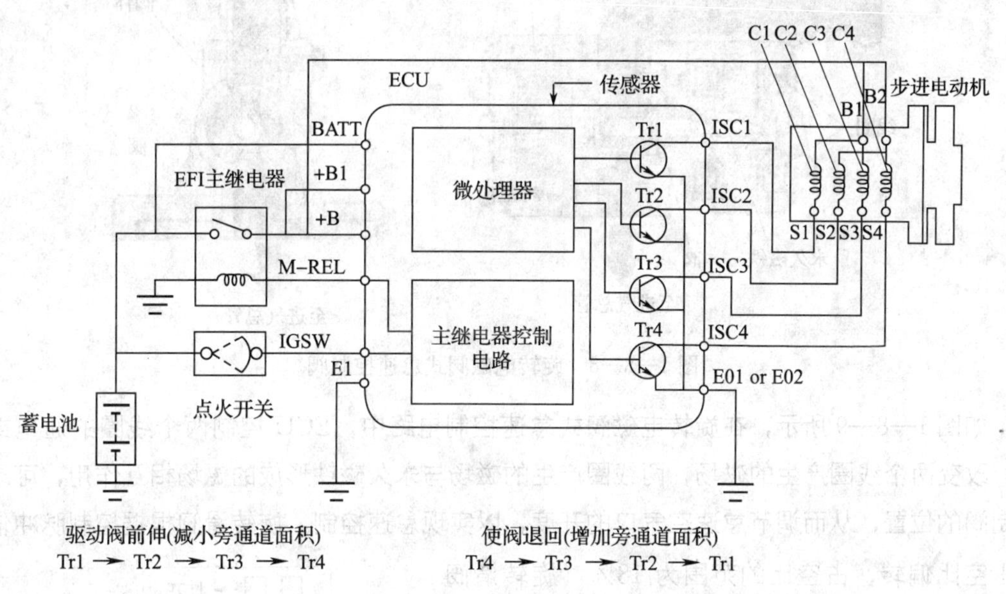

图 1—8—6 步进电动机式怠速控制阀控制电路图

一般 0 步级表示怠速控制阀全部伸出，旁通道全关；125 步级表示怠速控制阀全部收回，旁通道全开。

2. 旋转电磁阀式怠速控制阀

旋转电磁阀式怠速控制阀在实际运行时，ECU 将检测到的怠速转速实际值与储存的设定目标值比较，并随时校正送至怠速控制阀的驱动信号，以实现稳定的怠速运行，如图 1—8—8 所示。旋转电磁阀式怠速控制阀由永久磁铁、电枢、旋转滑阀、螺旋回位弹簧和电刷及引线等组成。

图 1—8—7　定子爪极的步骤形式

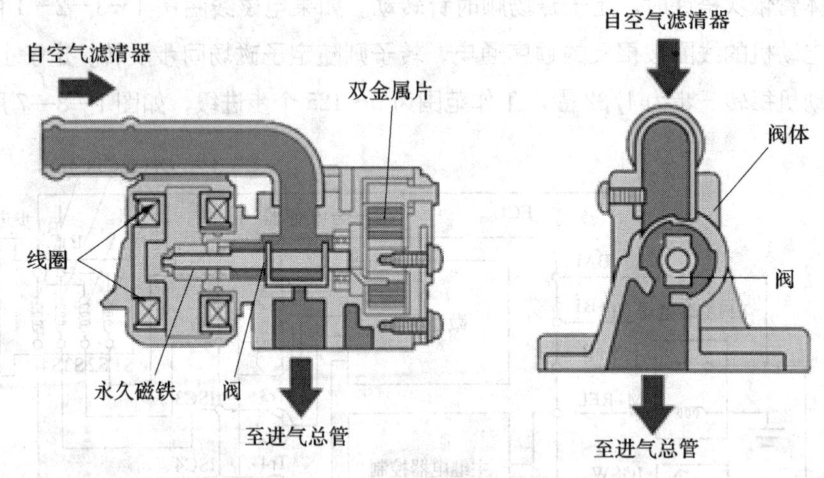

图 1—8—8　旋转电磁阀式怠速控制阀

如图 1—8—9 所示，在旋转电磁阀式怠速控制电路中，ECU 控制两个线圈的通电或断开，改变两个线圈产生的磁场，两线圈产生的磁场与永久磁铁形成的磁场相互作用，可改变控制阀的位置，从而调节怠速空气口的开度，以实现怠速控制。旋转滑阀根据控制脉冲信号的占空比偏转，占空比的范围为 18％（旋转滑阀关闭）～82％（旋转滑阀打开），滑阀的偏转角度小于 90°。

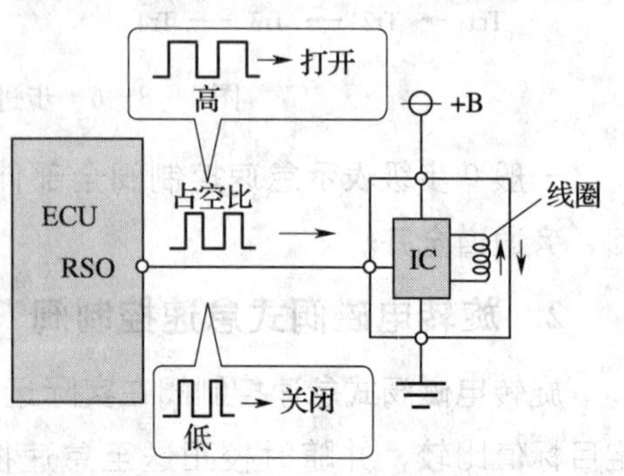

图 1—8—9　旋转电磁阀式怠速控制阀控制原理

如图 1—8—10 所示，旋转滑阀固定在电枢上，用以控制流过旁通通道的空气量。永久磁铁固定在外壳上，期间形成磁场。电枢位于永久磁铁的磁场中，电枢铁心上缠有两组绕向相反的磁化线圈 A 线圈和 B 线圈，当占空比小于 50％且线圈 B 通电时，电枢带动旋转滑阀顺时针偏转，空气旁通道截面关小；当占空比大于 50%且线圈 A 通电时，电枢带动旋转滑阀逆时针偏转，空气旁通道截面开大。

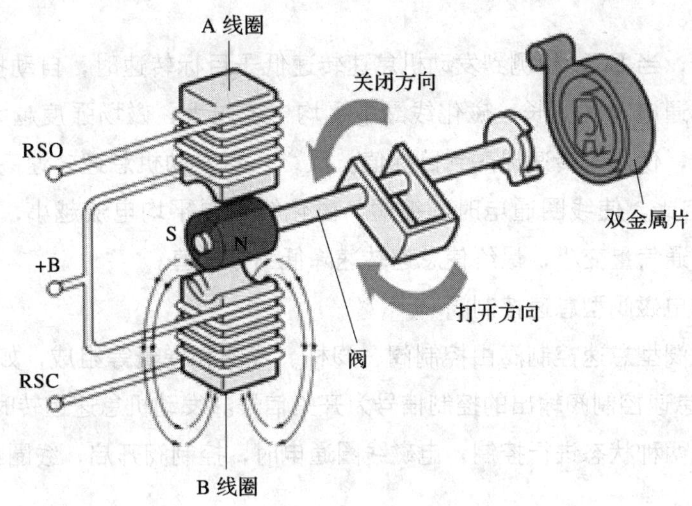

图 1—8—10 旋转电磁阀式怠速控制阀控制过程

3. 电磁阀控制式怠速控制阀

电磁阀控制式怠速控制阀是利用通电线圈产生的电磁力来控制阀门的开度。根据信号的不同可分为占空比信号和开关信号两种。

(1) 占空比控制电磁阀型怠速控制阀

占空比控制电磁阀主要由控制阀、阀杆、线圈和弹簧等组成。占空比控制电磁阀型怠速控制阀内的电磁线圈通电产生电磁吸力，当线圈产生的电磁吸力超过复位弹簧弹力时，阀轴带动阀芯向上移动，打开旁通气道。当电磁线圈断电时，阀轴及阀芯在弹力作用下复位，将旁通气道关闭，如图 1—8—11 所示。

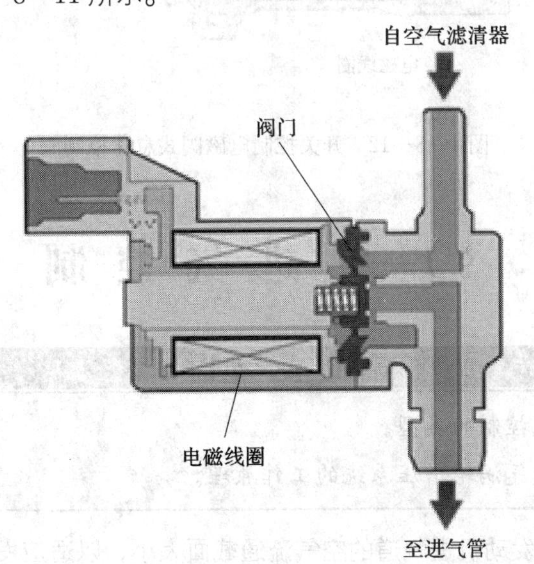

图 1—8—11 占空比控制电磁阀式怠速控制阀

怠速控制阀的开度取决于线圈产生的电磁力大小，与旋转阀型怠速控制阀相同，ECU是通过控制输入线圈脉冲信号的占空比来控制磁场强度，以调节控制阀的开度，从而实现对怠速空气量的控制。

发动机工作时，当ECU检测到发动机怠速转速低于目标转速时，自动提高控制信号的占空比，使线圈的通电时间变长，磁化线圈中平均电流越大，磁场强度越大，阀门开度增大，旁通气量增大，使怠速转速提高到目标值。反之，当发动机怠速转速高于目标转速时，ECU自动降低占空比，使线圈通电时间缩短，磁化线圈中平均电流越小，磁场强度越弱，阀门开度变小，旁通气量变小，最终使怠速转速降低到目标值。

(2) 开关控制电磁阀型怠速控制阀

开关控制电磁阀型怠速控制阀由控制阀、阀杆、线圈和弹簧等组成，如图1—8—12所示，但是ECU向怠速控制阀输出的控制信号为开关信号。发动机怠速运转时，ECU只对阀内线圈通电或断电两种状态进行控制，电磁线圈通电时，控制阀开启，线圈断电时，控制阀关闭。

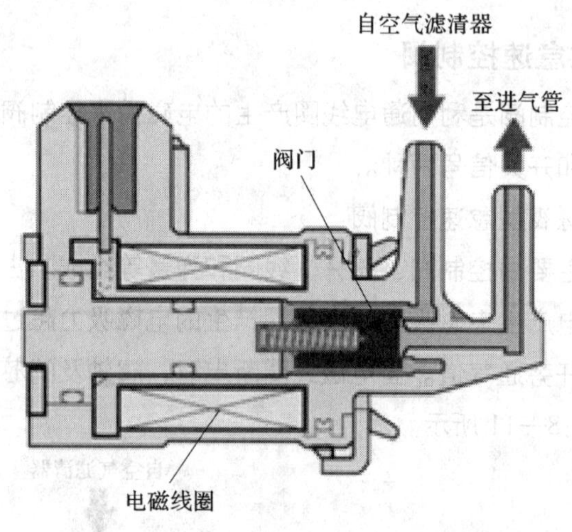

图1—8—12　开关控制电磁阀式怠速控制阀

§1—9　进 气 控 制

学习目标：

1. 了解汽车进气控制的类型。
2. 掌握发动机废气涡轮增压系统的工作原理。

进气控制系统控制发动机进气道的空气流通截面大小，以适应发动机的不同转速和负荷的进气量需求，从而改善发动机的动力性。

一、进气惯性增压控制系统

进气惯性增压控制系统工作原理如图 1—9—1 所示，当控制阀关闭时，进气室内的压力波传播长度是从空气滤清器到进气门的距离，使发动机在中低速区域产生增压效果，改善了运行性能。当控制阀打开时，由于大容量空气室的参与，各缸进气的压力波会在空气室内相互干涉而抵消，各缸进气压力波只能在进气门与空气室的出口之间传播，从而缩短了压力波的传播距离，使发动机在高速区也有较好的进气增压效果。

二、电控动力阀控制装置

有些汽车发动机是利用动力阀控制装置来控制发动机进气。动力阀控制装置安装在进气管上，控制进气管空气通道的大小。它可根据发动机不同负荷来改变进气量，以改善发动机的性能，工作原理如图 1—9—2 所示。当发动机在小负荷运转时，ECU 发出指令使真空电磁阀断电关闭，真空电磁阀控制动力阀关闭，进气通道变小，发动机输出小功率，来提高燃油经济性；当发动机在高速运转或大负荷运行时，ECU 发出指令使真空电磁阀通电打开，真空电磁阀控制动力阀打开，进气通道变大，发动机输出大功率。

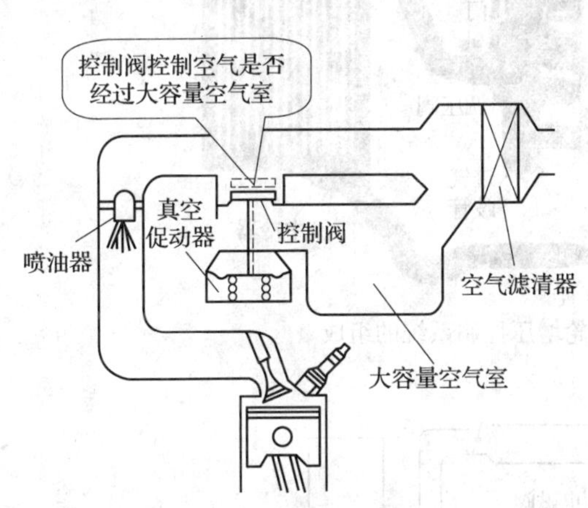

图 1—9—1 发动机进气惯性增压控制系统

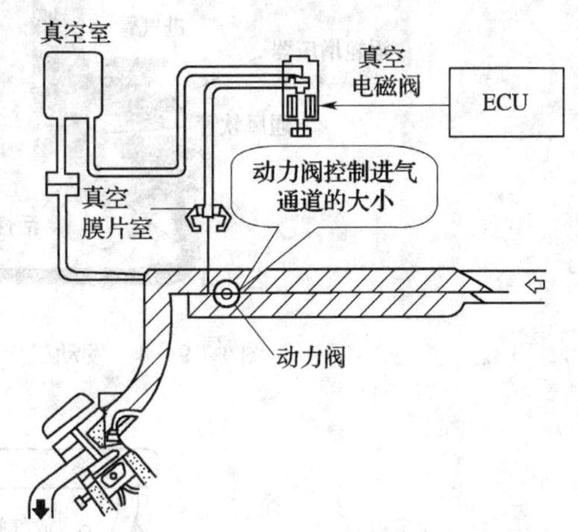

图 1—9—2 动力阀控制装置

三、废气涡轮增压控制系统

有些汽车进气控制采用废气涡轮增压控制系统，如帕萨特轿车。利用废气排出时的流速，驱动涡轮旋转，涡轮旋转使进气管中的气流增加而增压，其结构形式如图 1—9—3 所示，系统组成如图 1—9—4 所示。

其控制系统如图 1—9—5 所示。当进气压力在某一规定值以上时，ECU 控制释压电磁阀关闭，驱动切换阀将排气进入涡轮室的通道打开，同时关闭排气旁通道，这样废气流经涡轮室，涡轮增压器工作，使进气增压；当进气压力在某一规定值以上时，ECU 控制释压电磁阀打开，驱动切换阀将排气进入涡轮室的通道关闭，同时打开排气旁通道，这样废气不经

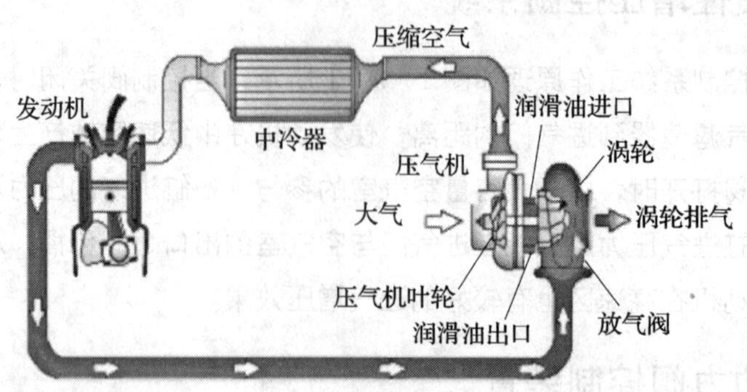

图 1—9—3 发动机废气涡轮增压控制系统结构形式

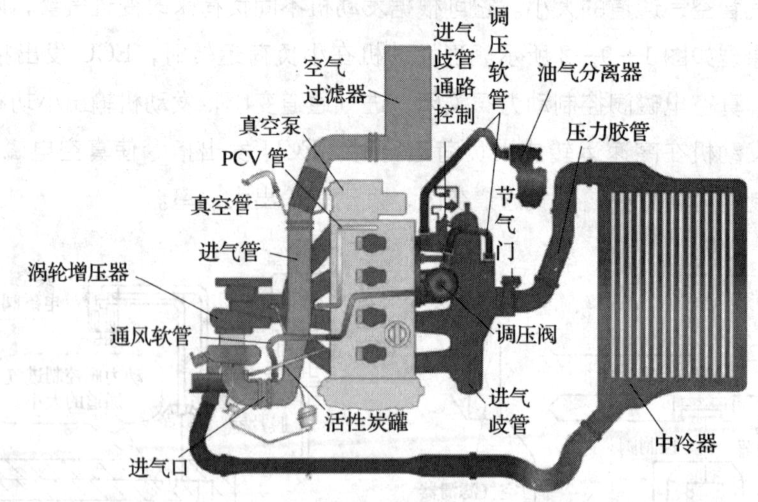

图 1—9—4 发动机废气涡轮增压控制系统的组成

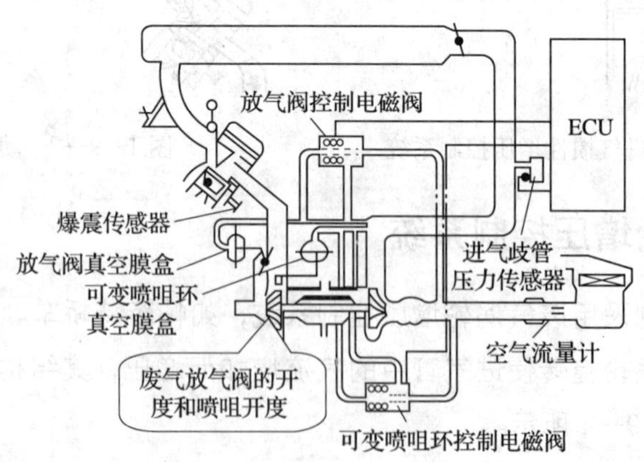

图 1—9—5 废气涡轮增压控制系统

过涡轮室，涡轮增压器停止工作。当压力下降到规定值时，增压器工作，使进气增压。废气涡轮增压系统的工作情况如图 1—9—6 所示。

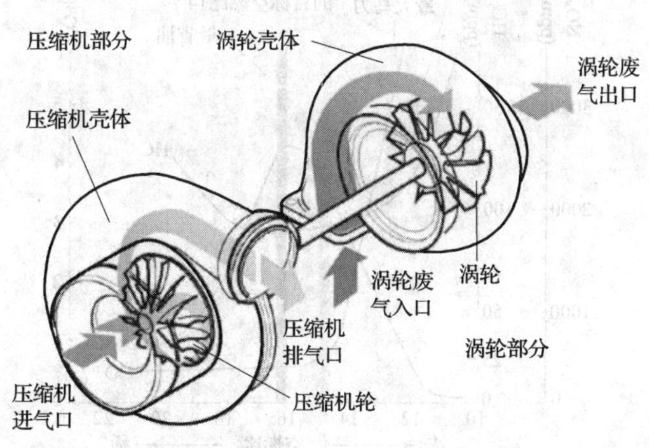

图 1—9—6 废气涡轮增压系统的工作情况

§1—10 汽油机排放控制系统

学习目标：

1. 了解汽车排放物的来源与成因。
2. 理解汽车排放控制的措施。
3. 了解汽车排放控制各类措施的基本原理。

一、汽车排放物的来源与成因

汽油机主要排放物有 CO_2、N_2、H_2O、HC（碳氢化合物）、CO、NO_x、SO_2、铅化物等，其中主要排放污染物有 CO、NO_x、HC、SO_2等。这些排放污染物已经对人类生存环境造成了严重影响，是当前各国都十分关注的社会问题。控制汽车的排放污染成为人们研究的重要课题，从有害排放物的生成机理和影响因素出发，以改进发动机燃烧过程、增加排放净化装置的方式，可以达到减少污染物排放和抑制污染物生成的目的。空燃比与污染物的关系如图 1—10—1 所示。

1. 一氧化碳（CO）

一氧化碳主要是碳未经完全氧化的产物，是氧气不足的结果。当空燃比过小时，燃料燃烧不正常、燃烧过后温度过高都会产生 CO。

2. 碳氢化合物（HC）

碳氢化合物是燃料不完全燃烧或者不燃烧的产物。发动机单缸不点火、缺火、失火，火花塞点火不良，排气门关闭不严，空燃比过大或者过小时，燃料燃烧不完全就会产生碳氢化合物。车辆在怠速状态下极易产生 HC。曲轴箱窜气也会生成 HC 排出。

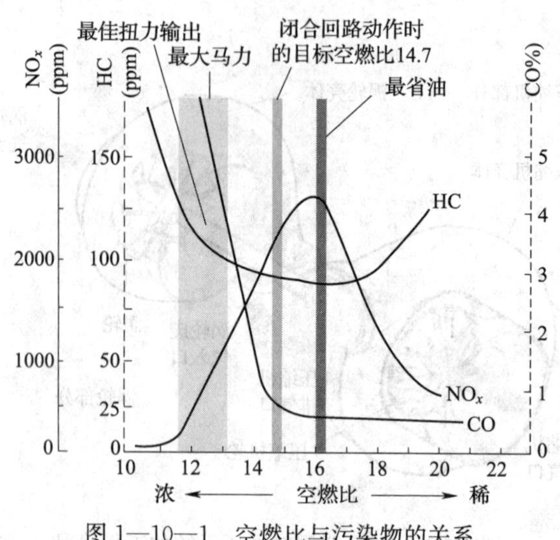

图 1—10—1　空燃比与污染物的关系

3. 氮氧化合物（NO_x）

氮氧化合物是发动机在高温高压下的产物。发动机负荷越大，氮氧化合物排放量越高。

二、汽车排放控制的措施

发动机排放控制就是针对排放产生的原理，在发动机上增设一些控制装置，以降低污染物（CO、HC 和 NO_x）的排放，并将其控制在规定的范围内。现代汽车上采用了多种排放净化措施，一般常用的有二次空气喷射系统、废气再循环（EGR）装置、活性炭罐控制装置、三元催化转换装置等。

1. 二次空气喷射系统

二次空气喷射系统的工作原理是空气泵将新鲜空气送入发动机排气管内，从而使排气中的 HC 和 CO 进一步氧化和燃烧，从而降低了排气中的 HC 和 CO 的排放量，达到净化废气的目的。

由于车辆在冷起动阶段混合气较浓，因而排气中未燃烧的碳氢化合物的比例较高，通过二次空气喷射系统还可以使三效催化转化器提前达到工作状态，从而改善三效催化转化器内的氧化过程（二次氧化）并减少排气中的有害物质。二次氧化所产生的热量还可大大缩短三效催化转化器起作用的时间，从而大大改善冷起动阶段的排放净化性能。二次空气喷射系统按照结构和工作原理的不同可以分为空气泵型和脉冲型两种结构类型。

（1）电控空气泵型二次空气喷射系统

电控空气泵型二次空气喷射系统中的空气由电控单元根据输入信号通过控制相关电磁阀，将新鲜空气引往排气管及催化式排气净化器中。如图 1—10—2 所示，在冷起动阶段，ECM（发动机电控单元）通过二次空气泵继电器来启动喷射泵（二次空气泵电动机），空气到达单向阀。与此同时，二次空气喷射控制阀启动，使真空作用到单向阀上，单向阀将二次空气到气缸盖排气通道之间的通路打开，二次空气进入排气通道中。

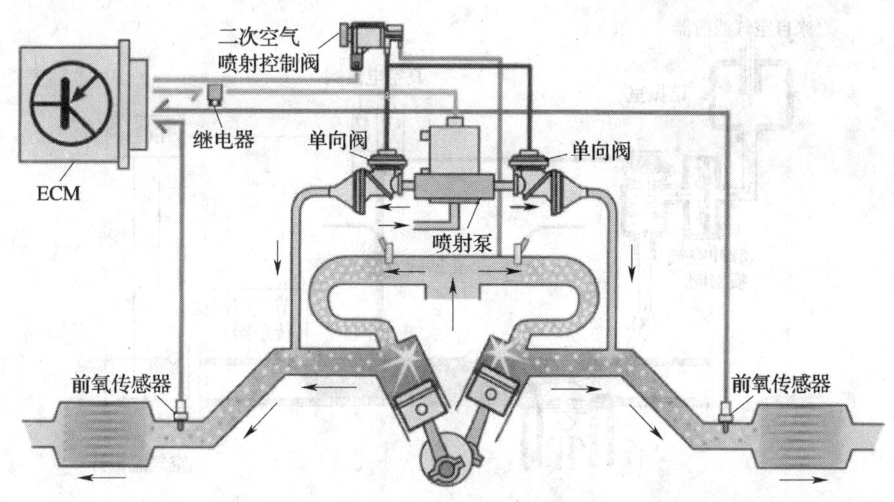

图 1—10—2 电控空气泵型二次空气喷射系统的构成

(2) 电控脉冲型二次空气喷射系统

电控脉冲型二次空气喷射系统也称电控吸气器型二次空气喷射系统，如图 1—10—3 所示。该系统不是应用空气泵泵送空气进入喷射歧管，而是应用排气压力的脉冲将新鲜空气吸入排气系统。研究发现，每次排气门关闭时，都会有这么一个很短的时间周期，在该时间周期内，排气孔和排气歧管内的气压都低于大气压力，也就是说产生了一个负压（真空）脉冲。利用这个真空脉冲，经空气滤清器吸入一定量空气进入排气歧管，用这部分空气中的氧去氧化排气中的 HC 和 CO。如果该车还装有催化式排气净化器，也可以用这部分空气去供应催化式排气净化器对氧的需要。这就是脉冲型或称吸气器型二次空气喷射系统的工作原理，如图 1—10—4 所示。

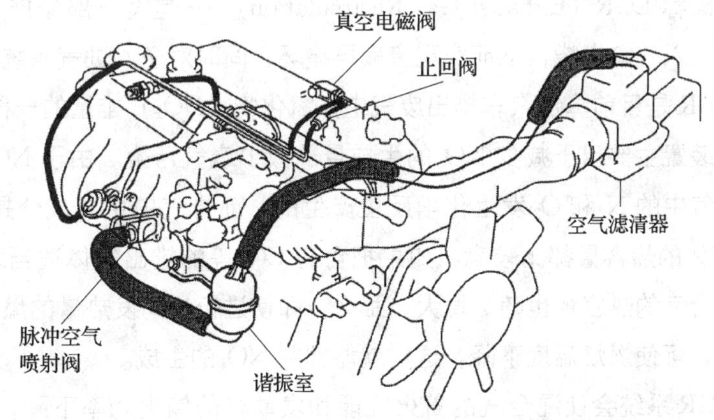

图 1—10—3 电控脉冲型二次空气喷射系统组成

该系统由电控单元控制电磁阀的打开及关闭，电磁阀与单向阀（也称检查阀）相连，由于排气中的压力是正负交替的脉冲压力波，当排气压力为负时，来自空气滤清器的空气进入排气管；当压力为正时，止回阀关闭，空气不能返回。

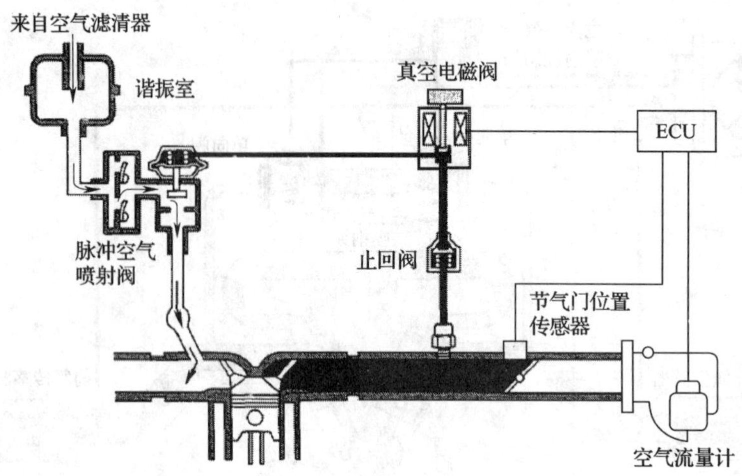

图 1—10—4　电控脉冲型二次空气喷射系统工作原理

装有脉冲型二次空气喷射系统的发动机在怠速或低速运转时，由于排气歧管内的负压脉冲使吸气器阀门开启。也就是说，在这种工况下，排气阀门每关闭一次，在排气歧管内则出现一次负压脉冲，吸气器的单向阀就开启一次，阀门开启，在外界大气压力的作用下，新鲜空气经空气滤清器、软管、吸气器、钢管进入排气歧管，去进一步氧化排气中的 HC、CO，减少排气污染。在发动机高速运转时，脉冲型二次空气喷射系统实际上是停止工作的。当发动机高速运转时，由于排气门的关闭频繁，每次的负压脉冲周期特别短，由于惯性作用，吸气器的止回阀不可能开启，因此，吸气器的止回阀门实际是关闭的，此时它只起到一个阻止废气排入空气滤清器的截止作用。

2. 废气再循环（EGR）装置

废气再循环简称 EGR（Exhaust Gas Recirculation)，它是将一部分排气引入进气管与新混合气混合后进入气缸燃烧，从而实现废气再循环，同时对送入进气系统的排气进行最佳的控制。采用 EGR 是目前降低汽车排出废气中氮氧化物（NO_x）排量的一种有效措施。

废气再循环装置主要用于减少 NO_x 的生成量、减少废气污染。由于 NO_x 是在高温下燃烧时，含在混合气中的 N_2 和 O_2 发生化学反应产生的。而排气中主要成分是 CO_2、H_2O 和 N_2 等，这三种气体的热容量都比较高，如果把含有 CO_2 等的排出气体适当地混入新混合气中，所得到的混合气的热容量也随之增大，那么，即使进行相同发热量的燃烧，与不混入排气的混合气相比，可使燃烧温度下降，这样就能抑制 NO_x 的生成。

由于采用 EGR 系统会使混合气的着火性能和发动机的输出功率下降，所以 EGR 不是所有工况都工作。在怠速、低转速小负荷及发动机处于冷态运行时，冷却液和进气温度较低，NO_x 的生成量相对较少，再循环的废气将明显降低发动机的性能。所以在怠速、低转速小负荷及发动机冷态时 EGR 系统不工作；在全负荷和高速时需较浓的混合气，NO_x 的生成量也较少，同时需要大的动力，所以 EGR 系统也不工作；而在发动机高速、中负荷产生大

量 NO_x 的条件下，废气阀才投入工作。因此，应选择 NO_x 排放量多的发动机运转范围，进行适量的 EGR 控制。

EGR 的控制指标大多采用 EGR 率表示，其定义如下：

$$\text{EGR 率}=\frac{\text{EGR 气体流量}}{\text{吸入气体量}+\text{EGR 气体流量}}\times 100\%$$

当进行大量 EGR 控制（EGR 率为 15%～20%）时，大多数采用电子式 EGR 控制。

(1) 固定 EGR 率的电子式 EGR 控制

1）普通电子式 EGR 控制系统。如图 1—10—5 所示，EGR 系统由废气再循环电磁阀、节气门位置传感器、水温传感器、曲轴位置传感器、发动机 ECU 和起动信号等组成。

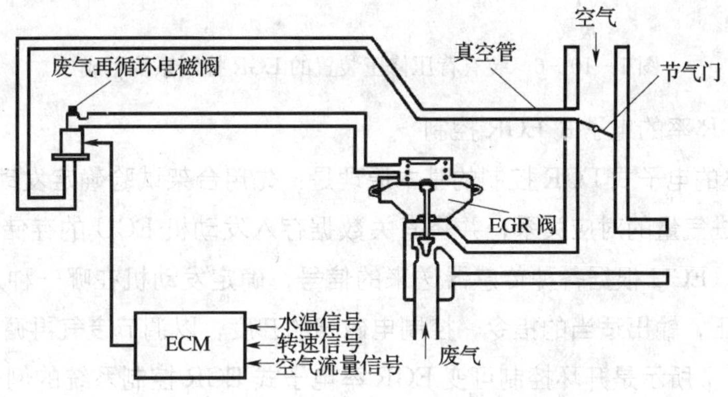

图 1—10—5 普通电子式 EGR 控制系统组成

发动机工作时，ECU 根据点火开头曲轴位置传感器、水温传感器、节气门位置传感器等送来的信号，确定发动机所处的工况，同时发出指令，控制废气再循环电磁阀的 ON、OFF 状态，从而控制 EGR 阀的关闭或打开，使 EGR 系统停止或运行。

ECU 向废气再循环电磁阀发出控制信号，当电磁阀接通（ON）时，其阀门关闭，切断了通往废气再循环控制阀的真空通道，使废气再循环控制阀的阀门关闭，废气再循环系统不起作用。反之，当电磁阀处于断开（OFF）状态时，其阀门打开，通往废气再循环控制阀的真空通道连通，使废气再循环控制阀的阀门打开，废气再循环系统起再循环作用。

2）装有背压修正装置的 EGR 控制系统。在 EGR 真空调节阀中，通过排气背压和从节气门体 R 口来的真空度，调节去往 EGR 阀的真空。发动机电控装置 ECM 再控制位于通往 EGR 阀真空路径上的 VSV，控制 EGR 阀的开启和关闭，如图 1—10—6 所示。

当节气门开启高于 E 口而低于 R 口，真空通过 E 口传至 EGR 真空调节阀。此时由于排气背压不大，阀中的控制阀没有关闭，外界空气通过滤清器、节流口、控制阀进入真空气道，结果造成没有真空传至 EGR 阀，EGR 阀不能开启。

当节气门开启高于 R 口，真空通过 E 和 R 口传至 EGR 真空调节器。通过 R 口传来的真空作用在控制阀下部的膜片上，同时发动机转速升高造成大的排气背压也作用在膜片上，二者共同作用使膜片上移，控制阀关闭。从 E 口传来的真空导至 EGR 阀，使其开启。

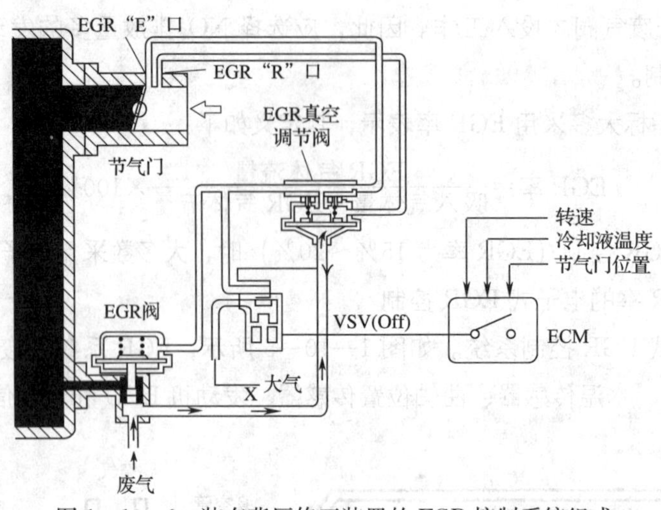

图1—10—6　装有背压修正装置的EGR控制系统组成

(2) 可变EGR率的电子式EGR控制

可变EGR率的电子式EGR控制的基本原理是：先用台架试验确定发动机的EGR率与发动机的转速、进气量的对应关系，并将有关数据存入发动机ECU的存储器（ROM）中。当发动机工作时，ECU根据各种传感器送来的信号，确定发动机在哪一种工况下工作，经过查表和计算修正，输出适当的指令，控制电磁阀的开度，以调节废气再循环的EGR率。

如图1—10—7所示是开环控制可变EGR率电子式EGR控制系统的例子。在该控制系统中，有一个真空控制阀（VCM阀），内有两个电磁阀：一个是怠速控制电磁阀；另一个是EGR控制电磁阀。当发动机工作时，ECU根据曲轴位置传感器、节气门位置传感器、水温传感器、点火开关及蓄电池电压等信号，确定发动机所处工况，发出控制指令，给EGR控制电磁阀提供出不同占空比的脉冲电压，其具有不同打开、关闭频率，以调节进入VCM阀负压室的空气量，得到控制EGR阀不同开度所需的真空度，从而获得适应发动机不同工况所需的不同的EGR率。

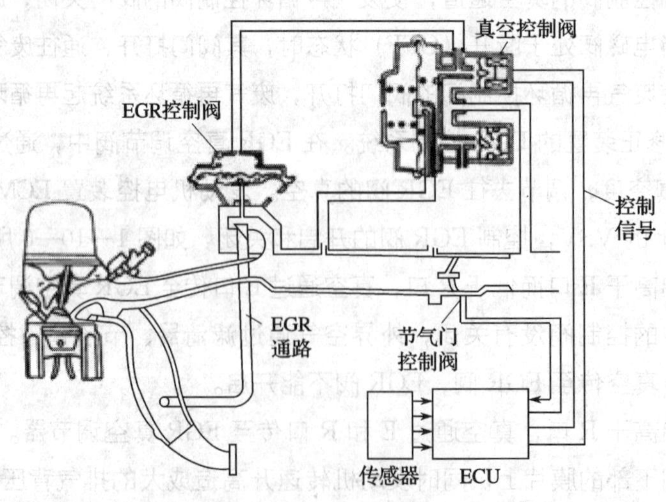

图1—10—7　可变EGR率的电子式EGR控制组成

脉冲电压信号占空比的大小，决定电磁阀的打开时间，占空比越大，进入 VCM 阀负压室的空气量越多，真空度越小，废气再循环控制阀阀门开度越小，EGR 率越小，当 EGR 率小至一定值时，EGR 阀关闭，EGR 系统停止工作。反之，脉冲电压信号的占空比越小，EGR 率越大。

(3) 闭环控制式的 EGR 控制

闭环控制式的 EGR 控制是对废气再循环率实行闭环控制的系统。在该系统中，ECU 以 EGR 率作为反馈信号进行闭环控制，如图 1—10—8 所示。当空气经过节气门进入稳压箱时，发动机排气中的一部分经 EGR 控制阀进入稳压箱，稳压箱有 EGR 率传感器，不断地检测稳压箱中新鲜空气与废气所形成的混合气中氧的浓度，并将检测结果输入 ECU，ECU 经过分析计算后，向 EGR 控制阀输出控制指令，不断地调整 EGR 率，使废气再循环的 EGR 率时刻保持在理想状态，从而有效地减少 NO_x 的排量。

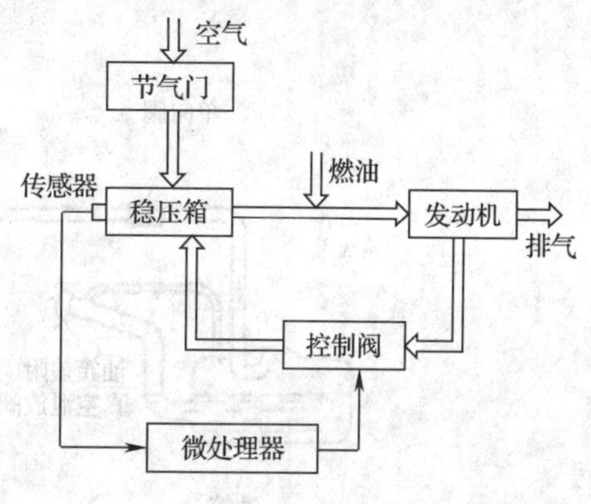

图 1—10—8 闭环控制式的 EGR 控制原理

带 EGR 阀位置传感器的 EGR 系统略有不同，如图 1—10—9 所示。EGR 阀位置传感器的作用是检测 EGR 阀的开度位置，并利用电位计将其位置信号转变为相应的电压信号，反馈给发动机控制模块（ECM/PCM），ECM/PCM 根据这个位置和其他数据计算出最佳废气再循环量，进而控制 EGR 电磁阀阀门变化达到最佳废气循环量，从而实现 EGR 系统的闭环控制。发动机控制器中储存有多种工况下 EGR 阀的最佳开度位置，如果实际开度位置值与储存在 ECM/PCM 内的最佳值不同，ECM/PCM 便切断 EGR 控制电磁阀的电源，减少加在 EGR 阀上的真空，从而控制进入进气管的废气量。

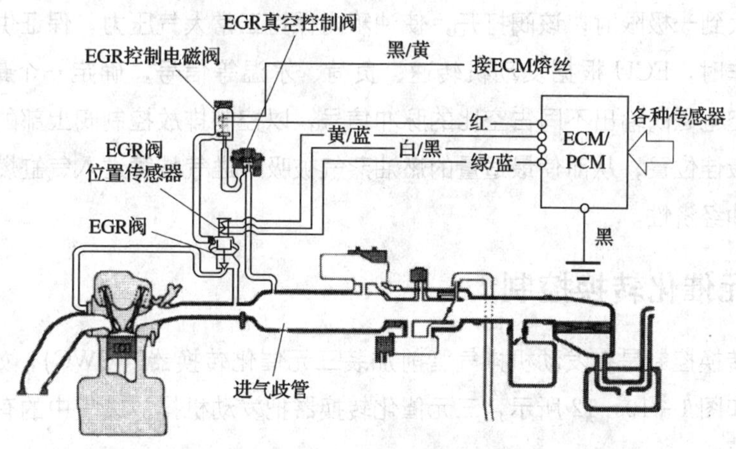

图 1—10—9 带 EGR 阀位置传感器的 EGR 系统组成

三、活性炭罐式燃油蒸发污染控制装置

在温度较高时，燃油箱内产生燃油蒸气的主要成分是 HC 化合物。为了防止燃油蒸气从燃

油箱等部位直接排向大气而产生污染，燃油箱控制系统（EVAP）能够吸收、储存燃油蒸气，并在适当的时机将蒸气送入进气管，进入燃烧室进行燃烧。在现代汽车上，一般采用由ECU控制的活性炭罐式燃油蒸发污染控制系统。如图1—10—10所示，其各组成部分的作用如下。

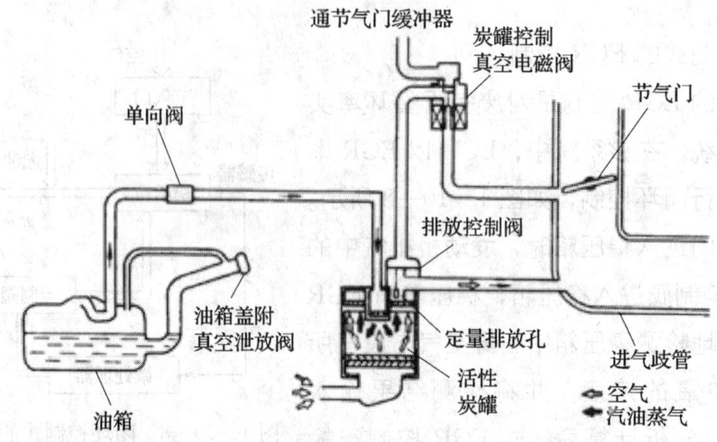

图1—10—10　活性炭罐式燃油蒸发污染控制系统

活性炭罐：其内部装有活性炭，用来吸附汽油蒸气，活性炭罐的作用就是收集油箱等部位的汽油蒸气。当发动机工作时，又将这些蒸气送入进气歧管。

排放控制阀：用来控制从活性炭罐吸入进气歧管的气体流量（含空气和蒸气），它受炭罐控制真空电磁阀控制。当发动机怠速时，从活性炭罐吸入进气歧管的气体流量应小些，否则会使混合气过稀而造成怠速不稳；当发动机转速升高，负荷增大时，吸入的气体流量可大些，以使炭罐内的汽油蒸气能被及时净化。

炭罐控制真空电磁阀：用来控制通向排放控制阀的真空度，受发动机ECU控制。

真空泄放阀：用来保持油箱内的气压。它安装在油箱加油口盖上。当油箱内因燃油减少，真空度增大到一极限时，该阀打开，使油箱内保持正常大气压力，保证供油稳定。

发动机工作时，ECU根据发动机转速、负荷、水温等信号，确定一个最佳的排放量，向炭罐控制真空电磁阀输出不同占空比的脉冲信号，以控制排放控制阀上部的真空度，使排放控制阀处于最佳位置，从而使最适量的燃油蒸气被吸入进气歧管进入气缸燃烧，降低排放污染并提高燃油经济性。

四、三元催化转换控制

三元催化转换控制是在发动机排气管前加装三元催化转换器（TWC），如图1—10—11所示。其结构如图1—10—12所示，三元催化转换器把发动机排放废气中的有害气体转化成无毒气体。

三元催化转换器是一种理想的排气净化装置，可对排气中的CO、HC、NO_x同时进行净化处理。三元催化转换器所用的催化剂是混合物，它们填充在氧化铝等颗粒状或蜂窝状载体中，它们只起催化作用，是靠废气本身的热量激发的，如图1—10—13所示。

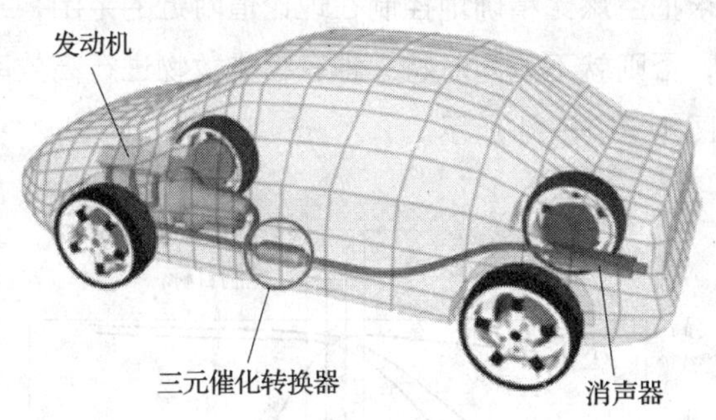

图 1—10—11　三元催化转换器的安装

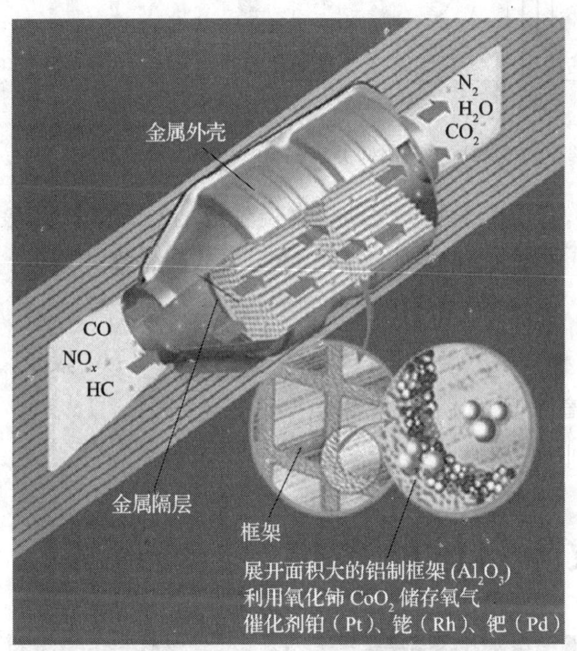

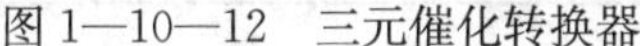

图 1—10—12　三元催化转换器

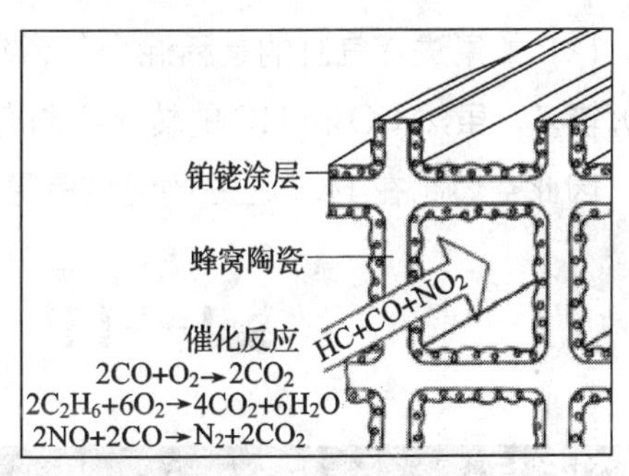

图 1—10—13　三元催化反应

当排气通过三元催化转换器时，在铂、钯、铑等贵金属催化剂的催化作用下，同时发生以下 3 种化学反应，化学反应将尾气中的有害气体转化为 CO_2、N_2、H_2O 等无毒气体。

$$2NO + 2CO \longrightarrow N_2 + 2CO_2$$

$$2C_2H_6 + 7O_2 \longrightarrow 4CO_2 + 6H_2O$$

$$2CO + O_2 \longrightarrow 2CO_2$$

三元催化转换器的特点是净化效果好，但铂、钯、铑等为贵重金属，成本较高。而且装有三元催化转换器的汽车不能使用含铅汽油，否则会使催化剂产生铅中毒而失效。

三元催化转换器的使用温度范围是以催化作用开始的温度为下限，以因过热引起烧结、老化的极限温度为上限而定。保证催化转换器能够高净化率、高使用寿命的理想使用温度为 400～800℃。当使用温度过低时，催化剂转换效率太低，当使用温度过高时，催化剂会过热而加快老化，以致丧失催化功能。

三元催化转换器要求把空燃比精确地控制在理论值附近的范围，三元催化转换器的转换效率才能达到最佳状态，否则就不能同时将三种有害排放物进行高效率的转化。三元催化转换率与空燃比的关系如图 1—10—14 所示。

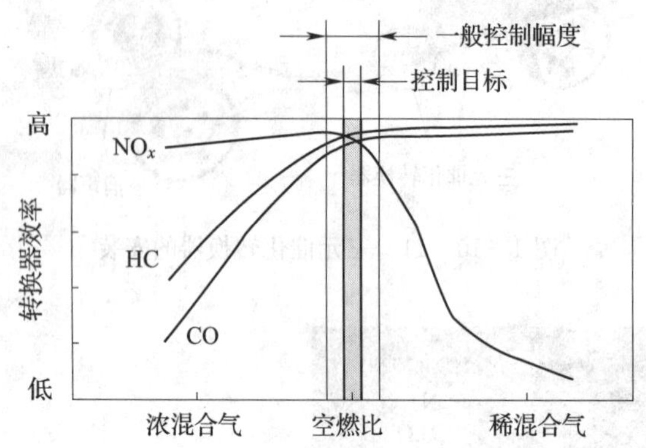

图 1—10—14　三元催化转换率与空燃比的关系

(1) 如果气缸内进入的是较浓的混合气，则 O_2 不足，发动机燃烧生成的 CO 和 HC 较多，而且三元催化转换器的储氧能力有限，不能充分氧化 CO 和 HC，TWC 转换效率低，由于 O_2 浓度较低，所以 NO_x 的生成量较少，相对 CO 和 HC 来说，TWC 转换效率高。

(2) 如果进入气缸的是稀混合气，在这种富氧的条件下，燃烧生成的 CO 和 HC 较少，NO_x 较多，虽然 CO 和 HC 的转化率略有提高，但 NO_x 的转化率急剧下降至 20%。

因此空燃比在 14.7 左右的混合气最有利于三元催化转换器的工作。

§1—11　故障自诊断系统

学习目标：

1. 掌握故障码的显示方式。
2. 掌握故障码的读取方法。

一、自诊断系统的功能及工作情况

1. 汽车电子控制系统的自诊断

故障诊断系统有两种：一种是具有自诊断功能，装在车上并在车内仪表盘自诊断系统（称车内自诊断系统)。另一种是车上具有诊断功能装置，但需要从车外进行测定的车外仪器诊断系统。并且随着科技的发展，第二种诊断系统越来越展示其优越性，逐渐占据主导地位。

在汽车电子控制系统中，一般都设计有故障自诊断功能。故障自诊断功能也就是平常所说的随车诊断（On Board Diagnostic，OBD)。该系统主要用来监测电子控制系统各部件的工作状态。当汽车的电控系统出现故障时，它可自动诊断系统故障，将故障码存入电控装置存储器中，借助于安装在仪表板上的故障指示灯（见图 1—11—1）或专用的故障诊断仪，通过通信口进行输出，可方便地读出电子控制系统的工作状态和发生故障的部位。但自诊断系统通常只能提供与本系统有关的电子装置或线路故障，一般只作出初步诊断结论，具体故障原因还需要通过经验直观诊断和简单仪表进行深入诊断。

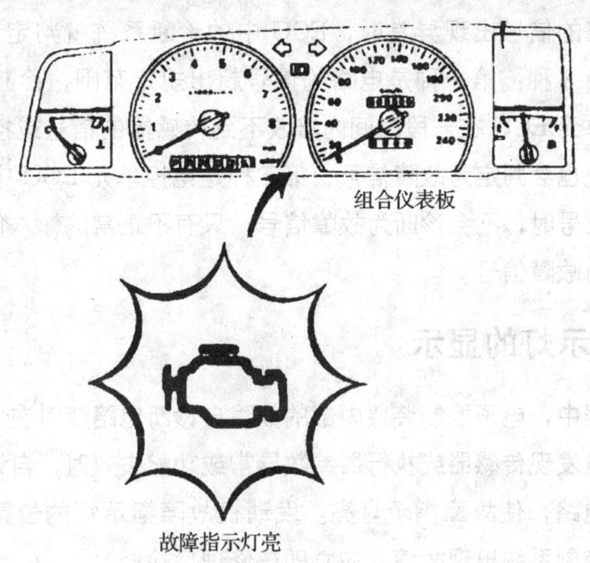

图 1—11—1　发动机故障指示灯的位置

故障自诊断技术不仅应用在发动机电子控制系统中，而且在自动变速器、防抱死制动装置、安全气囊等系统的电子控制单元中广泛使用，世界各大公司都推广这一技术，并开发出与各自车型配套的故障代码读出设备，这就给用户在汽车运行中及时发现故障和汽车修理时故障的查询带来了极大的方便。

目前车内故障自诊系统一般具有如下的功能：

(1) 监测电子控制系统的工作状态，若发现问题就以故障指示灯闪烁的方式提醒司机，如图 1—11—1 所示。

(2) 将监测到的故障以代码的形式存储起来，汽车维修时，可以用一定的方法取出故障代码，方便故障查询。

(3) 在某一执行机构发生故障时，自诊断系统及时停止其他执行机构的工作，以确保汽车行驶安全或避免造成部件的损坏。

(4) 因传感器或执行器及其他电路发生故障，发动机不能工作时，起用备用系统，使发动机能够维持基本的运转，使司机能将汽车顺利开回修理厂。

(5) 向故障诊断读取设备输出汽车实时运行状态数据，接收维修人员通过故障诊断仪向执行机构发出的强制动作命令，清除故障代码等。

2. 故障自诊断的基本原理

汽车正常运行时，电子控制单元 ECU 的输入、输出信号的电压值都有一定的变化范围。当某一信号的电压值超出了这一范围，并且这一现象在一段时间内不会消失，ECU 便判断为这一部分出现故障。ECU 把这一故障以代码的形式存入内部随机存储器（RAM），同时点亮故障指示灯（如 CHECKENGINE、SRS、ABS 等指示灯），这就是故障自诊断的基本原理。

汽车控制系统在正常工作时，电控单元 ECU 的输入和输出信号都是在一个规定的范围内运行，当控制电路的信号出现异常时，ECU 中的诊断系统就判定该电路信号出现故障。电路的异常情况分为 3 种：第一种是电路的信号超出规定范围，诊断系统则判定为故障信号；第二种是电控单元 ECU 在一段时间内接收不到传感器的信号或接收到的信号在一段时间内不变，诊断系统也会判定为故障信号；第三种是电控单元 ECU 中的诊断系统偶然发现一次不正常的输入信号时，不会诊断为故障信号，只有不正常的输入信号多次出现或持续一定时间，才会判定为故障信号。

二、故障指示灯的显示

在车辆运转过程中，电子控制装置内部的故障自诊断电路随时在监测各个传感器和执行器的工作状况，一旦发现传感器或执行器参数异常或功能失效时，自诊断系统就会接通仪表盘上的故障指示灯电路，使故障指示灯亮。发动机故障指示灯的位置如图 1—11—1 所示。目的是提醒驾驶员控制系统出现故障，应立即送修理厂检修。

除了发动机电子控制系统存在故障灯，其他电子控制系统也存在相应的故障指示灯，如图 1—11—2 所示。当车辆点火开关打开时，故障指示灯大多数会点亮一段时间，随后熄灭，这表示各电子控制系统工作正常，如故障灯常亮则表示系统出现故障。但有些故障灯要在发动机运行之后才会熄灭。

图 1—11—2　ABS 指示灯、EPC 指示灯、TCS 指示灯、VSC 指示灯、安全气囊指示灯

三、故障码与数据流

1. 故障码的显示

故障码，是用一组数码（数字）代表故障的系统或故障的大致范围。不同的国家，汽车生产厂家或不同车型，其故障码有所不同，读取方法也不完全一样，一般在读取故障码时，应首先详细阅读被检修车的维修资料。故障码的显示方式一般有以下几种。

(1) 脉冲电压显示

许多汽车发动机自诊断系统采用脉冲电压显示故障码，它是由自诊断输出接头向外输出脉冲电压信号，用仪表板上的检查发动机指示灯的闪烁显示故障代码，闪烁后判断故障需要查阅资料，找到相应的故障码代表的内容。

脉冲电压显示的形式有四种：

1）电压脉冲宽度相同，十位与个位间有一较短的暂停时间，故障码与故障码间有一较长的暂停时间，如图 1—11—3 所示。

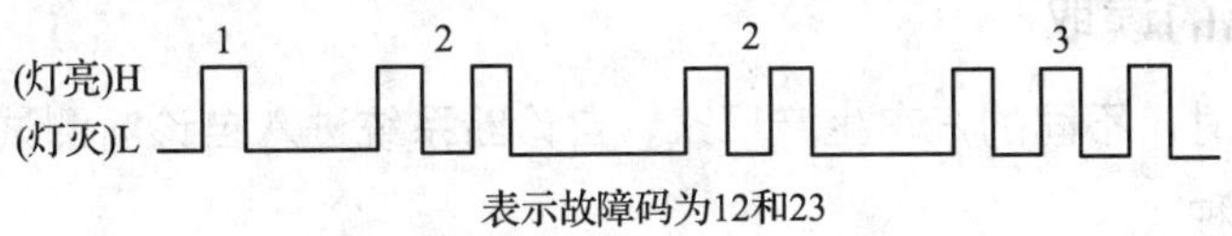

图 1—11—3　电压脉冲等宽的故障码示图

2）电压脉冲宽度不同，宽脉冲表示十位，窄脉冲表示个位，十位与个位间有一较短的暂停时间，故障码与故障码间有一较长的暂停时间，如图 1—11—4 所示。

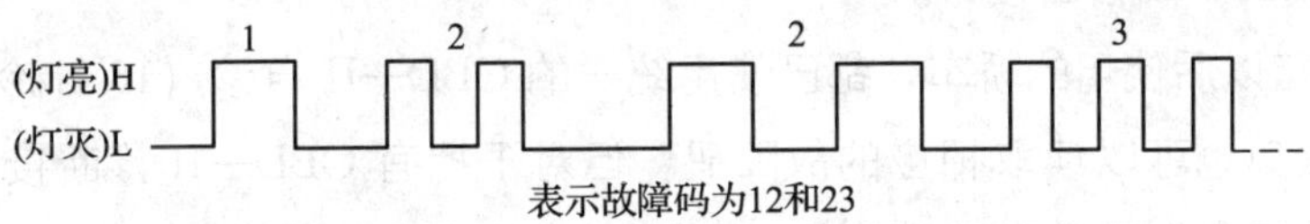

图 1—11—4　故障码间宽电压脉冲的故障码示图

3）故障码的电压脉冲宽度相同，十位与个位间有一较短暂停时间，故障码与故障码之间有一个较宽的电压脉冲，如图 1—11—5 所示。

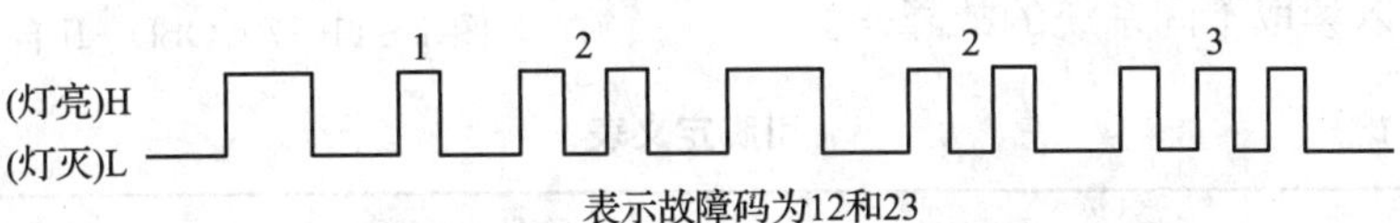

图 1—11—5　电压脉冲不等宽的故障码示图

4）脉冲电压不同，5 V 的电压脉冲表示十位，0 V 的电压脉冲表示个位，故障码与故障码间以较长的 2.5 V 电压区分，如图 1—11—6 所示。

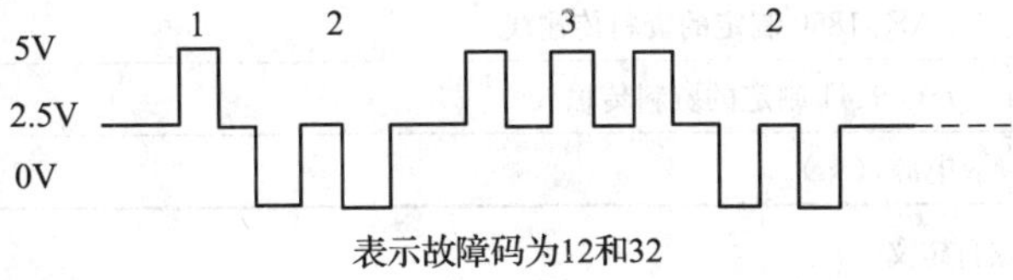

图 1—11—6　有反向电压脉冲的故障码示图

(2) 数字显示

在一些高级轿车上，采用数字显示的方式来显示故障码。在使用车辆自诊断测试功能时，故障码是以数字的形式显示在组合仪表的液晶显示屏上，有些车辆还提供出故障的可能出现的原因。

(3) 通过 OBD 接口用诊断仪器显示

1994 年以后，美国汽车工程学会（SAE）进一步推进了与故障诊断仪相关的标准化工作，形成了诊断仪接口的OBD—II标准。各汽车制造厂家依照OBD—II的标准，提供统一的诊断模式和统一的诊断插座，只要通过一台仪器即可对各种车辆进行诊断检测。可使用配套的诊断仪直接显示或打印故障代码。有的仪器还能显示故障的区域、检查的方法、检测的标准数据等。

2. 故障代码的读取

在读取故障码时，不同的汽车生产厂家，自诊断系统进入自诊断测试状态的方法是不同的，主要有以下几种。

(1) 用跨接线跨接诊断输入接头TE1线和搭铁E1线。

(2) 同时按下空调控制板上的OFF和WAEM键。

(3) 将点火开关锁匙以ON→OFF→ON→OFF→ON循环转动一次。

(4) 跨接OBD—II诊断接口。

我国1995年以后使用的轿车，都已使用统一的OBD—II自诊（16针诊断插座）。跨接OBD—II诊断接口也可以读取相应的故障码，但对于拥有OBD—II诊断接口的汽车来说，故障码的读取也因车辆不同而略有不同。为了能够正确读取故障码，我们先了解OBD—II标准所具有的特点：诊断插座统一为16针插座，并统一安装于驾驶室仪表板下方，诊断插座如图1—11—7所示，引脚定义见表1—11—1。跨接不同的引脚可以读取不同系统的故障码。

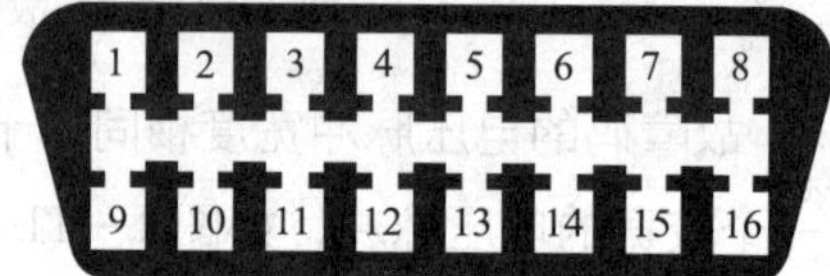

图1—11—7 OBD—II自诊断插座

表1—11—1 引脚定义表

引脚号	各引脚定义
2#	SAE J1850所制定的资料传输线
4#	直接搭铁
5#	信号反馈线
7#	ISO 9141制定的资料传输线
10#	SAE J1850制定的资料传输线
15#	ISO 9141制定的资料传输线
16#	电源（+）

注：其余引脚为各厂家自定义。

1）GM车系

16脚诊断插座6#—5#跨接由故障灯闪码读取两位码（12脚诊断插座A—B短接）。

注：此故障码中包含发动机、A/T、ABS、定速、防盗、空调码。

2）Ford车系

①16脚插座中13#—5#脚跨接，由故障灯读取发动机二位码。

②16脚插座中7#脚对地每跨接3秒钟后取开，由仪表板ABS灯读取一组（4位）ABS故障码。

③SRS 故障码读取，仅需将点火开关置于 ON 挡即可读取该故障码。

3）Chrysler 车系

打开点火开关 5～10 s，由故障灯自动闪码，读取发动机二位故障码（常规读码为将点火开关 ON－OFF 三次即可读码）。该车系的 16 脚标准插座为 SAE 标准，由仪器读码。

4）TOYOTA 车系

16 脚插座中 6＃—5＃脚跨接，由仪表故障灯闪码，读取发动机二位码。

进入电子控制系统自诊断测试状态后，有静态测试和动态测试两种模式。不同的测试模式读取的故障码也截然不同。有些类型的故障码必须要在发动机运行之后，甚至加速至 4 000 r/min 才会出现。

第一种：静态测试模式。它是指点火开关在 ON 位置，发动机不起动的状态下进行测试，主要读取存储器中间歇性故障的故障码和在静态测试状态下发生故障的故障码。

第二种：动态测试模式。它是指发动机在运行情况下进行测试，主要读取在动态下发生故障的故障码或进行混合成分的监测。

3. 数据流的使用

汽车的故障自诊断系统除了具有故障码的存取功能以外，还具有数据流检测功能。数据流又称车辆工作状况的数据信息，它包括传感器输出电压和执行器的执行电压，它通过电子故障检测仪可以将车辆运行中各种传感器和执行器的输入、输出信号的瞬时数值以数据表的方式在显示屏上显示出来。例如自诊断系统可以通过水温传感器检测到发动机的冷却水温为 95℃，并将这一数据通过车辆的液晶屏显示，或者通过解码器输出。这样维修人员就可以根据车辆工作过程中电子控制系统各种数据的变化情况来判断电子控制系统的工作是否正常。

§1—12　安全保险功能和备用系统

学习目标：

1. 理解安全保险功能的作用。
2. 了解备用系统的工作情况。

ECU 故障诊断是针对系统中的传感器、电控系统和执行器而进行的。当传感器和电控系统发生故障时，往往采取故障运行方式；而当执行器发生故障时，往往采取故障保险措施。

一、安全保险功能

当电控系统的发动机某一传感器、执行器或控制部分出现故障时，其信号就不能作为发动机的控制参数而被使用，如果发动机 ECU 仍继续以原来的方式控制发动机运行，就可能使发动机或其他部件也出现故障。为了维持发动机的基本运转，ECU 便从其程序存储器

(ROM) 中，调出某一固定值，作为发动机的应急参数，保证发动机可以继续运转。例如，如果发动机点火系统故障时，ECU 仍控制喷油器继续喷油，混合气过浓，未燃烧的混合气进入排气净化装置（三元催化器）后继续燃烧，使三元催化器温度急剧升高而损坏。为了避免这种情况的发生，ECU 系统一般都启动安全保险功能。

安全保险功能主要依靠 ECU 的内部电路完成。当发动机出现故障时，ECU 将故障码存入存储器中，接通警告信号灯电路，使警告信号灯闪亮，同时启动安全保险功能，根据存储器内预先设定的程序，使发动机继续工作或停止工作。

1. 传感器及其电路故障时 ECU 安全保险功能的作用

(1) 空气流量计或者进气歧管压力传感器信号电路故障

如果空气流量计或者进气歧管压力传感器信号电路中出现断路或短路故障，就无法检测进气量，也无法计算基本喷油时间，引起发动机失速或不能起动。此时，ECU 安全保险功能将根据起动信号和怠速触点接触情况确定的固定值控制喷油时间，保证发动机能够维持基本运转。

(2) 节气门位置传感器信号电路故障

当节气门位置传感器产生断路或短路故障时，ECU 检测不到节气门开闭的状态信号。此时 ECU 安全保险功能将根据空气流量计的信号确定主喷油量，节气门通常按照开度为 0°或 25°值控制发动机工作。

(3) 冷却液温度传感器、进气温度传感器信号电路故障

当冷却液温度传感器或进气温度传感器的信号电路发生开路或短路故障时，ECU 安全保险功能将自动采用发动机正常运转时所达到的冷却水温（通常按发动机冷却液温度 80℃、进气温度 20℃）控制发动机工作，防止混合气过浓或过稀。

(4) 爆燃传感器信号或爆燃控制系统故障

当爆燃传感器信号电路产生断路或短路故障时，或 ECU 内爆燃控制系统出现故障时，无论发动机是否产生爆燃，ECU 安全保险功能都会将点火提前角固定在一适当值，防止发动机过热。

2. 执行器及其电路故障时 ECU 安全保险功能的作用

(1) 点火信号电路故障

如果点火系统中产生故障，ECU 连续 8～10 次检测不到由点火控制器返回的 IGF 信号时，ECU 安全保险功能立即控制喷油器停止燃油喷射，防止大量燃油进入气缸导致“淹缸”，防止未燃烧混合气在排气管聚集导致三元催化系统因温度过高而失效。

(2) 凸轮轴正时机油控制阀信号电路故障

当双凸轮轴正时机油控制阀信号电路出现故障时，发动机在各工况下不能以最佳的配气相位进行进气和排气。此时，ECU 安全保险功能将节气门角度固定在一适当值，保证发动机基本运行，但是此时若车辆负荷和转速有突变，发动机动力性能下降，甚至会使发动机熄火。

二、备用系统

当 ECU 内的控制程序出现故障时，它起用故障的保护功能，备用系统立即接通备用系统控制电路，对控制系统进行必要的保护。当 ECU 中控制单元发生故障时，ECU 自动调用后备回路完成控制任务，进入简易控制运行状态，用固定的控制信号，使车辆继续行驶。由于该系统只具备维持发动机运转的简单功能而不能代替电子控制单元的全部工作，所以此后备回路的工作又称为跛行模式。

采用备用系统工作时，故障指示灯亮。电控单元工作是否正常是由被称为监视回路的电路进行监视的。备用回路只按照起动信号和怠速触点闭合状态，以恒定的喷油持续时间和点火提前角对喷油器和点火器进行控制。如图 1—12—1 所示，当启动备用系统工作后，备用 IC 根据控制所需的几个基本传感器信号，按照固定的程序对执行元件进行简单的控制。

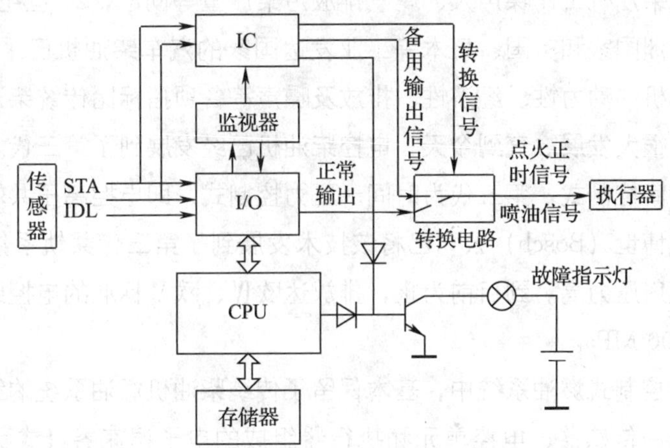

图 1—12—1　备用系统控制电路图

1. 启动备用系统的条件

当发动机出现以下情况时，ECU 接通备用系统控制电路，备用系统处于工作状态。

(1) 当电子控制单元停止输出点火正时控制信号时。

(2) 当进气歧管压力信号电路出现开路或短路时。

2. 备用系统工作状态

当 ECU 的监视器监测到电子控制单元出现异常时，先接通故障检查指示灯电路，提醒驾驶员及时将车辆送修理厂检修。同时 ECU 自动转换为备用系统工作状态。

备用系统是个简易的控制系统。应急备用系统工作时，只能根据启动开关信号和怠速触点信号将发动机的工况简单地分为起动、怠速和非怠速，并按预先设定的固定数值输出喷油控制信号和控制信号，它们取代了电子控制单元正常控制时的最佳喷油时间和最佳点火提前角，因此，备用系统的工作状态只能使发动机维持基本运行性能，而不能保持正常的运行性能。

§1—13 柴油发动机电子控制系统

学习目标:

1. 掌握柴油机发动机电子控制系统的分类和组成。
2. 理解位置控制式柴油机发动机电子控制系统和时间控制式柴油机发动机电子控制系统的控制特点。
3. 了解博世高压共轨式柴油机电控喷油系统（CRS）的组成及其控制技术。

一、电控柴油机发展概况

为了解决传统柴油机工作噪声大、尾气排放污染严重等问题，20 世纪 80 年代，随着电子技术的发展，欧洲国家和美国、日本等工业发达国家的汽车柴油机已采用电子控制技术。由于电子控制柴油机的动力性、经济性、排放及噪声等各项指标比传统柴油机有了进一步的改善，因而得到了很大发展。直到今天，电控柴油机已经发展到了第三代。第一代为位置控制式，第二代为时间控制式，第三代为时间一压力控制式，即电控高压共轨系统。就高压共轨系统而言，德国博世（Bosch）公司已将该技术发展到了第三代共轨系统，而且一代比一代控制精度高、喷射压力高。到目前为止，排放达欧Ⅳ、欧Ⅴ标准的电控柴油机，其燃油喷射最高压力可达 200 MPa。

在第一代位置控制式燃油系统中，基本保留了传统柴油机燃油系统的结构，只取消了机械式调速器，改为由传感器、电控单元和执行器组成的电子调速器（或称电子控制执行机构），使控制精度和响应速度得到一定程度的提高。它的特点是柴油机的基本结构几乎不动。不足之处是响应慢、控制精度不高、喷油压力不能独立控制。

在第二代时间控制式燃油系统中，也保留了传统柴油机燃油供给系统的结构，通过新增加的传感器、电控单元和高速电磁阀（执行器）组成的数字式调节系统，由高速电磁阀直接控制高压燃油的喷射正时和喷油量。电磁阀关闭，执行喷油；电磁阀打开，喷油结束。因此，电磁阀的通断和通电时间的长短控制了喷油量和喷油正时。它比第一代有所进步，但其喷油压力还无法控制。

第三代时间一压力控制式燃油系统是国外 20 世纪 90 年代中期研制的一种新型柴油机电控技术，即高压共轨系统。在这种系统中，基本改变了传统柴油机燃油供给系统的组成和结构，以蓄压器式电控共轨（各缸喷油器共用一个高压油管）喷油系统为特征，由电控单元直接对电磁喷油器的喷油量、喷油正时、喷油速率和喷油规律、喷油压力等进行时间一压力控制。高压油泵并不直接控制喷油，它的任务仅仅是向共轨油管（蓄压器）供油以维持所需的共轨油压。设在共轨油管上的压力控制阀可以连续调节共轨压力来控制喷油压力。

高压共轨系统是目前世界上最先进的燃油系统，其优点是可实现高压喷射，最高压力已达 200 MPa，喷射压力独立于发动机转速，即与发动机转速无关，可实现理想的喷油规律，具有优异的喷射特性，可实现多次喷射，能有效地减少尾气排放物中的有害成分。目前，高压共轨系统已广泛应用在电控柴油轿车、载货汽车、客车、工程机械、水泥搅拌车和牵引汽车柴油发动机上。柴油机实现电子控制已经有 20 多年的历史。它之所以被人们重视，是因为柴油车比汽油车省油，同功率的柴油车和汽油车相比，柴油车要节省约 30%的燃油，二氧化碳排放量比汽油车低 30%左右，碳氢化合物的排放量也比汽油车低。

二、柴油机电控喷油系统的分类

柴油机电控喷油系统的分类因其产品的多样性而形式各异，有以下分类。

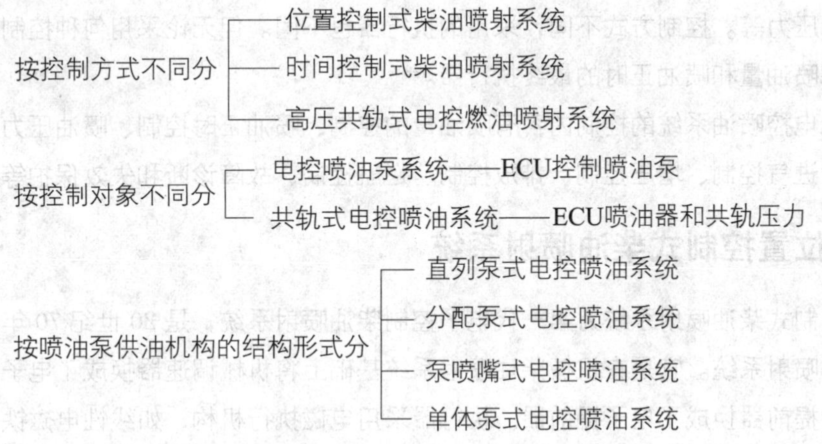

三、柴油机电控喷油系统的组成

柴油机电控喷油系统与汽油机电控喷油系统一样，也是由传感器、电子控制单元 ECU 和执行器三大部分组成。德国博世公司开发的高压共轨式电控柴油喷射系统及其零配件相关位置如图 1—13—1 所示。

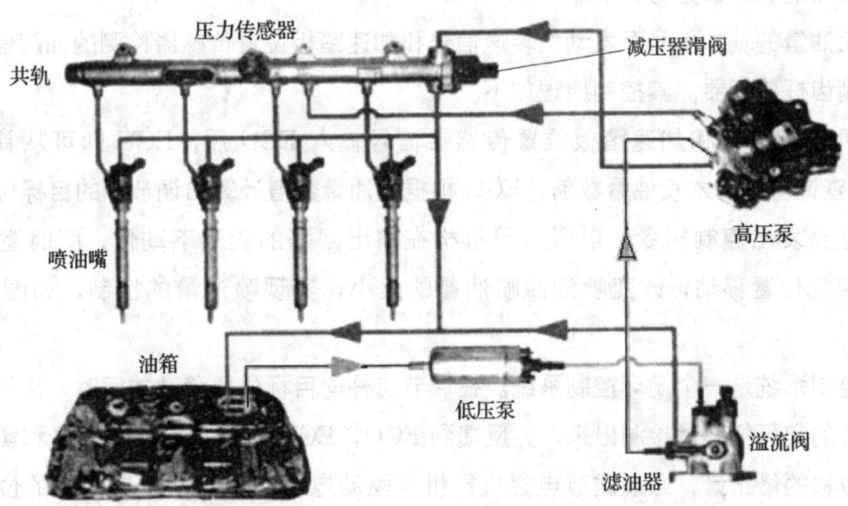

图 1—13—1　博世第三代共轨式电控柴油喷射系统及其零配件相关位置

传感器的作用是检测发动机运行时的状态参数。柴油机电子控制燃油系统常用的传感器有：曲轴位置传感器、凸轮轴位置传感器、加速踏板位置传感器、大气压力传感器、进气温度传感器、燃油温度传感器、冷却液温度传感器、共轨油压传感器、空气流量传感器（增压柴油机采用）以及车速传感器等。

电子控制单元 ECU 是柴油机电子控制燃油系统的核心，它的作用是根据发动机转速和油量调节齿杆位置等传感器检测的柴油机运行状态参数，与预先存储的发动机特性参数图谱进行比较，计算确定喷油量和喷油时间等控制参数，并按计算所得目标值向执行器发出控制指令。

执行器的作用是根据 ECU 发出的控制指令执行相应的任务，主要是控制喷油量、喷油正时和喷油压力等。控制方式不同，采用的执行器也不同。但无论采用何种控制方式，喷油器都是控制喷油量和喷油正时的最终执行器。

柴油机电控喷油系统的控制内容有喷油量的控制、喷油正时控制、喷油压力控制、喷油速率控制、进气控制、增压控制、排放控制、巡航控制、故障诊断和失效保护等。

四、位置控制式柴油喷射系统

位置控制式柴油喷射系统为第一代电子控制柴油喷射系统，是 20 世纪 70 年代研制的电子控制柴油喷射系统。它是在机械柴油喷射系统基础上将机械调速器换成了电子调速器或将机械式喷油提前器换成了电子提前器。执行器采用电磁执行机构，如线性电磁铁机构、旋转电磁铁机构、线性直流电动机和步进电动机等，实现了油量调节的电子控制。

1. 位置控制式喷油系统喷油量的控制

位置控制式喷油系统的控制策略是：凸轮压油＋位置控制。即燃油的压送机构与机械式相同，仍由凸轮驱动；喷油量则由转速传感器＋齿杆位置传感器＋电子控制单元 ECU＋电磁执行器组成的调速器进行调节。

控制喷油量的基本信号有发动机转速信号和加速踏板位置传感器检测的油门信号，喷油量反馈控制齿杆传感器。其控制原理如下。

发动机转速信号和加速踏板位置传感器信号输入 ECU 后，ECU 即可从其 ROM 的 MAP 图中查询得到基本喷油量数值，ECU 根据喷油量数值计算出调节杆的目标位置量，并向电子调速器发出控制指令，电磁执行机构在输出回路的驱动下动作，同时驱动油量调节齿杆向目标位置移动，改变喷油器喷油量的大小，实现喷油量的控制，如图 1—13—2 所示。

这种控制系统是一个闭环控制系统。在调节齿杆向目标位置移动的同时，齿杆位置传感器也把齿杆的实际位移量检测出来，并反馈到 ECU，ECU 再根据目标位移量和实际位移量计算确定位移的修正量，通过调节电磁执行机构驱动电流 I_A 的大小，对齿杆的位移量进行修正，实现喷油量闭环控制。

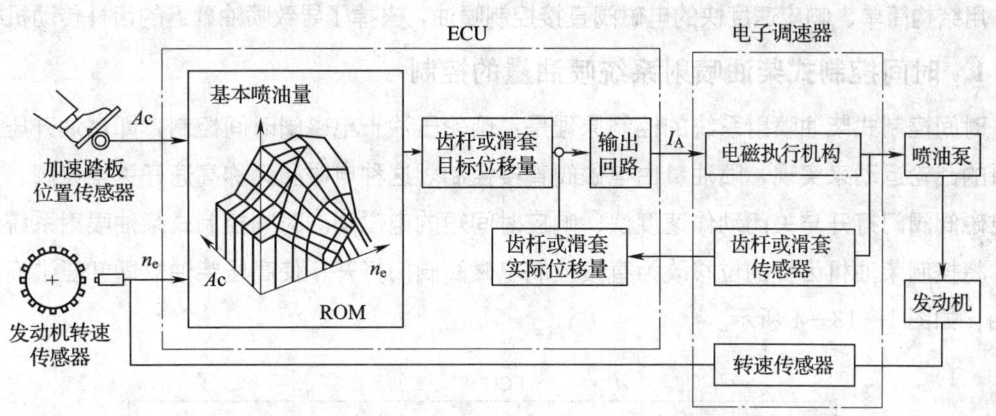

图 1—13—2 位置控制式柴油喷射系统喷油量的控制原理

2. 位置控制式喷油系统喷油正时的控制

喷油正时是指何时开始喷油，又称喷油定时。所以，控制喷油正时就是控制喷油提前角。位置控制式喷油系统喷油正时控制采用了喷油转速传感器、ECU、喷油正时控制阀和喷油提前器活塞位移传感器组成的电子提前器进行控制。其控制原理如图 1—13—3 所示。

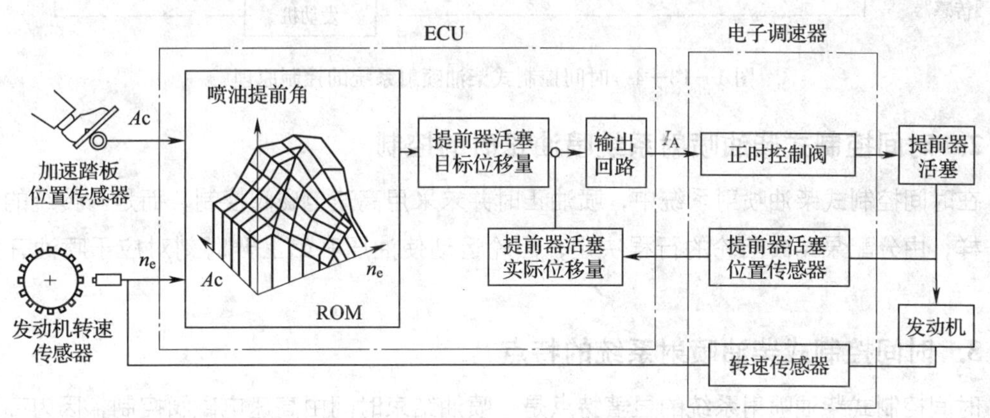

图 1—13—3 位置控制式柴油喷射系统喷油正时的控制原理

其控制原理是：电控单元 ECU 根据发动机转速信号和加速踏板位置传感器信号在其 ROM 的 MAP 图中查询得到喷油提前角数值后，计算出正时控制活塞的目标位移量，并向正时控制阀发出占空比信号控制活塞左右移动，使喷油提前角增大或减小。实现喷油正时控制。

它也是一个闭环控制系统。其原理与实现喷油量控制的原理一样。

五、时间控制式柴油喷射系统

时间控制式柴油喷射系统为第二代电子控制柴油喷射系统，是在位置控制式柴油喷射系统的基础上开发而成。位置控制式柴油喷射系统喷油量控制采用的是电磁机构驱动齿杆位移进行控制，喷油延迟时间较长，为了提高柴油喷射系统的响应速度和控制精度，20 世纪 80 年代，用结构简单、响应速度快的电磁阀直接控制喷油，去掉了导致喷油延迟的齿杆传动机构。

1. 时间控制式柴油喷射系统喷油量的控制

时间控制式柴油喷射系统的控制原理是：凸轮压油＋电磁阀时间控制，即燃油升压通过油泵的凸轮运动来实现，喷油量由电磁阀直接控制。这种电磁阀又称高速开关电磁阀，是一种电磁阀阀门打开与关闭动作速度快、响应时间短的电磁阀。时间控制式柴油喷射系统工作时，将控制柴油机齿杆的位移改为直接控制电磁阀阀门打开，使高压柴油立即卸压进而停止喷油，如图 1—13—4 所示。

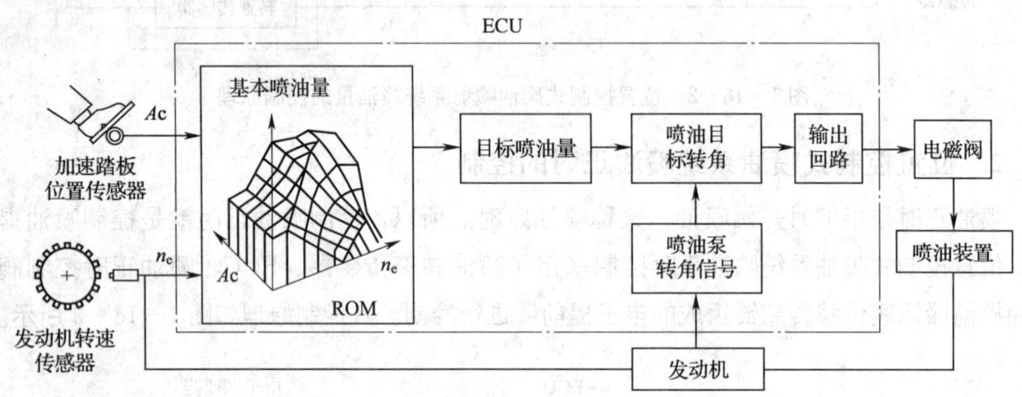

图 1—13—4 时间控制式柴油喷射系统的控制原理

2. 时间控制式柴油喷射系统喷油正时的控制

在时间控制式柴油喷射系统中，喷油正时并未采用高速电磁阀控制，而是与传统的分配泵一样，由分配泵端面凸轮的行程决定，凸轮运动使油压开始上升时刻对应于喷油开始时刻。

3. 时间控制式柴油喷射系统的特点

时间控制式柴油喷射系统的显著特点是：喷油结束时间由高速电磁阀控制，因为高速电磁阀开关动作响应速度很快（可达 0.25 ms），所以控制喷油结束时刻就可控制喷油量，喷油结束时刻越晚，喷油量越大；反之就越小，故称时间控制。

时间控制系统的结构大大简化、响应速度的控制大大提高，至今仍广泛用于各种乘用汽车和商用汽车，为进一步开发降低柴油机排放的高压共轨式柴油喷射系统奠定良好的基础。

六、博世高压共轨式柴油机电控喷油系统（CRS）

高压共轨式柴油喷射技术是一种全新的电子控制柴油喷射技术，其基本原理与汽油喷射技术相似。输出泵（电动燃油泵）将柴油从燃油箱输送到高压泵（高压油泵）内，高压泵在发动机的驱动下将柴油加压压缩成高压燃油（160～200 MPa）后供入公共油轨（俗称共轨），在电控单元 ECU 的控制下，共轨中的适量高压燃油经各缸高压油管和各缸电控喷油器直接喷射到气缸内燃烧做功。共轨柴油系统回路图如图 1—13—5 所示。

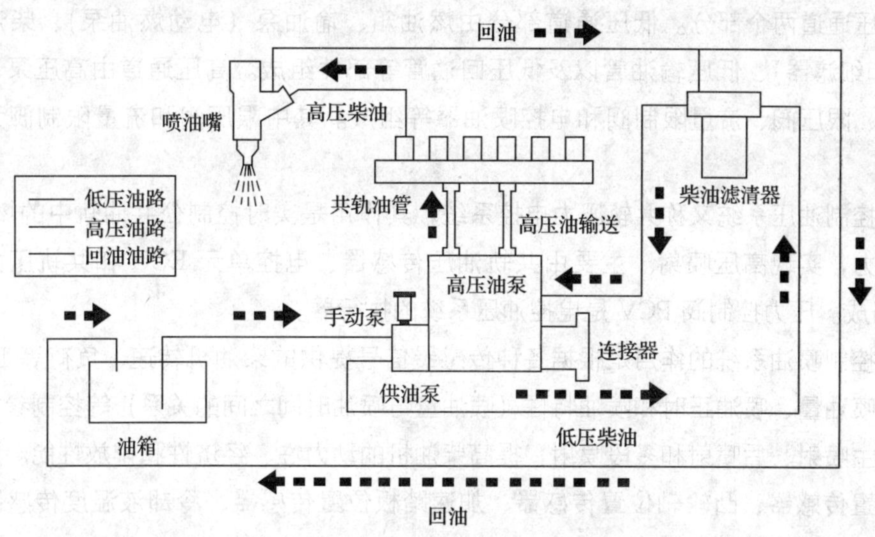

图 1—13—5　共轨柴油系统回路图

1. 博世高压共轨式柴油喷射系统的组成

如图 1—13—6 所示，高压共轨式电控柴油喷射系统的组成与电控汽油喷射系统相同，也是由空气供给系统、燃油供给系统和电子控制系统三大系统组成。其中，电子控制系统主要有电子控制油压系统和电子控制喷油系统两个子系统。

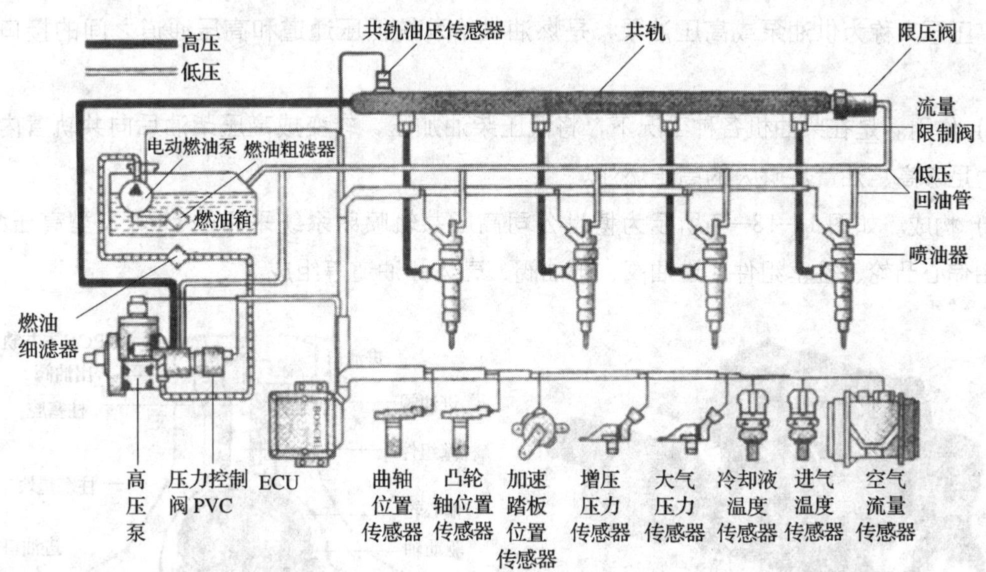

图 1—13—6　博世高压共轨式柴油喷射系统的组成

空气供给系统的作用及组成与电控汽油喷射系统基本相同，是向发动机提供燃油燃烧所需空气并检测出进入气缸的空气量。传感器主要有空气流量计、进气温度传感器、大气压力传感器和增压压力传感器。

燃油供给系统的作用是向公共油轨供给压力足够高和油量足够大的燃油。其可分为低压通道与高压通道两个部分。低压通道部分由燃油箱、输油泵（电动燃油泵）、柴油滤清器(粗滤器和细滤器)、低压输油管以及低压回油管等部件组成。高压通道由高压泵、高压油管、共轨、限压阀、流量限制阀和电控喷油器等组成。其中限压阀和流量限制阀为安全装置。

电子控制油压系统又称共轨压力电控系统，其作用是实时控制公共油轨中的燃油压力，即喷油压力，实现高压喷射。主要由共轨油压传感器、电控单元 ECU 和共轨压力控制阀 PCV 等组成。压力控制阀 PCV 是电控油压系统的执行器。

电子控制喷油系统的作用是根据各种传感器信号提供的柴油机转速、负荷等工况信息，自由改变喷油量、喷油正时和喷油特性（喷油量与喷油时间之间的关系）等控制参数，实现预喷射、主喷射、后喷射和多段喷射，提高柴油机的动力性、经济性和排放性能。系统主要由曲轴位置传感器、凸轮轴位置传感器、加速踏板位置传感器、冷却液温度传感器、ECU 和电控喷油器等组成。电控喷油器是电子控制喷油系统的执行器。

2. 高压共轨式电控系统的关键技术

在高压共轨式电控柴油喷射系统中，各种传感器和供气系统部件的作用、结构及原理与电控汽油喷射系统基本相同，仅因柴油喷射压力高而技术要求更高而已，下面主要介绍特殊部件的作用、结构及原理。

(1) 高压泵

高压泵又称为供油泵或高压油泵，是燃油供给系统低压通道和高压通道之间的接口部件。

1）作用。是在柴油机各种工况下，将低压柴油加压，转变成高压柴油后向共轨管内供入压力足够高、油量足够大的高压燃油。

2）构成。如图 1—13—7 所示为博世公司高压共轨喷射系统采用的 CP3. X 型高压泵，主要由偏心凸轮、柱塞组件、进油阀、出油阀、壳体和油道等组成。

a)

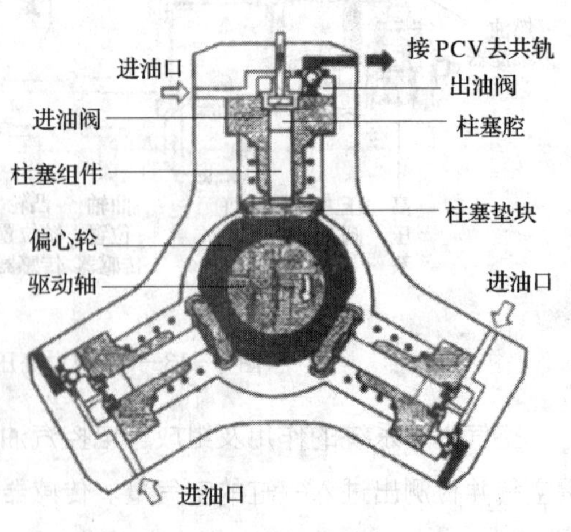

b)

图 1—13—7 高压泵的结构图

3）工件原理。高压泵由偏心凸轮驱动，在泵内有三套柱塞组件，柱塞相互间隔 120°，偏心凸轮每转一周，高压泵就有三个油道供油。故泵轴轴承受载均匀。工作时，因偏心轮转动一周，三个柱塞在柱塞腔内往复移动。

当柱塞向偏心轮移动时，柱塞腔容积增大，低压油由进油阀进入柱塞腔；当柱塞离开偏心轮时，柱塞腔容积减小，因进油阀关闭油压增大，当腔内油压高于共轨中的燃油压力时，出油阀被打开，高压油便在压力控制阀 PCV 的控制下供入共轨管内。

4）供油切断电磁阀的作用。博世 CP3 高压泵在柱塞腔上设有供油切断电磁阀，又称断油电磁阀，如图 1—13—8 所示。它的作用是适时切断柱塞供油，使供油量适应喷油量变化的需要，减少高压泵的功率消耗。

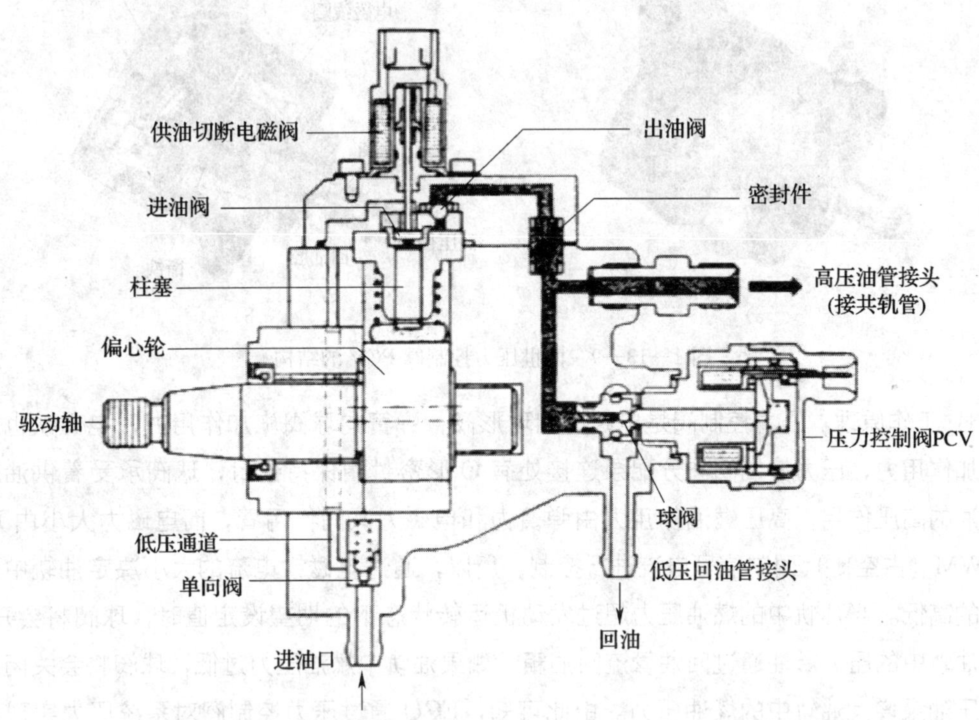

图 1—13—8 博世高压共轨系统 CP3 系列高压泵的轴向结构

高压泵的供油量是按最大供油量进行设计的，柱塞压缩的油量就超过喷油器所需的量，这时，多余的燃油经压力控制阀 PCV 和共轨上的限压阀等流回油箱，因此损失了这部分压缩油的压缩能量，同时使燃油升温。

采用供油切断电磁阀后，在发动机怠速和低负荷时，电磁阀通电使出油阀处于打开状态，使供油行程吸入的燃油不受压缩又流回低压通道而不在柱塞腔内建立高压油。因柱塞不再连续压油，高压泵处于间歇供油状态，减少了功率损失。

5）单向阀的作用。在高压泵的低压通道上设有一只单向阀，如图 1—13—8 所示。该单向阀的作用是在高压泵停止转动时，关闭燃油回流通道，使低压通道内保持一定的燃油压力，保证再次起动发动机时能可靠起动。

(2) 压力控制阀 PCV

又称调压阀、共轨压力控制阀或供油泵控制阀。

1) 作用。依据发动机的负载和转速变化，自动控制供入共轨管内的燃油压力（包括压力升高、降低或保持不变)。

2) 组成。如图 1—13—9 所示，其主要由电磁线圈（电阻值为 3.2 Ω)、衔铁（铁芯)、球阀和回位弹簧等部件组成。为了保证衔铁和线圈散热，衔铁周围有燃油流过。

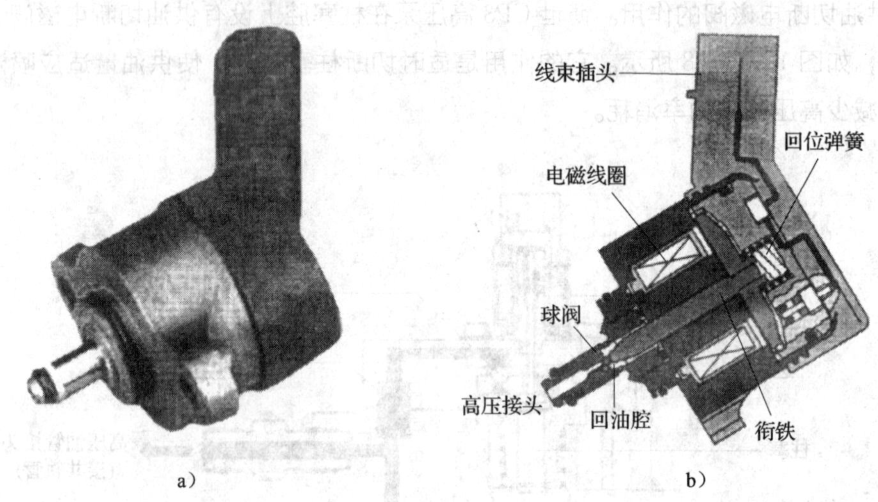

图 1—13—9　博世压力控制阀 PCV 的结构

3) 工作原理。压力控制阀是电磁控制球形阀，弹簧向球阀施加作用力，电磁铁也对球阀施加作用力，压力控制阀与分配泵连接处有 O 形密封圈保持密封，球阀承受着供油轨道中燃油的高压作用，高压燃油作用力由弹簧力和电磁力共同作用着，而电磁力大小由 ECU 的 PWM（占空比）调制信号电流进行控制，所以，通过电磁铁电流的大小决定油轨中燃油压力的高低。当油轨中的燃油压力超过发动机运转状态下的期望设定值时，球阀将会开启，允许油轨中的压力燃油通过回油管流回油箱；如果油轨中燃油压力过低，球阀将会关闭，允许高压油泵增大油轨中的燃油压力。由此可知，ECU 通过压力控制阀对系统压力实现闭环控制。

(3) 共轨

共轨是公共油轨的简称，相当于电控汽油喷射系统的燃油分配管，燃油总管或油架。在共轨上连接有高压燃油入口接头、共轨油压传感器、限压阀和流量限制阀等，这些部件与公共油轨一起组成的总成称为共轨组件，如图 1—13—10 所示。其中，限压阀和流量限制阀为安全装置，防止供油系统部件发生故障导致共轨燃油压力过高而损坏机件或高压燃油泄漏。

共轨的作用是储存一定数量和一定压力的燃油，一方面保证柴油机起动和怠速时燃油迅速升压，满足起动和怠速工况对燃油压力的需求；另一方面是利用燃油液体的可压缩性，减小电控喷油器阀门开闭以及高压泵工作时引起的油压波动。共轨腔内容积较小（约 30 mL)、燃油压力很高（达 160～200 MPa)。

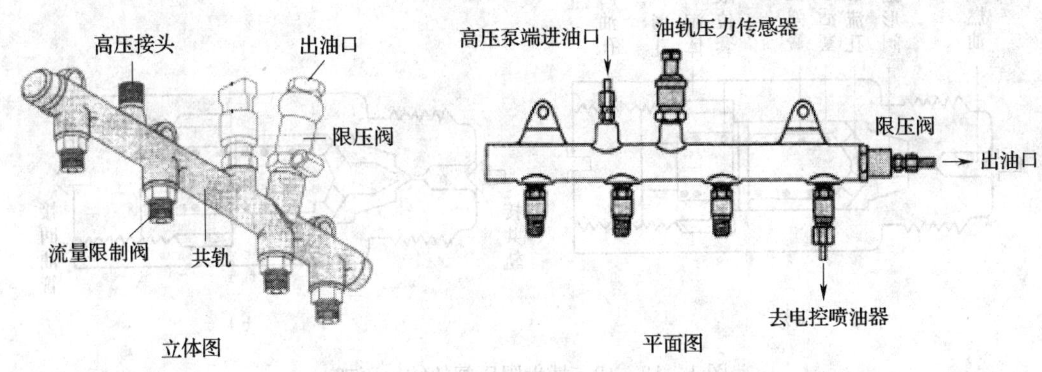

图 1—13—10 博世共轨组件的结构

(4) 共轨油压传感器

共轨油压传感器也称高压传感器、共轨压力传感器或燃油压力传感器，安装在油轨上，如图 1—13—11 所示。共轨油压传感器的作用是检测油轨内燃油压力，该传感器将燃油压力信号反馈给 ECU，ECU 通过该电信号对共轨燃油系统的燃油压力进行闭环控制。

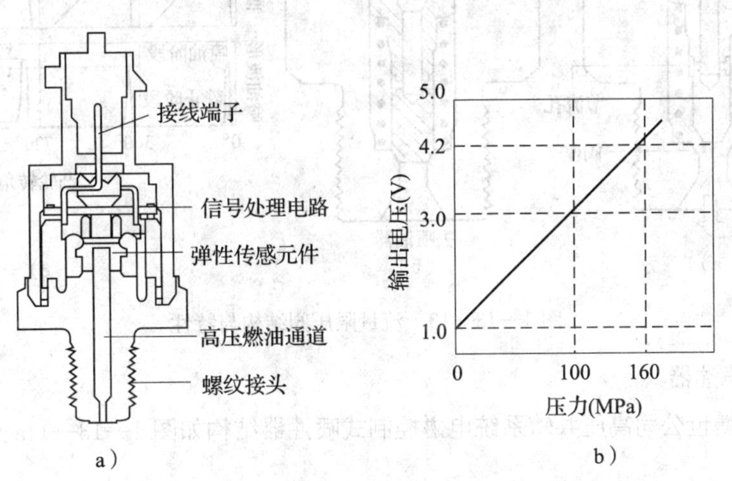

图 1—13—11 博世共轨油压传感器结构与特性图

a）平面图 b）工作特性

(5) 限压阀

限压阀又称压力限压阀。博世公司的限压阀如图 1—13—12 所示，主要由阀体、锥形活塞、复位弹簧和限位套等组成。其作用是限制共轨管内燃油的最高压力。当共轨管中的燃油压力超过限压阀设定的最高压力值时，限压阀阀门打开溢流卸压，防止燃油供给系统损坏。

(6) 流量限压阀

又称为流量限制器，连接在共轨与喷油器高压油管之间，其作用是在喷油器及其高压油管泄漏燃油时，使高压油路关闭、供油停止，防止燃油持续泄漏。如图 1—13—13 所示，主要由阀体、阀芯和复位弹簧等组成。

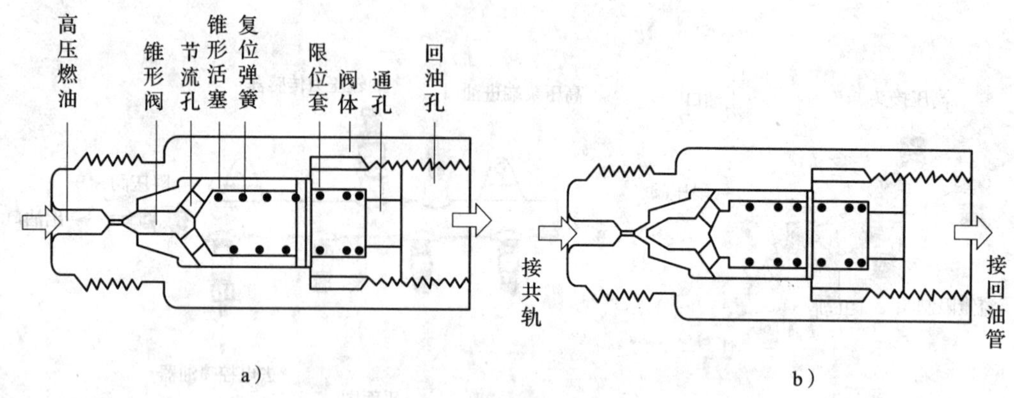

图 1—13—12　博世限压阀的结构原理

a）正常工作状态　b）锥形阀打开，溢流卸压

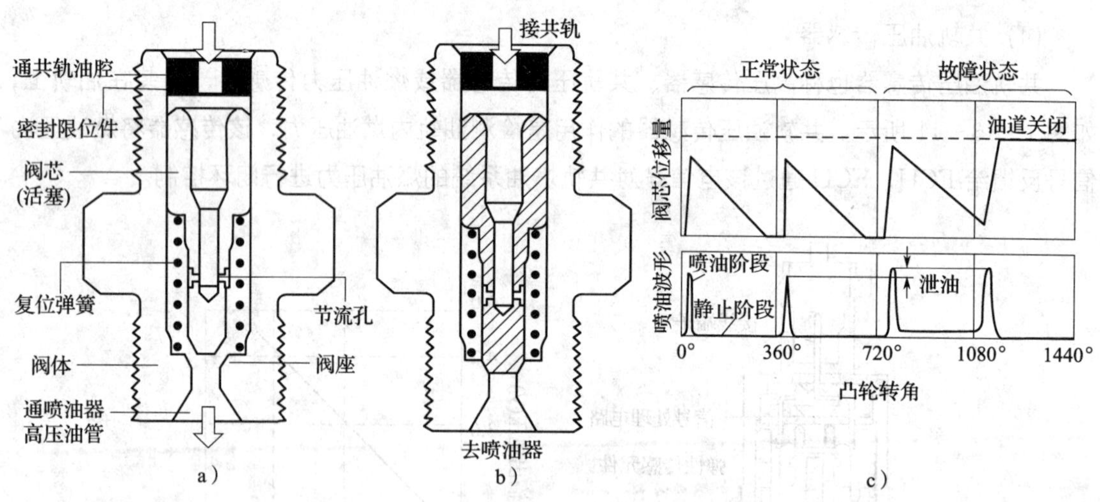

图 1—13—13　流量限压阀结构与特性

(7) 电控喷油器

1）组成。博世公司高压共轨系统电磁控制式喷油器结构如图 1—13—14a、图 1—13—14b 所示。

2）工作原理。电磁喷油器的工作原理是，当喷油器电磁阀未被触发时，喷油器关闭，泄油孔也关闭，小弹簧也将电枢的球阀压向回油节流孔上，在阀控制腔内形成共轨高压。同样，在喷嘴腔内也形成共轨高压，共轨高压控制柱塞端面的压力和喷嘴弹簧的压力与高压燃油作用在针阀锥面上的开启力相平衡，使针阀保持关闭状态，如图 1—13—14c 所示。

当电磁阀被触发时，电枢将泄油孔打开，燃油从阀控制室流到上方的空腔中，并从空腔通过回油通道返回油箱，使阀控制室中的压力降低，减少作用在控制柱塞上的力，这时喷嘴针阀被打开，喷油器开始喷油，如图 1—13—14d 所示。

电磁阀一旦断电不被触发，小弹簧力会使电磁阀电枢下降，阀球就将泄油孔关闭。泄油孔关闭后，燃油从进油孔进入阀控制室建立起油压，这个压力为油轨压力，这个轨道高压作用在控制柱塞端面上，轨道压力加上弹簧力大于喷嘴腔中的压力，使喷嘴针阀关闭。

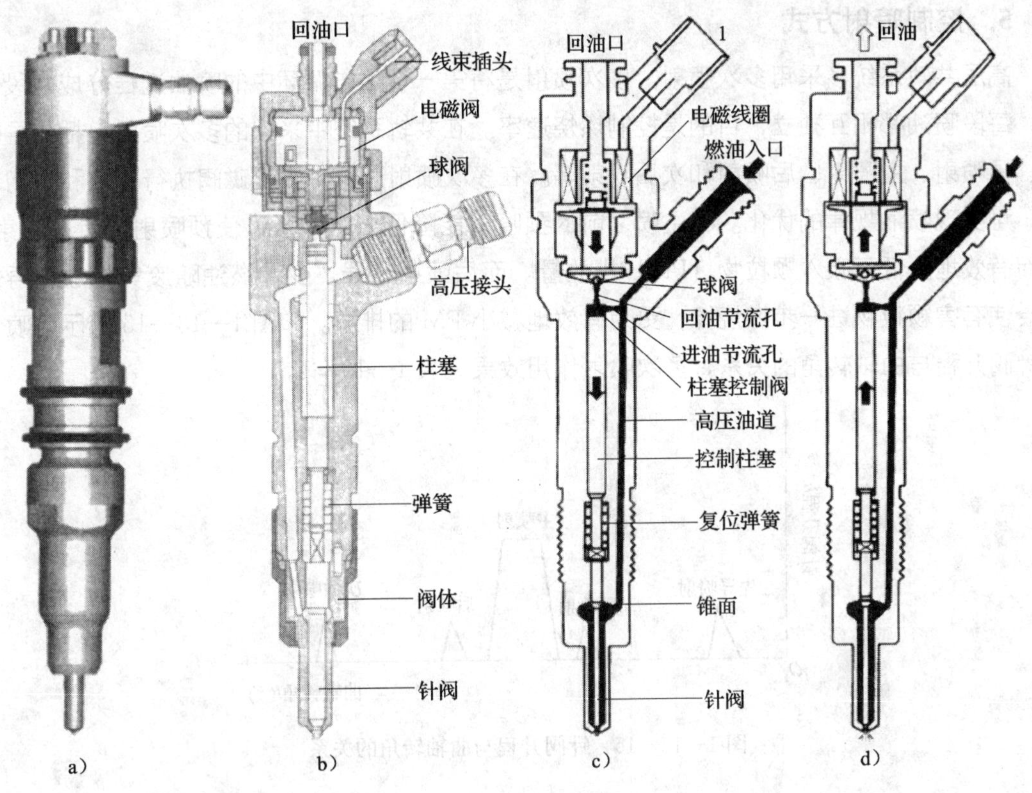

图 1—13—14　博世电磁控制式喷油器的结构原理图

a）喷油器外形　b）内部结构　c）线圈断电针阀关闭　d）线圈通电针阀打开喷油

七、电控高压共轨系统的控制功能

1. 控制喷油量

发动机电控单元 ECU 根据发动机转速和油门开度信号以及温度、压力等辅助信号，计算发动机实际运转工况下的最佳喷油量，ECU 通过控制电磁阀通、断电时刻及通、断电持续时间直接控制喷油量，使发动机在最佳状态下运转。

2. 控制喷油压力

蓄压器压力传感器用来测量油轨内的燃油压力，从而调整高压油泵的供油量，控制油轨中的燃油压力。油轨（蓄压器）中的压力大小决定了喷油器喷油压力的大小。ECU 还根据发动机的转速、喷油量大小与预置的最佳值相比较进行反馈控制。

3. 控制喷油速率

ECU 根据发动机实际运行工况设置并控制预喷、主喷和后喷等。

4. 控制喷油时间

ECU 根据发动机转速和负荷等参数，准确计算出最佳喷油时间，并控制电磁喷油器的开启时刻、关闭时刻，准确控制喷油时间。

5. 控制喷射方式

高压共轨系统多采用多次喷射。多次喷射是将第一个工作循环中的喷油过程分成几段进行，每段喷油都相互独立，目的是控制燃烧速率。在共轨系统中采用的多次喷射包括先导喷射、预喷射、主喷射、后喷射和次后喷射等。在多次喷射过程中，电磁阀执行开启和关闭动作，可实现喷油规律的优化。在主喷之前的预喷射能降低燃烧噪声，使预喷射靠近主喷射，从而有效地降低可吸入颗粒物（PM）排放量。而后喷射过程，少量燃油随废气排放，再燃烧会使有害颗粒物进一步燃烧掉，更为有效地减小 PM 的排放。如图 1—13—15 所示为喷油嘴针阀升程与曲轴转角的关系，多次喷射作用效果见表 1—13—1。

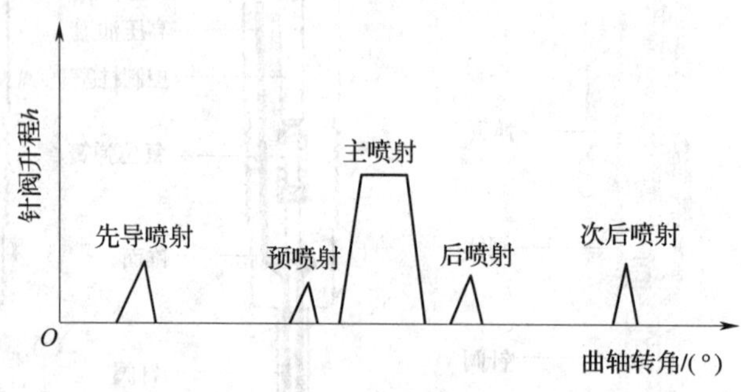

图 1—13—15　针阀升程与曲轴转角的关系

表 1—13—1　多次喷射作用效果

喷射方式	作用效果
先导喷射	进行预混合燃烧，可降低可吸入颗粒物
预喷射	缩短主喷射的着火延迟，降低 NO_x 和燃烧噪声
后喷射	促进扩散燃烧，降低颗粒物
次后喷射	排气温度升高，通过供给还原剂，进行后处理，降低 NO_x 颗粒物

八、柴油喷射控制的内容

低排放高压共轨柴油机喷射系统的基本任务是根据柴油机输出功率的需要，在每一循环中，把经过计算的燃油量按喷油正时以很高的喷射压力，将柴油喷入发动机燃烧室。为此，柴油机喷射控制的主要内容是喷油量控制、喷油时间控制、喷油压力控制和喷油速率控制。

1. 喷油量控制

ECU 根据各种传感器输入的信息，计算出喷油量，并与存储在 ECU 中的目标值或 MAP 图相互比较，最后确定实际喷油量，ECU 发送驱动信号，使喷油电磁阀开启或关闭，控制喷油器供油开始和供油结束的时刻，从而控制喷油量。

(1) 基本喷油量控制

发动机在不同工况下工作，要求输出不同的转矩。获得不同的转矩特性，可以通过控制喷油量实现。发动机的基本喷油量由发动机转速和加速踏板位置决定。

（2）怠速喷油量控制

在怠速工况下，发动机输出的转矩主要用于克服机件本身的摩擦而维持平衡，使发动机稳定运转。

发动机在低温下工作，由于润滑油黏度大、发动机摩擦阻力大，发动机怠速可能不稳；若发动机怠速转速高，发动机噪声大，燃油消耗率也高，ECU 会执行怠速转速自动调节功能，维持目标转速所需要的喷油量。将发动机的实际转速和目标转速（由发动机水温、空调工作状态和负荷等因素决定）进行比较，决定两者差值求得所必需的喷油量，进行反馈控制。

（3）启动喷油量控制

发动机在不同工况下运转，其加速踏板位置和发动机转速决定着基本喷油量，发动机的冷却水温度等决定补偿喷油量。发动机起动时，实际喷油量由这两部分决定。

（4）不均匀油量补偿控制

发动机工作时，各缸喷油量不均匀会引起爆发压力不均匀；可燃混合气燃烧差异会引起各缸间转速不均匀；曲轴旋转速度变化会引起振动等。为了减少转速波动、使转速平衡，必须调节各缸供油量，使每一气缸的所需燃油量精确，必须进行不均匀油量补偿。ECU 担负检测各缸每次爆发冲程时转速的波动的任务，再与其他所有气缸的平均转速相比较，分别向各缸补偿相应的油量。

（5）巡航控制喷油量控制

巡航控制就是为了减少驾驶员的疲劳，不需操纵加速踏板而维持恒速的控制过程。

当驾驶员接通巡航系统的速度控制开关时，速度控制系统开始工作。ECU 能够根据行驶阻力变化情况自动调节节气门的开度，节气门位置传感器将节气门的开度变化输入 ECU，ECU 将控制喷油电磁阀的开启和关闭时间，补充或减少喷油量，使汽车保持恒速行驶。

（6）空调压缩机运转喷油量控制

当驾驶员打开空调开关后，ECU 接收到空调选择信号及空调请求信号时，首先调整怠速电动机的位置，提高发动机怠速转速，接着 ECU 使空调离合器断电器接地，接通空调压缩机电磁离合器，使压缩机工作。当空调压缩机工作时，由于负荷增加，ECU 接着调整喷油量，以适应负荷增大的需要，防止怠速转速过低或过高。

ECU 还根据发动机工况的变化适时控制空调压缩机的工作。当 ECU 感知节气门全开工况，就切断空调继电器接地电路，使空调停止运转，以减小负荷、减少喷油量，直到节气门全开时间超过 15 s；如果发动机水温超过 125℃，ECU 不接通空调继电器，既不增加发动机的负荷，也不增加发动机的喷油量。

2. 喷油时间控制

在共轨系统中，为实现发动机的最佳燃烧，ECU 根据发动机的运行工况和外部环境条件调节喷油时间，即进行最佳喷油时间控制。具体控制方法是由发动机决定基本喷油时间，同时，要根据发动机的负荷、冷却水温度、进气温度和压力、燃油温度和压力等对基本喷油时间进行修正，决定目标喷油时间。

3. 喷油压力控制

在共轨喷射系统中，ECU 根据安装在油轨上的压力传感器的电信号，计算出实际喷油压力。并将其值和目标压力值进行比较，然后发出指令控制高压油泵升高压力或降低压力，实行闭环控制完成最佳喷油压力控制。

喷油压力越大，喷油能量越高，喷雾越细，混合气形成和燃烧越完全，柴油机的排放性能和动力性、经济性都会得到进一步改善。

高的喷射压力可以明显促进燃油和空气的混合，从而降低烟度和可吸入颗粒物的排放量，同时又可以缩短着火落后区，使柴油机工作柔和、燃烧噪声小。高压共轨柴油机的喷射压力最大可达 200 MPa，大负荷时柴油机的烟度可大幅度降低。

4. 喷油速率控制

喷油速率是影响柴油机排放的主要因素。理想的喷油速率要求喷射初期喷油缓慢，速率不能太高，目的是减少在滞燃期内的可燃混合气量，降低初期燃烧速度，以降低最高燃烧温度和压力升高率，来抑制 NO_x 生成和降低燃烧噪声。其喷射特性就是先导喷射、预喷射、主喷射、后喷射和次后喷射。

(1) 先导喷射是在主喷射开始之前，进行一次提前完成角度较大、喷油量较小的喷射。它能够明显减少颗粒物 PM 的排放量和降低燃烧噪声。先导喷射越提前，烟度和噪声越低。

(2) 预喷射是紧靠主喷射之前进行一次喷油量较小的喷射，以实现初期缓慢燃烧的方法。

(3) 喷油中期采用高喷油压力和高喷油速率，目的是加快燃烧速度，防止生成微粒和降低热效率，主喷射发生在中期可加快可燃混合气的扩散燃烧速度。喷油后期要求迅速结束喷射，防止在较低的喷油压力和喷油速率下燃油雾化变差，导致燃烧不完全而使 HC 和微粒物排放增加。

(4) 后喷射可有效降低排放物。在高压共轨系统进行多次喷射，可优化喷油速率。

(5) 次后喷射是在后喷射之后进行一次喷油量较小的喷射。次后喷射可使排气温度升高，通过供给还原剂，增加催化剂的活性，有利于排气净化。次后喷射不能过迟，它与后喷射之间的时间间隔一般控制在 2 ms 左右。

为了有效地完成各项控制，低排放柴油机燃烧系统应满足下列条件。

1) 柴油机在不同工况下都应有较高而稳定的喷油压力，高的喷油压力会得到足够高的燃油喷射初速度，使燃油颗粒细化，提高雾化质量，从而加快燃烧速度，彻底改善排放性能。

2）共轨柴油机喷油速率得到优化，实现每个循环多次喷射，使 NO_x 和颗粒物 PM 含量大大降低。

3）发动机工作每个循环喷油量根据实际工况经过精确计算，应能适应需要。

4）发动机在不同工况下，ECU 控制合理的喷油正时，使发动机的动力性、经济性和排放等综合性能得到最佳发挥。

第二章　电子控制自动变速器

§2—1　自动变速器的分类和基本结构

学习目标：

1. 了解自动变速器的分类。
2. 掌握自动变速器的组成。
3. 了解自动变速器的特点。

现代汽车为了满足在多种行驶条件下的要求，安装了能够在大范围内改变汽车发动机转矩和转速的变速器和主减速器。

近年来，由于自动变速器能够根据发动机的负荷和车辆的行驶速度自动地变换合适的挡位，减轻了驾驶员的操作强度，驾驶员不需要掌握使用离合器时复杂的换挡动作，加之采用液力传递动力，发动机和传动系统均不易产生过载，所以安装和使用自动变速器的车辆逐年增加。

一、自动变速器的分类

自动变速器按结构分类，常见的有三种：液力自动变速器、机械无级自动变速器、电控机械自动变速器。

1. 液力自动变速器

液力自动变速器简称 AT，如图 2—1—1 所示，其又可细分为以下几种。

(1) 液控液力自动变速器

图 2—1—1　奥迪 01V 液力自动变速器

典型车型如奔驰的 722.3，三菱 V33 的 AW03—72 L。

(2) 电控液力自动变速器

现代汽车自动变速器多为此结构，如丰田 A140 E，大众 01 N，奥迪 01 V。

2. 机械无级自动变速器

机械无级自动变速器简称 CVT，最早用 V 型带传动，现在普遍使用钢带传动。典型车型如奥迪 01 J (见图 2—1—2) 等。

图 2—1—2　奥迪 01J 无级自动变速器

3. 电控机械自动变速器

电控机械自动变速器简称 AMT，AMT 在传统的机械变速器基础上进行改造，主要改变手动换挡操纵部分。典型车型如奇瑞 QQ Ezdrive，如图 2—1—3 所示。

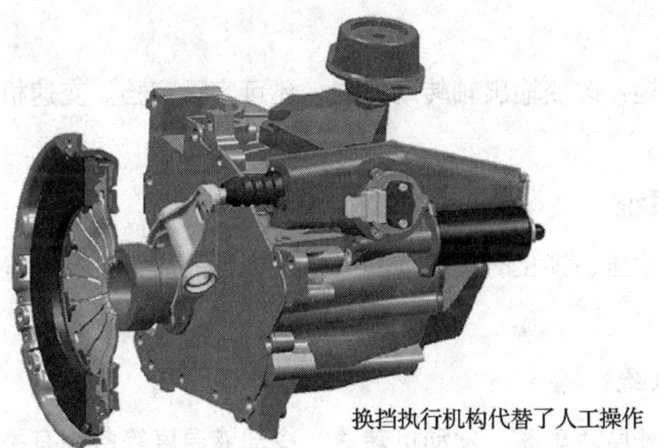

图 2—1—3　奇瑞 QQ Ezdrive 电控机械自动变速器

目前轿车普遍使用的是液力自动变速器 AT，AT 几乎成为自动变速器的代名词。以下着重介绍液力自动变速器。

另外，自动变速器按车辆驱动方式的不同，还可以分为前驱自动变速器：自动变速器用于发动机前置前轮驱动，变速器与主减速器、差速器制成一个总成；后驱自动变速器：自动变速器用于发动机前置后轮驱动的布置形式，变速器与主减速器、差速器分开，如图 2—1—4 所示。

前驱自动变速器

后驱自动变速器

图 2—1—4　前驱、后驱自动变速器实物图

二、自动变速器的组成

自动变速器的种类很多，外部形状内部结构各不相同，但它们的组成都基本相同，可分为液力变矩器、变速机构、液压控制系统和电子控制系统四大部分。

1. 液力变矩器

它将发动机动力通过油液传递给自动变速器输入轴。除此之外，它还可以在一定的范围内自动增加输出转矩。油液的特点还使它有失速特性。由于变矩器的失速特性，使得汽车可以进行带挡停车发动机又不熄火等操作。

2. 变速机构

它改变车速和转矩：改变输出轴转动方向，还可实现空挡。变速机构有平行轴轮系、周转轮系、带轮系三种。

3. 液压控制系统

各种阀和油道对油压、锁止时机、换挡时机、换挡品质等进行精确操作，实现变速器的各种自动控制。

4. 电子控制系统

它可根据节气门开度、车速、发动机转速、冷却液温度等各种有关信号，通过电磁阀对液压系统的控制，实现换挡、锁止时机等的控制。

三、自动变速器的特点

1. 发动机和传动系统寿命高

采用自动变速器的汽车与采用机械变速器的汽车对比试验表明：前者发动机的寿命可提高 85%，变速器的寿命提高 12 倍，传动轴和驱动半轴的寿命可提高 75%～100%。液力传动汽车的发动机与传动系统，由液体工作介质“软”性连接。液力传动起一定的吸收、衰减和缓冲的作用，大大减少冲击和动载荷。

2. 驾驶性能好

汽车驾驶性能的好坏，除与汽车本身的结构有关外，还取决于控制和操纵。自动变速器能通过系统的设计，使整车自动完成这些使用要求，以获得最佳的燃料经济性和动力性，还能较大地减轻驾驶员的劳动强度。也使得驾驶性能与驾驶员的技术水平关系不大，因而特别适合于非职业驾驶员驾驶。

3. 行驶性能好

采用液力自动变速器的汽车，在起步时，驱动轮上的驱动转矩是逐渐增加的，防止过大的振动，减少车轮的打滑，使起步容易，且更加平稳。自动变速装置的挡位变换不但快而且平稳，提高了汽车的乘坐舒适性。

4. 安全性好

在车辆行驶过程中，驾驶员必须根据道路、交通条件的变化，对车辆的行驶方向和速度进行改变和调节。以城市大客车为例，平均每分钟换挡 3～10 次，且每次换挡有 6～10 个手脚协调动作。正是由于这种连续不断的频繁操作，使驾驶员的注意力被分散，而且易产生疲劳，造成交通事故增加。而如果是以减少换挡、操纵加速踏板大小代替变速，那样会牺牲燃油经济性。由于自动变速的车辆，取消了离合器踏板和变速操纵杆，所以只要控制加速踏板，就能自动变速，从而改善驾驶员的劳动强度，使行车事故率降低，平均车速提高。

5. 降低废气排放

发动机在怠速和高速运行时，排放的废气中 CO 或 HC 化合物的浓度较高。而自动变速器的应用，可使发动机经常在经济转速区域内运转，也就是在较小污染排放的转速范围内工作，从而降低了排放污染。

6. 结构较复杂

自动变速器结构较复杂，零件加工难度大，生产成本较高，修理也比较麻烦。

§2—2　液力变矩器

学习目标：

1. 掌握液力偶合器的工作原理。
2. 掌握液力变矩器的工作原理。

一、变矩器的结构演变

初期：偶合器（泵轮，涡轮，导环，外壳）。

中期：变矩器（泵轮，涡轮，导轮，外壳）。

当前：变矩器（泵轮，涡轮，导轮，锁止离合器，外壳）。

二、液力偶合器的工作原理

偶合器的壳体安装在发动机飞轮上，泵轮叶片焊接在壳体内侧，随发动机曲轴的转动而转动，是液力偶合器的主动部分；涡轮和变速器输入轴通过花键连接在一起，是液力偶合器的从动部分。泵轮和涡轮相对安装。在泵轮和涡轮上有径向排列的叶片，泵轮和涡轮互不接触。

如图 2—2—1 所示，当发动机运转时，曲轴带动偶合器壳体和泵轮转动，泵轮内的液压油在泵轮的带动下旋转，在离心力的作用下，液压油被甩向泵轮叶片外缘处，并在外缘处冲向涡轮叶片，使涡轮在液压冲击力的作用下旋转，驱动变速器的输入轴，实现发动机能量向变速器的传递；冲向涡轮叶片的液压油沿涡轮叶片向内缘流动并返回到泵轮内缘的液压油，又被泵轮再次甩向外缘。液压油就这样从泵轮流向涡轮，又从涡轮返回到泵轮而形成循环的液流。

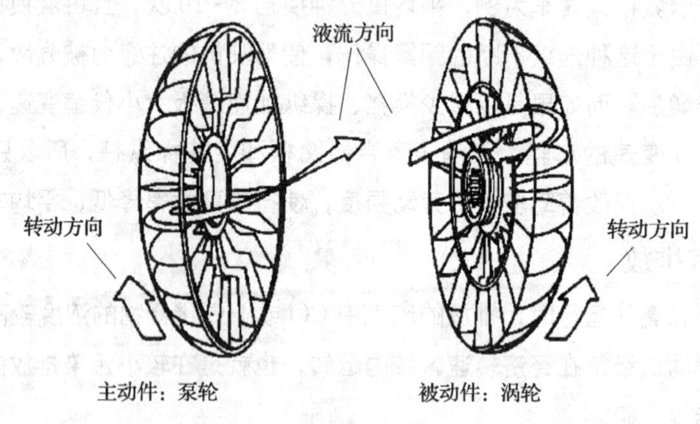

图 2—2—1　偶合器工作示意图

导轮增大扭矩的工作原理：

在偶合器的泵轮与涡轮之间加装上导轮就构成了变矩器，如图 2—2—2 所示，自涡轮叶片流向导轮的液体流束，沿固定不动的导轮叶片正面折返过来以一定的速度冲向泵轮并对泵轮产生一个同向推力。因此在一定的速度下泵轮所产生的力矩（Mp）应为发动机输出力矩（M_F）与来自涡轮经导轮冲回到泵轮的液压油束在泵轮上产生力矩（M_W）之和（$Mp=M_F+M_W$）。当这一液束到达涡轮并产生冲击扭矩时，涡轮也对液压油产生一个与冲击扭矩大小相等、方向相反的反作用扭矩 Mt，根据液压油受力平衡原理，可得：$Mt=M_F+M_W$。由此可知，液力变矩器的输出扭矩在数值上等于输入扭矩与导轮对液压油的反作用扭矩之和。显然这一扭矩要大于输入扭矩，即液力变矩器具有增大扭矩的作用。液力变矩器输出扭矩增大的部分即为固定不动的导轮对循环流动的液压油的作用力矩，其数值不但取决于由涡轮冲向导轮的液流速度，也取决于液流方向与导轮叶片之间的夹角。

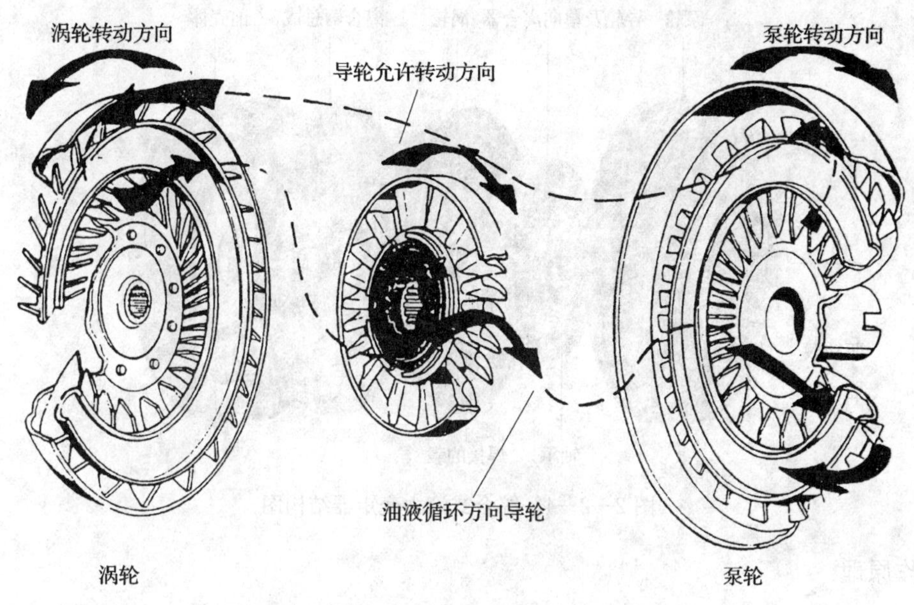

图 2—2—2　液力变矩器工作示意图

当液流速度不变时，叶片与液流的夹角越大，液力变矩器的增扭作用也就越大。一般液力变矩器的最大扭矩比可达 2.5∶1 左右。如图 2—2—3 所示为导轮的工作原理。

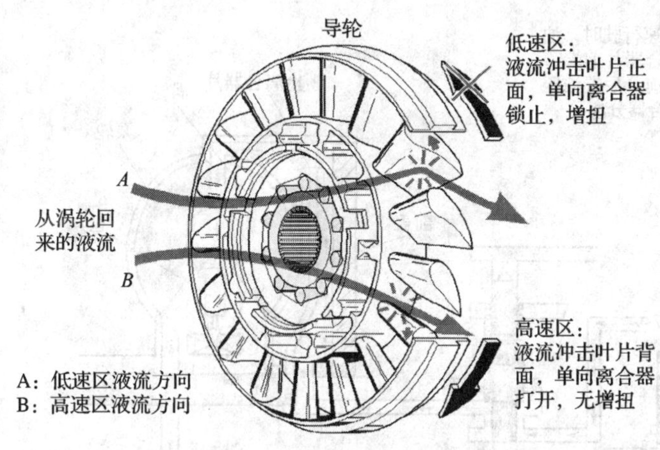

图 2—2—3　导轮的工作原理

三、变矩器的构造和工作原理

为了消除泵轮、涡轮之间的转速差，提高变矩器传动效率，现代很多轿车的自动变速器采用一种带锁止离合器的综合式液力变矩器，如图 2—2—4 所示。锁止离合器的主动盘为变矩器壳体，壳体内部加工有一个供摩擦片结合的工作平面；从动盘是一个可做轴向移动的压盘，压盘上粘贴有一片大直径的摩擦片，它通过外缘的花键与涡轮连接；涡轮背后有数个螺旋扭转弹簧构成的减震器以吸收锁止时产生的冲击。

图 2—2—4 综合式液力变矩器结构图

工作原理：

分离时：具有一定压力的液压油从变速器输入轴前端油孔进入锁止离合器压盘背面，然后流到变矩器泵轮、涡轮内，推动活塞向右移动，然后经从导轮轴与变矩器轴颈内的油道流出。此时变矩器泵轮、涡轮间为液力传动，存在转速差。如图 2—2—5 所示为锁止离合器分离状态。

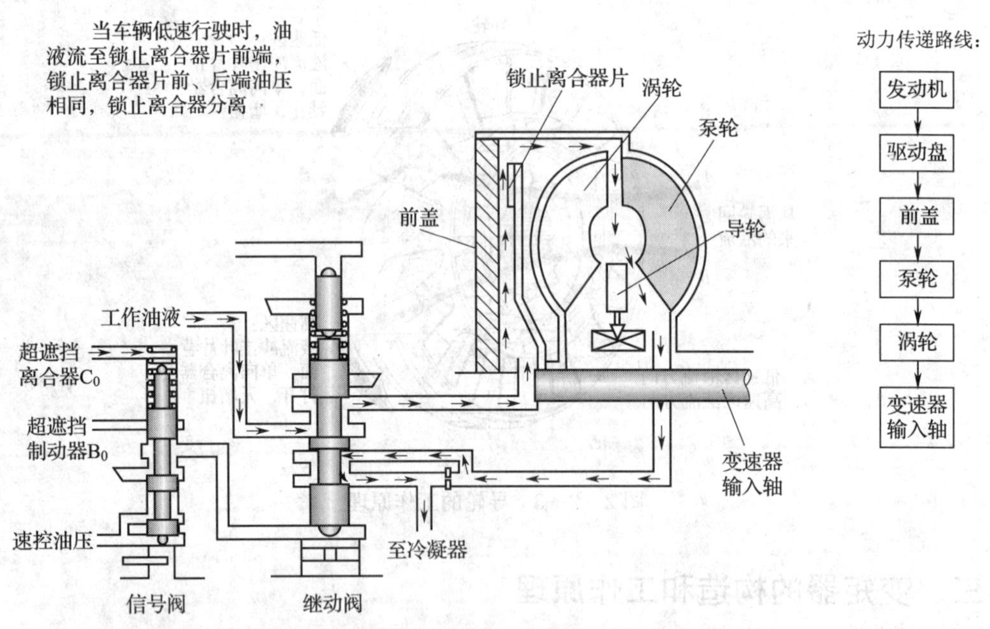

图 2—2—5 锁止离合器分离状态

锁止时：在锁止模式下，变速器输入轴前端油孔通过锁止控制阀与油底壳相通泄压，具有一定压力的液压油从导轮轴与变矩器轴颈内的油道流出，推动锁止离合器压盘移动，把摩擦片压紧在壳体上使变速器壳体与涡轮以相同速度旋转，此时变矩器内为刚性连接。如图 2—2—6 所示为锁止离合器接合状态。

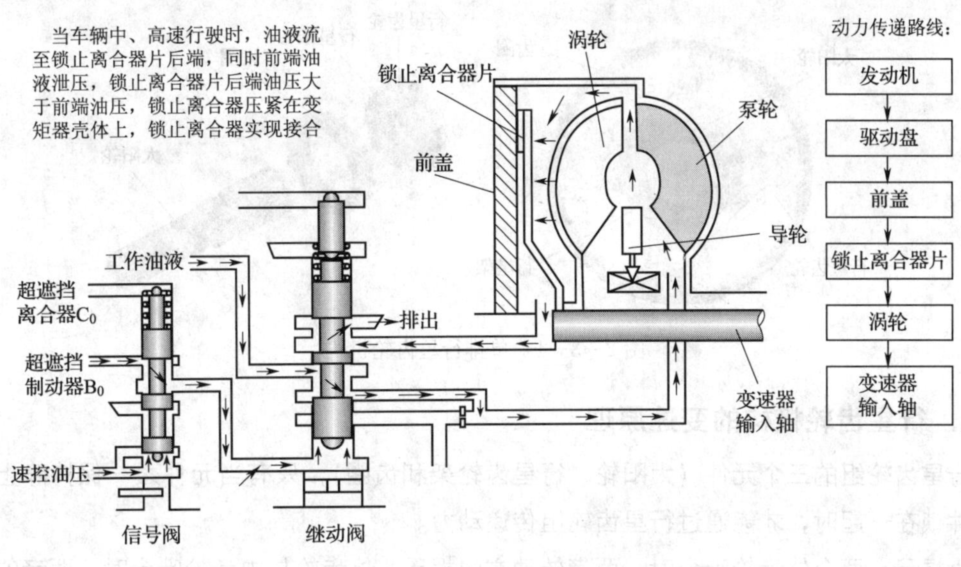

图 2—2—6 锁止离合器接合状态

§2—3 行星齿轮机构的工作原理

学习目标：

1. 掌握行星齿轮变速系统的组成。
2. 理解行星齿轮结构及变速原理。
3. 了解执行元件的结构及工作原理。

行星齿轮变速系统主要包括行星齿轮机构和换挡执行机构两部分。行星齿轮机构，主要由太阳轮、内齿圈、行星架和行星齿轮等元件组成。行星齿轮机构是实现变速的机构，速比的改变是通过以不同的元件作主动件和限制不同元件的运动而实现的。在换挡速比改变的过程中，整个行星齿轮组还在运动，动力传递没有中断，有利于换挡的平顺和连贯。

换挡执行机构主要是用来改变行星齿轮中的主动元件或限制某个元件的运动，改变动力传递的方向和速比，主要由多片式离合器、制动器和单向离合器等组成。离合器的作用是把动力传给行星齿轮机构的某个元件使之成为主动件。制动器的作用是将行星齿轮机构中的某个元件相对壳体固定。单向离合器作用和多片式离合器及制动器基本相同，也是用于固定或连接几个行星排中的某些太阳轮、行星架、齿圈等基本元件，让行星齿轮变速器组成不同传动比的挡位。

一、单排行星齿轮机构

单排行星齿轮机构由下列 3 个主要部件组成：具有内齿的齿圈、装有数个行星齿轮的行星架和太阳轮，如图 2—3—1 所示。

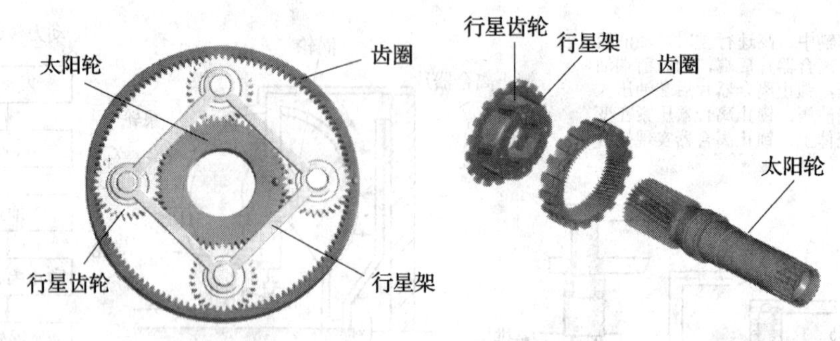

图 2—3—1 单排行星齿轮机构

1. 行星齿轮机构的变速原理

行星齿轮组的三个元件（太阳轮、行星齿轮架和齿圈），只有当元件之一保持静止或两个元件锁在一起时，才能通过行星齿轮组传递动力。

小提示：两个外齿轮啮合时，两者转动方向相反。外齿轮与内齿轮啮合时，两者的转动方向相同。

2. 单排行星齿轮机构的传动规律

由于行星齿轮总是作为惰轮传动，所以其齿数不影响行星齿轮组的传动比。行星齿轮组的传动比是由行星架、齿圈及太阳轮的齿数决定的（由于行星架并非齿轮，没有齿数，故其齿数为一假设的当量齿数）。设太阳轮的齿数为 z_1，齿圈齿数为 z_2，行星架的当量齿数为 z_3，其中：行星架的当量齿数 $z_3=z_1+z_2$，由此可见有齿数关系：$z_3>z_2>z_1$。

总结出单排行星齿轮机构的基本工作规则见表 2—3—1。

表 2—3—1 单排行星齿轮机构的基本工作规则

	太阳轮	行星架	齿圈	速度	扭矩	转动方向
1	输入	输出	固定	最大减速	增加	与输入同向
2	固定	输出	输入	最小减速	增加	与输入同向
3	输出	输入	固定	最大增速	降低	与输入同向
4	固定	输入	输出	最小增速	降低	与输入同向
5	输入	固定	输出	减速	增加	与输入相反
6	输出	固定	输入	增速	降低	与输入相反
7	当任两个元件固定在一起时，另一元件速度与方向与输入相同。传动比为 1∶1					
8	没有任何元件被固定或锁在一起时，没有输出。结果为空挡					

二、组合式行星齿轮系统

两个以上的行星排进行组合，选取不同的基本元件作为输入或输出，以及采用执行元件不同的工作方式，可得到不同类型的行星齿轮变速器。但考虑到效率的高低、行星齿轮系统的复杂程度，目前常用的自动变速器的行星齿轮系统有辛普森式和拉维娜式两种。

1. 辛普森式行星齿轮系统

辛普森式行星齿轮系统能提供三个前进挡和一个倒挡。其结构特点是：前后两个行星齿轮机构共用一个太阳轮。典型的辛普森式行星齿轮系统如图 2—3—2 所示。其行星齿轮系统包括两个行星排。它的执行机构由前进挡离合器（C_1）、直接挡离合器（C_2），单向离合器（F_1、F_2），二挡滑行制动器（B_1）、二挡制动器（B_2）和低、倒挡制动器（B_3）组成。

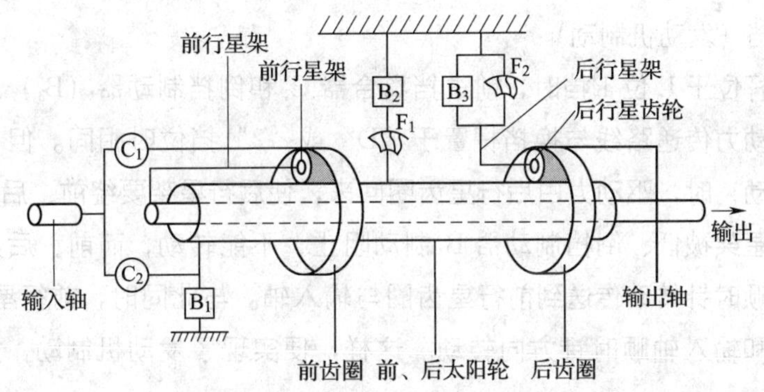

图 2—3—2 典型辛普森式行星齿轮系统简图

辛普森式行星齿轮传动系统各挡动力传递路线是：

(1) D 位 1 挡：前进挡离合器 C_1 接合，前齿圈成为输入元件，单向离合器 F_2 使后行星架无法逆时针旋转。动力传递路线是第一轴、前齿圈、太阳轮、后齿圈、第二轴。

(2) D 位 2 挡：前进挡离合器 C_1 接合，使前齿圈成为输入元件，二挡制动器 B_2 将太阳轮固定。动力经第一轴、前齿圈和行星架输出给第二轴。

(3) D 位 3 挡：前进挡离合器 C_1 和直接挡离合器 C_2 工作，此时，前太阳轮和齿圈均与第一轴相连，因此，行星架也与它们同速转动，形成直接挡（传动比为 1∶1），将第一轴的动力直接传给第二轴。

(4) R 位：直接挡离合器 C_2 接合，前太阳轮成为输入元件，低、倒挡制动器 B_3 固定后排行星架。动力经第一轴、太阳轮、后行星齿轮和后齿圈传至第二轴。由于行星架是固定元件，使第二轴的旋转方向与第一轴相反，变速器得到倒挡。

(5) 2 位 2 挡（发动机制动）

与 D 位 2 挡相比除了前进挡离合器（C_1）、1 号单向离合器（F_1）及二挡制动器（B_2）工作外，还有二挡滑行制动器（B_1）工作。变速器驱动车轮的动力传递路线与 D 位 2 挡是相同的。但是，当下坡或减速滑行时，变速器被车轮驱动时，中间轴的动力传递至前行星架使之顺转，由于前后太阳轮被二挡滑行制动器（B_1）制动而不能转动，前行星齿圈也顺时针转动。这样，车轮旋转力被传递至输入轴带动发动机转动，从而实现利用发动机制动，如图 2—3—3 所示。

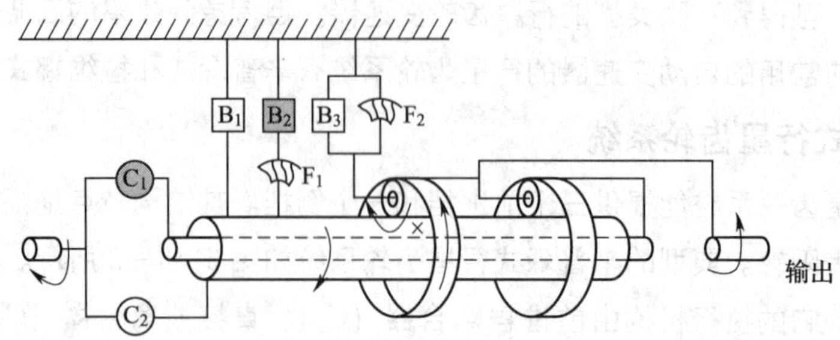

图 2—3—3　2 位 2 挡、发动机制动挡传动路线示意图

(6) L 位 1 挡 (发动机制动)

车辆的换挡杆位于 L 位 1 挡时，前进挡离合器 C_1 和倒挡制动器 (B_3) 工作。变速器驱动车轮时，其驱动力传递路线与换挡杆置于 "D" 或 "2" 挡位时相同。但在变速器受车轮驱动 (发动机制动) 时，驱动力由后行星齿圈回来，使后行星架要绕前、后太阳轮顺时针转动。但由于后行星架被低、倒挡制动器 B_3 制动阻止，不能转动，而前、后太阳轮则逆时针转动。结果就将顺时针转动传送到前行星齿圈与输入轴。与此同时，前行星架顺时针旋转，也使前行星齿圈和输入轴顺时针方向转动。这样，便实现了发动机制动，如图 2—3—4 所示。

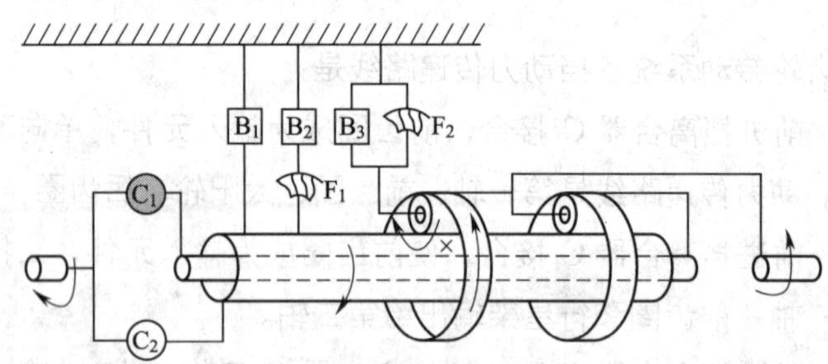

图 2—3—4　L 位 1 挡、发动机制动挡传动路线示意图

(7) 带有超速挡的辛普森式行星齿轮系统

为进一步提高汽车的动力性和燃油经济性，在辛普森式行星齿轮系统的基础上增加一个单排行星齿轮机构——超速行星齿轮机构以进一步增大速比。如图 2—3—5 所示丰田 A140 E自动变速器超速挡行星齿轮机构中：当车辆不在超速挡行驶时，超速挡离合器 C_0 接合，超速行星齿轮组成为一个整体转动，此时超速挡单排行星齿轮机构为 1∶1 传动比；而 D4 挡时，在 D3 挡 (传动比 1∶1) 的工作元件不变基础上，C_0 分离，超速挡制动器 B_0 将太阳轮制动，超速挡行星架为输入件，超速挡齿圈作为输出件，将获得传动比约 0.7∶1 的增速输出。

(8) P 驻车挡和 N 空挡

当换挡杆置于 "N" 或 "P" 挡位时，由于前进挡离合器 C_1 与直接挡离合器 C_2 不工作，所以来自输入轴的输入并不传递至中间轴输出，自动变速器处于空挡状态。

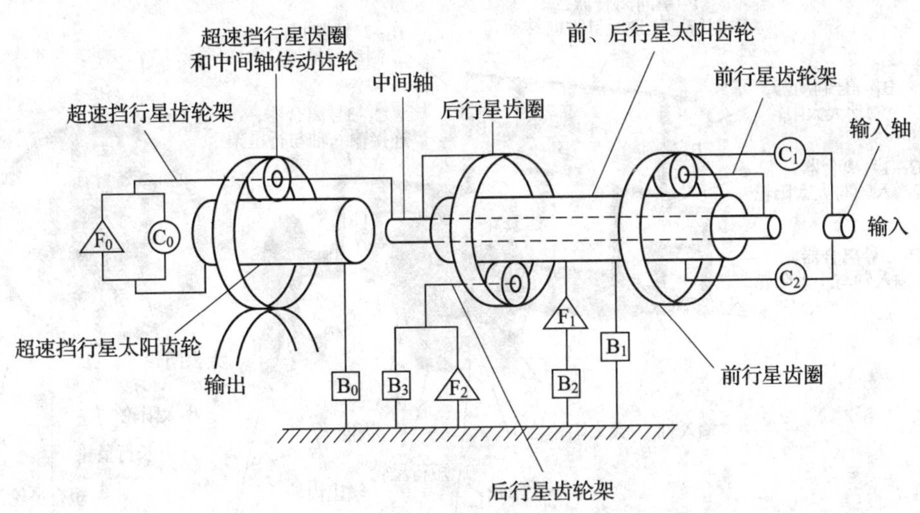

图 2—3—5　丰田 A140 E 自动变速器超速挡行星齿轮机构

另外，当换挡杆置于“P”挡位时，驻车锁定爪便与中间轴主动齿轮啮合，而差速器主动小齿轮轴又与中间轴主动齿轮花键连接，从而阻止车辆移动。驻车锁定机构如图 2—3—6、图 2—3—7 所示。

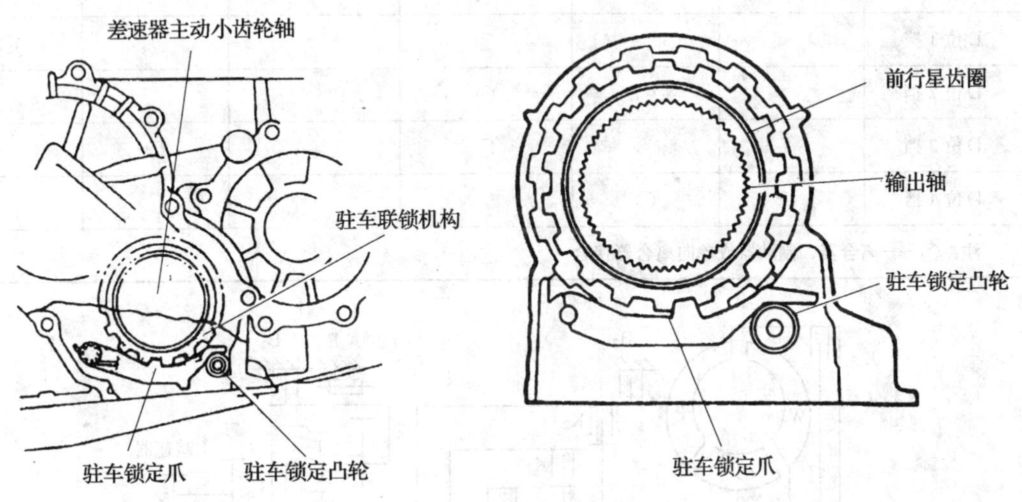

图 2—3—6　前轮驱动驻车锁定机构　　图 2—3—7　后轮驱动驻车锁定机构

2. 拉维娜式行星齿轮系统

拉维娜式行星齿轮系统的结构特点是前后行星排共用一个齿圈和一个行星架，长行星齿轮也为两行星排共用，其中一行星排有长、短两个行星齿轮。配上相应的换挡执行元件，可使拉维娜式行星齿轮系统构成 4 前进挡行星齿轮变速器。如图 2—3—8 所示，典型的有大众 01 M 自动变速器。

其执行元件工作表见表 2—3—2，工作原理如图 2—3—9 所示。

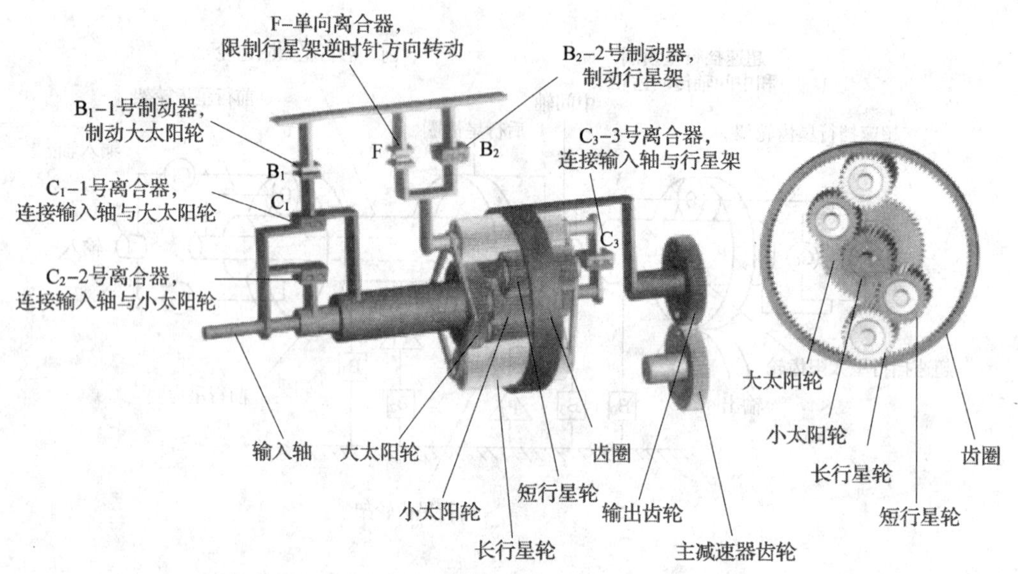

图 2—3—8 典型拉维娜式行星齿轮系统

表 2—3—2 **大众 01 M 自动变速器执行元件工作表**

挡位	B_1	B_2	K_1	K_2	K_3	F
R	○			○		
D 位 1 挡			○			○
D 位 2 挡		○	○			
D 位 3 挡			○		○	
D 位 4 挡		○			○	

注：○——离合器、制动器或单向离合器接合

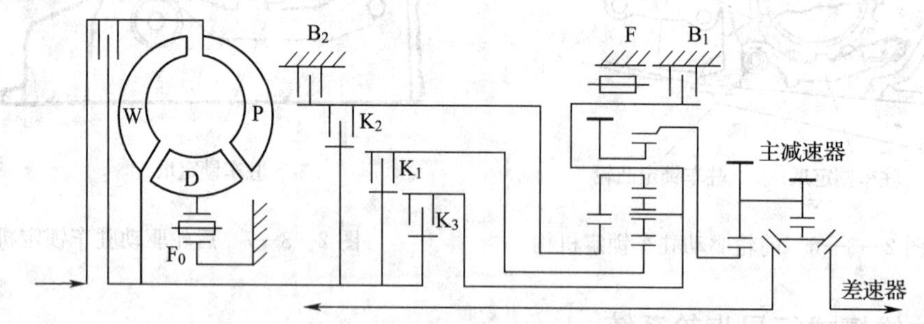

图 2—3—9 大众 01M 自动变速器工作原理简图

三、换挡执行机构的结构与工作原理

行星齿轮变速器的换挡执行机构由离合器、制动器和单向离合器三种不同的执行元件组成。

1. 多片湿式离合器的结构与原理

多片湿式离合器的作用是将行星齿轮变速器的输入轴与行星排中的某个基本元件连接，或将前后行星排的某两个基本元件连接，以传递动力。它通常由离合器鼓、离合器活塞、回位弹簧、钢片、摩擦片、压盘、调整垫片、离合器毂及密封圈组成，如图 2—3—10 所示。

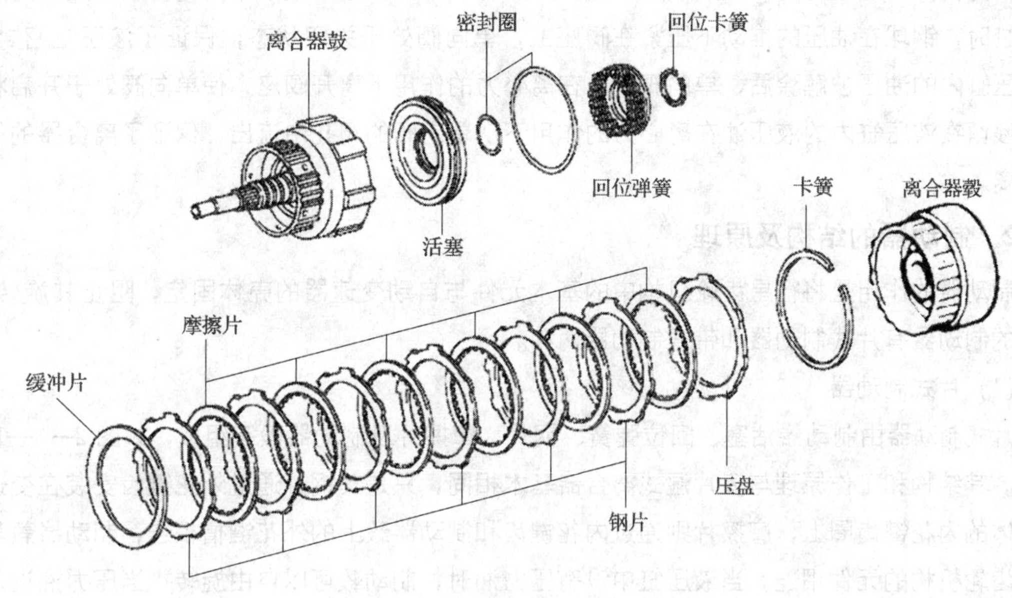

图 2—3—10　离合器的结构

离合器活塞安装在离合器鼓内，它是一种环状活塞，由活塞内外圆的密封圈保证其密封，从而和离合器鼓一起形成一个封闭的环状液压缸，并通过离合器内圆轴颈上的进油孔和控制油道相通。钢片和摩擦片交错排列，两者统称为离合器片。钢片的外花键齿安装在离合器鼓的内花键齿圈上，可沿齿圈键槽做轴向移动；摩擦片由其内花键齿与离合器毂的外花键齿连接，也可沿键槽做轴向移动。摩擦片的两面均为摩擦系数较大的铜基粉末冶金层或合成纤维层。

离合器的接合状态：离合器鼓或离合器毂分别以一定的方式和变速器输入轴或行星排的某个基本元件相连接。当来自控制阀的液压油进入离合器液压缸时，作用在离合器活塞上液压油的压力推动活塞，使之克服回位弹簧的弹力而移动，将所有的钢片和摩擦片相互压紧在一起。钢片和摩擦片之间的摩擦力使离合器鼓和离合器毂连接为一个整体，分别与离合器鼓和离合器毂连接的输入轴或行星排的基本元件也因此被连接在一起。

离合器的分离状态：当液压控制系统将作用在离合器液压缸内的液压油的压力解除后，离合器活塞在回位弹簧的作用下压回液压缸的底部，并将液压缸内的液压油从进油孔排出。此时钢片和摩擦片相互分离，两者之间无压力，离合器鼓和离合器毂可以朝不同的方向或以不同的转速旋转，离合器处于分离状态。此时，离合器活塞和离合器片或离合器片和卡环之间有一定的轴向间隙，以保证钢片和摩擦片之间无任何轴向压力，这一间隙称为离合器的自由间隙。其大小一般可以通过选择压盘或卡环的厚度来调整。一般离合器自由间隙的标准为

0.5～2.0 mm。离合器自由间隙标准的大小取决于离合器的片数和工作条件。通常离合器片数越多或该离合器的交替工作越频繁，其自由间隙就越大。

有些离合器在活塞和钢片之间有一个碟形片。它具有一定的弹性，可以减缓离合器接合时的冲击力。

在离合器活塞或离合器鼓的液压缸壁面上设有一个由钢球组成的单向阀。当液压油进入液压缸时，钢球在油压的推动下压紧在阀座上，单向阀处于关闭状态，保证了液压缸密封；当液压缸内的油压被解除后，单向阀钢球在离心力的作用下离开阀座，使单向阀处于开启状态，残留在液压缸内的液压油在离心力的作用下从单向阀的阀孔中流出，保证了离合器的彻底分离。

2. 制动器的结构及原理

制动器的作用是将行星齿轮机构中的基本元件与自动变速器的壳体固定，阻止其旋转。常见的制动器有片式制动器和带式制动器两种。

(1) 片式制动器

片式制动器由制动器活塞、回位弹簧、钢片、摩擦片及制动器毂等组成，如图 2—3—11 所示。其结构和工作原理与多片湿式离合器基本相同，只是其钢片通过外花键齿安装在变速器壳体的内花键齿圈上，摩擦片则通过内花键齿和制动器毂上的外花键槽相连，制动器毂与行星齿轮机构的元件相连。当液压缸中没有压力油时，制动毂可以自由旋转；当压力油进入制动器的液压缸后，通过活塞将钢片和摩擦片压紧在一起，制动器毂以及与其相连的行星齿轮机构的某一元件被固定住而不能旋转。片式制动器的工作平顺性较好，在自动变速器中使用较多。

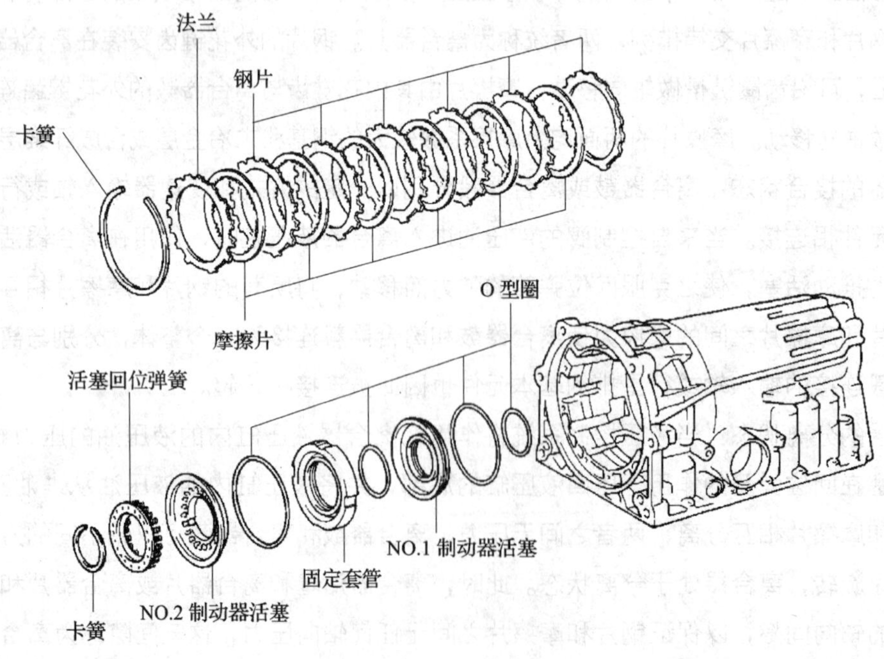

图 2—3—11 片式制动器

片式离合器、制动器所能传递的动力的大小与摩擦片的面积、片数及钢片与摩擦片间的压紧力有关。压紧力的大小由作用在活塞上的油压及作用面积决定。同一类型的自动变速器在不改变离合器、制动器外形和尺寸的条件下，可通过增减摩擦片的片数来满足不同排量车型传递动力的要求。

(2) 带式制动器

带式制动器是利用围绕在制动鼓周围的制动带收缩而产生制动效果的一种制动器。由制动带、制动鼓、活塞、伺服机构、调整螺钉、回位弹簧等组成，如图 2—3—12 所示。工作原理：制动鼓与行星排的某一基本元件连接，并一同运转。制动带的一端支撑在变速器壳体上的制动带支架上或制动带调整螺钉上，另一端与活塞推杆连接。制动带内表面有摩擦因数较高的摩擦衬片（一般采用铜基粉末冶金材料或纸基摩擦材料）。液压缸由活塞分隔成压力腔和释放腔，并由各自的控制阀控制。制动带由作用在活塞上的液压油压力控制。当被活塞分隔成的压力腔和释放腔均无油液时，制动带不工作。制动带与制动鼓之间有一定间隙，制动鼓可以随着与它相连的行星排基本元件一同运转。当液压油作用在液压缸施压腔时，压力推动活塞移动，克服了回位弹簧的弹力，使活塞上的推杆向外伸出，将制动带箍紧在制动鼓上，使制动鼓被固定而不能旋转，这时的制动器处在制动状态。

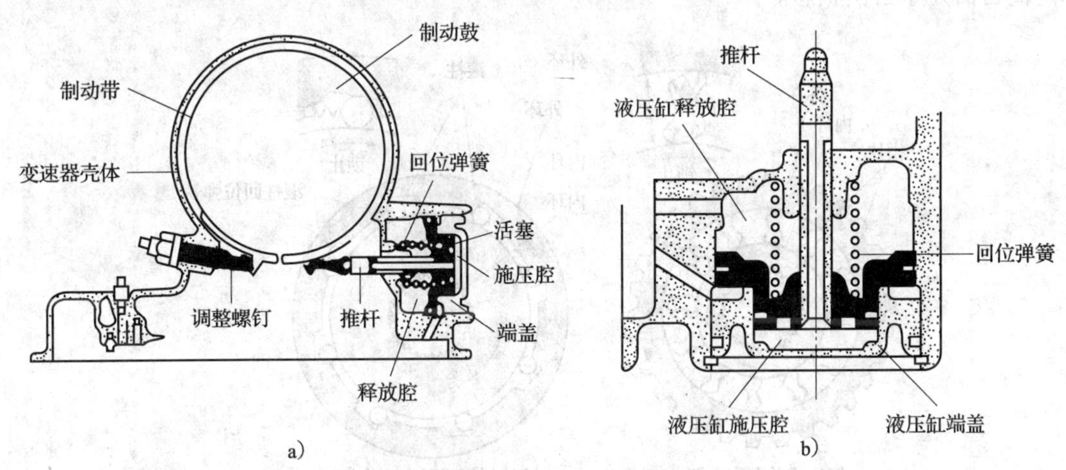

图 2—3—12　带式制动器

a) 带式制动器结构　b) 伺服机构

当制动器处在制动状态时，如果液压油进入液压缸的释放腔，由于释放腔一侧的活塞面积大于压力腔的活塞面积，则释放腔一侧压力大于压力腔一侧的压力，因此活塞在压力差和回位弹簧弹力的共同作用下向后移动，活塞推杆随之回缩，制动带放松，制动器转变成释放状态。当带式制动器不工作或处在释放状态时，制动带与制动鼓之间应有一定的间隙，间隙太大或太小都会影响制动器的工作。间隙大小可用制动带调整螺钉调整。

带式制动器的优点是：有良好的抱合性能；占用变速器较小的空间；当制动带贴紧旋转时，会产生一个使制动鼓停止旋转的所谓自增力作用的楔紧作用。粘接在钢带内表面上的摩擦材料，一般采用铜基粉末冶金材料或纸基摩擦材料。

片式制动器的工作平顺性优于带式制动器，另外，片式制动器也易于通过增减摩擦片的片数来满足不同排量发动机的要求。

3. 单向离合器结构及原理

单向离合器的作用是使某元件只能按一定方向旋转，在另一个方向上锁止。单向离合器无须控制机构，它的工作完全由和它相连接的元件的受力方向来控制。它会随着挡位的变换，在与它相连接的基本元件受力方向发生变化的瞬间锁止（或解除锁止）。它可保证换挡平顺无冲击，同时也使液压控制系统得到简化。

单向离合器有多种形式，常用有滚柱斜槽式和楔块式单向离合器两种。

(1) 滚柱斜槽式单向离合器由外环、内环、滚柱、滚柱回位弹簧等组成，如图 2—3—13 所示。在外环的内表面有楔形槽，楔形槽与滚柱数量相同，在内、外环之间的楔形槽内装有滚柱和弹簧。弹簧的推力把各滚柱推向楔形槽较窄的一边。当内环相对于外环朝逆时针转动时，在刚开始转动瞬间，滚柱在弹簧力的作用下被卡死在楔形槽较窄的一边，这时内外环连接成一整体，不能相对转动，单向离合器处于锁定状态。当内环相对于外环朝顺时针转动时，滚柱在摩擦力作用下，克服弹簧弹力，滚柱向楔形槽较宽的一边移动，内环自由滑转，单向离合器处于自由状态。

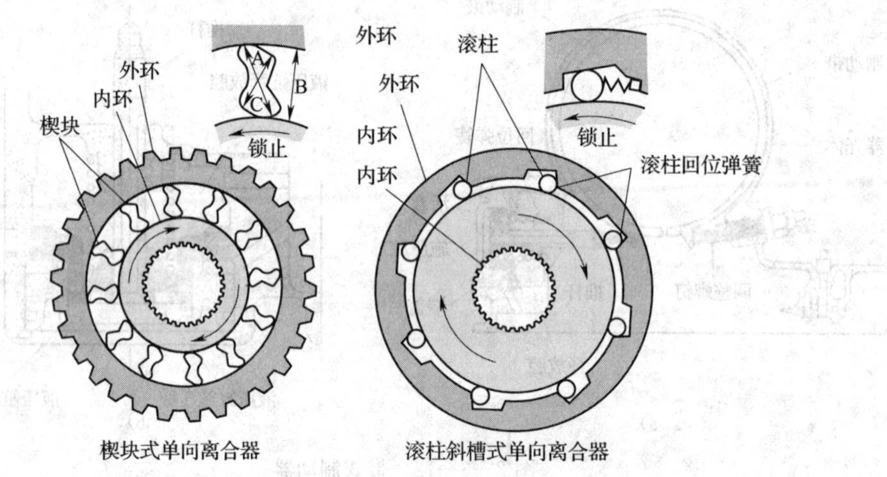

图 2—3—13 楔块式单向离合器和滚柱斜槽式单向离合器

(2) 楔块式单向离合器和滚柱式单向离合器结构相似，它也有外环、内环和类似滚子的楔块，如图 2—3—13 所示。它们的区别是，楔块式单向离合器在它的内、外环上都没有楔形槽，它的滚子不是圆柱，而是楔块。楔块在 A 方向上的尺寸略大于内外环之间的距离 B，在 C 方向尺寸又略小于 B。内环相对外环逆时针旋转时，楔块在摩擦力作用下立起，由于自锁作用卡死在内外环之间，使内、外环无法相对滑转，这时单向离合器处在锁定状态；而当内环相对于外环顺时针转动时，楔块在摩擦力作用下倾斜，内环可以自由滑转，这时单向离合器处于自由状态。

单向离合器装配时不能装反，否则改变了锁定方向，使行星齿轮变速器不能正常工作。

§2—4　液压控制系统的组成和工作原理

学习目标：

1. 掌握液压控制系统的组成。
2. 理解液压控制系统各组成部分的机构及工作原理。

液压控制系统由油泵、控制机构和执行机构三部分组成。执行机构在前面已经介绍，不再复述。下面我们来学习油泵和控制机构。

一、油泵

油泵的作用是向液力变矩器、液压操纵系统、齿轮系统、油冷却器供油，以满足液力传动与控制、润滑、散热的需要。常用的油泵有齿轮泵、转子泵和叶片泵三种，它们都属于容积泵。

齿轮泵是自动变速器中应用最多的一种油泵，齿轮泵有结构紧凑、自吸能力强、流量波动小、噪声低等特点。齿轮泵主要由主动齿轮、从动齿轮、月牙隔板、泵壳、泵盖等组成，如图 2—4—1 所示。内啮合齿轮泵的工作原理如图 2—4—2 所示。月牙隔板将主动齿轮与从动齿轮之间的容积分隔成两个部分，在齿轮旋转时齿轮的轮齿由啮合到分离的那一部分，其容积由小变大，称为吸油腔；齿轮由分离进入啮合的那一部分，其容积由大变小，称为压油腔。内、外齿轮的齿顶和月牙形隔板是紧密配合的，所以吸油腔和压油腔是互相密封的。当发动机运转时，变矩器壳体后的轴套带动小齿轮和内齿轮一起朝图中顺时针方向运转，此时在吸油腔内，由于外齿轮和内齿轮不断退出啮合，容积不断增加，以致形成局部真空，将油盘中的液压油从进油口吸入，且随着齿轮旋转，齿间的液压油被带到压油腔；在压油腔，由于小齿轮和内齿轮不断进入啮合，容积不断减少，将液压油从出油口排出。油液就这样源源不断地输往液压系统。油泵常用压力为 0.5～1.0 MPa，最大压力为 1.5～2.0 MPa，在转速为 1 000 r/min 时，其排量可达 15～20 L/min。

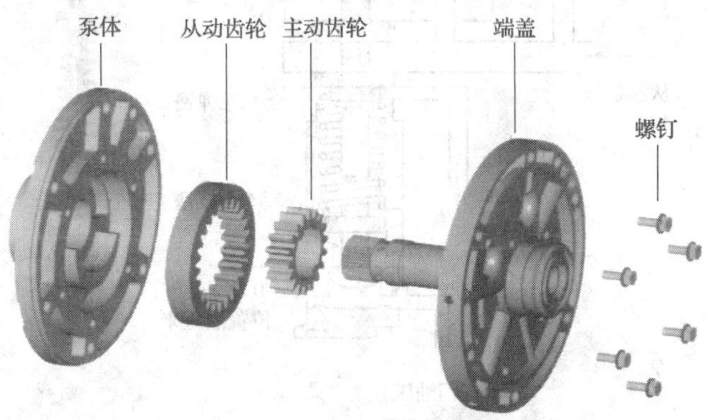

图 2—4—1　齿轮泵的结构

油泵各元件保持良好的密封性能对油泵的压力和排量保持稳定很重要。影响油泵性能的主要有：①齿轮平面与壳体的间隙为0.02～0.05 mm。②被动齿轮外圆与壳体的间隙为0.10～0.15 mm。③主动齿轮与月牙隔板之间的间隙为0.10～0.30 mm。④被动齿轮与月牙隔板之间的间隙为0.05～0.10 mm。在上述四个间隙尺寸中，油泵齿轮端面间隙对油泵的性能影响最大，如果超过规定值必须进行更换。

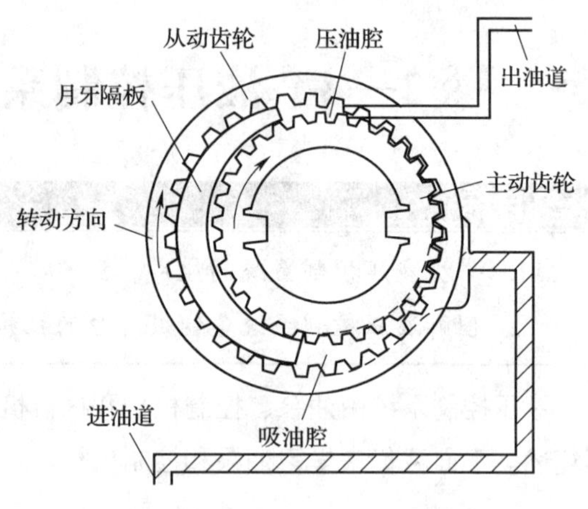

图 2—4—2　内啮合齿轮泵工作原理图

二、控制机构

液控自动变速器的控制机构一般包含主调压阀、手动阀、节气门阀、速控阀、换挡阀、锁止离合器控制阀等。相应的，电控自动变速器一般无速控阀，取而代之的是换挡电磁阀。下面对这些基本元件进行分析：

1. 主调压阀

主调压阀由弹簧、阀芯和柱塞组成。其作用是自动调节从油泵流向液压系统各部位的油压，满足各工况的需要，保证系统各部位工作的稳定，并防止油泵的功率损耗。压力调节主要取决于弹簧的强度和作用于柱塞上的节气门油压和 R 挡的油压。主油路油压是最基本、最重要的油压，压力过高，会使油泵功耗过大，换挡时产生较大冲击；压力过低，会使离合器或制动器打滑，甚至使汽车无法行驶。如图 2—4—3 所示为丰田主调压阀的结构和原理图，主调压阀下端的柱塞上通有节气门油压，当发动机负荷大，油门踏板开度加大，通过节

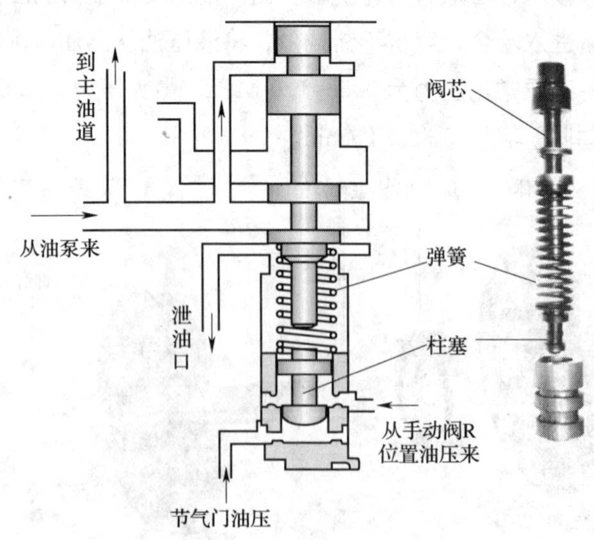

图 2—4—3　丰田主调压阀结构和原理

气门联动机构，节气门阀开度加大，节气门油压升高，该油压作用在柱塞下方相当于增大了弹簧力，主油压上升。反之减小油门开度时，主油压下降。手动阀挂入 R 挡时，会有一股油压送到柱塞上，其作用也是增强弹簧力，使得倒挡的主油压提高，满足了倒挡工况的需要。

2. 手动阀

手动阀是一种多路换向阀，安装在液压控制阀体中，它通过连接装置与驾驶室内变速器的选挡杆连接，驾驶员通过操纵选挡杆可以控制手动阀移动。

其作用是供驾驶员选择各挡位，可以打开或关闭不同的控制油路或泄油口，从而起油路转换的作用。如图 2—4—4 所示为丰田 A140 E 自动变速器的手动阀结构和原理图，当手动阀位于 D 位时，C_1离合器油路接通，变速器进入一挡，而升二挡、三挡、四挡则由阀体内换挡阀决定。

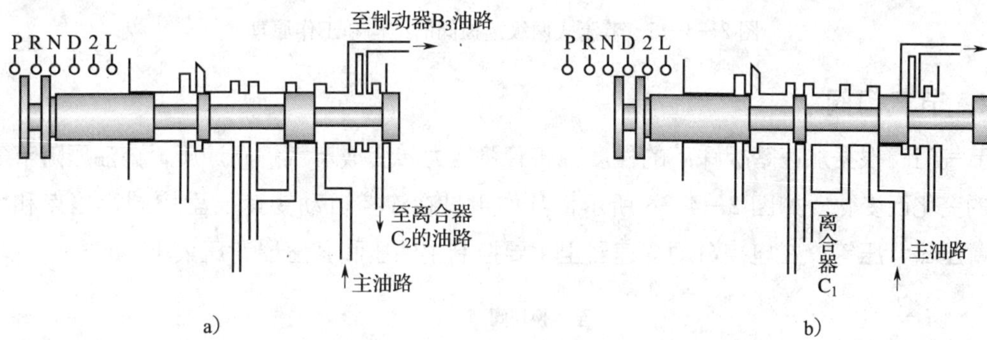

图 2—4—4 手动阀的结构和原理

a）手柄处于 R 位置时，接通了主油路与制动器 B_3 和离合器 C_2 的油路

b）手柄处于 D 位置时，接通了主油路与离合器 C_1 和 1—2 挡换挡阀的油路

3. 速控阀

速控阀位于变速器输出轴上，受输出轴转速快慢影响。常见的有泄压式和节流式两种。

主要作用是将汽车的车速的快慢转化为液体压力信号传送到变速器换挡阀上用于控制升降挡和变矩器的锁止。它是液控液力自动变速器的最重要的控制阀之一，电控液力变速器则没有速控阀。

如图 2—4—5 所示为节流式两级速控阀的结构和工作原理，它安装在变速器输出轴上。它在低速区工作时，重块和滑阀在离心力的作用下一起外移，打开进油口，主油路压力油经进油口节流减压后成为速控油压。作用在滑阀上的速控油压使滑阀关小进油口，一直到速控阀油压等于滑阀和重块的离心力之和为止。由于重块质量大，随车速的提高，速控阀油压升高。当车速继续提高时，重块带动销轴逐渐外移，直到销轴内端的平面靠在速控阀外壳的台阶上为止。此后车速继续提高，重块不再外移，滑阀在自身的离心力调节下缓慢开大进油口，速控油压升高。速控油压一般送到换挡阀和锁止信号阀以控制换挡和变矩器锁止。速控油压的高低直接影响到换挡的时刻。

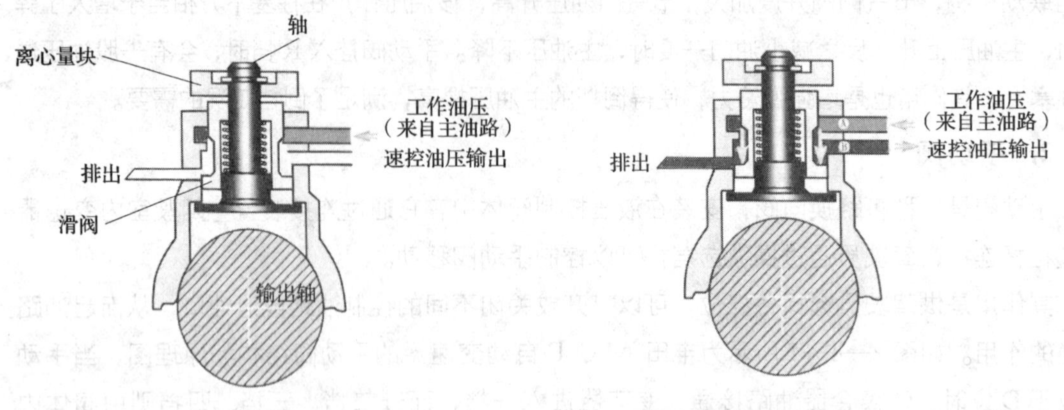

图 2—4—5　节流式两级速控阀的结构和工作原理

4. 节气门阀

节气门阀根据加速踏板踩下的程度，将管路压力转变成节气门阀油压，该油压随节气门开度的变化而变化。如图 2—4—6 所示，其作用是在液控自动变速器里控制换挡点和主油压、蓄压器背压等，在电控自动变速器里主要控制主油压和蓄压器背压大小。

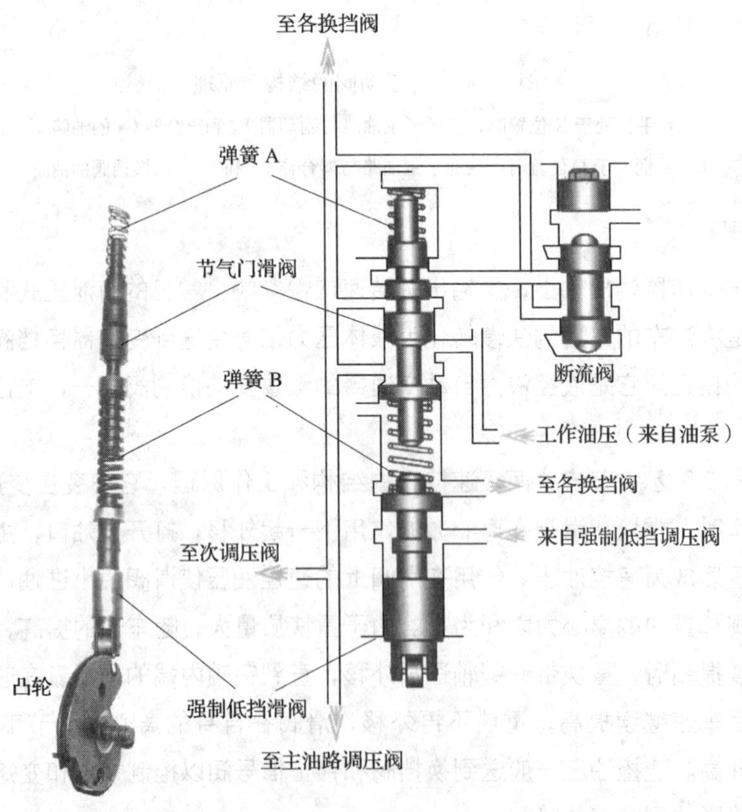

图 2—4—6　节气门阀的结构和原理

工作原理：节气门阀根据节气门开启的角度产生节气门油压。它由节流阀和降挡柱塞两部分组成。当踩下加速踏板时，节气门拉索转动节气门凸轮，后者向上推动降挡柱塞。因节气门滑阀被弹簧向上推移，打开工作油压通道，产生节气门油压。节气门油压和减压阀的油压同时作用在节气门滑阀，两处产生的压力向下，试图将节气门向下推动。当向下推动阀体的压力与弹簧作用力（由降挡柱塞，即节气门开度决定）平衡时，阀体关闭主油路油压通道。节气门油压就由向上和向下推动节气门滑阀的作用力之差决定，也就是由发动机节气门开启度和车速所决定。当发动机节气门开度增大，降挡柱塞向上的移动量同时增大，节气门阀阀体向上移动量也增大，主油路油压通往节气门油压的通道增大，使节气门油压上升。当调速器油压升高时，来自减压阀的油压升高，向下压节气门阀阀体的油压力也升高，使节气门油压减小。节气门阀向每个换挡阀提供与速控油压方向相反的节气门油压。同时，以节气门油压为基础的节气门油压控制随动阀的油压作用于主调压阀，从而可根据节气门的开启度调节主油路的油压大小以适应变速器工作负荷的变化。

常见节气门阀的控制方式有节气门拉索控制、真空调节器控制和电磁阀控制三种。

5. 换挡阀

自动变速器在前进挡中，挡位的变换是通过换挡阀的工作实现的。换挡手柄在D位或前进低挡（S、L或2、1）位置时，手动阀将主油路压力直接送入前进离合器，还将主油路油压送入换挡阀，利用加在换挡阀两端的液压，换挡阀自动切换油路，来实现各换挡执行元件控制油路的转换，从而自动进行换挡。

液控自动变速器换挡阀两端作用着节气门阀油压和速控阀油压，两者控制着高、低挡位的切换。低速行驶时，节气门阀油压端油压力和弹簧的合力大于速控阀油压力，使换挡阀保持在原位，油路不改变，从而保持低挡行驶，如图2—4—7所示。随着车速加快，速控阀油压升高，当节气门阀油压端油压力和弹簧的合力小于速控阀油压力，换挡阀移动切断低挡油路接通高挡油路，变速器换挡至高挡行驶，如图2—4—8所示。汽车自动变速器的升降（换）挡时刻与节气门开度有关：节气门开度越大，升降（换）挡车速越高；节气门开度越小，升降（换）挡车速就越低。这种换挡车速随节气门开度变化的规律正是汽车实际行驶过程中所必需的。当汽车爬坡、行驶阻力较大时，必须增大节气门开度来加速，这时的换挡车速也较高，可以防止过早换高挡。而当汽车在平路行驶或负荷较轻时，节气门开度较小，这时车速较低时即可换上高挡，可以节省燃油。

实际上换挡阀还会考虑到其他的因素，如还应具有使降挡车速低于升挡车速的功能，避免汽车在行驶中频繁跳挡，以减少换挡执行元件的磨损；具有限制超速挡使用的功能以及将挡位锁定在某一低挡上的功能，所以一般每个换挡阀只能控制相邻两个挡位的升挡和降挡过程。因此，3挡自动变速器有2个换挡阀，分别用于控制1—2挡的升降挡和2—3挡的升降挡。4挡自动变速器应当有3个换挡阀，分别用于控制1—2挡、2—3挡和3—4挡的升降挡。

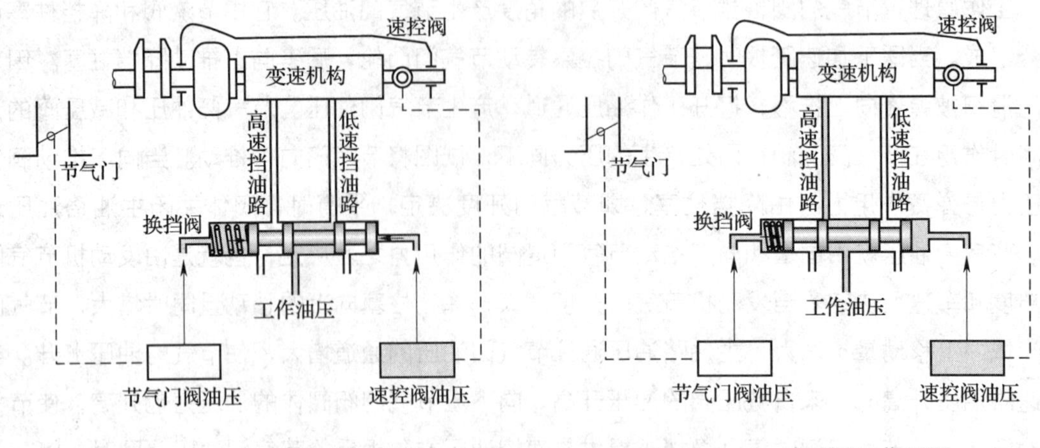

图 2—4—7 低速挡工作原理　　图 2—4—8 高速挡工作原理

如图 2—4—9 所示为 1—2 换挡阀在第一挡和第二挡之间转换管路油压的实际工作情况。低速起步时，1—2 挡换挡阀上方作用着节气门油压和弹簧弹力，下方作用着调速器油压，此时车速较低，调速器油压低，不足以将滑阀推动，变速器只有 C_1 前进挡离合器工作，以 1 挡行驶。车速逐渐加快，调速器油压作用力升高到大于节气门油压和弹簧弹力的合力时，滑阀被推到上方位置，B_2 二挡制动器充油，变速器升二挡。另外，1—2 挡换挡阀推到上位时，节气门油压通道被关闭，2 挡换到 1 挡，仅靠弹簧弹力和调速器油压来进行。可以看出，滑阀上升时的调速器油压比阀体落下时的调速器油压要高。也就是说，1 挡换至 2 挡时的车速比 2 挡换至 1 挡时的车速要高，这就是 1→2 挡换挡滞后现象。不过，如果节气门开度超过了 85%，来自锁止调压阀的油压作用于 1→2 挡换挡阀阀体，使变速器从 2 挡强制降至 1 挡。

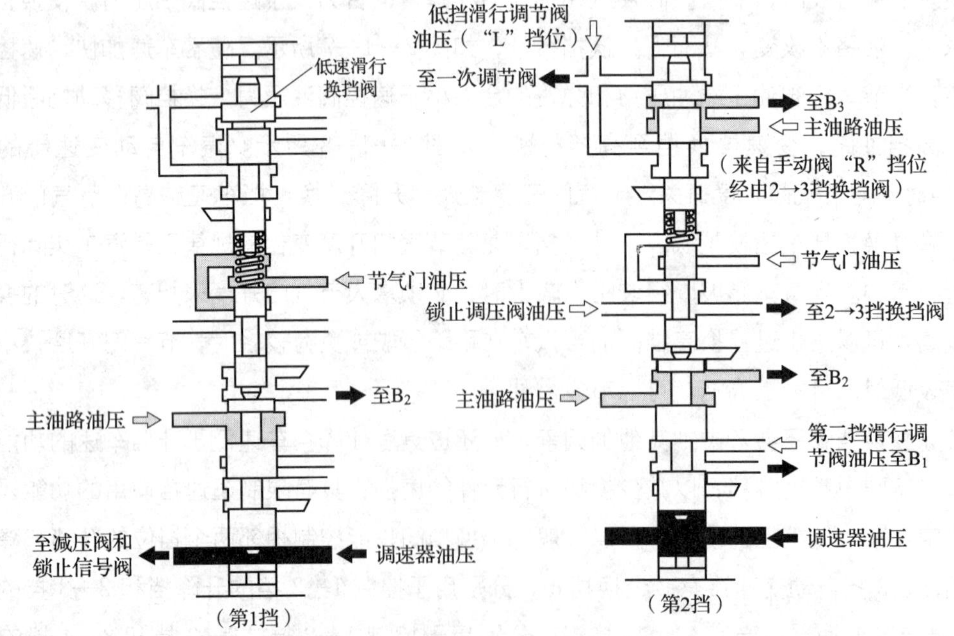

图 2—4—9 1－2 挡换挡阀：在第一挡和第二挡之间油路的转换示意图

变速杆在“L”挡位时，由于低挡滑行调节阀油压作用于低速滑行换挡阀阀体顶部，将 1→2 挡换挡阀阀体推向下，此时变速器不能向上换到第 2 挡，只能始终位于第 1 挡。

电控自动变速器换挡阀的工作原理：换挡阀的两端作用着电磁阀利用节流原理控制的换挡油压。电磁阀 A、B 由 ECT ECU 根据节气门传感器和车速信号控制。低速挡时，ECT ECU 令 B 电磁阀通电使换挡阀右端节流孔后的油压泄压；A 电磁阀不工作，换挡阀左端充油，在油压和弹簧力的共同作用下换挡阀保持不动，这时接通的是低速挡油路，如图 2—4—10 所示。高速挡时，ECT ECU 令 A 电磁阀通电使换挡阀左端节流孔后的油压泄压；B 电磁阀断电，换挡阀右端充油，右端油压力克服弹簧力将换挡阀左移，这时接通的是高速挡油路，低速挡油路泄油，变速器换至高速挡，如图 2—4—11 所示。

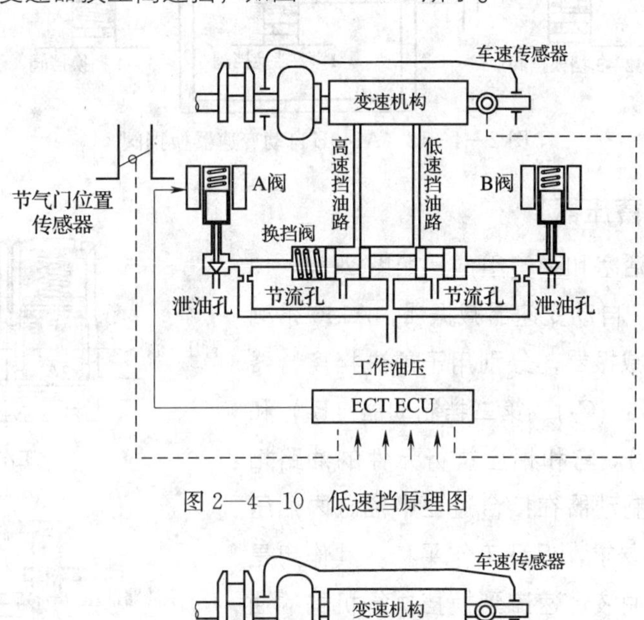

图 2—4—10　低速挡原理图

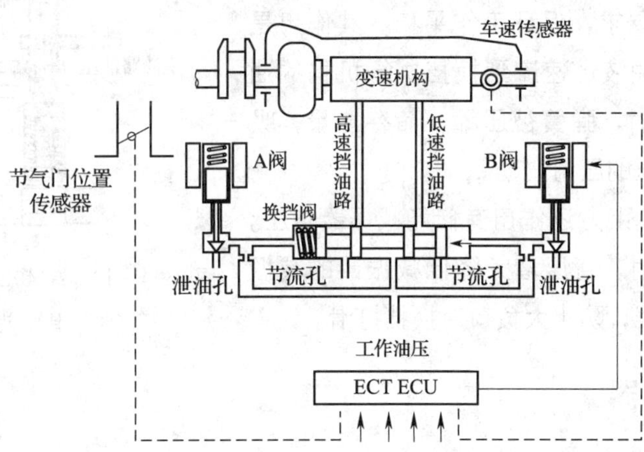

图 2—4—11　高速挡原理图

以丰田 A140 E 自动变速器换挡阀为例，如图 2—4—12 所示，1 号电磁阀控制 2—3 挡换挡阀，2 号电磁阀控制 1—2 挡换挡阀和 3—4 挡换挡阀。ECU 根据汽车的行驶工况、选挡杆的位置、驾驶模式及 O/D 开关的状态等，控制各电磁阀的通、断电，从而控制各换挡阀的动作，实现自动换挡。

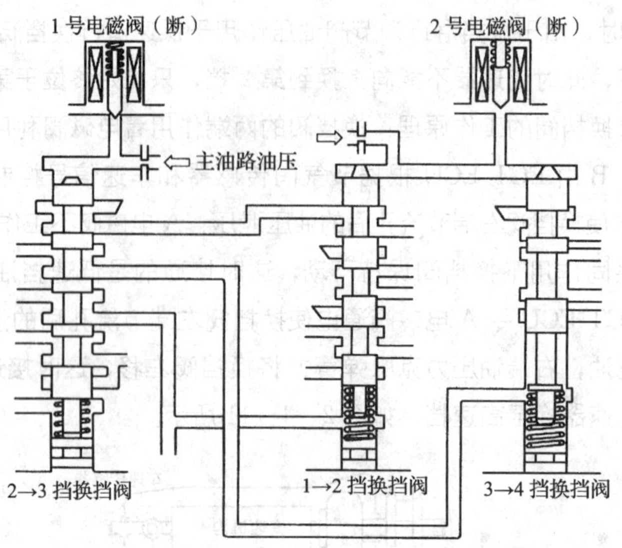

图 2—4—12 A140E 自动变速器换挡阀

6. 减振器（蓄压器）

减振器由减振活塞和弹簧组成，如图 2—4—13 所示为丰田 A140 E 自动变速器减振器，A140 系列传动桥有 4 个储能减振器，分别用于前进挡离合器（C_1）、直接挡离合器（C_2）、第二挡制动器（B_2）和超速挡离合器（C_0）。它和相应执行元件的油路相通，满足离合器和制动器在接合过程中油缸内油压的增长先快后慢的要求，保证工作平稳。其作用是在换挡时，使压力油液迅速流到换挡执行机构的油缸。当快充满油缸时，弹簧被压缩，储存能量，吸收和平缓所输送油压的压力波动。

通常在减振活塞上方还作用有储能减振器背压。在节气门开度增大时，背压增大降低减振器的减振能力，加快换挡过程，防止大负荷时换挡打滑。

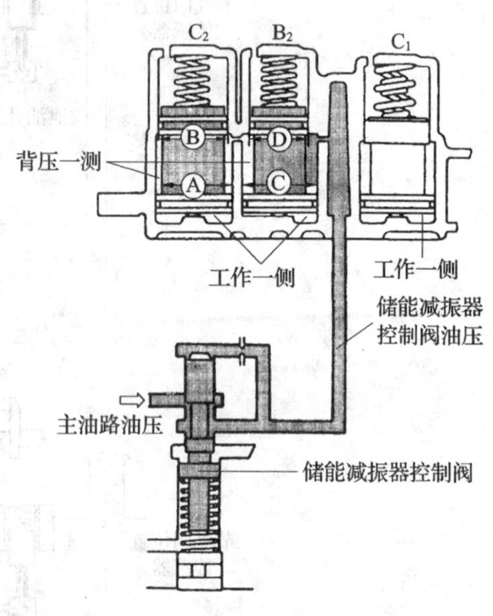

图 2—4—13 A140E 自动变速器减振器

其中截面 A>B C>D

三、油冷却器

大多数汽车将油冷却器置于发动机散热器内，利用发动机散热器将变速器油液的热量散发到大气。在自动变速器大修时，必须清洗油冷却器以保证油冷却器通畅。

四、油滤网

油滤网装在油泵吸油口前的油路，可将液压油中的杂质过滤除去，在自动变速器大修时，必须更换新的油滤网。

§2—5 电控系统的工作原理

学习目标：

1. 掌握自动变速器电控系统的组成。
2. 理解自动变速器电控系统各组成部分的工作原理。

电控自动变速器简称ECT，始用于20世纪80年代中期，近年来得到了飞速的普及应用。电控自动变速器的工作原理与液控自动变速器有较大区别。它能够综合多方面因素，进行更准确、可靠的控制，更节省燃油，提高驾驶性能。电子控制系统的故障自诊断系统，还可以供维修人员便捷地搜索到传动系统中存在的缺陷或故障情况。

一、电子控制系统的组成和工作原理

如图2—5—1所示，电子控制系统一般由传感器、电子控制单元（ECU）、执行器三大部分组成。

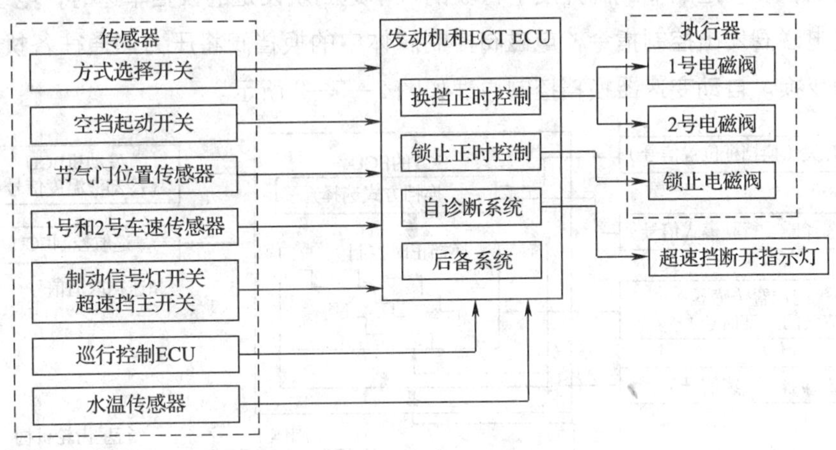

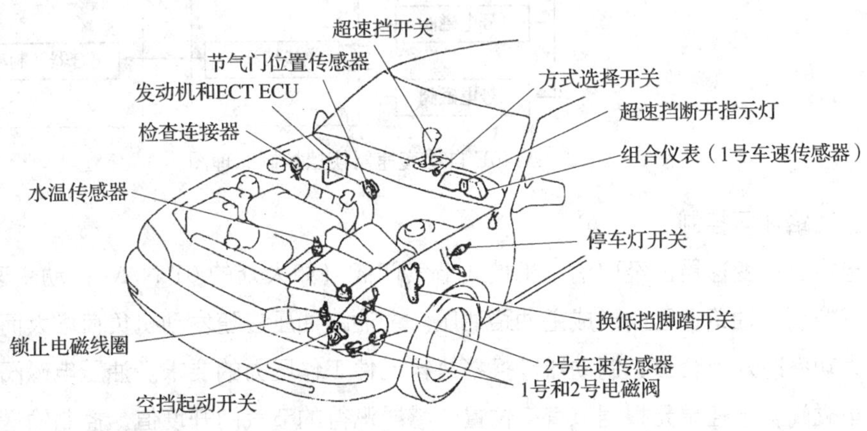

图2—5—1 丰田A140E自动变速器电子控制系统的方框图和元件位置图

1. 传感器部分

包括各种传感器和信号开关。它们根据各自不同的功能，把采集到的信号输入电子控制单元，作为电子控制单元 ECU 进行换挡控制、油压控制、锁定离合器控制、减小换挡冲击、改善汽车行驶平顺性的依据。

2. 电子控制单元（ECU）

电控自动变速器可与发动机电控燃油喷射系统共用一个或独立使用一个电控单元，称为 ECU 或 TCU。电子控制单元由接收器、控制器和输出装置组成。接收器接收各输入装置的输出信号，并对信号进行放大处理或调制。控制器将这些信号与电子控制单元内存中的数据进行比较，根据对比结果做出是否进行换挡等决定，再由输出装置把控制信号输送给电磁阀。电子控制单元具有以下控制功能：

（1）换挡控制

自动变速器换挡时刻控制是电子控制单元最重要的控制内容之一。

汽车在行驶时，电子控制单元根据模式选择开关和挡位开关信号从存储器中选出相应的换挡图，再将车速传感器、节气门位置传感器检测得到的车速、节气门开度与所选的自动换挡图比较。例如，在一定的节气门开度下行驶的汽车达到所设定的换挡车速时，电子控制单元即可向换挡电磁阀发出控制指令，电磁阀控制阀体中的换挡阀将压力油通往各执行元件，实现挡位自动变换。自动变速器换挡控制原理如图 2—5—2 所示。

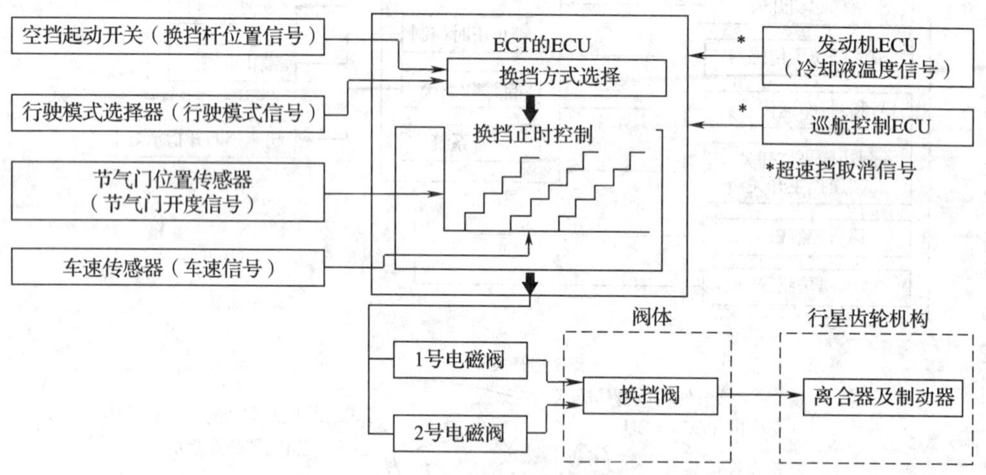

图 2—5—2　A140E 自动变速器换挡控制原理图

（2）主油路油压控制

有的电控自动变速器已经取消了机械式节气门阀（如大众的 01 N/M 自动变速器），由油压电磁阀控制主油路调压阀形成主油路油压。主油路油压应随发动机负荷增大而增大，以满足传递大功率时对离合器、制动器等换挡执行元件工作压力的要求。油压电磁阀是一种线性脉冲式电磁阀，电控单元根据节气门位置传感器测得的节气门开度值，控制输送给油压电磁阀的电信号，以改变油压电磁阀开度大小，产生随节气门开度变化的节气门油压。节气门油压作为控制油压反馈至主油路调压阀，使主油路调压阀随节气门开度的大小改变主油压的大小，使自动变速器获得不同负荷下的主油路油压的最佳值。电子控制单元根据挡位开关信号，在换挡手柄位于倒挡位置时，可提高倒挡时的主油路油压。主油路油压随节气门开度变化曲线如图 2—5—3 所示。

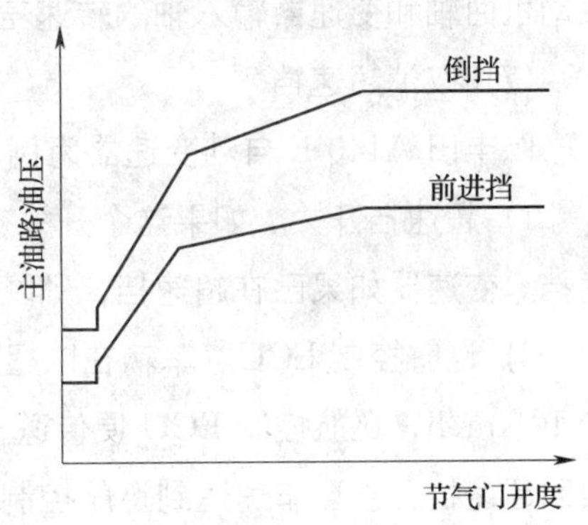

图 2—5—3　主油路油压随节气门开度变化曲线

电控组件还能根据各个传感器检测得出的自动变速器的工作状况，对主油路油压进行修正，使主油路油压更能适应换挡需要。当换挡手柄在前进低挡（S、I 挡或 2、1 挡）位置时，由于汽车的驱动力大，电控组件会使主油路油压高于前进挡时的油压，满足动力传递的需要。在自动变速器换挡过程中，电控组件还能根据节气门开度的大小，通过油压电磁阀适当减小主油路油压，以减小换挡冲击，改善换挡感觉。

(3) 自动模式选择控制

自动变速器选择不同的驱动模式，可以满足不同的使用要求。在经济模式中，为了获得良好的燃油经济性，换挡车速较低、动力性能发挥稍差；在动力模式中，为了获得较好动力性，换挡车速较高；在标准模式中，可以兼顾到动力性和经济性的发挥。

(4) 锁止离合器控制

自动变速器锁止离合器的接合和分离是由电控组件操纵锁止电磁阀来完成的。电控组件根据自动变速器的挡位、控制模式等工作条件，从存储器中选择出相应的锁止程序，再将车速、节气门开度与锁止控制程序进行比较。各种因素均能满足锁定条件时，电控组件即向锁止电磁阀发出锁定信号，使锁定离合器接合。变速器换高挡或换低挡时，ECU 可使锁定离合器暂时分离，有助于减小换挡冲击。

(5) 改善换挡感觉控制

自动变速器改善换挡感觉控制方法有换挡油压控制、减扭矩控制和 N—D 换挡控制。

1) 换挡油压控制。自动变速器在升挡和降挡的瞬间，电控组件通过油压电磁阀适当降低主油路油压，用以减小换挡冲击，改善换挡感觉。有的自动变速器的控制系统换挡时通过电磁阀控制减小减振器活塞的背压，来减小换挡时的冲击。

2) 减扭矩控制。自动变速器在换挡的一瞬间，通过推迟发动机点火时间或减少喷油量，减小发动机瞬间输出的扭矩，用以减小换挡冲击和输出轴的扭矩波动。

3) N—D 换挡控制。N—D 换挡控制是指换挡手柄由停车挡或空挡（P 或 N 挡）位置换到前进挡或倒挡（D 或 R）位置，或由 D 挡位或 R 挡位换到 P 挡位或 N 挡位时，通过调整喷油量，把发动机转速变化减小到最小限度，用以改善换挡感觉。

(6) 输入轴转速传感器控制

自动变速器电子控制单元根据输入轴转速传感器的电信号检测输入轴转速，以此计算出发动机曲轴和变速器输入轴的转速差，实现精确地控制换挡和锁止工作。

(7) 取消超速挡

以丰田 A140 E 自动变速器为例，有三个信号会取消超速挡：

1) 超速挡开关。如果这个开关被驾驶员关断，超速挡便被取消，变速器不会升挡至超速挡。变速器如果已在超速挡，则降挡至第 3 挡。

2) 巡航控制 ECU。车辆在以超速挡行驶时，如果车速降至比巡航控制中设定的速度低约 10 km/h，巡航控制 ECU 便传送一个信号至变速器 ECU，以脱离超速挡，并防止变速器换回超速挡，直至车速达到巡航控制 ECU 存储器中的设定速度才恢复超速挡。

3) 如果冷却液温度位于设定温度以下，发动机 ECU 便向变速器 ECU 发出信号，变速器将不会换至超速挡。以免发动机动力不足，出现爆震。

(8) 故障诊断和失效保护功能

电控自动变速器的电控单元都具有故障诊断和失效保护功能。故障诊断系统在汽车行驶过程中不断地监测自动变速器电控系统中各种传感器和执行器的工作，一旦发现某个传感器或执行器出现故障，会点亮在仪表板上的警告灯，提醒驾驶员需要检修。

3. 电子控制系统中执行器

主要是电磁阀和故障指示灯，电磁阀按照其作用原理分为换挡电磁阀、锁止电磁阀和主油压控制电磁阀，按照工作方式可以分为开关式电磁阀和线性脉冲式电磁阀。不同车型、型号的自动变速器使用的电磁阀数量不同，一般为 3～8 个。例如丰田 A140 E 自动变速器有 3 个电磁阀，其中 2 个是换挡电磁阀、1 个锁止电磁阀。而大众 01 M 型自动变速器则采用 7 个电磁阀，分别控制主油压和换挡过程。

二、各电控部件的原理与检测

1. 车速传感器

车速传感器产生的车速信号相当于液控自动变速器中的调速器油压，ECU 用它来控制换挡点和锁止离合器的运作，它固定在自动变速器输出轴附近的壳体上，靠近输出轴上的脉冲信号感应转子。

常见的有舌簧开关式、电磁感应式和霍尔式车速传感器三种。

(1) 舌簧开关式车速传感器

工作原理：舌簧开关（干簧管）是一种由磁性控制结合的开关，其结构为两片既导电又导磁的铁镍合金簧片封装在真空或充以惰性气体的玻璃管内，簧片触点间隙 1～2 mm。舌簧开关的结构和原理如图 2—5—4 所示。若把永久磁铁靠近舌簧开关，两个簧片就迅速被磁化，只要磁力超过簧片本身的弹力，两个簧片就迅速吸合。舌簧开关的结构简单、动作灵活、体积小、寿命长、成本低。

A140 E 自动变速器 2 号车速传感器属于舌簧开关式车速传感器。变速器输出轴上装有一个内置式磁铁的转子。每当该轴旋转一圈时，磁铁便吸合安装在车速传感器内的舌簧开关一次，该传感器便输出一个脉冲电压到 ECU，ECU 根据脉冲频率即可计算出车速。检测该车速传感器时，用万用表欧姆挡测量传感器接头，当磁铁棒远离传感器时簧片开关断开，电阻无穷大；磁铁棒靠近传感器时簧片开关结合，电阻接近 0，如图 2—5—5 所示。

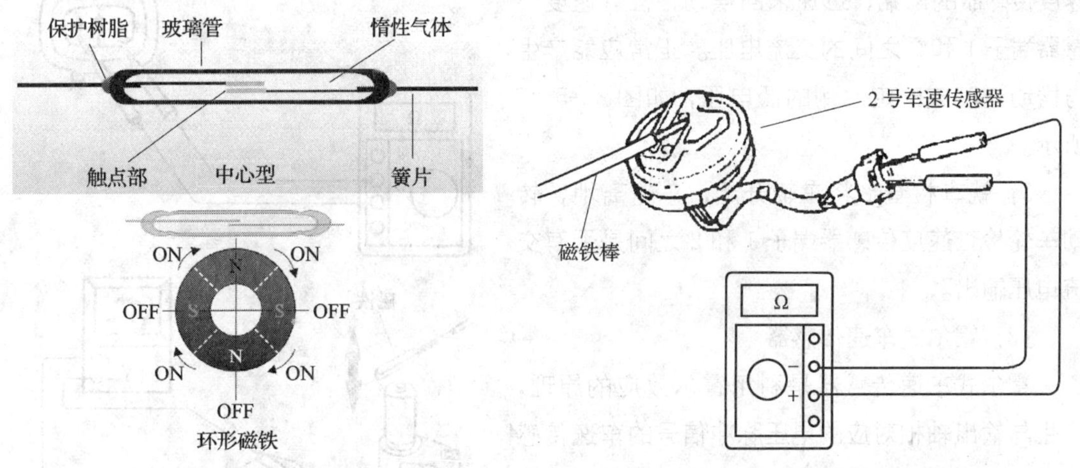

图 2—5—4　舌簧开关的结构和原理　　图 2—5—5　A140E 2 号车速传感器的检测

(2) 电磁感应式车速传感器

工作原理：电磁感应式车速传感器主要由一个永久磁铁和感应线圈组成。当导磁材料制造的脉冲信号轮（转子）旋转时，永久磁铁与转子之间的间隙发生变化，引起通过感应线圈的磁场发生相应变化，在线圈中感应出交流电压，该交流电压的频率与转子的转速成正比，ECU 根据感应电压脉冲频率的大小即可计算出车速。丰田 A341 E 自动变速器车速传感器，固定在变速器延伸壳上。一个有四齿的转子装在变速器输出轴上同步旋转，输出轴转一圈可感应出四个交流电压信号送到 ECU，根据脉冲频率，ECU 即可计算出车速，如图 2—5—6 所示。

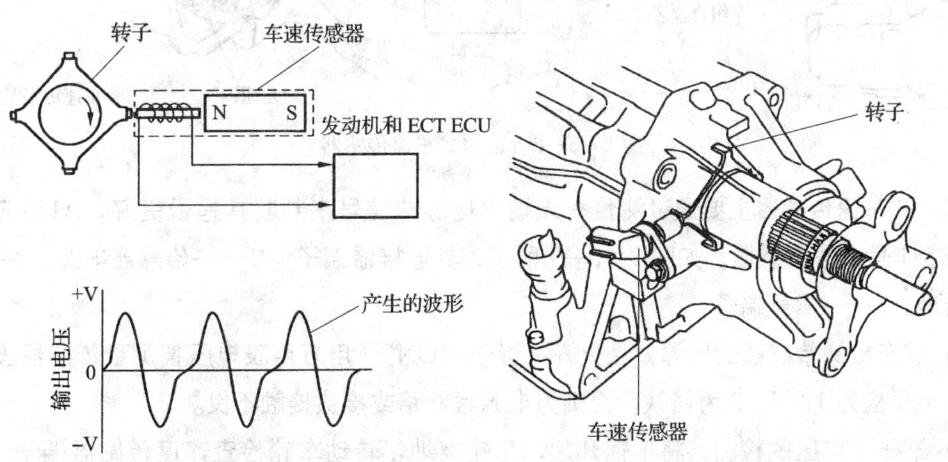

图 2—5—6　丰田 A341E 车速传感器工作原理示意图

电磁感应式车速传感器的检测：

1）从变速器上拆下速度传感器，测量端子1和2之间的电阻。不同车型电阻各不相同，多为几百欧到几千欧。

2）检查速度传感器的功能：将一块磁铁靠近速度传感器的前端，迅速来回摆动，检查速度传感器端子1和2之间的交流电压。正常应能产生与摆动速度成一定比例的低电压，如图2—5—7所示。

3）就车检查：将车辆升起，车轮离地，转动车轮检查速度传感器端子1和2之间是否有交流电压输出。

(3) 霍尔式车速传感器

霍尔式车速传感器是利用霍尔效应的原理，产生与输出轴相对应的电压脉冲信号的车速传感器。它是利用信号发生齿轮改变通过霍尔元件的磁场强度，从而使霍尔元件产生脉冲的霍尔电压信号，经放大整形后即为车速传感器的输出信号，如图2—5—8所示。

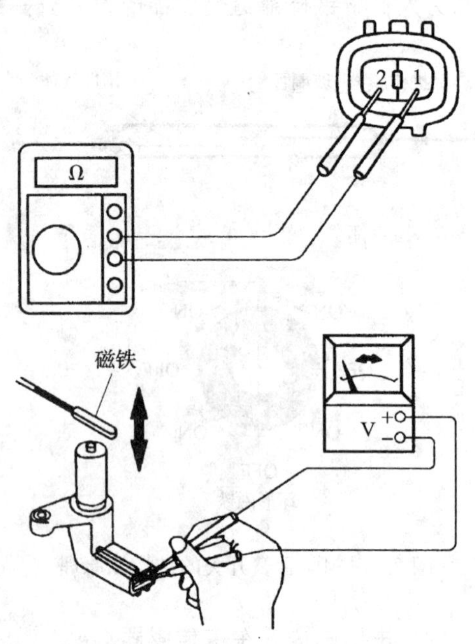

图2—5—7 电磁感应式车速传感器的检测

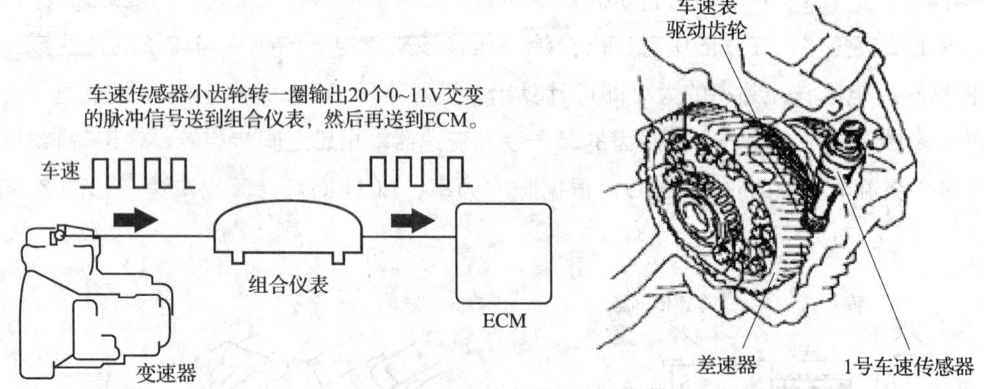

图2—5—8 霍尔式车速传感器

霍尔式车速传感器主要通过测量有无输出电脉冲信号来判断其是否良好。A140 E自动变速器的1号车速传感器，如图2—5—9所示，其连接器端子为1——传感器电源，2——传感器接地，3——信号端子。

1）就车检测传感器的电源：点火开关置于“ON”，用万用表电压挡测量传感器连接器端子1电压应为12 V，2为搭铁，否则为电源线断路或接头接触不良。

2）端子3电压的检测：将车辆升起，车轮离地，转动车轮检查速度传感器端子3和2之间是否有0～11 V交变电压输出。

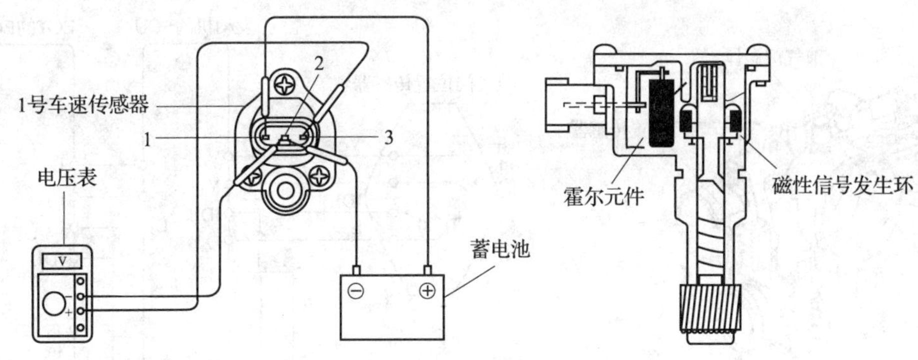

图 2—5—9　霍尔式车速传感器检测

3）将车速传感器从变速器上拆下，蓄电池正极连接端子 1，负极连接端子 2；电压表正极连接端子 3，负极连接端子 2。转动车速传感器的小齿轮一圈，在电压表上应出现 0～11 V 的交变电压 20 次。

4）若测试结果不符，则传感器已损坏。

2. 输入轴转速传感器

输入轴转速传感器多为电磁感应式转速传感器，如图 2—5—10 所示。它安装在变速器的输入轴附近的壳体上，用于检测输入轴转速，并将信号送入 ECU，以便精确地控制换挡过程。它还作为变矩器涡轮的转速信号，与发动机转速即变矩器泵轮转速进行比较，以监控锁止离合器的工作过程，减小换挡冲击。其原理和检测与电磁感应式车速传感器相同，在此不再赘述。

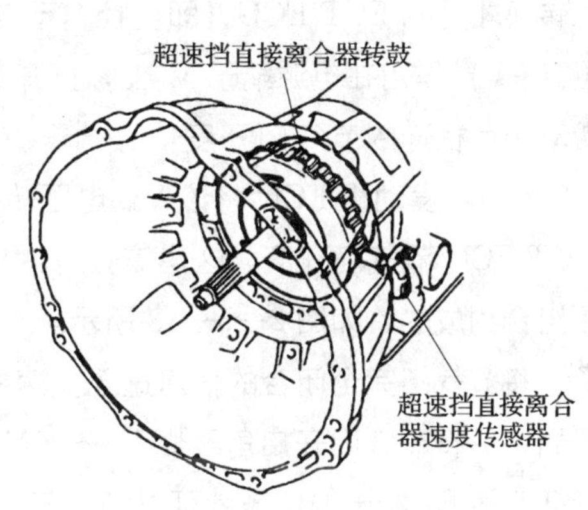

图 2—5—10　输入轴转速传感器

3. 节气门位置传感器

电控自动变速器是利用安装在发动机节气门体上的节气门位置传感器来测得节气门的开度的，以此来感知发动机的负载大小，作为控制换挡的主要依据之一，它相当于液控自动变速器中的节气门油压。节气门位置传感器在某些车型还控制主油压电磁阀的工作，如大众 01 M 自动变速器，主油压电磁阀取代了机械式的节气门阀来控制主油路油压。节气门位置传感器输出的电压信号越高，节气门油压和主油压也越高。值得注意的是，电控自动变速器中的节气门油压仅用来控制主油路油压，而不影响换挡正时。

自动变速器的汽车常采用线性可变电阻型的节气门位置传感器，它由一个线性电位计和一个怠速开关组成。节气门轴带动线性电位计及怠速开关的滑动触点。节气门关闭时，怠速开关接通；节气门开启时，怠速开关断开。节气门开度发生变化时电位计的电阻同步变化，并转变为电压信号送给电子控制单元，如图 2—5—11 所示。

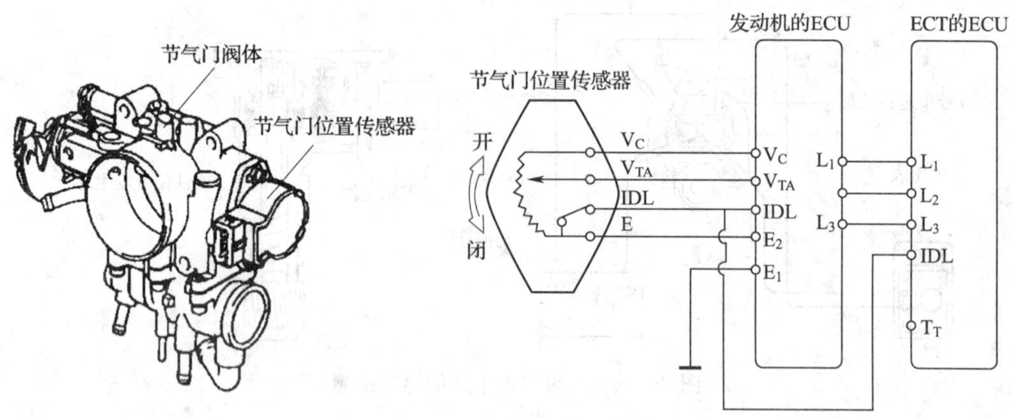

图 2—5—11 节气门位置传感器

节气门位置传感器电阻值不符合要求、调整不当、ECU 输入传感器的电压值不符合规定或者是传感器搭接不良也会引起输出电压过高或过低。

丰田 A140 E 电控自动变速器的节气门位置传感器信号是先送到发动机 ECU，然后经过信号转换才送到 ECT ECU（即电控自动变速器的电控单元）的。来自发动机 ECU 的恒定电压（5 V）作用在电源端子 V_C上，打开节气门时，滑动触点随节气门开度沿电阻器滑动，与滑动触点相连的节气门开度信号端子 V_{TA}上的电压大小与节气门开度成正比，如图 2—5—12 所示。发动机 ECU 将该 V_{TA}电压转换为 8 个不同的节气门开度信号中的一个，以告知 ECT ECU 节气门开度。这些信号是由在变速器 ECU 端子 L_1、L_2、L_3和 IDL 上的高、低电压组合构成的，如图 2—5—13 所示。当节气门体完全闭合时，怠速信号触点 IDL 连接 E 端子，将节气门完全闭合的信息送至变速器 ECU。此外，变速器 ECU 收到 L_1、L_2及 L_3信号以后，便将节气门开启角改变为 0～8 V 的电压传至维修连接器 TT 端子，维修人员通过测量 TT 和 E1 端子的电压就可以知道节气门开启信号是否正常地输入变速器 ECU。

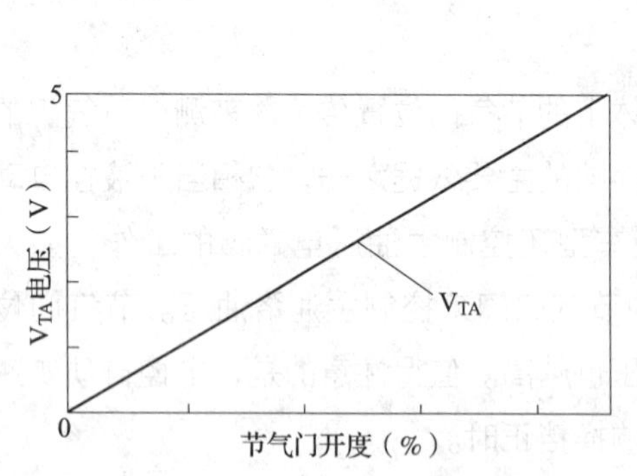

图 2—5—12 V_{TA}端子电压与节气门开度的关系

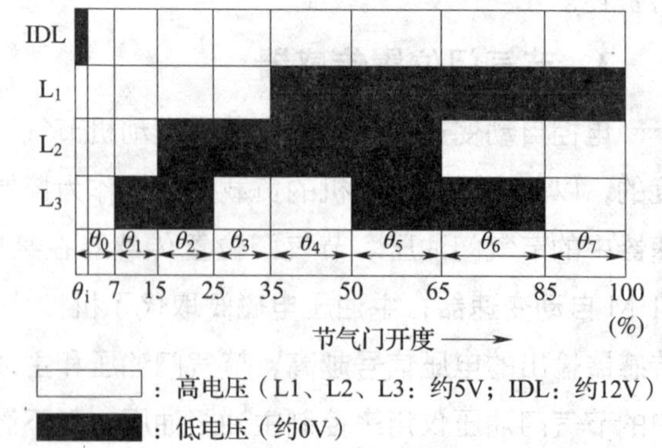

图 2—5—13 节气门开度信息组合构成图

4. 液压油温度传感器

液压油温度传感器安装在自动变速器油底壳内的阀体上，用于检测液压油的温度，作为变速器 ECU 进行换挡控制、油压控制和锁止离合器控制的辅助依据。液压油温度传感器内部是一个负温度系数热敏电阻，温度越高，电阻越低，变速器 ECU 根据其电阻的变化测出液压油的温度。不同型号的自动变速器油液温度传感器的电阻值不相同，在检测时电阻值应随温度平稳变化，而且检测结果符合说明书中的标准数据，若电阻值读数不平稳，或不导通，应先检查线束连接情况，若油温传感器工作不正常，则应进行更换。如图 2—5—14 所示为大众 01 M 自动变速器液压油温度传感器的安装位置。对照 01 M 变速器液压油温度传感器电阻的标准值，若测量不在范围之内，就要更换电磁阀导线。大众 01 M 自动变速器当液压油温度达到 148℃，锁止离合器接合，变矩器卸荷，如油温不下降，控制单元将使变速器下降一个挡位。

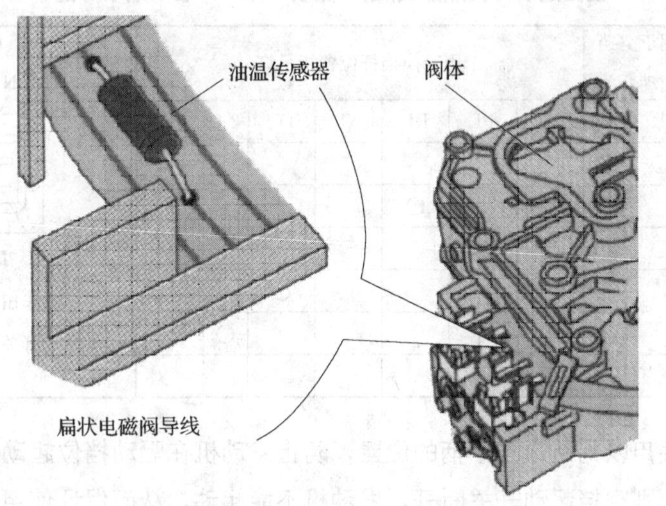

图 2—5—14　大众 01 M 自动变速器液压油温度传感器

5. 发动机水温传感器

发动机水温传感器是负温度系数热敏电阻式温度传感器。它安装在发动机水套的出水口上。当发动机水温低时，变速器会推迟升挡点、变矩器推迟锁止时刻。当发动机水温过高时，ECU 会让变矩器锁止以帮助发动机降低冷却液的温度，防止变速器过热，如图 2—5—15 所示。

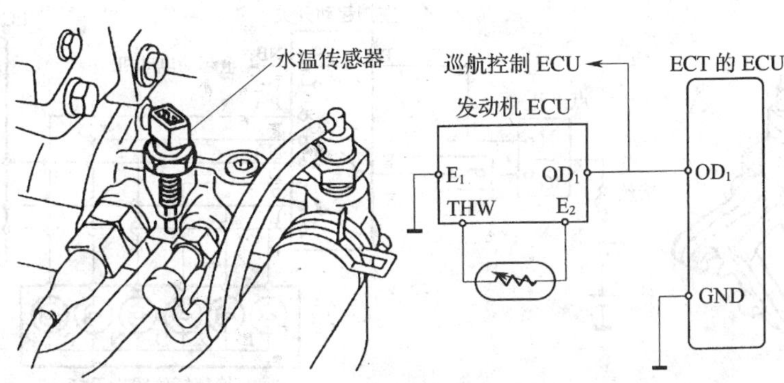

图 2—5—15　水温传感器及其线路

发动机水温传感器的检测方法与自动变速器油液温度传感器的检测方法相同。检查时将其放在杯中加温，测量不同温度下的电阻值，对照说明书规定值判断工作好坏。

6. 挡位开关

挡位开关位于自动变速器手动阀摇臂轴上或操纵手柄下方，用于检测操纵手柄的位置。它由几个触点组成，当操纵手柄位于不同位置时，相应的触点被接通。变速器 ECU 根据被接触的触点，测得操纵手柄的位置，从而按照不同的程序控制自动变速器的工作。丰田的挡位开关又叫空挡起动开关，丰田佳美 A140 E 变速器空挡起动开关各触点的接通或断开状态见表 2—5—1。

表 2—5—1　　空挡起动开关触点通/断一览表　○—○表示端子导通

端子 挡位	用于空挡起动开关		用于换挡杆位置指示灯						
	B	N	C	PL	RL	NL	DL	2 L	LL
P	○	○	○	○					
R			○		○				
N	○	○	○			○			
D			○				○		
I			○					○	
L			○						○

LL　N　B　PL

2L　DL　NL　C　RL

丰田佳美空挡起动开关连接器针脚图

空挡起动开关用以判断选挡手柄的位置，防止发动机在驱动挡位起动。如果选挡手柄位于任一驱动位置，则空挡起动开关断开，发动机不能起动，从而保证使用安全。只有当选挡手柄位于 N 或 P 挡位，端子 B 与 NB 接通，起动电动机才能接通起动。当选挡手柄置于不同位置时，空挡起动开关便接通相关电路，电控单元根据接通电路的信号，变速器 ECU 获得变速器所在挡位的信息，然后确定相应的换挡方式。如图 2—5—16 所示，如果 ECU 的端子 N、2 或 L 与端子 E 接通，ECU 便分别确定变速器位于 N、2 或 L 挡位。否则，ECU 便确定变速器位于 D 挡位。在某些车型中，空挡起动开关在 R 挡位也发送信号。该开关的触点还用于接通换挡杆位置指示灯，以告诉驾驶员换挡杆的位置。

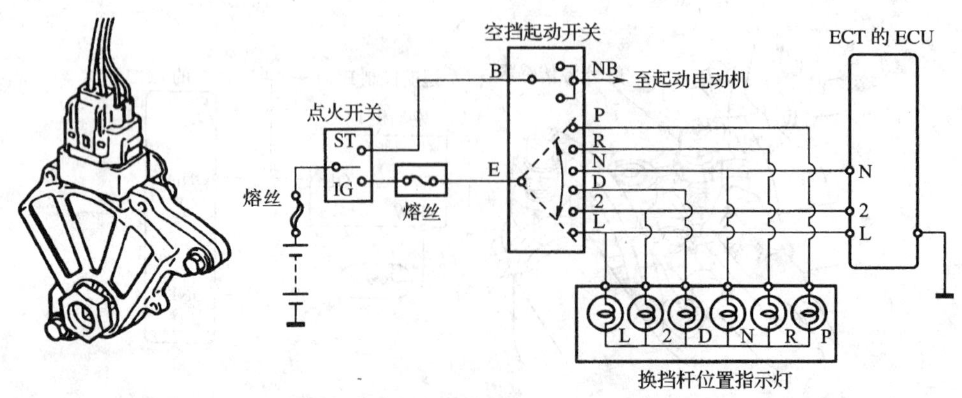

图 2—5—16　丰田空挡起动开关及其电路

7. 强制降挡开关

强制降挡开关是用来检测加速踏板是否超过节气门全开的位置。一般装在加速踏板下方或节气门上，当加速踏板超过节气门全开位置时，强制降挡开关接通，向电控单元输送信号，这时电控单元即按其设置的程序使变速器自动下降一个挡位，以提高汽车的加速性能。如果强制降挡开关短路，则电控单元忽略其信号，按选挡手柄位置控制换挡。

8. 制动灯开关

制动灯开关安装在制动踏板上，用以判断制动踏板是否踩下。如图 2—5—17 所示，当汽车已经进入锁止工况，如果踩下制动踏板，则该开关便将信号输给电控单元，以解除锁止离合器的接合，防止突然制动时发动机熄火。该开关另外一个重要作用是控制换挡杆锁止系统，接通点火开关，换挡杆在 P 挡位，踩下制动踏板时，制动灯开关送给 ECU 一个信号；ECU 操纵换挡杆锁止电磁阀解除锁止，换挡杆可从 P 挡位移开。制动灯开关有故障不能闭合时，不但制动灯不会点亮，而且挂挡杆不能从 P 挡位置移出。

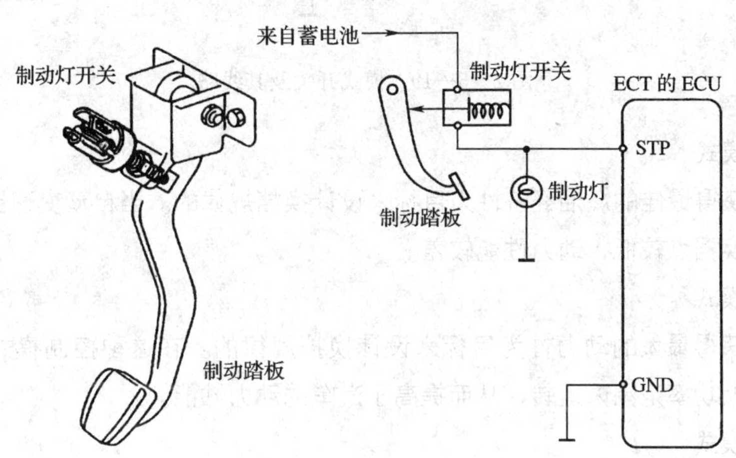

图 2—5—17 制动灯开关及其线路

9. 超速挡开关

超速挡开关用来控制自动变速器的超速挡。如图 2—5—18 所示，当这个开关打开后，超速挡控制电路接通，此时若操纵手柄位于 D 位，自动变速器随着车速的升高而升挡时，最高可升入 4 挡（即超速挡）。该开关关闭后，调速挡控制电路被断开，仪表盘上的“O/D OFF”指示灯随之亮起（表示限制超速挡的使用），自动变速器随着车速的提高而升挡时，最高只能升入 3 挡，不能升入超速挡。

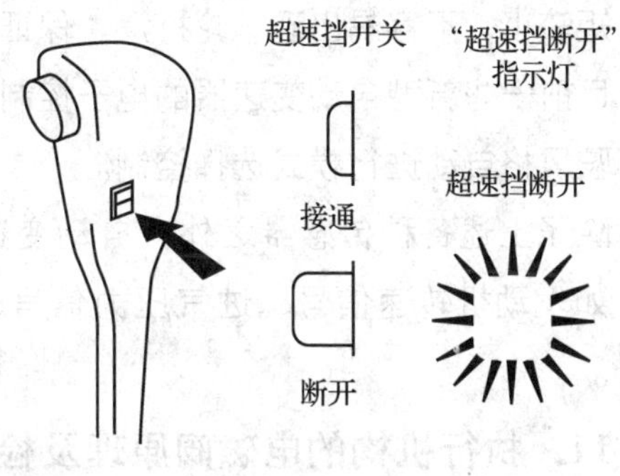

图 2—5—18 超速挡开关

10. 模式开关

模式开关用来选择自动变速器的控制模块，以满足不同的使用要求。所谓控制模式主要是指自动变速器的换挡规律。如图 2—5—19 所示，常见的自动变速器的控制模式有以下几种。

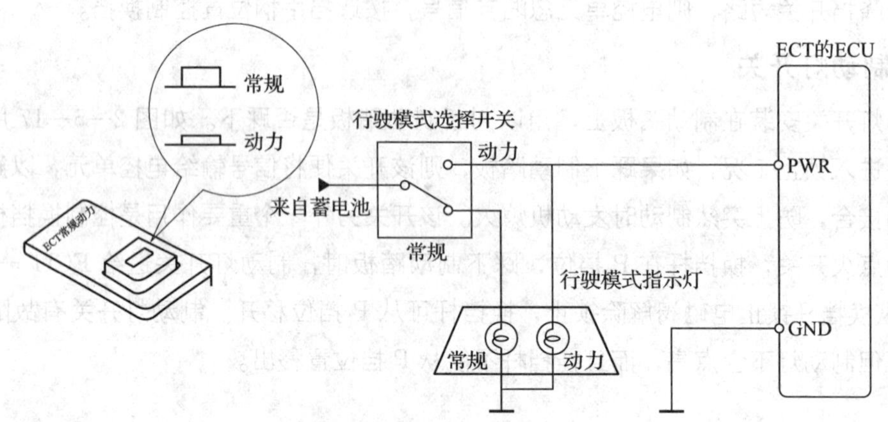

图 2—5—19 模式开关及其线路

(1) 经济模式

是以汽车获得最佳的燃油经济性为目标来设计换挡规律的。当自动变速器在经济模式状态下工作时，换挡点较低，动力性能较差。

(2) 动力模式

是以汽车获得最大的动力性为目标来设计换挡规律的。在这种控制模式下，换挡点较高，发动机在大功率范围内运转，从而提高了汽车的动力性能。

(3) 标准模式

是介于经济模式和动力模式之间的一种换挡模式。它兼顾了动力性和经济性，使汽车既保证一定的动力性，又有较佳的燃油经济性。

(4) 雪地模式

汽车将以 2 挡或 3 挡起步，这样即使起步时油门较大，但由于挡位较高传输到驱动轮上的力矩较小，不容易出现车轮打滑，保证了冰雪、滑溜路面上的平稳起步。

目前一些新型自动变速器的电子控制系统取消了模式选择开关，由电控单元根据驾驶员的驾驶风格自动进行模式选择控制。

除了上述各种传感器之外，自动变速器的控制系统还将发动机控制系统中的一些信号，如发动机转速信号、进气压力信号、进气温度信号等，作为自动变速器控制的参考信号。

11. 执行机构的电磁阀原理及检测

电磁阀包括开关式电磁阀和脉冲线性式电磁阀两种。

(1) 开关式电磁阀

由电磁线圈、回位弹簧、阀芯（或衔铁和阀球）组成，如图 2—5—20 所示。作用是开启或关闭液压油路，通常用于控制换挡阀及变矩器锁止控制阀的工作。

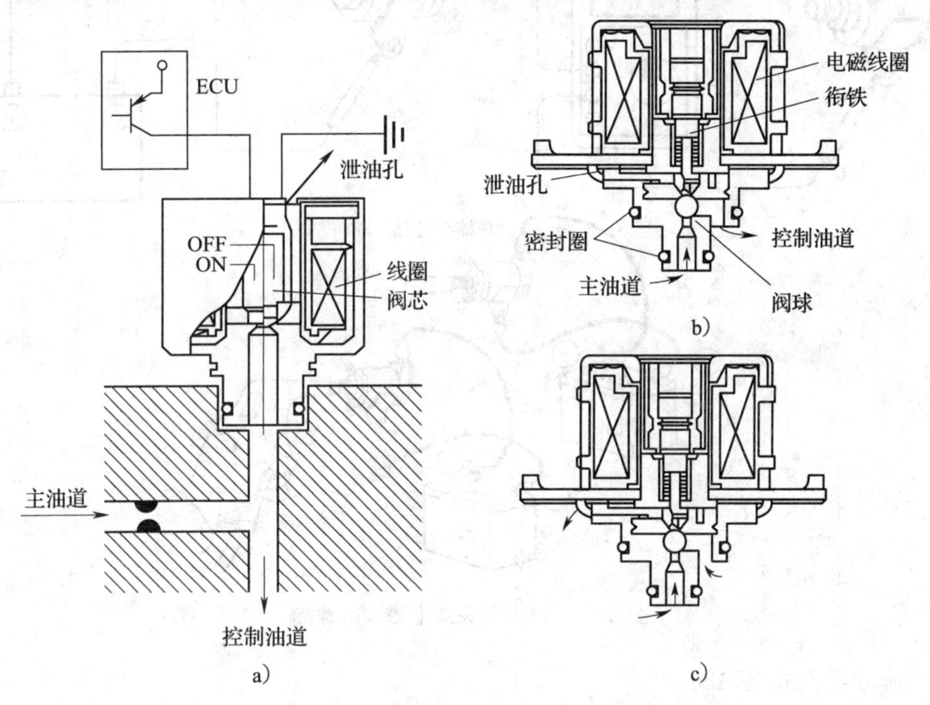

图 2—5—20　开关式电磁阀结构和工作原理

开关式电磁阀工作方式有两种：

1) 让控制油道保持油压或泄空。如图 2—5—20a 所示，即当电磁阀不通电时，阀芯被油压推开，打开泄油孔，控制油道的液压油被泄空，压力为零；当电磁阀通电时，阀芯下移，关闭泄油孔，使油道油压上升。

2) 开启或关闭某一油路。即如图 2—5—20b 所示，当电磁阀不通电时，油压将阀芯推开，阀球在油压作用下关闭泄油孔，打开进油孔，使主油路压力油进入控制油道；如图 2—5—20c 所示，当电磁线圈通电时，电磁力使阀芯下移，推动钢球关闭进油孔，打开泄油孔，控制油道内的压力油由泄油孔泄空。

开关式电磁阀的检测如图 2—5—21 所示。

1) 电阻检测。将电磁阀从阀体上拆下，测量电磁阀线圈的电阻。车型不同，电阻标准值也不同，多为十几欧到几十欧。

2) 电压检测。把蓄电池正极、负极用引线连接至电磁阀电源连接器端子，正常的电磁阀应发出清脆的工作噪声。若无工作噪声或工作噪声发闷，电磁阀可能损坏。

3) 功能检测。用气枪对电磁阀施加 0.5 MPa 的压缩空气，检查通电前后电磁阀的气密性能。若密封性不良，则更换电磁阀。

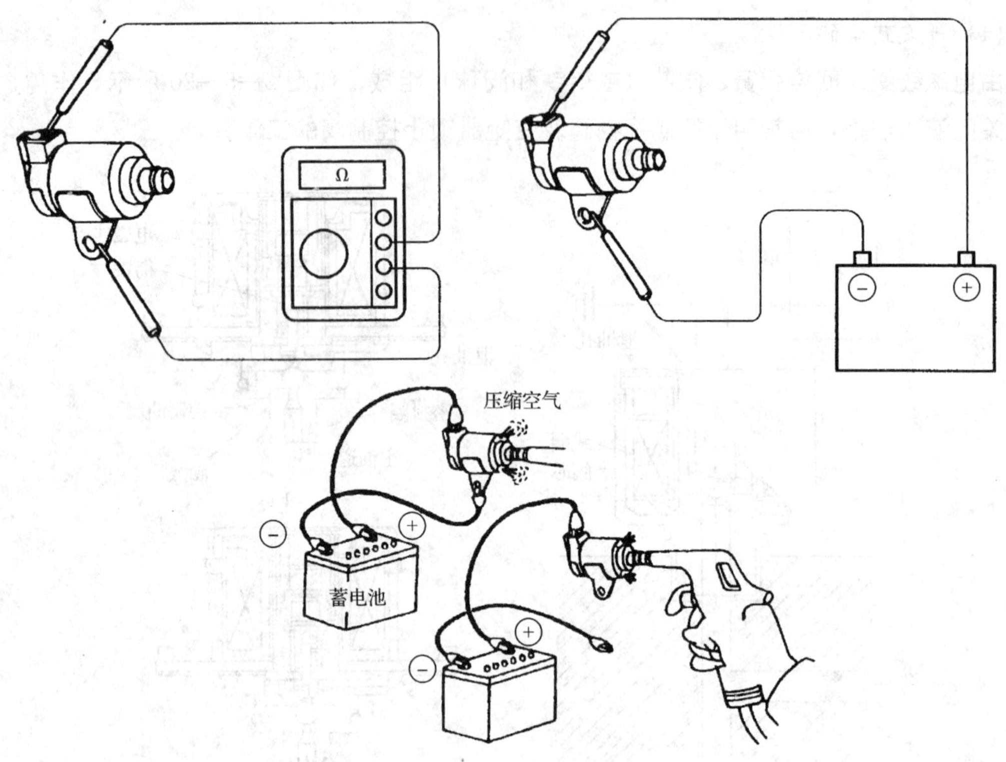

图 2—5—21 开关式电磁阀的检测

(2) 脉冲线性式电磁阀

是由电磁线圈、衔铁、阀芯或滑阀等组成，如图 2—5—22 所示。当电磁线圈通电时，电磁力使阀芯或滑阀开启，液压油经泄油孔排出，油路压力随之下降。当电磁线圈断电时，阀芯或滑阀在弹簧弹力的作用下将泄油孔关闭，使油路压力上升。脉冲线性式电磁阀和开关式电磁阀的不同之处在于控制它的电信号不是恒定不变的电压信号，而是一个固定频率的脉冲电信号。电磁阀在脉冲电信号的作用下反复地开启和关闭泄油孔，ECU 通过改变每个脉冲周期内电流接通和断开的时间比率（称为占空比，变化范围为 0%～100%），改变电磁阀开启和关闭时间的比率，来控制油路的压力。占空比越大，经电磁阀泄出的液压油越多，油路压力就越低；反之，占空比越小，油路压力就越大。脉冲线性式电磁阀通常用来控制主油路油压、蓄压器背压或变矩器锁止离合器的工作油压。

脉冲线性式电磁阀的检测（见图 2—5—23）：

1）检查电磁阀电磁线圈的电阻。车型不同，电阻标准值也不同，多为 5 Ω 左右。

2）检查电磁阀的工作。对于带滑阀的电磁阀，如 A341 E 自动变速器的 3、4 号电磁阀，可将蓄电池正极（+）引线串一只 8～ 10 W 灯泡后连接电磁阀连接器的端子 1，负极（−）引线连接端子 2，然后检查电磁阀的工作情况。通电时，电磁阀应朝 ➡ 方向移动。切断电源后，电磁阀应朝 ⬅ 方向移动。

3）用可变电源检查电磁阀的工作性能。将可变电源的正极引线连接电磁阀连接器的端子 1，负极引线连接端子 2。电压逐渐升高时检查电磁阀的运动情况。（电流不应超过 1 A)。

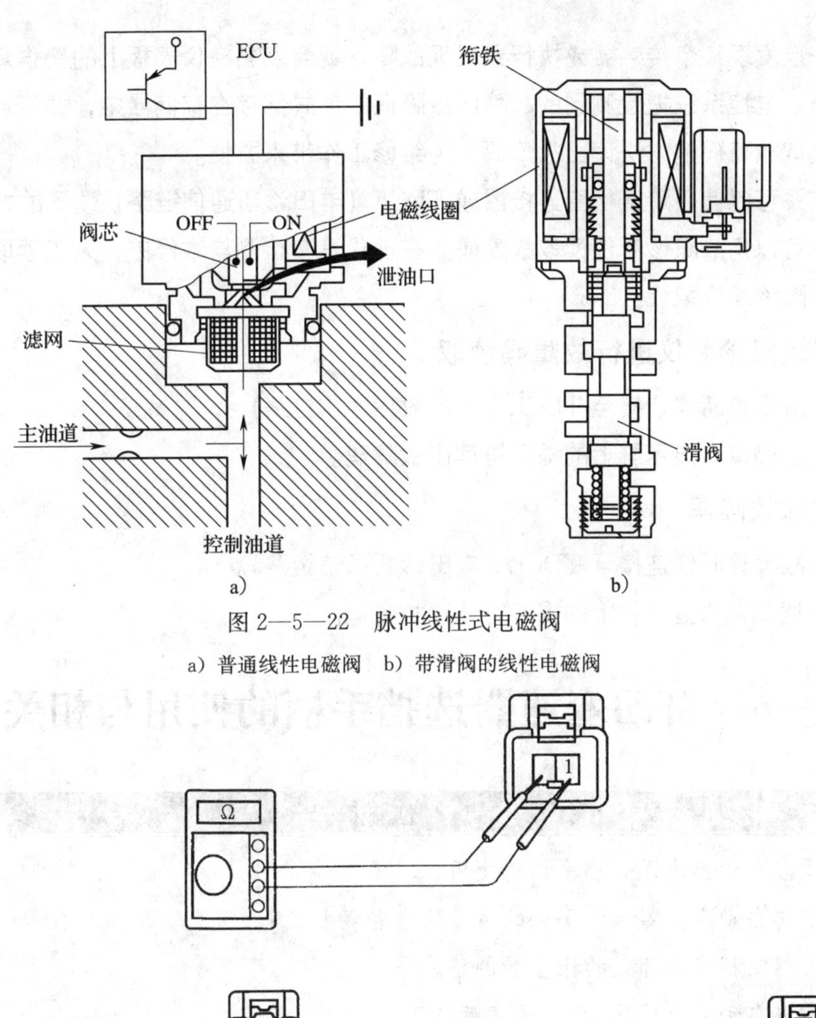

图 2—5—22 脉冲线性式电磁阀

a）普通线性电磁阀 b）带滑阀的线性电磁阀

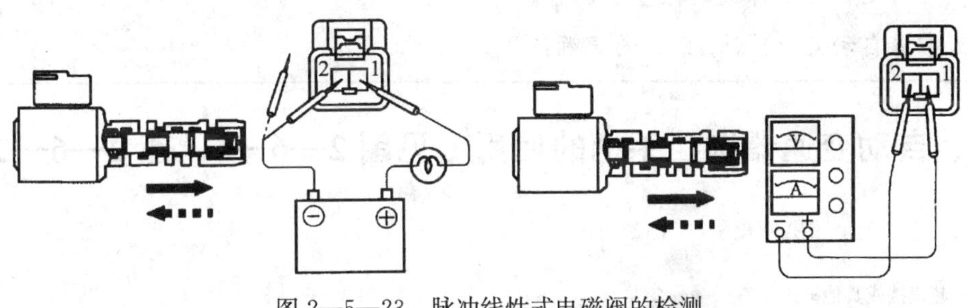

图 2—5—23 脉冲线性式电磁阀的检测

随电压增加，电磁阀应朝 ➡ 方向缓慢移动。电压减小时，电磁阀应朝 ⬅┅ 方向缓慢移动，滑阀应活动灵活无卡滞。

占空比指的是在一个循环中导通时间的比值。例如，A 为一个循环中的导通时间，B 为不导通时间，则占空比$=\frac{A}{A+B}\times 100\%$。

三、故障自诊断和失效保护功能

电控自动变速器的电控单元都具有故障自诊断和失效保护功能。

故障诊断系统在汽车行驶过程中不断地监测自动变速器电控系统中各种传感器和执行器

的工作，一旦发现某个传感器或执行器出现故障，就会点亮在仪表板上的警告灯，提醒驾驶员需要检修。电控系统把检测到的故障以故障码的形式储存在存储器中，并可通过故障诊断仪或人工读取故障码的方法读出故障码，为维修工作带来方便。

丰田车系可以使用跨接检查连接器或 TDCL（丰田诊断通信链路）端子的方法人工读取故障码，也可以用故障诊断仪读取故障码。在现代汽车检测与维修中，人工读取故障的方法正逐步被故障诊断仪取代。

1. 用故障诊断仪进行故障码读取

（1）将故障诊断仪连接至 TDCL（丰田故障通信链路）。

（2）根据测试器显示屏上的提示符读出故障码。

2. 清除故障码

（1）将故障诊断仪连接至 TDCL（丰田诊断通信链路）。

（2）根据测试器显示屏上的提示符清除故障码。

§2—6 自动变速器选挡手柄的使用与相关调整

学习目标：

1. 掌握自动变速器选挡手柄的使用。
2. 了解自动变速器选挡手柄的位置检查和调整。
3. 了解空挡起动开关的检查和调整。
4. 掌握自动变速器油 ATF 的正确使用。

一、自动变速器选挡手柄的使用（见图 2—6—1、图 2—6—2）

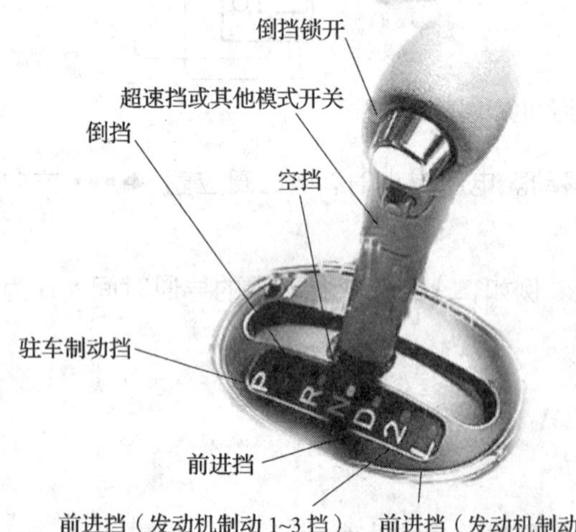

图 2—6—1 传统自动变速器换挡杆

图 2—6—2 别克 GL 换挡杆

P——停车挡位：当选挡手柄置于该位置时，自动变速器中的停车锁止机构将变速器输出轴锁止，驱动轮不能转动，以防止汽车移动，同时换挡执行机构使自动变速器处于空挡状态。当选挡手柄离开停车挡位置时，停车锁止机构即被释放。

R——倒挡位：当选挡手柄置于该位置时，汽车可以倒退行驶。

N——空挡位：当选挡手柄置于该位置时，换挡执行机构使自动变速器处于空挡状态。此时，发动机的动力虽经输入轴传入自动变速器，但只能使齿轮空转，输出轴无动力输出。

D——前进挡位：自动变速器一般设置 4～6 个前进挡，当选挡手柄置于该位置，可在最低到最高挡间自动变换挡位。

2 挡或 S 挡、1 挡或 L 挡：均为强制前进低挡。选挡手柄置于 S 挡位时，只能在 1～3 挡之间自动变速；选柄手柄置于 L 挡位时，自动变速器固定在 1 挡或只能在 1～2 挡之间自动换挡。

手动换挡模式：在手动换挡模式下，将选挡杆向＋号方向推动，将使变速器升入邻近高挡；将选挡杆向－号方向推动，将使变速器降入邻近低挡，在变换选挡手柄位置时，必须先按下选挡手柄上方的选挡手柄锁止按钮，否则无法移动选挡手柄。

二、自动变速器选挡手柄的位置检查和调整

将选挡手柄自 N 挡位换到其他挡位，检查选挡手柄是否能平稳而又精确地换到其他挡位。同时检查挡位指示器是否正确地指示挡位。

如果挡位指示器与正确挡位不一致，进行下述调整：

(1) 松开选挡杆上的螺母，如图 2—6—3 所示。

(2) 将选挡杆向 P 挡位推到底，然后将选挡杆退回两个槽口到 N 位，如图 2—6—4 所示。

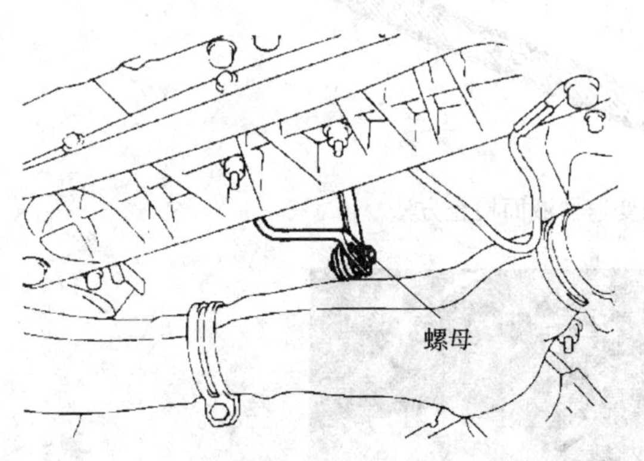

图 2—6—3 松开选挡杆上的螺母

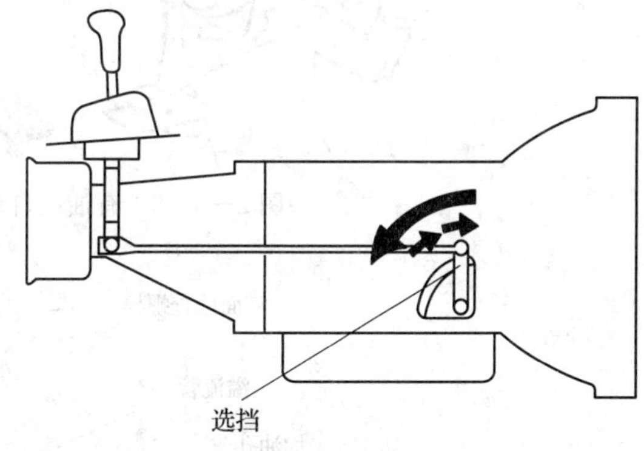

图 2—6—4 将选挡杆移到 N 位

(3) 将选挡杆定位在 N 位。

(4) 稍稍朝 R 位定位选挡杆，拧紧选挡杆螺母。

(5) 起动发动机，确认选挡杆自 N 换到 D 位时，车辆向前移动；而换到 R 位时，车辆后退。

三、空挡起动开关的检查和调整

检查发动机是否仅能在选挡杆位于 N 或 P 挡位时起动，在其他挡位不能起动。如果不符合要求，则应进行如下的调整，如图 2—6—5 所示。

(1) 松开空挡起动开关螺栓，将选挡杆置于 N 位。

(2) 将槽口对准空挡基准线。

(3) 定位位置并按规定力矩拧紧螺栓。

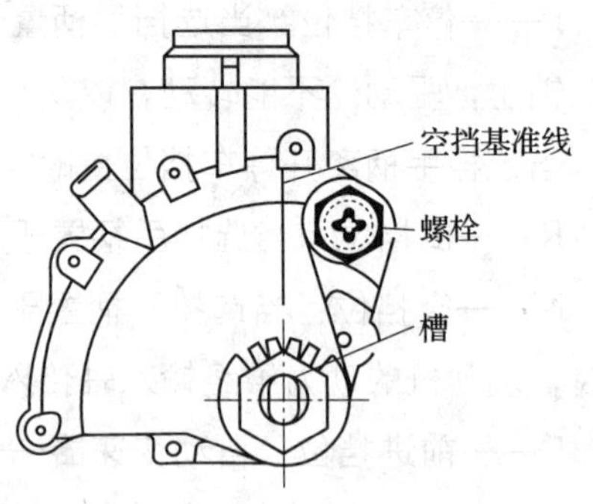

图 2—6—5　空挡起动开关的调整

四、自动变速器油 ATF 的正确使用

(1) ATF 的作用：传递能量、润滑、冷却、清洗、防锈。

(2) ATF 的选用：大多数自动变速器使用迪士龙Ⅱ号或Ⅲ号油；部分自动变速器如大众 01 N、富康 AL4、奥迪 01 V、宝马 ZF6 HP26 等必须使用专用油。

(3) 油位检查：将车停在水平地面上，起动发动机，踩住制动踏板，将换挡手柄拨至每个挡位，并在每个挡位上停留几秒钟，使液力变矩器和换挡执行元件中都充满液压油，最后将换挡手柄拨至 P 挡位置。让变速器升温至正常工作温度（约 80℃）之后，采用油尺检查自动变速器内的液位。液位若在热区则为正常（在最高热区和最低热区之间），如图 2—6—6 所示。另外，很多欧洲车不设油尺而是有个观察油面高度的溢流管，加油量超过时自动溢出，如图 2—6—7 所示。

图 2—6—6　有油尺自动变速器液面检查方法

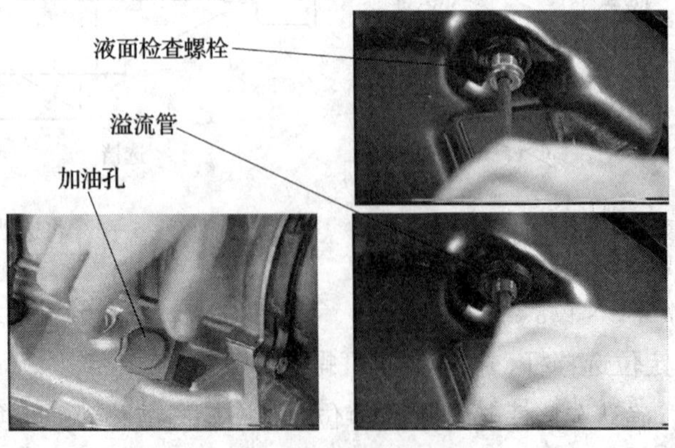

图 2—6—7　溢流管自动变速器液面检查

五、几个常用的试验及其结果分析

常用的机械系统测试项目有失速试验、液压试验、时滞试验、道路试验等。

1. 失速试验

(1) 准备工作

1) 确保变速器液压油液面高度正常，油温达到正常工作温度 50～80℃；

2) 为保证安全，必须制动可靠，并用垫木挡住前后轮。

3) 在宽阔水平的地面上进行试验。

(2) 试验方法

起动发动机，拉紧驻车制动器手柄，左脚将制动踏板用力踩到底，选挡手柄推到 R 挡，右脚把加速踏板踩到底，并迅速记下发动机最高转速即失速转速。在 D、2、L 挡做同样试验，如图 2—6—8 所示。注意每个挡位试验持续时间不得超过 5 秒，两次试验之间应间隔 1 min 以上让液压油冷却下来。如佳美 2.2 LA140 E 变速器标准范围：2 300～2 600 r/min。低于标准 500 转以上，可能是发动机性能不良或变矩器导轮打滑；高于标准 200 转以上，可能是与该挡位相关的离合器打滑。

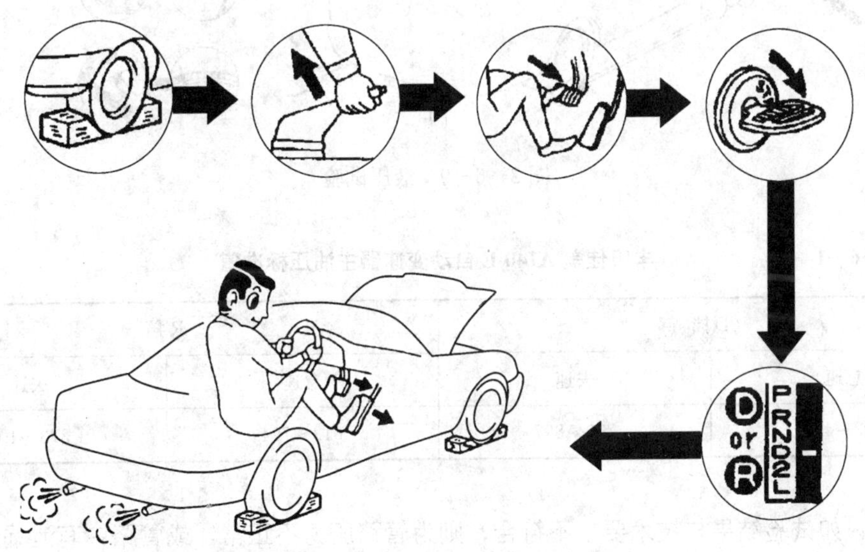

图 2—6—8 失速试验

2. 液压试验

(1) 准备工作

1) 将自动变速器油压表连接到需测试的油压口。

2) 确保发动机怠速在正常范围内，确保变速器液压油液面高度正常，油温达到正常工作温度 50～80℃。

3) 将驱动轮悬空。

(2) 试验方法

拉紧驻车制动器，左脚将制动踏板用力踩到底，起动发动机，使选挡手柄由 P 换至 R 挡，测量记录怠速时的油压，然后将加速踏板迅速踩到底并记录下失速时的油压值；挂入 D 挡按同样方法进行试验，如图 2—6—9 所示。将试验数据与标准数据对照，丰田佳美 A140 E 自动变速器主油压标准值见表 2—6—1。

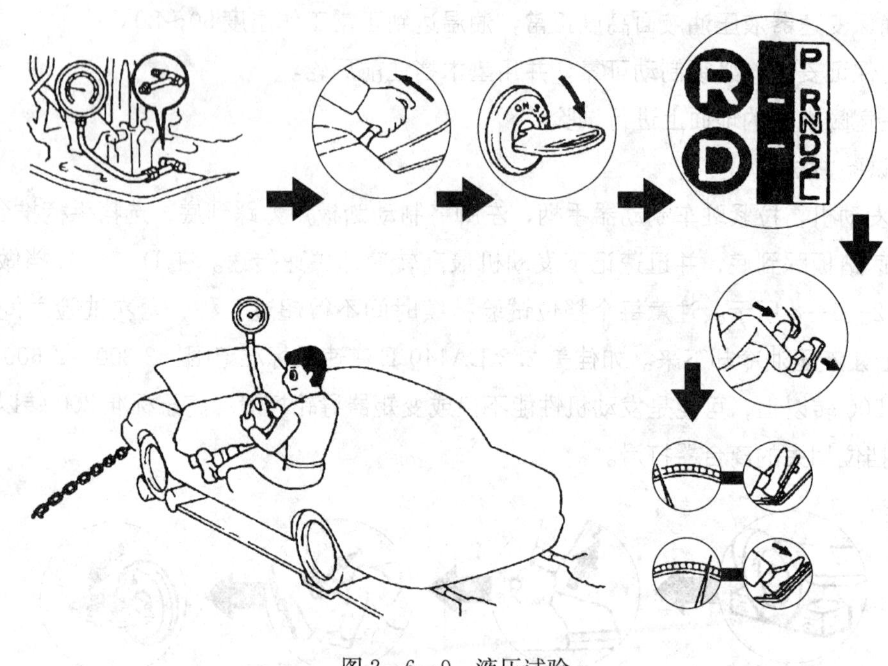

图 2—6—9 液压试验

表 2—6—1 丰田佳美 A140 E 自动变速器主油压标准值 kPa

D挡		R挡	
怠速	失速	怠速	失速
363～422	750～897	618～794	1 373～1 608

评定：如试验结果与技术要求不符合，则为管路压力不正常，或管路中有泄漏现象。

3. 时滞试验

试验条件与 2 相同，起动发动机并检查怠速，将选挡手柄从 N 位移到 D 位置，同时用秒表计量从移动选挡手柄到感觉有震感时的时间，A140 E 自动变速器规定 N 到 D 时滞不少于 1.2 s；由 N 到 R 为 1.5 s。

4. 道路试验

包括换挡点的测试，换挡平顺性的测试，换挡打滑的测试，变矩器锁止的测试，强制降挡的测试，发动机制动的测试，P 挡锁定机构的测试等。

§2—7　电控无级变速器（CVT）

学习目标：

1. 了解 CVT 的特点。
2. 掌握 CVT 的组成结构。
3. 理解 CVT 的工作原理。

当前，全世界各大汽车厂商为了提高产品的竞争力，都大力进行 CVT 的研发工作。现在 Nissan、Toyota、Ford、GM、Audi 等著名汽车品牌中，都有配备 CVT 变速器的轿车销售。有一点值得注意的是，装备有 CVT 的汽车市场，由最初的日本、欧洲，已经渗透到北美市场，因此无级变速汽车是当今汽车发展的主要趋势。

CVT 即无级变速器，其英文全称是 Continuously Variable Transmission，简称 CVT，直译过来就是连续可变传动，顾名思义就是没有明确具体的挡位，操作上类似自动变速器，但是速比的变化却不同于自动变速器的跳挡过程，而是连续的，动力传输持续而顺畅，CVT 自动变速器结构如图 2—7—1 所示。

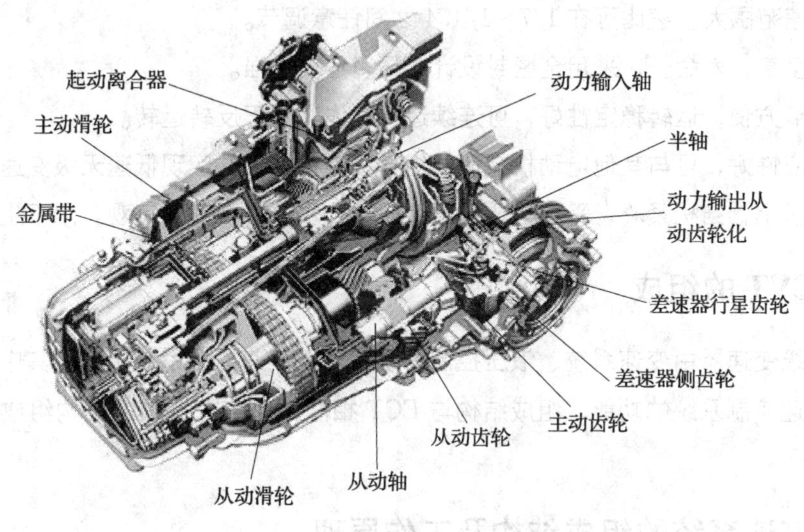

图 2—7—1　CVT 自动变速器结构图

一、CVT 的特点

(1) 省油。CVT 每时每刻与发动机密切配合，达到最佳换挡时机，手动（MT）也好，自动（AT）也好，它的换挡是在一段转速范围内执行的，手动换挡是不可能比 CVT 及时的，而 CVT 换挡是紧跟发动机转速的，因 CVT 是无级变速，没有明确具体的挡位，根本不需要换挡，这样就能使得发动机的功率在每一刻都能 100%输出，以达到省油的目的。因此，在油耗方面，相对于AT、MT来说，CVT最省油，而且CVT最大的特点就是省油。

(2) 驾驶平顺性好，无“顿挫”。由于CVT的速比变化是连续不断的，所以汽车的加速或减速过程非常平缓，而且驾驶非常简单、安全，从而使用户获得全方位的行驶乐趣。

(3) 排放好。CVT的速比工作范围宽，能够使发动机以最佳工况工作，从而改善了燃烧过程，降低了废气的排放量。CVT比AT排放减少10%左右，比MT排放减少5%，更环保。

(4) 结构简单，体积小，零件少，大批量生产后的成本肯定要低于当前普通自动变速器的成本。

(5) 它的工作速比范围宽，容易与发动机形成理想的匹配，从而改善燃烧过程，进而降低油耗和排放。

(6) 具有较高的传送效率，功率损失少，经济性高。

CVT也有它的弱点，比如传动带容易损坏，无法承受较大的载荷等等，这些技术上的难关使得它一直以来多应用在小排量、低功率的汽车上。

二、CVT的特性

(1) 调速精度高，可达到0.5～1转。

(2) 变速范围大，速比可在1/7～1/1.4之间任意调节。

(3) 强度高，寿命长，采用全密封设计，环境适应性强。

(4) 调节方便，运转稳定性好，可连续运转工作，可正反转运转。

(5) 适应性好，可与其他电动机减速机组直接连接组合并实现低速无级变速。

(6) 体积小，结构紧凑，采用优质铝合金压铸一次成形，外形美观，永不生锈。

三、CVT的组成

电控无级变速器由变速系统、液压控制系统和无级变速控制系统组成。其中液压控制系统和无级变速控制系统的功能、组成结构与ECT相同，但变速系统的结构组成和变速原理就大不一样了。

四、变速系统的组成结构及工作原理

CVT的变速系统主要由电磁离合器（液力变矩器）、齿轮传动机构、换挡执行机构和变速传动机构四部分组成。

1. 电磁离合器（液力变矩器）

电磁离合器的功能是将发动机输出的动力直接传递到齿轮传动机构，其结构原理与空调系统的电磁离合器基本相同，在此不作介绍。电磁离合器结构简单、控制方便，因此，在汽车电控无级变速器中广泛采用。

在汽车电控无级变速器中，也有使用液力变矩器，一般采用锁止式液力变矩器，其结构、工作原理与普通的自动变速器中的液力变矩器相同。

2. 齿轮传动机构

齿轮传动机构的功能是将发动机输出的动力由电磁离合器或液力变矩器传递到机械变速机构，并在液压控制系统和电子控制系统的控制下，配合换挡执行机构实现汽车前进挡和倒车挡的转换。

3. 变速传动机构

变速传动机构的功能主要是传递动力和变速变扭。它主要由主动带轮、被动带轮和V形驱动带组成，如图2—7—2所示。

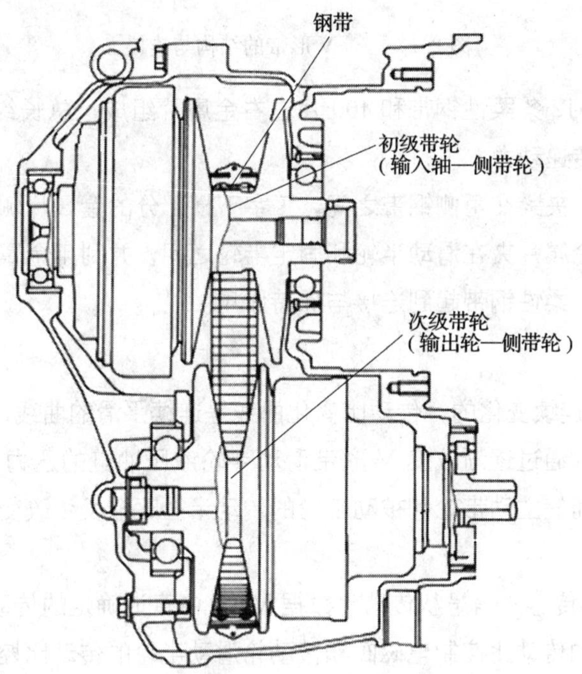

图2—7—2 CVT变速传动机构结构简图

（1）主动带轮和被动带轮

主动带轮和被动带轮均由制成锥面的固定半轮和滑动半轮组成。滑动半轮通过液压油缸推动其在轴上滑动。两对半轮之间构成的槽为V形槽，V形带紧贴在带轮的锥面上。主动带轮轴的轴线与被动带轮轴的轴线间距离固定不变，因此，主、被动轮间的传动比取决于驱动带与主、被动轮的接触半径。当液压控制机构推动滑动半轮轴向移动时，滑动半轮与固定半轮之间的轴向相对位置发生变化，主动轮和被动轮的传动半径发生变化，从而改变主动轮与被动轮之间的传动比。

（2）V形驱动带

V形驱动带是CVT的关键部件，简称V形带，主要由多条柔性钢带和多片金属片组成，如图2—7—3所示。

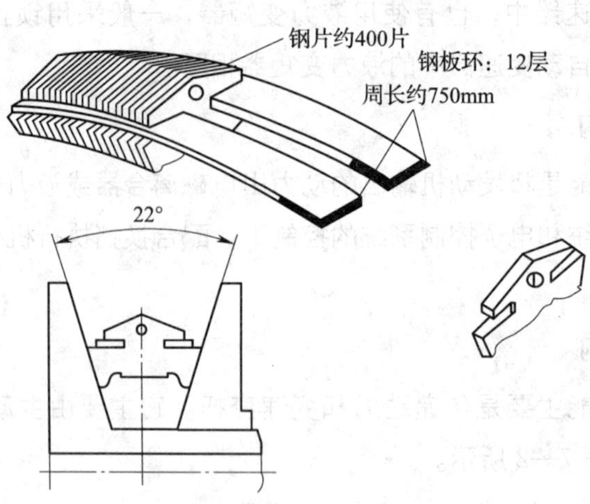

图 2—7—3　V 形带的结构与连接

V 形带一般由 2～12 条柔性钢带和 400 片左右金属片组成，总长约 750 mm。钢带是通过钢片的压缩作用来传递动力。

金属片为工字形，夹紧在两侧钢带之间，工字下横部分的金属片侧面为斜面，该斜面与带轮的锥面相接触。金属片夹在滑动半轮和固定半轮之间，并利用金属片斜面与带轮锥面之间的摩擦力传递动力。柔性钢带起到连接与保持作用。

4. 变速原理

CVT 的传动比是连续变化的，传动比变化曲线是连续平滑的曲线，其无级变速原理是：电控系统的执行元件，通过逐渐改变 V 形带滑动半轮液压油缸的压力，使滑动半轮移动的位移量逐渐改变，从而使主动带轮和被动带轮的传动半径逐渐发生改变来实现无级变速，如图 2—7—4 所示。

当 ECU 根据各种传感器信号从传动比数据 MAP 中查询确定的传动比 $i=1$ 时，ECU 分别向主动轮滑动半轮的传动比控制电磁阀和被动轮滑动半轮的传动比控制电磁阀发出占空比控制指令，电磁阀控制液压阀调节两个滑动半轮液压油缸的压力，液压油缸同时推动两个滑动半轮位移到主、被动轮传动半径相等的位置，而使传动比 $i=1$。ECU 还可根据变速器输出轴转速传感器信号（车速传感器信号）对传动比进行反馈控制，通过调节电磁阀控制信号的占空比，修正滑动半轮的位移量，使传动比精确控制在 ECU 查询确定的数值。

当 ECU 根据各种传感器信号从传动比数据 MAP 中查询确定的传动比 $i<1$ 时，ECU 将控制主动轮的滑动半轮向右滑移，如图 2—7—4 上图所示，使主动半轮的传动半径增大；同时被动轮的滑动半轮也向右滑动，使传动半径减小，从而使汽车行驶速度升高。在 ECU 改变占空比大小控制电磁阀时，电磁阀电流连续变化，电磁阀控制液压油缸的压力也连续变化，使滑动半轮连续向右滑移，主动轮和被动轮的传动半径也连续变化。由于主、被动轮半径连续变化，因此，所形成的传动比也连续无级地变化，直到主动轮半径达到最大而被动轮半径达到最小为止。相当于汽车处于高挡加速行驶状态。

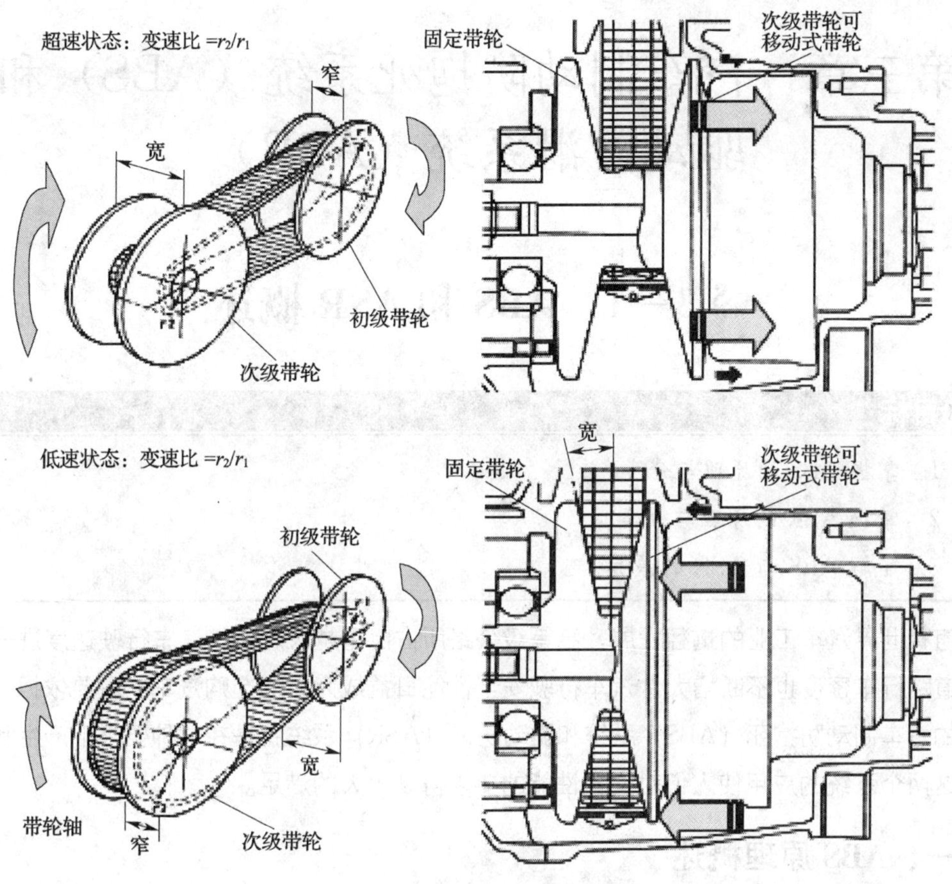

图 2—7—4　无级变速传动原理

同理可知，当 ECU 根据各种传感器信号从传动比数据 MAP 中查询确定的传动比 $i>1$，ECU 将控制主、被动轮的滑动半轮向左滑移，如图 2—7—4 下图所示，使主动轮传动半径逐渐减小；同时也使被动轮传动半径逐渐增大，传动比也连续增大，从而使汽车行驶速度逐渐降低，直到主动轮半径达到最小，从动轮半径达到最大为止。相当于汽车处于抵挡减速行驶状态。

汽车起步时，主动轮的传动半径较小，变速器可以获得较大的传动比，保证驱动桥具有足够大的驱动转矩，从而保证汽车稳定起步。随着车速的增加，主动轮的传动半径逐渐增大，被动轮的传动半径逐渐减小。CVT 的传动比减小，汽车能够稳步加速行驶。

第三章　汽车制动防抱死系统（ABS）和驱动防滑系统（ASR）

§3—1　ABS 和 ASR 概述

学习目标：

1. 掌握 ABS 的原理与分类。
2. 掌握 ASR 的原理与分类。
3. 了解 ABS 与 ASR 的差异。

随着世界汽车工业的迅猛发展，高等级公路所占比重越来越大，汽车行驶速度进一步提高，道路行车密度也不断增大，汽车行驶安全性能日益成为人们选购汽车的重要依据。广泛采用的汽车制动防抱死（ABS）系统和驱动防滑（ASR）系统就是在这种要求下产生和发展的。这两个系统的应用使人们对安全性能的要求得到更大的满足。

一、ABS 原理概述

1. ABS 基本定义

汽车制动防抱死（ABS）系统是汽车在常见路面上进行较大制动力制动时，防止车轮完全抱死的系统，能够保证汽车制动效能及制动时的方向稳定性，大大地减少了制动距离，是具有良好制动效果的制动辅助装置。

2. ABS 的作用

（1）汽车在制动过程中的运动状态分析

汽车在制动过程中，由于受附着力、制动力等力的综合作用不同而出现不同的运动状态。当左右地面制动力相等时，在质心处不产生旋转力矩，汽车能够沿着行进方向停住；而当左右地面制动力不等时，绕汽车质心产生一个旋转力矩，会使制动跑偏。

当只有前轮抱死时，由于前轮的转向力基本为零，无法进行正常的转向操作，汽车的运动方向与驾驶员无关，这时汽车滑行方向是行驶曲线的切线方向（见图 3—1—1）；当只有后轮抱死时，后轮的侧向力接近于零，一面旋转一面沿曲线行驶（见图 3—1—2）；当所有的车轮全部抱死时，转弯力、侧向力均接近于零，汽车完全失去操纵性和方向稳定性（见图 3—1—3），兼有前、后轮单独抱死时的两种运动，即一面作与驾驶无关的不规则运动，一面沿曲线的切线方向滑行。

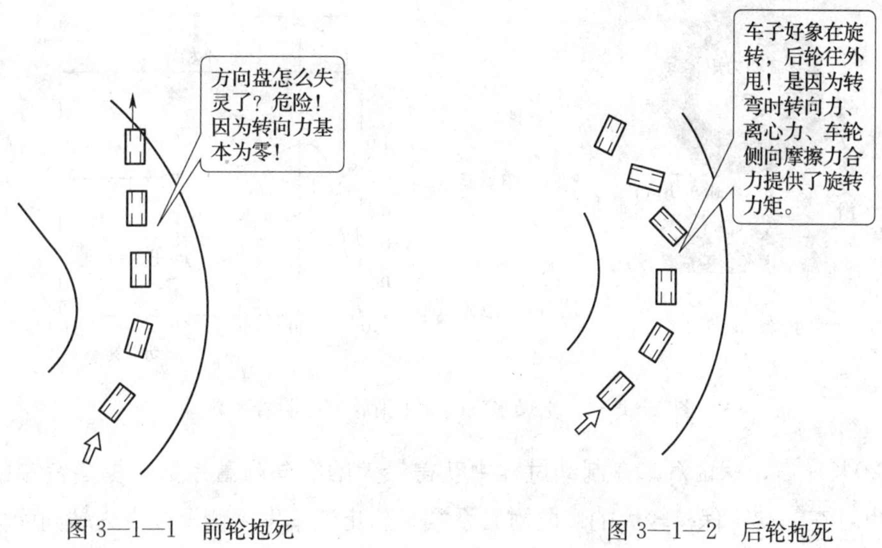

图 3—1—1　前轮抱死　　　图 3—1—2　后轮抱死

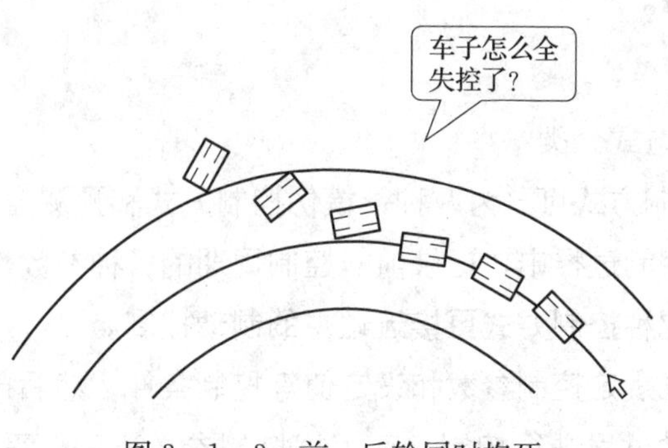

图 3—1—3　前、后轮同时抱死

(2) 滑移率与附着系数

1) 滑移率。指汽车制动时，在车轮运动中滑动成分所占的比例，用 s 表示。

$$s=\frac{v-r\omega}{v}\times 100\%$$

式中　v——车轮中心的速度（m/s）；

r——车轮不受地面制动力时的滚动半径（m）；

ω——车轮角速度（rad/s）。

车轮纯滚动时，$s=0$；纯滑动时，$s=100\%$；边滚动边滑动时，$0<s<100\%$。

2) 附着系数。附着系数是附着力与车轮法向（与路面垂直的方向）压力的比值。它可以看成是轮胎和路面之间的静摩擦因数。这个系数越大，可利用的附着力就越大，汽车就越不容易打滑。实验证明，在汽车制动过程中，在滑移率为 20%左右时纵向附着系数最大，制动时能获得的地面制动力也最大，汽车制动效能最高，同时车辆拥有较为良好的侧向防滑能力。干燥水泥路面上滑移率与附着系数如图 3—1—4 所示。

(3) ABS 的作用

ABS 的作用就是在汽车制动过程中不断自动调整汽车制动系统压力，使车轮滑移率始

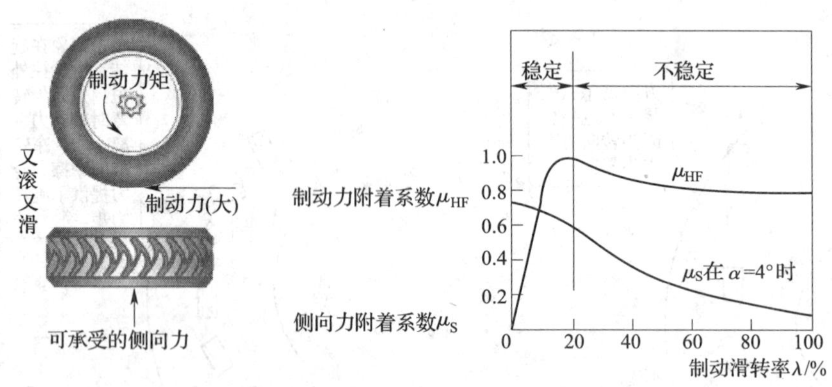

图 3—1—4　干燥水泥路面上滑移率与附着系数

终保持在 20%左右，保证汽车在制动过程中获得最大的纵向附着系数，提高汽车的制动效能。同时也可在制动中保持较大的侧向附着系数，防止汽车发生侧滑或失去转向能力，提高汽车制动时的方向稳定性。

3. ABS 的分类

(1) 按 ABS 的控制方式分类

目前 ABS 系统的控制方式可分为两种：模仿控制方式和预测控制方式。

模仿控制方式是在控制过程中，记录前一控制周期的各种参数，再按这些参数规定下一控制周期的控制条件。此种控制方式更接近理想的制动控制。

预测控制方式是预先规定控制参数和设定值等控制条件，然后再根据检测的实际参数与设定值进行比较，对制动过程进行控制。而根据控制参数不同，采用预测控制方式的 ABS 又可分为下列四种形式：以车轮减速度为控制参数的 ABS，以车轮滑移率为控制参数的 ABS，以车轮减速度和加速度为控制参数的 ABS 和以车轮减速度、加速度和滑移率为控制参数的 ABS。后一种控制方式的 ABS 采用多参数控制，综合了上述三种控制方式的优点，对制动过程的控制更准确，目前多数 ABS 均采用此种控制方式。

(2) 按 ABS 的控制通道分类

在 ABS 中，对能够独立进行制动压力调节的制动管路称为控制通道。

ABS 装置按控制通道分为四通道式、三通道式、二通道式和一通道式。

1) 四通道式。四通道式 ABS 有四个轮速传感器，在通往四个车轮制动分泵的管路中，各设一个制动压力调节器装置，进行独立控制，构成四通道控制形式，如图 3—1—5 所示。

性能特点：由于四通道式 ABS 是根据各车轮轮速传感器输入的信号，分别对各个车轮进行独立控制，因此附着系数利用率高，制动时可以最大限度地利用每个车轮的最大附着力。四通道控制方式特别适用于汽车左右两侧车轮附着系数接近的路面，不仅可以获得良好的方向稳定性和方向控制能力，而且可以得到最短的制动距离。但是如果汽车左右两个车轮的附着系数相差较大（如路面部分积水或结冰），制动时两个车轮的地面制动力就相差较大，

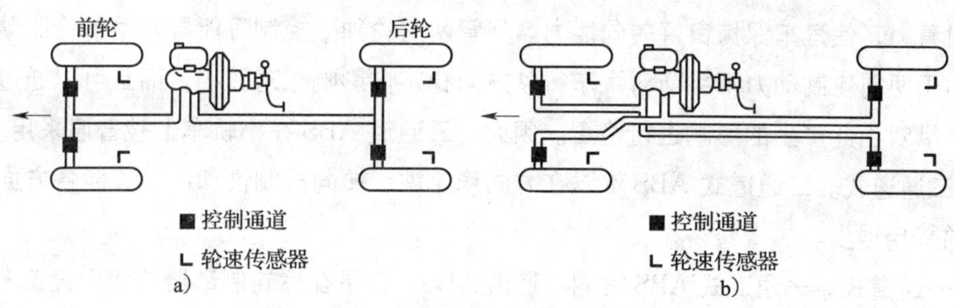

图 3—1—5 四通道式 ABS 系统

a）四轮独立控制的 ABS b）前轮独立、后轮低选择控制的 ABS

因此会产生横摆力矩，使车身向制动力较大的一侧跑偏，不能保证汽车按预定方向行驶，会影响汽车的制动方向稳定性。因此，驾驶员在部分结冰或积水等湿滑的路面行车时，应降低车速，不可盲目迷信 ABS 装置。

2）三通道式。三通道式 ABS 是对两前轮进行独立控制，两后轮按低选原则进行一同控制（即两个车轮由一个通道控制，以保证附着力较小的车轮不抱死为原则），也称混合控制。桑塔纳 2000 GSi 使用的就是这种 ABS 装置，如图 3—1—6 所示。

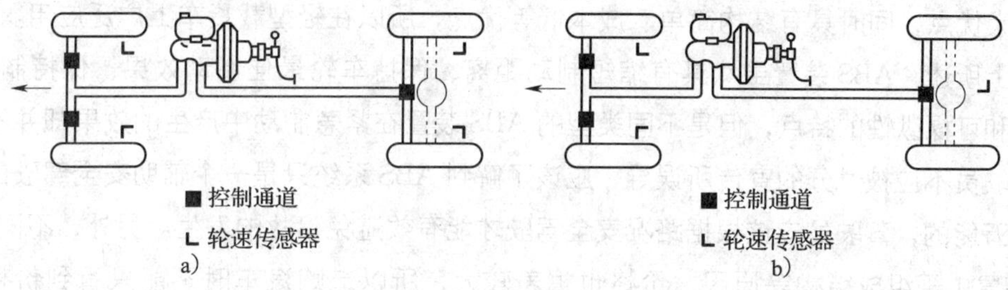

图 3—1—6 三通道式 ABS 系统

a）四传感器、前轮独立、后轮低选择控制的 ABS b）三传感器、前轮独立、后轮低选择控制的 ABS

性能特点：两后轮按低选原则进行一同控制时，可以保证汽车在各种条件下左右两后轮的制动力相等，即使两侧车轮的附着系数相差较大，两个车轮的制动力都限制在附着力较小的水平，使两个后轮的制动力始终保持平衡，保证汽车在各种条件下制动时都具有良好的方向稳定性。当然，在两后轮按低选原则进行一同控制时，可能出现附着系数较大的一侧后轮附着力不能充分利用的问题，使汽车的总制动力减小。但应该看到，在紧急制动时，由于发生轴荷前移，在汽车的总制动力中，后轮制动力所占的比例较小，尤其是前轮驱动的小轿车，前轮的附着力比后轮的附着力大得多，通常后轮制动力只占总制动力的 30%左右，后轮附着力未能充分利用的损失对汽车的总制动力影响不大。在对桑塔纳 2000 进行的 60 km/h 紧急制动对比试验中，有 ABS 的车型比无 ABS 车型的制动距离只短 1 m，但是有 ABS 的车型始终都有方向，不会失去对方向的控制。

对两前轮进行独立控制，主要考虑小轿车，特别是前轮驱动的汽车，前轮的制动力在汽车总制动中所占的比例较大（可达 70%左右），可以充分利用两前轮的附着力。一方面使汽车获得尽可能大的总制动力，利于缩短制动距离；另一方面可使制动中两前轮始终保持较大的横向附着力，使汽车保持良好转向能力。尽管两前轮独立控制可能导致两前轮制动力不平衡，但由于两前轮制动力不平衡对汽车行驶方向稳定性影响相对较小，而且可以通过驾驶员的转向操纵对由此产生的影响进行修正。因此，三通道 ABS 在小轿车上被普遍采用。

3）二通道式。二通道式 ABS 难以在方向稳定性、转向控制性和制动效能各方面得到兼顾，目前采用很少。

4）一通道式。一通道式 ABS 常叫单通道 ABS，它是在后轮制动器总管中设置一个制动压力调节器，在后桥主减速器上安装一个轮速传感器（也有在后轮上各安装一个），如图 3—1—7 所示。

性能特点：单通道 ABS 一般都是对两后轮按低选原则进行一同控制。单通道 ABS 不能使两后轮的附着力得到充分利用，因此制动距离不一定会明显缩短。另外前轮制动未进行控制，制动时前轮仍会出现制动抱死，因而转向操纵能力也未得到改善，但由于制动时两后轮不会抱死，能够显著地提高制动时的方向稳定性，在安全上是一大优点，同时具有结构简单、成本低等优点，所以在轻型载货车上广泛应用。

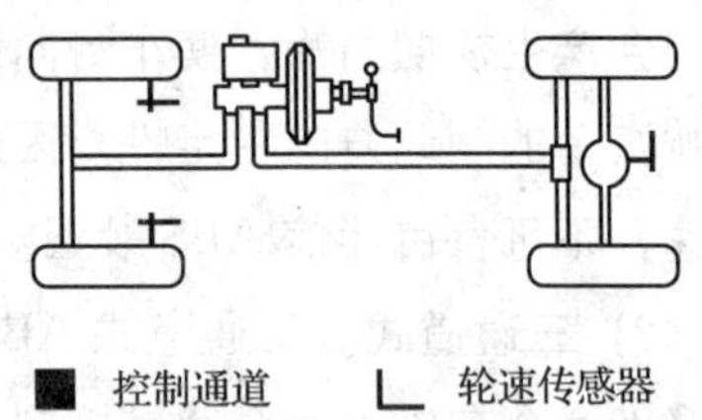

图 3—1—7 一通道式 ABS 系统

综上所述，ABS 装置虽然具有缩短制动距离、保持车轮最佳制动效果、保持制动方向稳定性和可操纵性的特点，但是不同类型的 ABS 装置在紧急制动中产生的效果却并不相同，所以驾驶员不应被过分的宣传所误导，应该了解到 ABS 系统只是一个辅助安全驾驶的设备，并不是万能的，驾驶员应该根据路况安全驾驶才能有效避免事故的发生。另外，不同类型的 ABS 装置由于组成结构等原因，价格也相差较大，所以选购汽车时不能只看到价格高低，还应看到装用的是哪种类型的 ABS 装置。

(3) 按 ABS 的结构及原理分类

1）液压制动系统 ABS。液压制动系统广泛应用于轿车和轻型载货汽车上，目前液压制动系统中装用的 ABS，按其液压控制部分的结构原理不同主要可分为整体式、分离式和 ABS—VI 三种类型。其主要区别是：整体式 ABS 中，制动压力调节器与制动主缸结合为一个整体，其结构更为紧凑，在美国车上常装用此类型 ABS，如图 3—1—8 所示。

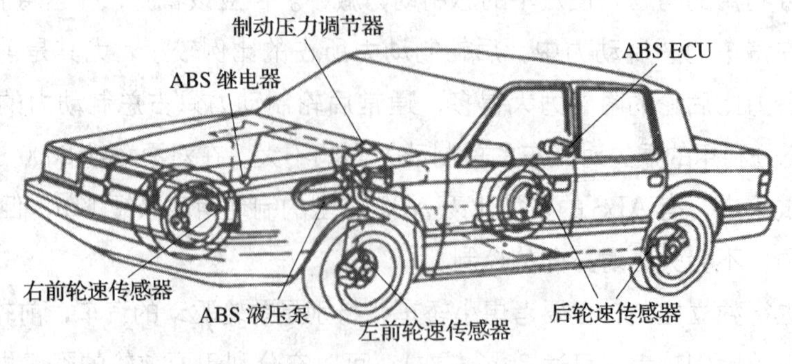

图 3—1—8 整体式 ABS

分离式 ABS 中，制动压力调节器与制动主缸分别为独立的总成，日本丰田公司生产的各类型车装用的 ABS 一般均属此类型，如图 3—1—9 所示。

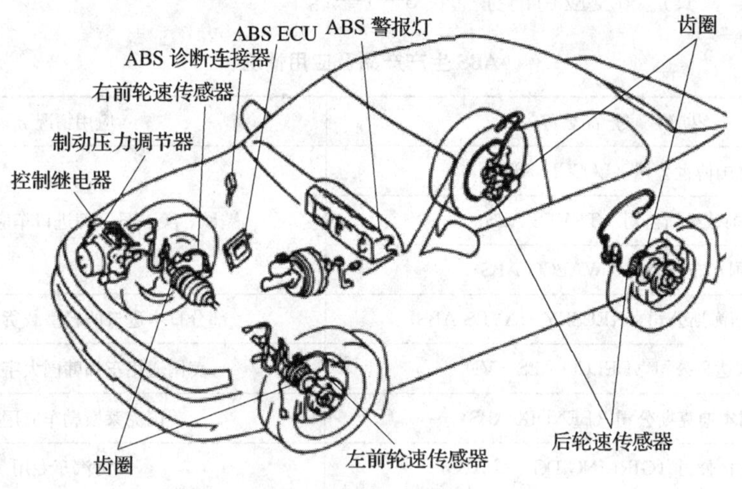

图 3—1—9　分离式 ABS

ABS—VI 在美国通用公司生产的各类型车和韩国大宇车上常用，它装有三个带控制阀的活塞泵（制动压力调节器），两前轮各用一个、两后轮共用一个，如图 3—1—10 所示。

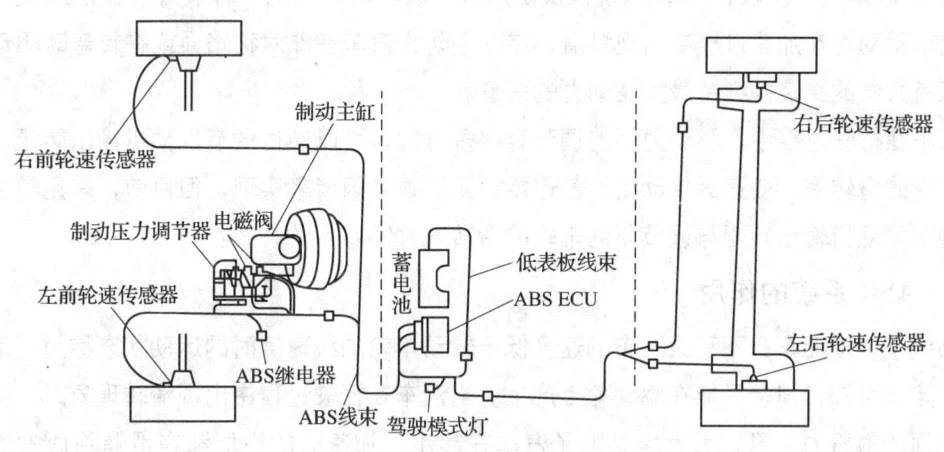

图 3—1—10　ABS—VI

2）气压制动系统 ABS。气压制动系统主要用于中、重型载货汽车上，所装用的 ABS 按其结构原理主要分为两种类型：用于四轮后驱动气压制动汽车上的 ABS 和用于牵引货车上的 ABS。

3）气顶液制动系统 ABS。气顶液制动系统兼有气压和液压两种制动系统的特点，应用于部分中、重型汽车上。气顶液制动系统 ABS 按其原理又可分为两种类型：一种是通过对气顶液动力缸输入空气压力来控制制动压力的 ABS；另一种是直接控制由气顶液动力缸输出到各车轮制动器的制动液压力的 ABS。

(4) 按ABS的生产厂家分类

目前世界范围内生产ABS的厂家主要有德国博世公司和戴维斯公司、美国达科公司和本迪克斯公司等，其产品及应用情况见表3—1—1。

表3—1—1 **ABS生产产品及应用情况**

生产厂家产品名称	应用情况
德国博世公司（BOSCH ABS）	欧、美、日、韩进口车应用最多
德国戴维斯公司（TEVES ABS）	
德国瓦布科公司（WABCO ABS）	
美国凯尔西海斯公司（KELSEY HAYES ABS）	部分日本进口的轻型载货汽车使用
美国达科公司（DELCO ABS－VI）	美国通用车和韩国大宇车常用
美国本迪克斯公司（BENDIX ABS）	美国克莱斯勒车应用较多
英国格林公司（GIRLING DGX型ABS）	载货汽车专用

二、ASR原理概述

1. 驱动力控制系统的基本概念

与ABS系统相比较，ASR系统仅仅是用来控制驱动车轮的一种装置。该系统是一种能防止汽车驱动轮在加速过程中出现打滑，特别是防止汽车在非对称路面或在转弯时驱动轮空转，保持方向的稳定并维持最大驱动力的装置。

汽车在行驶过程中，驱动力矩的调节有很多方式，可以通过调节发动机输出转矩、调节驱动车轮的滑转率、变速器传动比、差速器锁紧系数等因素来实现，但目前，采用较多的主要是调节发动机输出转矩与调节驱动车轮的滑转率共同作用的方式。

2. ASR系统的作用

当汽车转动而车身不动或汽车的速度低于转动车轮的线速度时的运动状态称为“滑转”。由这个定义可知，滑转只能在驱动轮上产生。当汽车在行驶过程中出现滑转现象时，会使车轮与地面的附着力下降，大大地影响了汽车在起步、加速时的性能和在滑溜路面的通过性能、行驶时的方向稳定性能。ASR系统正是基于解决这类问题所设计，因此，它的最基本作用就是防止汽车在起步、加速时和在滑溜路面行驶时的驱动轮滑转，保证汽车在这三种运动状态下的通过性能及方向稳定性。

3. ASR系统的类型

ASR按控制方式可以分为差速制动控制、发动机输出功率控制、差速制动控制和发动机输出功率综合控制三种类型。

(1) 差速制动控制

差速制动控制是当驱动车轮单边滑转时，电子控制装置输出控制信号，使差速制动阀和制动压力调节器动作，对滑转车轮施加制动力，使车轮的滑转率控制在目标范围之内的控制方式。

（2）发动机输出功率控制

发动机输出功率控制是指当汽车起步、加速时若加速踏板踩得过猛，会因为驱动力过大而出现两边的驱动车轮都滑转的情况时，ASR 电子控制装置输出控制信号，控制发动机的功率输出，以抑制驱动车轮的滑转。

（3）差速制动控制和发动机输出功率综合控制

此类型的 ASR 系统采用差速制动控制和发动机输出功率控制相结合的综合控制系统，兼有前两种控制的优点，控制效果更为理想。

三、ABS 与 ASR 的比较

1. ABS 与 ASR 的相同点

（1）都是用来控制车轮相对地面的滑动。

（2）都可以通过控制车轮制动力的大小来控制驱动车轮相对地面的滑动。

2. ABS 与 ASR 的不同点

（1）ABS 控制的是汽车制动时的滑移，主要是用来提高汽车的制动效能和制动时的方向稳定性；而 ASR 是控制汽车行驶时的驱动轮滑转，用于提高汽车起步、加速及在滑溜路面行驶时的牵引力和确保行驶稳定性。

（2）ABS 控制的是所在的车轮，而 ASR 控制的只是驱动轮。

（3）ABS 只在汽车出现滑移时起作用，而 ASR 只在汽车出现滑转时起作用。

（4）ABS 一般在车速很低时不起作用（<8 km/h），而 ASR 一般在车速很高（>80 km/h）时不起作用。

§3—2 制动防抱死（ABS）系统

学习目标：

1. 掌握 ABS 的机构组成。
2. 理解 ABS 的工作原理。
3. 了解 ABS 故障诊断流程。

一、ABS 的基本结构组成

无论是气压制动系统还是液压制动系统，ABS 均是在普通制动系统的基础上增加了传感器、ABS 执行机构和 ABS 电控装置（即 ABS ECU）部分，如图 3—2—1 所示。

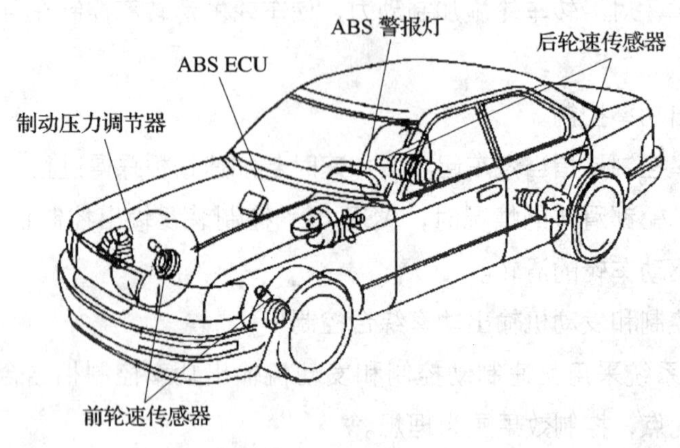

图 3—2—1 ABS 系统的基本结构

1. 传感器

ABS 采用的传感器包括轮速传感器、车速传感器和汽车减速度传感器。

各种控制方式的 ABS 中均有轮速传感器，它利用电磁感应原理（或霍尔原理）检测车轮速度，并把轮速转换成脉冲信号送至 ABS ECU。一般轮速传感器都安装在车轮上，有些后轮驱动的车辆，检测后轮速度的传感器安装在差速器内，通过后轴转速来检测，故又称之为轴速传感器。

车速传感器又称测速雷达，用在以车轮滑移率为控制参数的 ABS 中，它用来检测车速并向 ABS ECU 输送车速信号，此信号还同时用于速度表、里程表及自动变速器控制等。

汽车减速度传感器仅用在四轮驱动的控制系统中，它用来检测汽车制动时的减速度，识别是否是在冰雪等易滑路面。

2. ABS 执行机构

ABS 执行机构主要由制动压力调节器和 ABS 警报灯组成。

制动压力调节器根据 ABS ECU 指令来调节各车轮制动器的制动压力。不同制动系统的 ABS 所采用的制动压力调节器也不同，可分为液压式、气压式和空气液压加力式。在目前应用广泛的液压制动系统中，制动压力调节器的主要元件是电动泵和液压控制阀。

ABS 警报灯的作用是在 ABS 出现故障时，由 ABS ECU 控制使 ABS 警报灯点亮，向驾驶员发出警报信号，并可由 ABS ECU 控制闪烁显示故障码。

3. ABS ECU

ABS ECU 接收传感器信号，比较各轮转速和汽车行驶速度，判断各车轮的滑移情况后，向 ABS 执行机构下达指令来调节各车轮制动器的制动压力。当 ABS 出现故障时，ABS ECU 使 ABS 警报灯点亮，同时切断通往执行机构的电源，使 ABS 停止工作。

二、ABS 各总成结构及工作原理

不同车型的 ABS 结构组成有所区别，主要是在主元件的基础上增加一些辅助元件（如增加电子制动力分配控制元件），但无论是哪一种 ABS 系统，都有车轮速度传感器、液压控制单元（液压调节器）和电子控制模块（ABS ECU）等元件。下面就这几个元件结构原理作简单叙述。

1. 车轮速度传感器

车轮速度传感器也叫轮速传感器或转速传感器，主要用来检测车轮转动的速度，产生与车轮转速成正比的交流信号，并将该信号传给 ABS ECU。根据工作原理不同，目前使用的轮速传感器主要分为两种类型：电磁式轮速传感器和霍尔式轮速传感器。

（1）电磁式轮速传感器

电磁式轮速传感器由传感头和齿圈两部分组成，传感头由永磁体、极轴、感应线圈等组成，具体结构如图 3—2—2 所示。根据极轴的结构不同，电磁式轮速传感器又可分为凿式极轴轮速传感器、柱式极轴轮速传感器等形式。

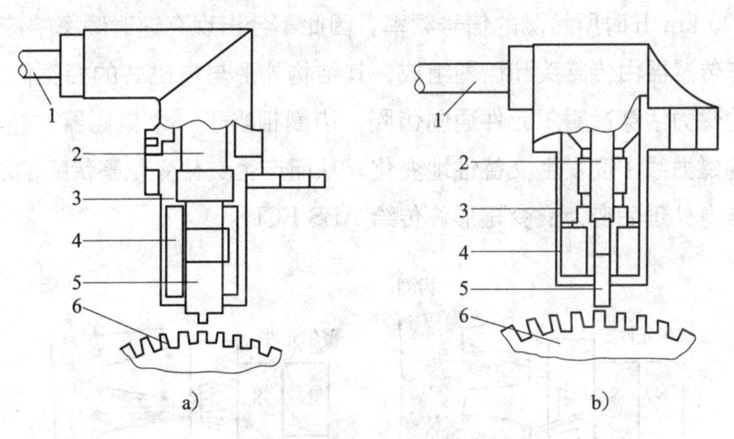

图 3—2—2　电磁式轮速传感器结构

a）凿式极轴　b）柱式极轴

车轮转速传感器剖视图

1. 电缆　2. 永磁体　3. 外壳　4. 感应线圈　5. 极轴　6. 齿圈

电磁式轮速传感器的工作原理如图 3—2—3 所示。传感头与齿圈距离相对固定，当齿圈随车轮旋转时，磁场在齿轮各部分的强弱程度发生改变，磁通量变强致使感应线圈周围磁通量发生改变，在永久磁铁上的电磁感应线圈中就产生一交流信号，此交流信号的频率与车轮速度成正比，交流信号的振幅随轮速的变化而变化。ABS ECU 通过识别传感器发来的交流信号的频率来确定车轮的转速，如果 ECU 发现车轮的圆周减速度急剧增加，滑移率 S 达到 20%时，它立刻给液压调节器发出指令，减小车轮的制动力，以免车轮抱死。传感器引出两根线接入 ECU，这两根线要求是屏蔽线，以减小电磁干扰的影响。

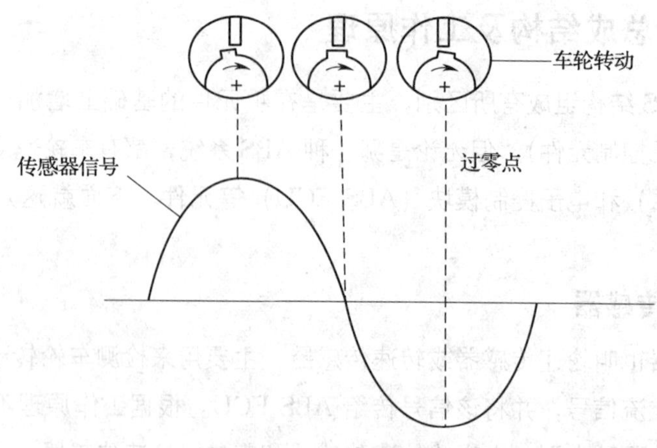

图 3—2—3 电磁式轮速传感器的工作原理

(2) 霍尔式轮速传感器

相对于电磁感应式轮速传感器来说，霍尔式轮速传感器具有输出信号稳定、频率响应高等优点，它能控制的速度范围宽至 8～260 km/h，频率响应高达 20 kHz，用于 ABS 中，相当于车速为 1 000 km/h 时所检测的信号频率，因此不会出现高速时频率响应跟不上的问题。

霍尔式轮速传感器由传感头和齿圈组成，其结构外形与电磁式的相类似。如图 3—2—4 所示，永磁体的磁力线穿过霍尔元件通向齿圈，齿圈相当于一个集磁器，随着齿圈的转动，穿过霍尔元件的磁力线密度发生交替性地变化，从而产生交替变化毫伏级的准正弦波霍尔电压，由传感器自身处理后变为交变矩形波传给 ABS ECU。

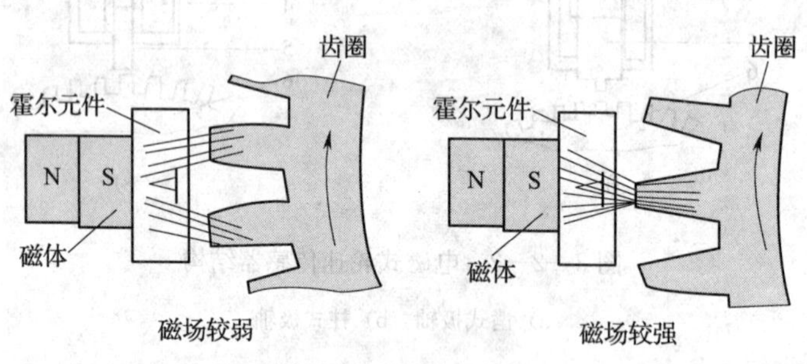

图 3—2—4 电磁式轮速传感器的工作原理

(3) 其他相关传感器

1) 横向加速传感器。横向加速度传感器信号主要用作对制动防抱死控制指令的修正，以便有效地调节左右车轮制动分泵的液压，使 ABS 更有效地工作。该传感器其实是一个惯性开关，里面主要由触点开关组成，触点的闭合与断开主要与横向加速度有关，当横向加速度低于限定值时，传感器内部触点都处于闭合状态，插头两端子通过开关内部构成回路。当汽车在高速急转弯过程中，横向加速度超过限定值时，开关中的一对触点在自身惯性力的作用下处于开启状态，插头两端子之间在开关内部形成断路，系统反映出两种不同状态的信号，此装置一般只在较高级的轿车和跑车上使用。

2）压力差动开关。该装置在液压总成电磁阀体中，用以监测压力变化，并将压力的变化转化成电信号传送到 ABS ECU，若液压总成压力不正常，通过 ABS ECU 可使 ABS 警示灯闪烁，以此告诫驾驶员 ABS 系统存在故障。

3）减速度传感器。减速度传感器又称 G 传感器。G 传感器的作用是在汽车制动时，获得汽车减速度信号，并将该信号输送给 ABS ECU，ABS ECU 依据此信号对路面情况进行区别，判断路面附着系数高低情况。当判定汽车行驶在雪路、结冰路等易滑的路面上时，会采取相应控制措施，以提高制动效能。目前减速度传感器有光电式、水银式、差动变压器式等。

2. 液压控制装置

在很多 ABS 制动压力控制装置里面，应用最广的应算是液压式制动压力控制装置，主要用于中小型客、货车，轿车及其他类型的中、小型车辆。其特点是制动比较柔和，故障率也较低。

汽车制动液压控制装置中最主要的总成是制动压力调节器，其串接在制动主缸与制动轮缸之间，通过电磁阀直接或间接地控制轮缸的制动压力。通常，把电磁阀直接控制轮缸制动压力的调节器称作循环式调节器，把间接控制制动压力的调节器称作可变容积式调节器。

（1）循环式制动压力调节器

此种形式的制动压力调节器的制动总缸与轮缸之间串联一电磁阀，直接控制轮缸的制动压力。这种压力调节系统的特点是制动压力油路和 ABS 控制压力相通，如图 3—2—5 所示。

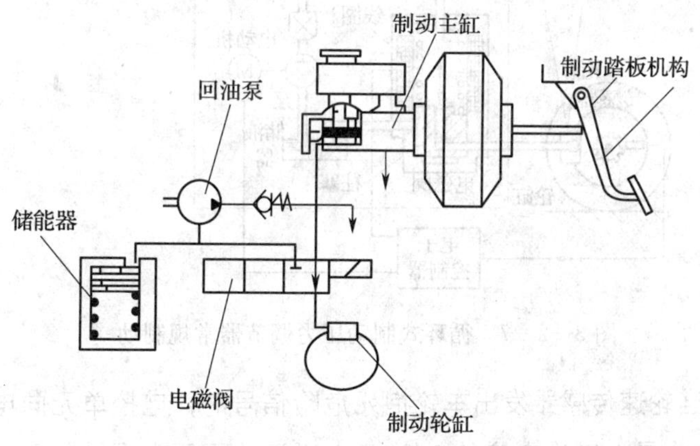

图 3—2—5　循环式制动压力调节器

图中的储能器的作用是在减压过程中将从轮缸流经电磁阀的制动液暂时储存起来。回油液压泵也称为再循环泵，其作用是将减压过程中制动轮缸流进储能器的制动液泵回主缸。电磁阀是三位三通电磁阀，其结构原理如图 3—2—6 所示。

循环式制动系统的具体工作原理如下。

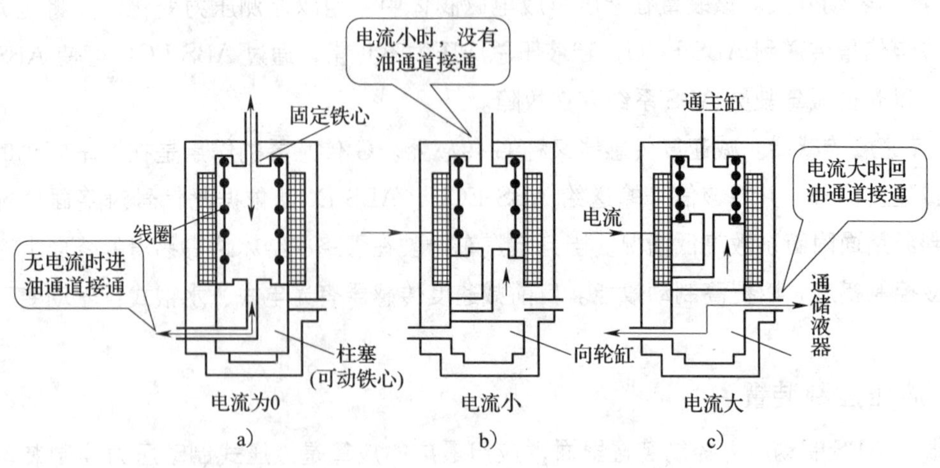

图 3—2—6　三位三通电磁阀原理

a）普通制动状态　b）保压状态　c）减压状态

1）常规制动（升压）状态。在常规制动过程中，ABS 系统不工作，电磁线圈中无电流通过，电磁阀处于升压位置。此时制动主缸和轮缸状态如图 3—2—7 所示，从制动主缸输送来的制动液直接进入制动轮缸，制动轮缸压力随制动主缸压力的变化而增减。此时回油液压泵也不工作。

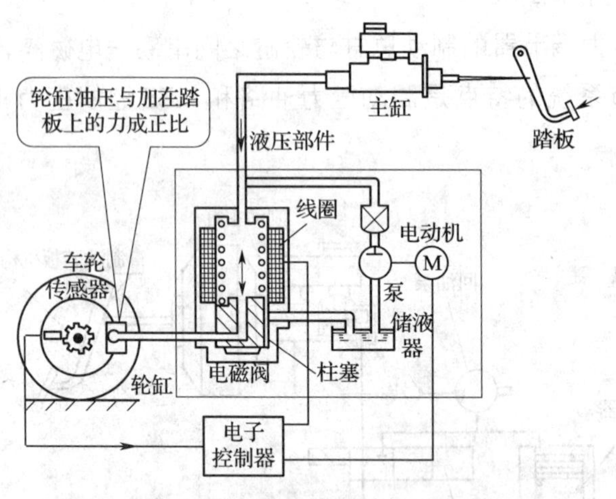

图 3—2—7　循环式制动压力调节器常规制动

2）保压状态。当轮速传感器发出车轮抱死危险信号时，电控单元向电磁线圈输入一个较小的保持电流（约为最大工作电流的 1/2），电磁阀处于压力保持位置，如图 3—2—8 所示。此时制动主缸、制动轮缸和回油孔相互隔离密封，油泵工作进入内循环状态，油液不流动，轮缸中的制动压力保持一定。

3）减压状态。当滑移率不在最佳制动范围内，ABS ECU 判定轮缸需要减压的同时向制动压力调节器发出指令，此时电磁阀将轮缸与回油通道或储液室接通，油泵运转，轮缸中制动液经电磁阀流入储液室，轮缸制动压力下降，如图 3—2—9 所示。

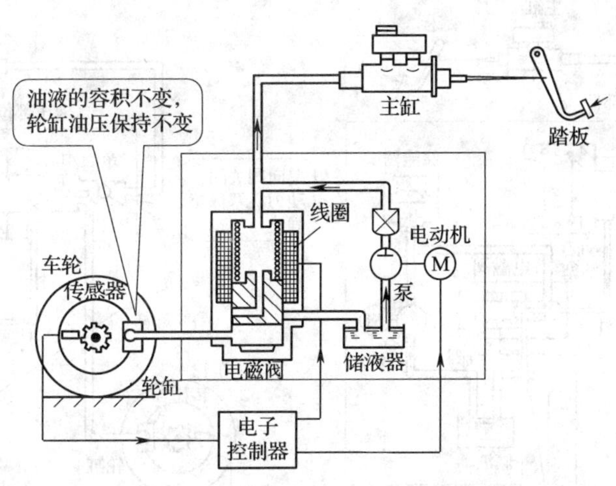

图 3—2—8　循环式制动压力调节器保压状态

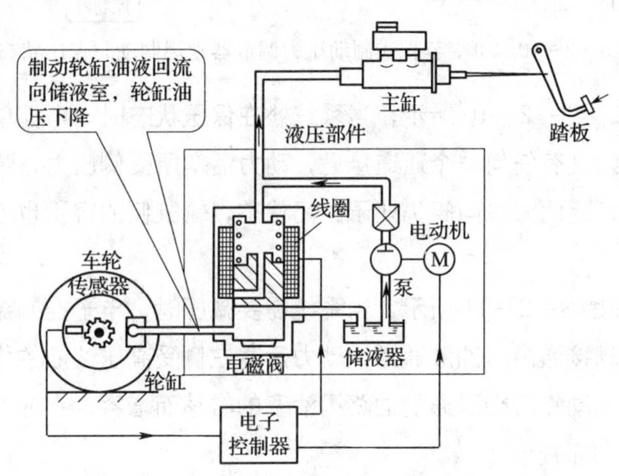

图 3—2—9　循环式制动压力调节器减压状态

4）增压状态。当压力下降后滑移率又偏离最佳制动范围时，电控单元便切断通往电磁阀的电流，主缸和轮缸再次相通，主缸中的高压制动液再次进入轮缸，使制动压力增加。在整个制动过程中，上述过程反复进行，一般频率高达 12 次/s，直到解除制动为止。

（2）可变容积式制动压力调节器

可变容积式制动压力调节器与循环式制动压力调节器有所区别，它主要是通过控制制动管路中制动液容积的增减来控制制动压力的变化，液压控制阀为活塞式。这个动力活塞连通两个油路，分别为制动压力油路和 ABS 控制压力油路，但这两个油路是相互隔开的。该系统的工作原理如下。

1）常规制动状态。如图 3—2—10 所示，当汽车制动处在常规制动工况时，电磁线圈无电流流过，动力活塞在强力弹簧的作用下被推至最左端，活塞顶端推杆将单向阀打开，使制动主缸与轮缸的制动管路接通，制动主缸的制动液直接进入轮缸，轮缸压力随主缸压力变化而变化。

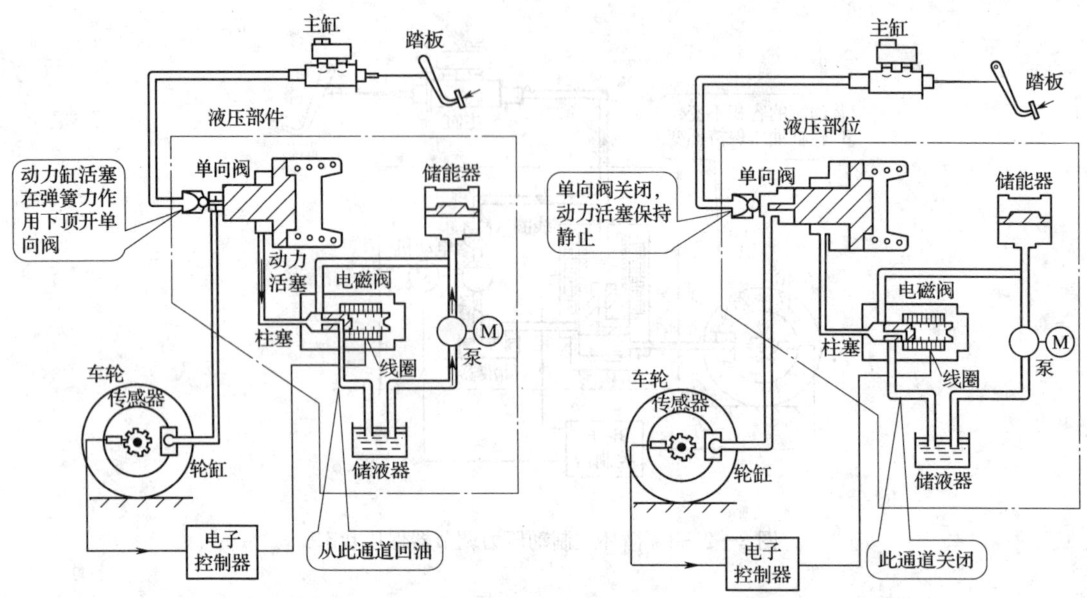

图 3—2—10 可变容积式制动压力调节器常规制动与保压状态

2）保压状态。如图 3—2—10 所示，当系统处在保压状态时，电控单元向电磁线圈输入一较小电流，电磁阀内没有任何一个通道接通，动力活塞所受侧压力与弹簧力相平衡，控制活塞保持在一定位置，而此时单向阀仍处于关闭状态，轮缸侧的容积也不发生变化，制动压力保持一定。

3）减压状态。如图 3—2—11 所示，当系统需要减压时，电子控制器向电磁线圈输入一大电流时，此时电磁阀接通高压油液通道，动力活塞左侧受高压油液的作用克服弹簧力向右移动，与此同时，与制动轮缸相联通的油路因活塞的右移而增容，在油液量不变的情况下制动压力随着容积的增大而减小。

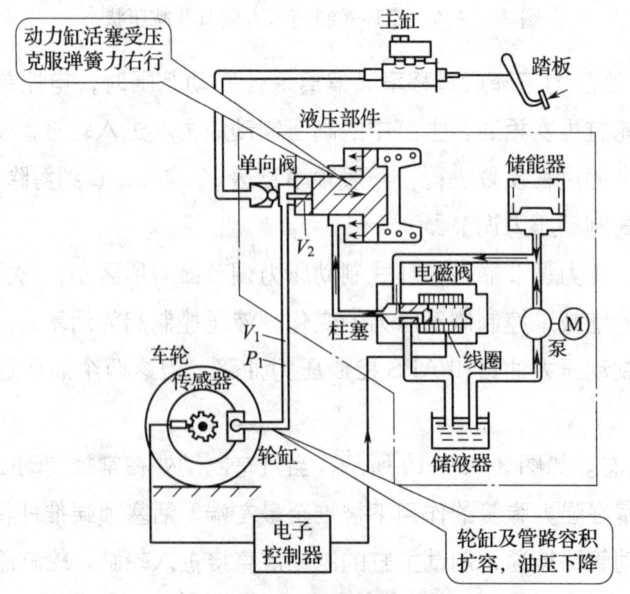

图 3—2—11 可变容积式制动压力调节器减压状态

4）增压状态。需要增压时，电子控制器切断电磁线圈中的电流，柱塞又回到左端的初始位置，控制活塞工作腔与回油管路接通，控制活塞左侧控制液压解除，控制活塞左移至最左端时，单向阀被打开，轮缸压力将随主缸的压力增大而增大。这个过程与常规制动是相一致的。

三、ABS 故障自诊断系统

ABS 故障的诊断和排除的基本方式和方法是相一致的。虽然对于不同的车型，甚至同一系列不同年代生产的车型，诊断与检查的方法和程序都会有所不同。但是 ABS 系统基本诊断与检查方法的内容是相一致的，它们一般包括故障指示灯诊断、初步检查、故障自诊断和快速检查四个步骤。通常情况下，故障自诊断是汽车装用电子控制装置 ECU 后给修理人员提供的快速自动故障诊断法，在整个诊断与检查中占有极为重要的地位，下面就集中介绍自诊断方法。

1. ABS 故障自诊断系统基本定义

ABS 自诊断系统实质上是以 ABS ECU 中标准的正常运行状况为准，将非正常的运行（故障）用某种符号形式记录在存储器中，并通过一定的形式将故障码从存储器中提取出来，供人们方便读出以确定故障点的方法。

在这些 ABS 系统 ECU 的故障中，每一组故障码都代表一组特定的故障。这里要注意的是：ABS 系统 ECU 仅针对 ABS 系统中的电气控制元件，故障码设定不针对常规制动系统中的故障。ABS ECU 接收车轮转速传感器信号，通过对比计算，确定车轮正处于何种工作状态，当车轮即将抱死时，即发出信号触发制动器。传感器与输出控制两类信号必须正确和稳定，否则中央控制单元将会判定系统有故障而使 ABS 系统失效。此时警告灯亮，以提醒驾驶员车辆处在何种运行状态。

2. 故障代码

ABS 系统用某种符号记忆故障并将其存入 ECU 的存储器中，这种符号通常是用阿拉伯数字或英语字母或它们的组合，即故障代码。

故障代码的含义及表达方式随车型的不同而不同，修理技术人员可在维修手册中查询。如福特车系，其 32 位的 ECU 就可在存储器中存储七种类型的故障代码，见表 3—2—1。而达科（Ⅵ）ABS 的故障码是由字母 A 和数字组成（如 A011 表示 ABS 故障指示灯开路或短路），详尽的故障码内容给其自身的维修带来了很大的方便。

表 3—2—1　　存储器中存储七种类型的故障代码

故障码	故障内容	故障码	故障内容
11	ECU	21	主控制阀
12	ECU	22	左前轮输入电磁阀

续表

故障码	故障内容	故障码	故障内容
23	左前轮输出电磁阀	48	四个车轮速度传感器中的三个
24	右前轮输入电磁阀	51	左前轮输出电磁阀
25	右前轮输出电磁阀	52	右前轮输出电磁阀
26	后轮输入电磁阀	53	后轮输入电磁阀
27	后轮输出电磁阀和地线	54	后轮输出电磁阀
31	左前轮速度传感器	55	左前轮速度传感器
32	右前轮速度传感器	56	右前轮速度传感器
33	右后轮速度传感器	57	右后轮速度传感器
34	左后轮速度传感器	58	左后轮速度传感器
35	左前轮速度传感器	61	液位指示和压力警告开关
36	右前轮速度传感器	71	左前轮速度传感器
37	右后轮速度传感器	72	右前轮速度传感器
38	左后轮速度传感器	73	右后轮速度传感器
41	左前轮速度传感器	74	左后轮速度传感器
42	右前轮速度传感器	75	左前轮速度传感器
43	右后轮速度传感器	76	右前轮速度传感器
44	左后轮速度传感器	77	右后轮速度传感器
45	左前轮或某一速度传感器	78	左后轮速度传感器
46	右前轮或某一速度传感器	99	ECU
47	两个后轮速度传感器		

3. 故障代码的读取

故障代码的读取一般有三种方法：第一种是用专用扫描仪与 ABS 的故障码读取接口相连，按程序起动，扫描仪的显示器或指示灯会按人的指令有规律的显示故障代码；第二种是按规定短接诊断接头线路，通过汽车仪表板上指示灯或 ABS 故障指示灯闪亮的规律来读取故障码；第三种是车上就带有驾驶员信息系统，即中心计算机系统，维修技术人员可起动自检程序，信息系统上的显示器可按顺序逐步显示不同系统的故障代码。目前世界上各种车型 ABS 系统代码的读取方法均没有超出上述三种方法。

(1) 利用专用检测仪器直接读取串行数据和故障码

有些 ABS 故障码必须通过专用仪器才能读取，在此种类型的 ABS 中均装有数据传输接口（DLC），只要将检测仪器与数据传输接口对接，即可方便地直接读取储存在ECU存储器中的数据和故障码。

（2）利用特定指示灯的闪烁来闪现故障码

在利用特定指示灯的闪烁来闪现故障码时，一般是通过ABS ECU诊断起动端搭铁的方法来实现。故障码的闪现有的通过ANTI-LOCK警报灯，有的通过LED灯（发光二极管），有的则直接利用BRAKE灯。如通用车系装用的BOSCH（博世）35端子ECU控制的ABS系统，首先关闭点火开关，将数据传输接口（DLC）上的H端子接地或与A端子短接，再打开点火开关，即可通过ANTI-LOCK警报灯闪现故障码。

（3）利用控制面板及信息显示中心显示故障码

在有些车上，还可利用各种控制面板来获取故障码。但这种方式显示故障码应用还比较少，一般应用在较高档的轿车或特殊需要的车辆上。

4. 故障码的清除

当系统故障排除后，即可进行故障码的清除操作。

不同的车型ABS故障码的清除方法随读取故障码方法的不同而不同，一般有相应的手动清除、专用仪器清除和控制面板清除三种方法。有的在故障排除后可在行驶过程中自行清除。如福特系列轿车的ABS系统故障排除后以40 km/h以上的速度行驶，ABS ECU便会确认完全修复正常后自动消除存储器中的故障代码。有的快速制动或拆拔保险就可清除故障码，如丰田系列车排除故障后在3 s内踏下制动踏板不少于8次即可清除存储器中的故障码。对于UCF20系列的车辆，拆除ECU－B熔丝也可清除故障码。但采用这种方式清除故障码的同时，其他存储器中的故障码也同时被清除掉。

5. ABS故障自诊断实例操作步骤（以北京现代10款悦动为例）

北京现代轿车故障自诊断可用专用检测仪器直接读取串行数据和故障码，就以该种方法为例加以说明。

（1）打开点火开关至ON挡，ABS故障指示灯点亮后未见熄灭，以30 km/h以上车速行车至少1 min，同时检查ABS灯是否熄灭，如果仍旧点亮则可进行下一步操作。

（2）将点火开关转至OFF位。

（3）连接专用解码仪Hi－DS至方向盘下方的诊断接头。

（4）打开点火开关至ON挡，打开Hi－DS电源，选择01车辆通信——01北京现代——08—12款悦动。

（5）进入制动系统，选择读取故障码，将故障代码记录，关闭Hi－DS，查看维修手册关于该故障码的相关说明，按说明逐步排查故障原因。

（6）故障维修后，再次打开Hi－DS，进入制动系统进行故障码清除后，重新读取故障代码，看是否清除掉。

（7）关闭点火开关后再次打开，看ABS故障指示灯是否点亮3 s左右自动熄灭。

(8) 以 30 km/h 以上车速行车至少 1 min 后，检查 ABS 警示灯状况。

(9) 确认 ABS 警示灯正常后，在安全地区测试 ABS 以证实系统功能正常。

§3—3 驱动力控制（ASR）系统

学习目标：

1. 掌握 ASR 系统的结构组成。
2. 理解 ASR 系统的工作原理。

一、ASR 系统的结构组成

典型的 ASR 系统一般由 ASR 传感器、ASR 电子控制装置 ECU、ASR 执行器等组成。一般情况下 ASR 与 ABS 共用轮速传感器和电子控制装置，只在通往驱动车轮制动轮缸的制动管路中，各增设一个 ASR 制动压力调节器，及通过怠速控制阀或电子节气门控制进气量，以实现驱动防滑转控制。其具体组成如图 3—3—1 所示。

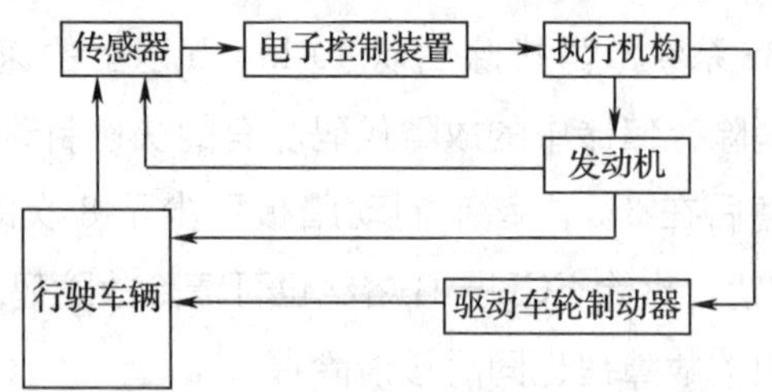

图 3—3—1 ASR 系统的具体组成

1. ASR 系统传感器

ASR 系统的传感器主要是轮速传感器和节气门位置传感器。轮速传感器与 ABS 系统共用，而节气门位置传感器则与发动机控制系统共用。

2. ASR ECU

ASR ECU 也是以微处理器为核心，配以输入、输出电路及电源等组成。ASR 和 ABS 的一些信号输入和处理都是相同的，为减少电子器件的应用数量，使结构紧凑，ASR ECU 与 ABS ECU 通常组合在一起。

3. ASR 执行器

ASR 执行器一般有 ASR 制动压力调节器与用来控制进气量的怠速控制阀或电子节气门，在驱动轮打滑时 ASR 通过对比各轮子转速，电子系统判断出驱动轮打滑，自动立刻减少节气门进气量，降低发动机转速，从而减少动力输出，对打滑的驱动轮进行制动。ASR 制动压力调节器则接收 ASR ECU 的指令，对滑转车轮施加制动力并控制制动力的大小，以控制车轮滑转率在目标范围之内。ASR 制动压力源是蓄压器，通过电磁阀来调节驱动车轮制动压力的大小。ASR 制动压力调节器的结构形式有单独方式和组合方式两种。

(1) 单独方式的 ASR 制动压力调节器

所谓单独方式是指 ASR 制动压力调节器和 ABS 制动压力调节器在结构上各自分开，它们之间的关系是串联关系。其工作原理如图 3—3—2 所示。

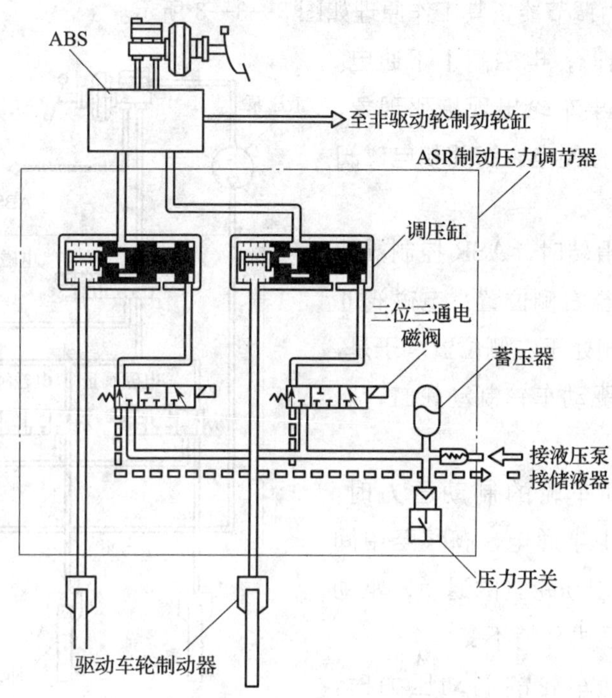

图 3—3—2 单独方式的 ASR 制动压力调节器工作原理图

在 ASR 不起作用时，电磁阀不通电，阀位于左侧位置，调压缸的右腔与储液器相通，由于右腔压力较低，调压缸的活塞被回位弹簧推到右边极限位置，ABS 制动压力调节器与驱动车轮的制动轮缸与调压缸左腔连通。因此，在 ASR 不起作用时，对 ABS 无任何影响。

当驱动车轮出现滑转而需要对驱动车轮实施制动时，ASR ECU 输出控制信号，使电磁阀线圈通电而移至右侧位置。此时调压缸右腔与储液室隔断而与蓄压器连通，蓄压器内具有一定压力的制动液推动调压缸的活塞左移，切断 ABS 制动压力调节器与驱动车轮制动轮缸之间的液压通道。同时随调压缸活塞左移压缩左腔内的制动液，使调压缸左腔和驱动车轮制动轮缸内的制动压力增大。

当需要保持驱动车轮的制动压力时，ASR ECU 使电磁阀半通电（最大电流的一半），阀处于中间位置，调压缸与储液器和蓄压器的液压通道均被切断，于是，调压缸活塞保持原位不动，使驱动车轮制动轮缸内的制动压力保持不变。

当需要减小驱动车轮的制动压力时，ECU 使电磁阀断电，阀在其回位弹簧力的作用下回到左侧位置，调压缸右腔与蓄压器隔断而与储液器连通。于是，调压缸右腔压力下降。

在汽车行驶中，ASR ECU 就是通过对电磁阀的上述控制，实现对驱动车辆制动力的控制，将车轮的滑移率控制在目标范围之内。

(2) 组合方式的 ASR 制动压力调节器

组合方式是指 ASR 制动压力调节器与 ABS 制动压力调节器在结构上组合为一个整体，称 ABS/ASR 制动压力调节器，其工作原理如图 3—3—3 所示。

在 ASR 不起作用时，电磁阀Ⅰ不通电。汽车在制动过程中如果车轮出现抱死现象，则 ABS 起作用，通过控制电磁阀Ⅱ和电磁阀Ⅲ来调节制动压力。

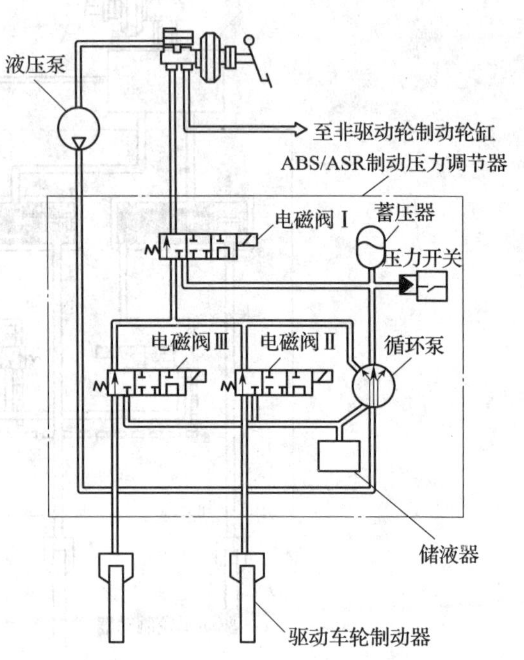

图 3—3—3　组合方式的 ASR 制动压力调节器工作原理图

当驱动车轮出现滑转时，ASR 控制器使电磁阀Ⅰ通电，阀移至右侧位置；电磁阀Ⅱ和电磁阀Ⅲ不通电，阀处于左侧位置。于是，蓄压器的压力油进入驱动车轮制动轮缸，以增大制动压力。

当需要保持驱动车轮的制动压力时，ASR ECU 使电磁阀Ⅰ半通电，阀移至中间位置，切断蓄压器与制动轮缸的通道，驱动车轮制动轮缸的制动压力保持不变。

当需要减小驱动车轮的制动压力时，ASR ECU 给电磁阀Ⅱ和电磁阀Ⅲ通电，阀Ⅱ和阀Ⅲ移至右侧位置，将驱动车轮制动轮缸与储液器连通，制动轮缸的油经阀体回流至储液器以降低制动压力。

如果需要对左右驱动车轮的制动压力实施不同的控制，ASR ECU 则分别对电磁阀Ⅱ和电磁阀Ⅲ实现不同的控制。

二、ASR 系统的工作原理

汽车在行驶过程中作用在驱动轮上的制动力、侧向力及驱动力是相互联系、相互制约的，如图 3—3—4 所示。若驱动力增大，侧向力就不得不减小。当驱动轮发生滑转时，驱动力和侧向力处在 A 区，侧向力是很小的。此时若有很小的外力或路面倾斜等原因均会使车轮发生侧滑。而要减小驱动力可通过减小节气门开度降低发动机输出功率或略微增加驱动轮的制动力等方式实现，一般情况这两种方式是同步进行的。

ASR 和 ABS 都是为了增加汽车抵抗侧滑能力的，但 ASR 的作用只是将滑移率控制得小一些。稍微减少驱动力，侧向力就会提高，这一点与 ABS 是不同的。

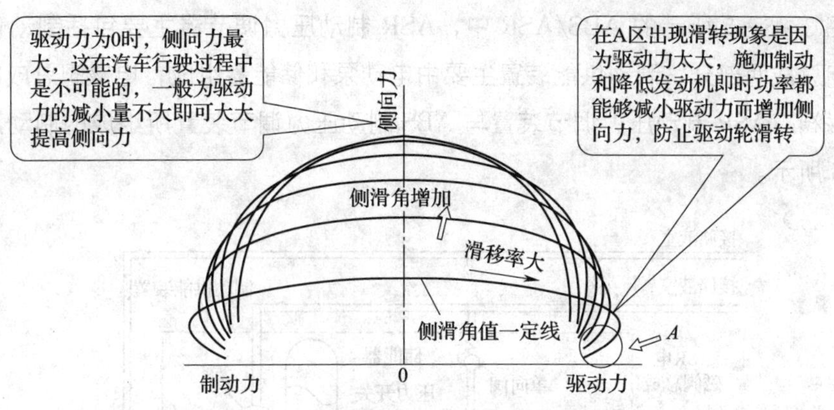

图 3—3—4　驱动轮制动力、侧向力及驱动力的关系

如图 3—3—5 所示，ASR 在汽车驱动过程中，其电子控制装置 8 根据各车轮转速传感器产生的车轮转速信号，确定驱动车轮的滑动率和汽车的参考速度。当 ABS/ASR 电子控制装置判定驱动车轮的滑动率超过设定的限值时，就使驱动副节气门的步进电动机 15 转动，减小副节气门的开度。此时，即使主节气门的开度不变，发动机的进气量也会因副节气门开度的减小而减少，使发动机的输出转矩减小，驱动车轮上的驱动力矩随之减小。如果驱动车轮的滑动率仍未降低到设定的控制范围内，ABS/ASR 电子控制装置又会控制 ASR 制动压力调节器 4 和 ABS 制动压力调节器 16，对驱动车轮施加一定的制动压力，将制动力矩作用于驱动车轮。

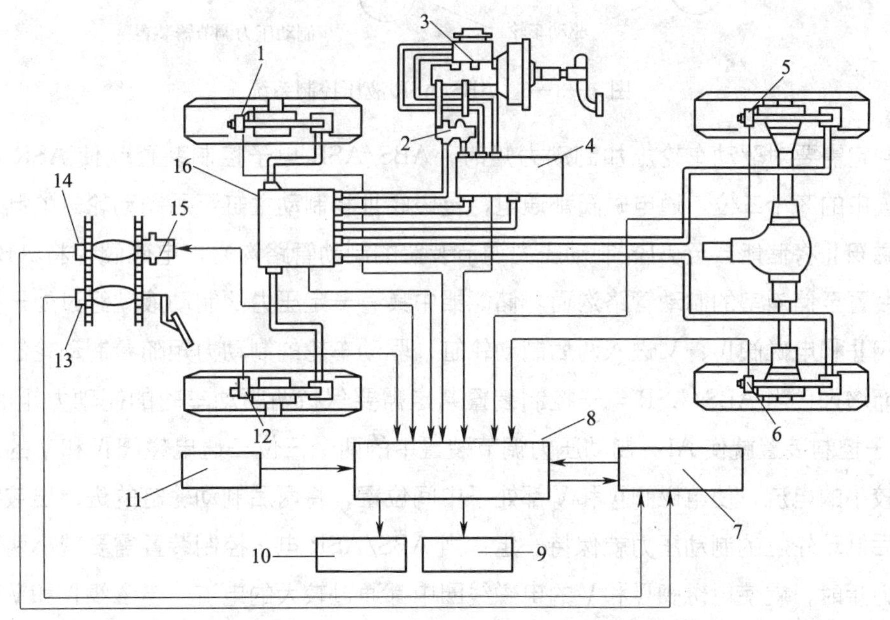

图 3—3—5　典型的 ABS/ASR 系统

1—右前车轮转速传感器　2—比例阀和差压阀　3—制动主缸　4—ASR 制动压力调节器　5—右后车轮转速传感器　6—左后车轮转速传感器　7—发动机/变速器电子控制装置　8—ABS/ASR 电子控制装置　9—ASR 关闭指示灯　10—ASR 工作指示灯　11—ASR 选择开关　12—左前车轮转速传感器　13—主节气门开度传感器　14—副节气门开度传感器　15—副节气门驱动步进电动机　16—ABS 制动压力调节器

在如图 3—3—5 所示的 ABS/ASR 中，ASR 制动压力调节器主要包括制动供能装置和电磁控制阀总成两部分。制动供能装置主要由电动泵和储能器组成，电磁阀总成中有 3 个二位二通电磁阀。ASR 制动压力调节装置与 ABS 制动压力调节装置所组成的制动液压系统如图 3—3—6 所示。

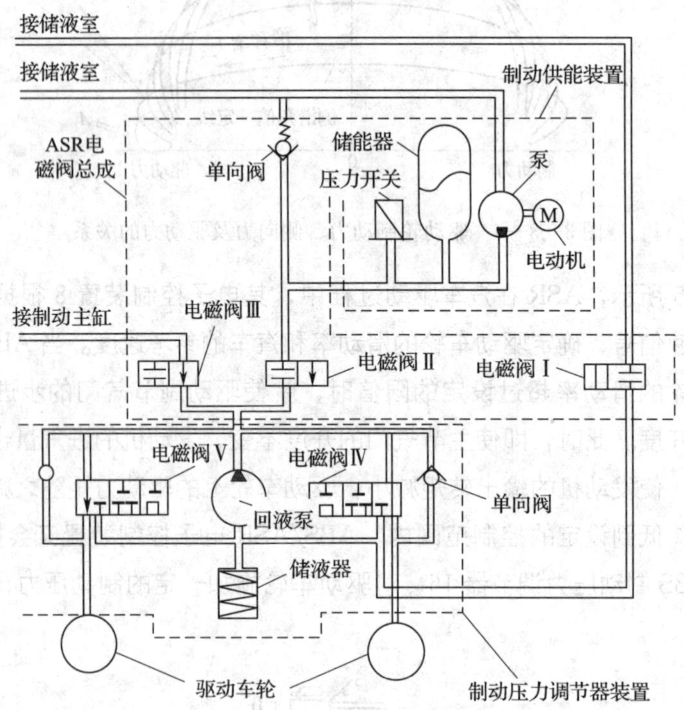

图 3—3—6　ABS/ASR 液压控制系统

当判定需要对驱动车轮施加制动力矩时，ABS/ASR 电子控制装置就使 ASR 制动压力调节装置中的 3 个二位二通电磁阀都通电，电磁阀Ⅲ将制动主缸至后制动轮缸的制动管路封闭，电磁阀Ⅱ将储能器至 ABS 制动压力调节装置的制动管路沟通，电磁阀Ⅰ将 ABS 制动压力调节装置至储液室的制动管路沟通。储能器中具有一定压力的制动液就经过处于开启状态的电磁阀Ⅱ和电磁阀Ⅳ、Ⅴ进入两后制动轮缸，驱动车轮的制动力矩随着制动轮缸制动压力的增大而增大；当 ABS/ASR 电子控制装置判定需要保持两驱动车轮的制动力矩时，ABS/ASR 电子控制装置就使 ABS 制动压力调节装置中的两个三位三通电磁阀Ⅳ和Ⅴ的电磁线圈中通过较小的电流，使电磁阀Ⅳ和Ⅴ都处于中间位置，将两后制动轮缸的进、出液管路都封闭，两后制动轮缸的制动压力就保持一定；当 ABS/ASR 电子控制装置需要减小两驱动车轮的制动力矩时，就使电磁阀Ⅳ和Ⅴ的电磁线圈中都通过较大的电流，电磁阀Ⅳ和Ⅴ分别将两后制动缸的进液管路封闭，而将两后制动轮缸的出液管路沟通，两后制动轮缸的制动压力就会减小。在 ASR 制动压力调节过程中，ABS/ASR 电子控制装置根据车轮转速传感器输入的车轮转速信号，对驱动车轮的运动状态进行连续监测，通过控制电磁阀Ⅳ和Ⅴ的通电情况，使后制动轮缸的制动压力循环往复地进行增大——保持——减小的过程，从而将驱动车轮的滑移率控制在设定的理想范围之内。如果 ABS/ASR 电子控制装置判定需要对两驱动车轮的制动力矩进行不同控制时，ABS/ASR 电子控制装置就对电磁阀Ⅳ和Ⅴ进行分别控制，使两后制动轮缸的制动压力进行各自独立的调节。

当 ABS/ASR 电子控制装置判定无须对驱动车轮实施防滑转控制时，ABS/ASR 电子控制装置使各个电磁阀均不通电，后制动轮缸中的制动液可经电磁阀Ⅳ、电磁阀Ⅴ、电磁阀Ⅲ流回制动主缸，驱动车轮的制动力矩将完全消除，在解除驱动车轮制动的同时，ABS/ASR 电子控制装置还控制步进电动机转动，将副节气门完全开启。

目前，在各种车型上装备的 ASR 系统的具体结构和工作过程不尽相同，但在如下几个方面却是相同的。

(1) ASR 可以由驾驶员通过 ASR 选择开关对其是否进入工作状态进行选择。在 ASR 进行防滑转调节时，ASR 工作指示灯会自动点亮，如果通过 ASR 选择开关将 ASR 关闭，ASR 关闭指示灯会自动点亮。

(2) ASR 处于关闭状态时，副节气门将自动处于全开位置，ASR 制动压力调节装置也不会影响制动系统的正常工作。

(3) 如果在 ASR 处于防滑转调节过程中，驾驶员踩下制动踏板进行制动，ASR 将会自动退出防滑转调节过程，而不影响制动过程的进行。

(4) ASR 通常只在一定的车速范围内才进行防滑转调节，而当车速达到一定时（如 120 km/h 或 80 km/h)，ASR 将会自动退出防滑转调节过程。

(5) ASR 在其工作车速范围内通常具有不同的优先选择性，在车速较低时以提高牵引力作为优先选择。此时，对两驱动车轮施加的制动力矩可以不同，即对两后制动轮缸的制动压力分别进行调节。而在车速较高时则以提高行驶方向稳定性为优先选择，此时，对两驱动车轮施加的制动力矩将是相同的，即对两后制动缸的制动压力进行统一调节。

(6) ASR 都具有自诊断功能，一旦发现存在影响系统正常工作的故障时，ASR 将会自动关闭，并向驾驶员发出警示信号。

§3—4 其他制动辅助系统简介

学习目标：

其他各种制动辅助系统介绍。

一、电子制动力分配（EBD）系统

EBD 的英文全称是 Electric Brakeforce Distribution，中文直译就是电子制动力分配。作用是自动调节前、后轴的制动力分配比例，提高制动效能（在一定程度上可以缩短制动距离），并配合 ABS 提高制动稳定性。汽车制动时，如果四只轮胎附着地面的条件不同，比如，左侧轮附着在湿滑路面，而右侧轮附着于干燥路面，四个轮子与地面的摩擦力不同，在制动时（四个轮子的制动力相同）就容易产生打滑、倾斜和侧翻等现象。

EBD的功能就是在汽车制动的瞬间，高速计算出四个轮胎由于附着条件不同而导致的摩擦力数值，然后调整制动装置，使其按照设定的程序在运动中高速调整，达到制动力与摩擦力（牵引力）的匹配，以保证车辆的平稳和安全。

在紧急刹车车轮抱死的情况下，EBD在ABS动作之前就已经平衡了每一个轮的有效地面抓地力，可以防止出现甩尾和侧移，并缩短汽车制动距离。EBD实际上是ABS的辅助功能，它可以提高ABS的功效。所以在安全指标上，汽车的性能又多了ABS+EBD。

二、牵引力控制（TCS）系统

TCS，其英文全称是Traction Control System，牵引力控制系统，又称循迹控制系统。是根据驱动轮的转数及传动轮的转数来判定驱动轮是否发生打滑现象，当前者大于后者时，抑制驱动轮转速的一种防滑控制系统。它与ABS作用模式十分相似，两者都使用感测器及刹车调节器。

TCS与ABS的区别在于，ABS是利用感测器来检测轮胎何时要被抱死，再减少该轮的刹车力以防被抱死，它会快速的改变刹车力，以保持该轮在即将被抱死的边缘，而TCS主要是使用引擎点火的时间、变速箱挡位和供油系统来控制驱动轮打滑。

TCS主要是使用引擎点火的时间、变速箱挡位和供油系统来控制驱动轮打滑的情况。当TCS感应到车轮打滑的时候，首先会经过发动机ECU改变引擎点火的时间，降低引擎扭矩输出或是在该轮上施加刹车以防该轮打滑，如果在打滑很严重的情况下，就再控制引擎供油系统。TCS在运用的时候，变速箱会维持较高的挡位，在油门加重的时候，会避免突然下挡以免打滑的更厉害。TCS最大的特点是使用现有ABS系统的ECU、输速感知器和控制引擎与变速箱的ECU，即使换上了备胎，TCS也可以准确的应用。

三、车身电子稳定（ESP）系统

ESP系统实际是一种牵引力控制系统，与其他牵引力控制系统比较，ESP不但控制驱动轮，而且可控制从动轮。如后轮驱动汽车常出现的转向过多情况，此时后轮失控而甩尾，ESP便会刹慢外侧的前轮来稳定车子；在转向过少时，为了校正循迹方向，ESP则会刹慢内后轮，从而校正行驶方向。

ESP系统包含ABS（防抱死刹车系统）及ASR（驱动防滑转系统），是这两种系统功能上的延伸。因此，ESP称得上是当前汽车防滑装置的最高级形式。ESP系统由控制单元及转向传感器（监测方向盘的转向角度）、车轮传感器（监测各个车轮的速度转动）、侧滑传感器（监测车体绕垂直轴线转动的状态）、横向加速度传感器（监测汽车转弯时的离心力）等组成。控制单元通过这些传感器的信号对车辆的运行状态进行判断，进而发出控制指令。有ESP与只有ABS及ASR的汽车，它们之间的差别在于ABS及ASR只能被动地做出反应，而 ESP 则能够探测和分析车况并纠正驾驶的错误，防患于未然。ESP 对过度转向或不足转向特别敏感，例如汽车在路滑时左拐过度转向（转弯太急）时会产生向右侧甩尾，传感器感觉到滑动就会迅速制动右前轮使其恢复附着力，产生一种相反的转矩而使汽车保持在原来的车道上。当然，任何事物都有一个度，如果驾车者盲目开快车，现在的任何安全装置都难以保全。

10 年前，博世是第一家把电子稳定程序（ESP）投入量产的公司。因为 ESP 是博世公司的专利产品，所以只有博世公司的车身电子稳定系统才可称之为 ESP。在博世公司之后，也有很多公司研发出了类似的系统，如日产研发的车辆行驶动力学调整系统（Vehicle Dynamic Control，VDC），丰田研发的车辆稳定控制系统（Vehicle Stability Control，VSC），本田研发的车辆稳定性控制系统（Vehicle Stability Assist Control，VSA），宝马研发的动态稳定控制系统（Dynamic Stability Control，DSC）等。

四、上坡辅助（HAC）系统

HAC（Hill—start Assist Control）上坡辅助系统，是在 ESP 系统的基础上进一步开发出来的系统。当车辆在坡路停车后重新起步时，系统会自动控制制动器几秒的时间，防止车辆下滑，从而提升坡路起步时的行驶安全性。HAC 的运行条件：挡位不在 P 位置，驾驶者踩下加速踏板，车辆向后溜车（或轻踩下制动踏板）未施加驻车制动（手刹）。在满足以上条件时，驾驶者深踩下制动踏板（如果驾驶者开始已经深踩下制动踏板，需稍减小制动力），防滑灯亮起，听到蜂鸣器响起，证明此功能已经启动。

取消 HAC 的方法：踩下加速踏板或者换挡杆移入 P 的位置或踩下制动踏板后，等待或立即拉起驻车制动（手刹）。

五、电子控制制动辅助（EBA）系统

Electronic Brake Assist 译为电子控制制动辅助系统，简称 EBA，是汽车紧急制动辅助系统的一种。

在正常情况下，大多数驾驶员开始制动时只施加很小的力，然后根据情况增加或调整对制动踏板施加的制动力。如果必须突然施加大得多的制动力，或驾驶员反应过慢，这种方法会阻碍他们及时施加最大的制动力。

许多驾驶员也对需要施加比较大的制动力没有准备，或者他们反应得太晚，造成制动距离过长，导致追尾等交通事故。

EBA 通过驾驶员踩踏制动踏板的速率来理解它的制动行为，如果它察觉到制动踏板的制动压力恐慌性增加，EBA 会在几毫秒内启动全部制动力，其速度要比大多数驾驶员移动脚的速度快得多。EBA 可显著缩短紧急制动距离并有助于防止在停停走走的交通中发生追尾事故。EBA 系统靠实时监控制动踏板的运动。它一旦监测到踩踏制动踏板的速度陡增，而且驾驶员继续大力踩踏制动踏板，它就会释放出储存的 180 bar 的液压施加最大的制动

力。驾驶员一旦释放制动踏板，EBA 系统就转入待机模式。由于更早地施加了最大的制动力，紧急制动辅助装置可显著缩短制动距离。

六、转弯制动控制（CBC）系统

转弯制动控制（Curve Brake Control，CBC）系统，虽然在急刹车时，防抱死制动器能防止车轮抱死并帮助维持转向控制，但根据环境的不同，如果在转弯时紧急制动，汽车仍会有滑行的危险。

在转弯制动时，CBC 与制动防抱死系统配合工作，分别控制每个车轮制动缸的压力，从而降低过度转向和不足转向的危险。通过这种方式，实现了最优的制动力分配，从而确保了汽车在转弯制动时的稳定性。转弯制动控制利用来自 ABS 的信号控制各个制动器的压力，即使驾驶员在转到一半时才施加制动力，也能获得最佳的制动效果。非 CBC 汽车在半弯制动时通常会继续向前直行。动态稳定性控制系统会不断监控转向角和油门位置，确定转弯动作是否引发不足转向或过度转向。然后，汽车会降低发动机功率，并选择性地制动各车轮，致使汽车重新回到正确的轨道上。

需要注意的是，CBC 是与刹车一起作用的，也就是说，CBC 起作用的前提是制动踏板被踩下。

第四章　汽车舒适性控制系统

§4—1　电子控制悬架

学习目标：

1. 掌握电子控制悬架的作用与类型。
2. 理解电子控制悬架的结构与工作原理。

一、汽车电子控制悬架系统的概述

汽车悬架系统的作用是将路面作用于车轮上的垂直反力、纵向反力（牵引力、制动力）和侧向反力以及这些反力所形成的力矩都传递到车身上，以保证汽车的正常行驶。

汽车悬架的结构形式很多，按导向机构的形式来分，可分为独立悬架和非独立悬架两大类；从控制力的角度来分，悬架可分为被动悬架、半主动悬架和主动悬架。

(1) 被动悬架多为由弹簧和减振器组成的机械式悬架，悬架的弹簧刚度和阻尼参数不会随外部状态而变化。

(2) 半主动悬架可视为由可变特性的弹簧和减振器组成的悬架系统。它可按储存在计算机芯片内部的各种条件下弹簧和减振器的优化参数指令来调节弹簧的刚度和减振器的阻尼状态。由于该系统没有动力源为悬架系统提供连续的能量，故又称无源主动悬架。半主动悬架多通过改变减振器阻尼状态来实现控制，也有通过调节弹簧刚度来实现的。

(3) 主动悬架是一种具有做功能力的悬架系统。它有一个动力源（液压泵或空气压缩机）为悬架系统提供连续的动力输入。当汽车载荷、行驶速度、路面状况等行驶条件发生变化时，主动悬架系统能自动调节悬架刚度，以同时满足汽车的行驶平顺性、操纵稳定性等要求。

半主动悬架和主动悬架系统按其控制方式又可分为机械控制悬架系统和电子控制悬架系统。电子控制半主动及主动悬架主要是控制参数和效果有所不同，但它们的设计思路都是相同的，即在汽车行驶过程中，根据实际需要，控制悬架的基本参数如刚度、阻尼、高度等，从而达到最佳的行驶平顺性和操作稳定性。如在好路面上正常行驶时，刚度小一些（软一点），在坏路面上行驶或起步、制动时，刚度大一点（硬一点）；在低速时刚度小一些以满足乘坐的舒适性，高速时刚度大一些，以提高操纵稳定性。主动悬架系统还可以根据需要随时调整车身的高度。

电子控制悬架系统除半主动悬架和主动悬架系统外，还有车高控制系统。车高控制系统主要用来改善汽车的乘坐舒适性和操纵稳定性。

二、车身高度控制系统

车身高度控制是指根据汽车内乘坐人员的多少和汽车装载情况自动调整车身高度，以保持汽车行驶所需的高度和行驶姿态的稳定。

1. 油缸式和油气弹簧式车高控制系统

(1) 油缸式车高控制系统

系统由装于各车轮的油缸、电动机驱动式油泵、储油箱、回油阀、压力开关等组成，除油缸外其他装置为一个整体。

如图 4—1—1 所示，当载荷增加而使车身降低时，油泵正转，液压油进入各轮油缸使车身升高，当所在车轮部分车身高度达到规定高度时，油压迅速升高，此时在压力开关作用下使油泵停止运转。当载荷减少而使车身升高时，油泵反转，回油阀打开，各轮举升油缸中的油液经回油阀流回储油箱，车身降低。

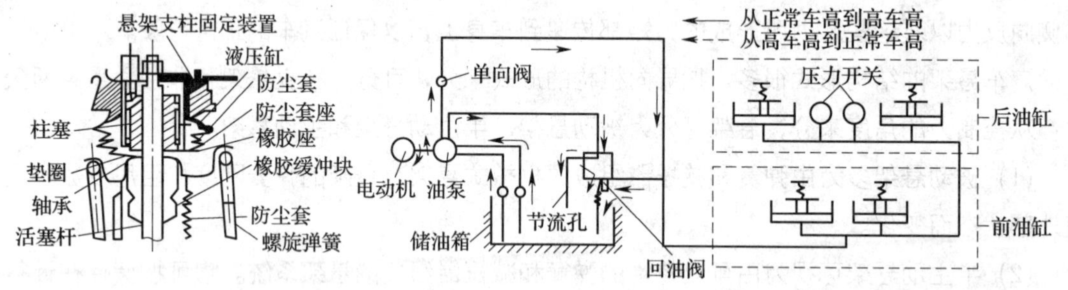

图 4—1—1　油缸式车高控制系统

(2) 油气弹簧式车高控制系统

如图 4—1—2 所示为雪铁龙轿车早期采用的油气弹簧式车高控制系统。车身主要由设在各车轮部分的液压缸支撑，在液压缸上部装有储压器，其内密封的压缩氮气可起到弹簧的作用。

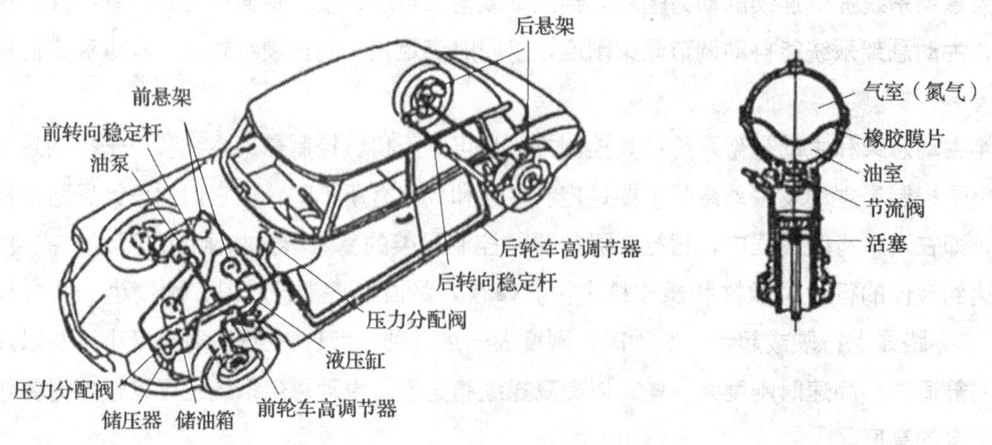

图 4—1—2　油气弹簧式车高控制系统

系统所需高压油液由一发动机驱动的油泵提供，并通过液压管路提供给各液压缸，各液压缸油压由设在前后轮的车高调节器进行调节，车高调节器检测汽车前、后端车架与车轴之间的距离，并据此向各轮液压缸分配油液或将各轮液压缸油液排入储油箱，以使液压缸伸长或缩短，从而改变汽车的行驶高度。该系统为机械式，并非电子控制。

2. 气压式车高控制系统

如图 4—1—3 所示为只对汽车两个后轮进行高度调节的丰田轿车气压式车高控制系统结构图。带减振器的可调空气弹簧如图 4—1—4 所示。

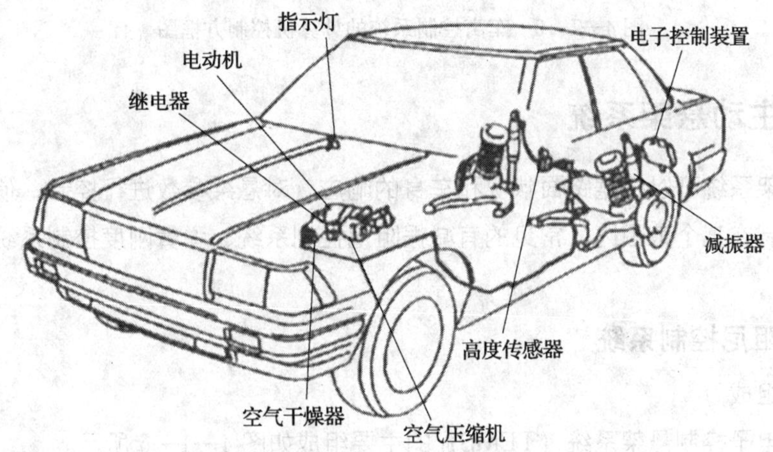

图 4—1—3 丰田轿车气压式车高控制系统结构图

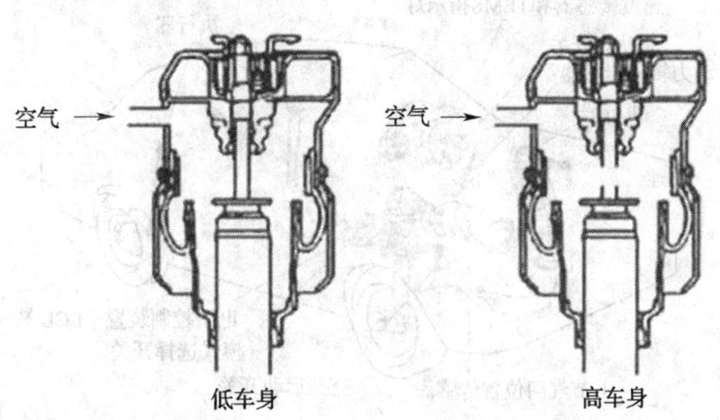

图 4—1—4 带减振器的可调空气弹簧

如图 4—1—5 所示，当载荷增加时，车身高度下降，控制装置收到高度传感器输入的过低信号，经运算后向压缩机继电器发出控制信号，使压缩机继电器闭合而启动空气压缩机，空气压缩机排出的压缩空气通过空气干燥器向空气弹簧气室充气，使汽车后端高度增加。当车身高度上升到标准值时，控制装置就再次向压缩机继电器发出控制信号，使压缩机继电器打开而空气压缩机停止工作，从而保证汽车高度维持在一定值。当载荷减少时，排气阀打开，空气弹簧中的空气经排气阀、空气干燥器排入大气，使空气弹簧收缩，车身高度降低。

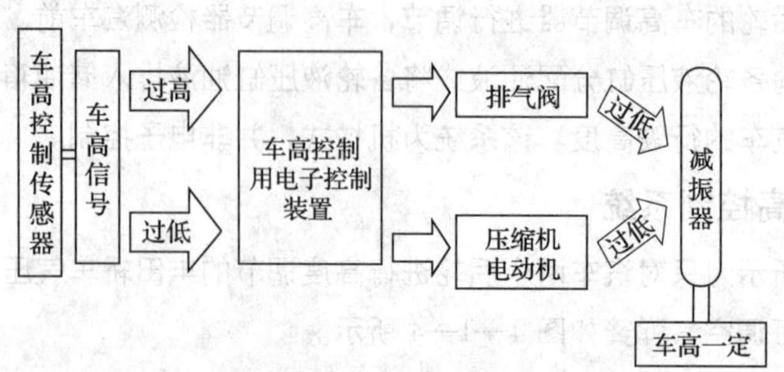

图 4—1—5　车高控制系统的计算机控制方框图

三、半主动悬架系统

半主动悬架系统可以根据路面状况和车身的响应，对悬架参数进行控制，使车身的振动响应始终被控制在某个范围内。常见的有减振阻尼控制系统、弹簧刚度控制系统、综合悬架控制系统等。

1. 减振阻尼控制系统

(1) 主要组成

丰田轿车电子控制悬架系统（TEMS）的主要组成如图 4—1—6 所示。

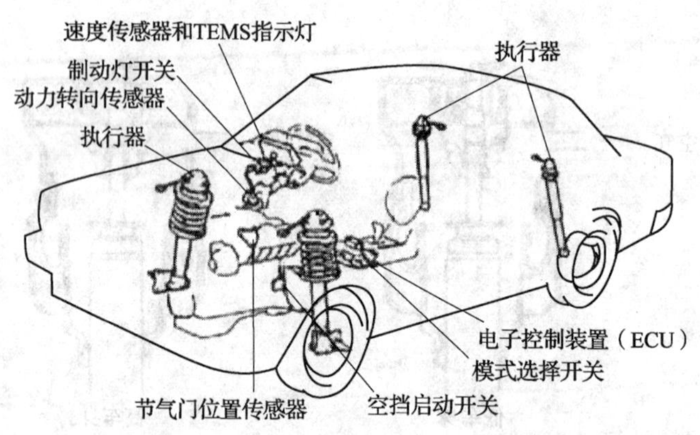

图 4—1—6　丰田轿车电子控制悬架系统

1）模式选择开关。模式选择开关位于驾驶员座椅旁，由驾驶员根据汽车行驶状态选择悬架的运行模式，从而决定减振器的阻尼力大小。模式选择开关的布置和操作方法如图 4—1—7 所示。

驾驶员通过操纵模式选择开关，可使悬架系统工作在四种运行模式：自动、正常；自动、运动；手动、正常；手动、运动。当驾驶员选择自动挡时，系统可以根据汽车行驶状态自动调节减振器的阻尼力，以保证汽车的乘坐舒适性和操纵稳定性，其控制功能见表 4—1—1。

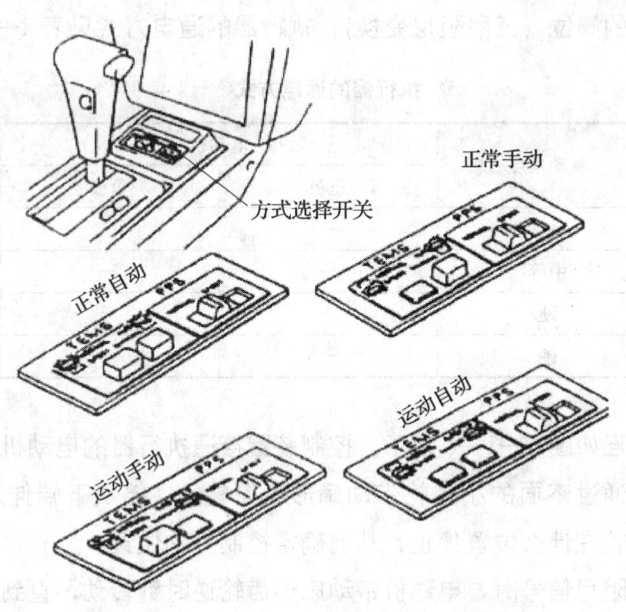

图 4—1—7 模式选择开关的布置和操作方法

表 4—1—1 系统控制功能

条件 \ 调节项目 \ 状态	减振器阻尼力	
	自动、正常	自动、运动
一般情况下	软	中等
汽车急加速、急转弯或紧急制动时	硬	硬
高速行驶时	中等	中等

2）执行器。执行器结构与工作原理如图 4—1—8 所示。

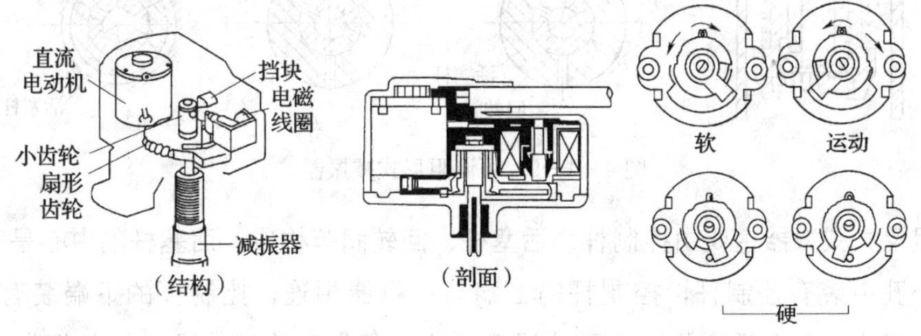

图 4—1—8 执行器的结构与工作原理

执行器设于减振器支柱顶部，各减振器上的执行器并联连接，使它们一起工作，用于驱动与回转阀（供改变减振器的阻尼力）相连的控制杆。每个执行器由直流电动机、小齿轮、扇形齿轮、控制杆、电磁线圈等组成。通过同时给直流电动机和电磁线圈加载不同强度的电流，以选择三种不同的阀位（三段阻尼变换），执行器的通电方式见表 4—1—2。

表 4—1—2　　执行器的通电方式

现在的角度	驱动角度	电动机		电磁线圈
		正极	负极	
—	软	−	+	断开
—	中等	+	−	断开
软	硬	+	−	接通
中等	硬	−	+	接通

执行器的工作过程如图 4—1—8 所示。控制装置接通执行器的电动机时，根据控制装置的控制信号，电动机通过下面的小齿轮带动扇形齿轮转动，挡块下端伸入扇形齿轮的凹槽中，用于确定扇形齿轮在什么位置停止，从而确定控制杆的位置。

控制装置发出软阻尼信号时，电动机带动扇形齿轮逆时针转动，直到扇形齿轮上凹槽的一边靠在挡块上为止；对于中等硬度阻尼，电动机反向通电，使扇形齿轮顺时针转动，直到扇形齿轮上凹槽的另一边靠在挡块上为止；当控制装置确定减振器为硬阻尼时，控制装置同时向电动机和电磁线圈通电，电动机转动带动扇形齿轮离开软阻尼位置或中等阻尼位置，同时电磁线圈将挡块拉紧，使挡块进入扇形齿轮凹槽中间的一个凹坑内。

3）减振器。可调阻尼式减振器的结构如图 4—1—9 所示。

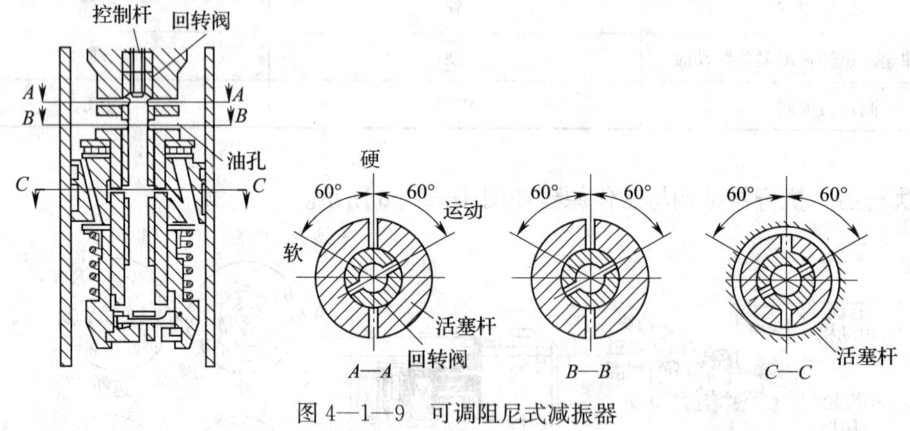

图 4—1—9　可调阻尼式减振器

可调阻尼式减振器主要由控制杆、活塞杆、回转阀等构成。活塞杆的中心是空的，在活塞杆中心孔中装有控制杆，控制杆的上端与执行器相连，控制杆的下端装有回转阀，回转阀上有三个油孔，活塞杆上有两个通孔。当执行器工作时，通过控制杆带动回转阀转动，使回转阀与活塞杆上的小孔接通或切断，从而增加或减小油液的流通面积，达到调节减振器阻尼力的目的。根据回转阀与活塞杆的相对位置不同，减振器的阻尼力有硬、中等、软三种。

当回转阀上的A、C油孔开通时，减振器的阻尼力为软；当只有回转阀B油孔开通时，减振器的阻尼力为中等；当回转阀上三个油孔全部关闭时，仅由止回阀产生衰减作用，此时减振器的阻尼力为硬。

4）转向盘转角传感器。转向盘转角传感器用于检测汽车转向轮的偏转角度及偏转方向。TEMS上应用光电式的转向盘转角传感器。

5）电子控制装置（ECU）。电子控制装置根据汽车行驶过程中的各种状态信号，如车速信号、制动灯开关信号、速度传感器信号、模式选择开关信号、节气门位置传感器信号等，计算出汽车是低速行驶还是高速行驶，是直线行驶还是转弯行驶，是在制动还是在加速，自动变速器是否处在空挡位置等，以确定减振器的阻尼力大小，并通过执行器予以调节。

电子控制悬架系统的输入、输出信号框图如图4—1—10所示。

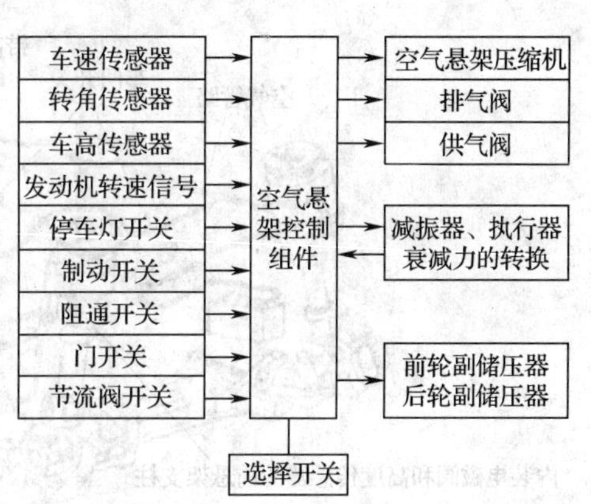

图4—1—10　电子控制悬架系统输入、输出信号框图

6）TEMS指示灯。电子控制装置除向执行器发出控制信号外，还向仪表板上的TEMS指示灯输出信号，仪表板上有三个指示灯，当减振器处于软阻尼位置时，左边指示灯亮；当减振器处于中等阻尼位置时，左边和中间指示灯亮；当减振器处于硬阻尼位置时，三个指示灯都亮。另外，在接通点火开关时指示灯约亮2 s，以便驾驶员检查灯泡是否烧坏。如果控制装置发现系统有故障，将使这些灯闪烁以提示驾驶员。

（2）工作过程

汽车行驶过程中，驾驶员根据行车状况能在正常和运动两种工作模式之间进行选择。当仪表板上的开关处于正常工作模式时，在大多数状况下，控制装置使减振器保持柔软；当驾驶员选择运动模式时，控制装置在大多数时间使减振器处于中等硬度；当汽车速度超过120 km/h而系统处于正常工作模式时，控制装置自动使减振器变为中等硬度；当车速下降到100 km/h时，控制装置使减振器变为柔软。

1）当出现以下情况时，控制装置自动使减振器从柔软或中等硬度变为坚硬。

①传感器和转角传感器显示汽车急转弯。

②速度传感器和节气门位置传感器显示汽车在低于20 km/h的速度下急加速。

③速度传感器和制动灯开关显示汽车在高于60 km/h的速度下制动。

④速度传感器和空挡起动开关显示汽车在低于10 km/h的速度下，自动变速器从空挡或停车挡换入任何其他挡位。

2）在下列条件下，控制装置使减振器从坚硬变为中等硬度或柔软。

①转向盘急转的程度，转弯行驶2 s或2 s以上。

②加速已达 3 s 或者汽车速度达到 50 km/h。

③制动灯开关断开后 2 s。

④自动变速器从空挡或停车挡位置换挡后已达 3 s 或汽车速度达到 15 km/h。

汽车恢复到正常行驶状态时，悬架控制系统自动使减振器的阻尼力恢复到原先设定的值。

2. 弹簧刚度控制系统

汽车悬架弹簧刚度的控制原理及其功能与减振阻尼控制原理及功能基本相同。弹簧刚度控制系统通常采用空气弹簧实现。如图 4—1—11 所示为克莱斯勒帝王（Chrysler Imperial）轿车上装用的电控空气悬架系统。

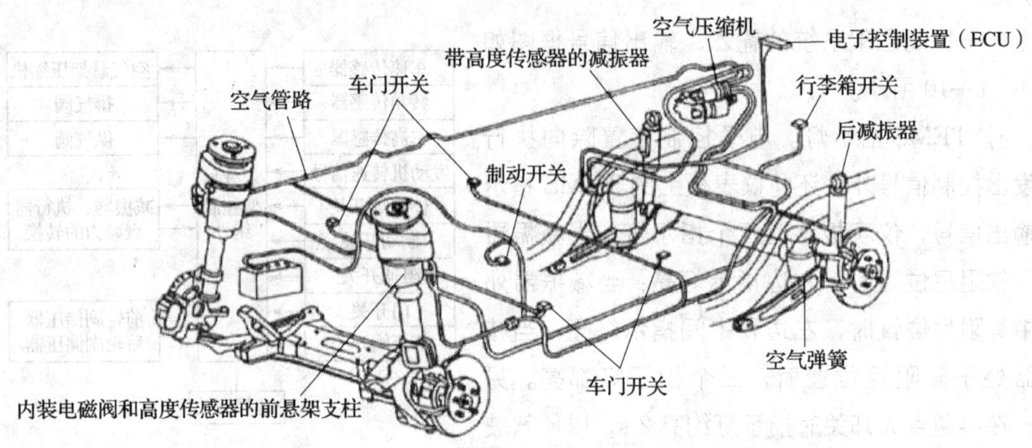

图 4—1—11　克莱斯勒帝王电控空气悬架系统

(1) 主要元件

1) 空气弹簧。汽车前、后空气弹簧的结构及在车上的安装如图 4—1—12 所示。

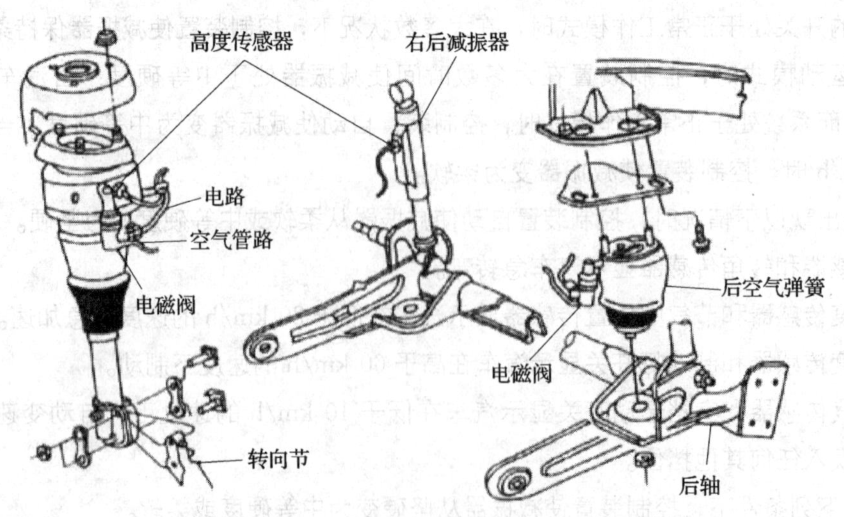

图 4—1—12　前、后空气弹簧

在此系统中用空气弹簧代替了普通螺旋弹簧，通过对空气弹簧的充气或放气，可使汽车在整个负荷范围内调节汽车悬架高度，改善汽车的操纵性。同时也可以根据汽车负荷及行驶状态，增加或降低空气弹簧的刚度，以提高汽车的乘坐舒适性。

2）电磁阀。电磁阀用于控制压缩空气流入或流出空气弹簧，当系统需要向空气弹簧充气或将空气弹簧中的空气排出时，在控制装置的控制下，电磁阀打开。电磁阀工作电流为0.6～1.5 A。

3）高度传感器。用于检测汽车前、后悬架的高度。

4）电子控制装置。电子控制装置用于控制压缩机继电器的接地电路、压缩机排气电磁阀和前、后空气弹簧电磁阀，控制装置内的微处理器控制压缩机的运转，限定压缩机工作时间，防止空气悬架系统的损坏。

5）空气压缩机总成。向悬架系统提供930～1 240 kPa的压缩空气。

6）空气干燥器。一是当空气进入系统之前，吸收空气中的水分；二是通过其内部阀门，使系统剩余压力保持在172.3～275.6 kPa范围内。

（2）工作过程

电控空气悬架系统可以通过增加或减少空气弹簧内的空气量，自动进行汽车前、后车身高度的控制，使汽车从一个乘客到满负荷的整个负荷范围内保持良好的行车姿势。并且系统可降低悬架弹簧的刚度以改善悬架特性，提高汽车行驶的乘坐舒适性。空气压缩机（经干燥器）输出的压缩空气，通过四条独立空气管路分别输入各空气弹簧，整个悬架系统由电子控制装置检测和控制。

当发动机运转时，空气悬架系统将自动调整由于汽车负荷变化所造成的车身高度的变化。其调整过程在行李箱和所有车门都关闭和发动机转速超过600 r/min运转15 s之后进行。

关闭发动机，当汽车卸荷时系统仍能调节汽车姿势，可在点火开关关闭和所有车门及行李箱都关闭15 s后，对汽车车身进行调平。

汽车停止（点火开关关闭，所有车门和行李箱关闭）2 h后，系统自动对汽车车身进行一次调平操作，使汽车有较好的静止姿势，同时，此项功能也可防止轮胎与挡泥板之间冻冰。

当行李箱打开、所有车门打开、踩下制动踏板、节气门全开和充电系统有故障时，不允许使用空气悬架控制系统。

当系统出现故障时，组合仪表上将显示“检查空气悬架”字样，以警告驾驶员系统有故障。空气压缩机一次运转时间最多为3 min。

3. 综合悬架控制系统

综合悬架控制系统是指悬架系统同时具有车高控制功能、减振器阻尼力控制功能和悬架刚度控制功能，从而大大提高了汽车的乘坐舒适性和行驶稳定性。

(1) 综合悬架控制系统的控制功能

1) 车速路面感应控制功能。该控制功能主要是随着车速和路面的变化改变悬架的刚度和阻尼，使之处于软或硬状态，硬状态有时又称为运动（SPORT）状态，每一种状态中又按刚度和阻尼的大小依次有低、中、高三种状态。在软模式中，悬架经常处于低刚度和低阻尼状态，而在硬模式中，悬架经常保持在中状态。按照不同的控制模式，悬架由电子控制装置控制在三种状态之间。根据车速和路面的变化情况自动地调节悬架刚度和阻尼，使车身振动保持在最佳状态。

在这种控制方式中又包括三种功能，即高速感应控制、前后车轮关联感应控制、坏路面感应控制。控制逻辑见表 4—1—3。

表 4—1—3　　控制逻辑

功能	工况	悬架的刚度和阻尼					
		软模式			硬模式		
		低	中	高	低	中	高
高速感应	车速≥110 km/h	○		○		○	
前后车轮关联感应	30 km/h≤车速≤80 km/h，车高在 0.03 s 内突然变化	○			○	○	
坏路面感应	40 km/h≤车速≤00 km/h，车高在 0.5 s 内大幅度变化	○	○			○	
	车速>100 km/h，车高在 0.5 s 内多次大幅度变化	○	○	○	○	○	

①高速感应控制：当车速超过 110 km/h 时，控制装置根据车速传感器的信号，经过分析计算后发出控制信号以改变悬架参数。如果驾驶员选择的是软模式，则悬架的刚度阻尼自动从低状态进入中状态；如果选择的是运动模式，则悬架仍稳定在中状态不变。当车速降低后，悬架又回到所选择模式通常保持的状态。

②前后车轮关联感应控制：车轮遇到单个障碍时，相应降低悬架的刚度和阻尼，可以降低车身受到的冲击和振动。

汽车以 30～80 km/h 的速度行驶时，如果前轮遇到障碍，安装在汽车前部的车身高度传感器将脉冲信号送给控制装置，控制装置经过分析和计算后发出控制信号，改变悬架参数。如果驾驶员选择的是软模式，则后轮悬架保持在低状态；如果选择的是运动模式，则后轮悬架从中状态进入低状态。当后轮越过障碍后，悬架又回到所选择模式通常保持的状态。

但是当车速很高时，若悬架太软，则在车轮遇到冲击时汽车容易失去稳定性，所以当车速超过 80 km/h 以后，无论选择的是何种模式，悬架都保持在中状态不变。

③坏路面感应控制：当汽车突然进入坏路面行驶时，为了抑制猛然产生的车身纵向角振动，应该加大悬架刚度和阻尼。

汽车以 4～100 km/h 的速度突然驶上坏路面时，车身高度传感器会立刻给出周期小于 0.5 s 的车高变化信号。控制装置分析计算车速传感器和车高传感器的信号并发出控制信号，如果驾驶员选择的是软模式，则悬架从低状态进入中状态；如果选择的是运动模式，则悬架保持中状态不变。

当汽车以 100 km/h 以上的速度行驶在坏路面时，如果驾驶员选择的是软模式，则悬架从中状态或低状态进入高状态。

2）车身姿势控制。在车速和行驶方向急剧变化时，会造成车身姿势的急剧变化，既破坏了汽车的乘坐舒适性，又容易使汽车失去稳定性。因此在车速和行驶方向急剧变化时，应对车身姿势实施控制，这种控制方式包括三种控制功能：转向时的车身侧倾控制，制动时的车身点头控制，起步时的车身俯仰控制。车身姿势控制逻辑见表 4—1—4。

表 4—1—4　　车身姿势控制逻辑表

功能	工　况	悬架的刚度和阻尼					
		软模式			硬模式		
		低	中	高	低	中	高
抑制侧倾	急转向	○	○		○		
抑制点头	车速≥60 km/h 制动	○			○	○	
抑制俯仰	车速≤20 km/h 急加速	○	○		○		

①抑制转向时的车身侧倾：在急速转向的情况下，应加大悬架的刚度和阻尼，以减小车身的侧倾。当驾驶员猛打转向盘时，安装在转向柱上的转角传感器把转向盘的转角及其变化速度输送给控制装置，控制装置对输入信号分析计算后发出控制指令，如果此时悬架处于软模式，悬架则从中状态或低状态直接进入高状态；如果悬架处于运动模式，悬架则从中状态进入高状态。

②抑制制动时车身点头：在紧急制动时，应该增加悬架的刚度和阻尼，以减少车身的点头现象。当车速大于 60 km/h 制动时猛踩制动踏板，车速传感器发出的车速信号和制动开关发出的阶跃信号输送给控制装置，控制装置对输入信号分析计算后发出控制指令，如果此时悬架处于软模式，悬架则从中状态或低状态直接进入高状态；如果悬架处于运动模式，悬架则从中状态进入高状态。

③抑制起步时车身俯仰：猛然起步或在低速情况下急加速时，应该增加悬架的刚度和阻尼，以减小车身的俯仰现象。在车速低于 20 km/h 的情况下猛踩油门，节气门开度传感器的阶跃信号和相应的车速信号输送给控制装置，控制装置经过对输入信号分析计算后发出控制信号，如果此时悬架处于软模式，悬架则从中状态或低状态直接进入高状态；如果悬架处于运动模式，悬架则从中状态进入高状态。

3）车身高度控制。车身高度控制分为正常（NORMAL）和高（HIGH）两种控制模式。按车身的高度从低到高的顺序，每种控制中又分为低、中、高三种状态。在正常模式中，车身高度经常处于中状态，而在高模式中，车身高度经常处于高状态。在通常情况下，车身的高度不受乘员人数和装载质量变化的影响，由控制装置将汽车车身保持在所选模式的经常行驶高度。在高速行驶或在特别的环境路面行驶时，车身高度根据所选择的模式不同，使车身高度在控制装置的控制下自动在低、中、高三种状态间进行切换，使汽车经常处于稳定的行驶状态。这种控制方式包括两种控制功能：高速感应控制和连续坏路面行驶控制。车身高度控制逻辑见表 4—1—5。

表 4—1—5　　车身高度控制逻辑

功能	工　况	悬架的刚度和阻尼					
		软模式			硬模式		
		低	中	高	低	中	高
高速感应	车速≥90 km/h	○		○		○	
连续坏路面行驶	车速 40～90 km/h，车高持续 0.5 s 以上大幅度变化	○		○		○	
	车速>90 km/h，车高持续 0.5 s 以上大幅度变化		○		○		○

①高速感应控制：当车速超过 90 km/h 时，为了提高汽车行驶稳定性，应该降低车身的高度。若悬架处于正常模式，则车身高度从中状态降低到低状态；如果处于高模式，则车身高度从高状态降低到中状态。

②连续坏路面行驶控制：汽车进入长距离的坏路面行驶后，应该提高车身高度，避免悬架被击穿（即弹簧被压死，车身直接承受来自车轮的冲击）。当车高传感器向控制装置给出连续 2.5 s 以上的车身高度大幅度变化信号，而车速在 40～90 km/h 时，若悬架处于正常模式，则车身高度从中状态提高到高状态；如果处于高模式，则车身高度维持在高状态不变。当车高传感器给出同样的信号，而车速在 90 km/h 以上时，考虑到这时应首先保证汽车的行驶稳定性，所以如果悬架处于正常模式，则车身高度维持在中状态不变；如果处于高模式，则车身高度从高状态降低到中状态。

(2) 综合控制系统的结构形式

综合控制系统主要有两种结构形式：一种是由步进电动机驱动的空气悬架系统，另一种是由电磁阀驱动的油气悬架系统。

下面以凌志 LS400 轿车电子控制空气悬架系统为例，介绍电子控制空气悬架系统的组成及工作原理。

电子控制空气悬架系统的组成如图 4—1—13 所示。

1) 悬架控制开关。悬架控制开关由 I/RC 开关和高度控制开关组成。前者用以选择减振器和空气弹簧的工作模式（NORMAL AUTO 或 SPORT AUTO）；后者用以选择所希望的车身高度（NORMAL 或 HIGH）。两开关都安装在中央控制板的靠近换挡杆指示灯处。

2) 高度控制开关。此开关装在行李箱的工具箱内。将开关扳至 OFF 位置，当车辆被举升或停在不平的路面时不能对车身高度进行调节。这样可避免空气弹簧中压缩空气的排出，从而可防止车身高度的下降。

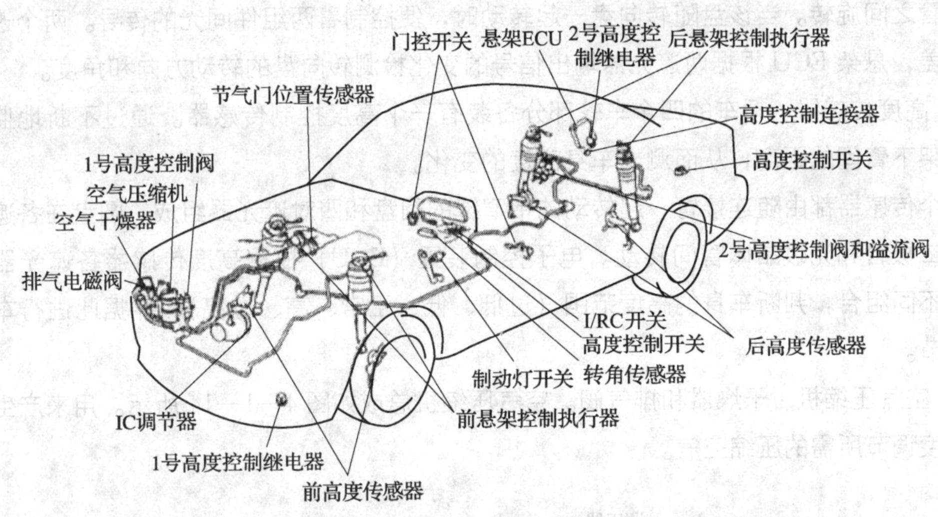

图 4—1—13 凌志 LS400 轿车电子控制空气悬架系统的组成

3）车身高度指示灯。两绿色指示灯位于组合仪表上，用于指示所选择的车身高度，当高度控制开关的位置改变时，指示灯马上指示出所切换到的位置，但到达所设定的车身高度需要一定的时间。

4）I/RC 指示灯。此灯也位于组合仪表上，用于指示当前减振器和空气弹簧的工作模式（NORMAL AUTO 或 SPORT AUTO）。选择 SPORT AUTO 模式时灯亮，否则灯熄灭。

5）高度控制插座。连接该插座上的相应端子，能不通过 ECU 而直接控制空气压缩机电动机、高度控制电磁阀及排气电磁阀，从而使检修方便。此插座上还提供了用于清除存储器中故障代码的端子。高度控制插座的端子与所控制的元件见表 4—1—6。连接过程中应注意不要短接端子 1 和 8，以免造成短路。

表 4—1—6　连接的端子与所控制的元件

控制的组件	连接的端子
前右悬架高度控制阀	1 和 2
前左悬架高度控制阀	1 和 3
后右悬架高度控制阀	1 和 4
后左悬架高度控制阀	1 和 5
排气阀	1 和 6
压缩机电动机	1 和 7
清除故障代码	1 和 8

注：为清除故障代码，发动机室内检测插座的 TS 和 E1 端子也需同时被短接。

6）转向盘转角传感器。转向盘转角传感器安装在转向柱上，传感器由一带窄缝并随转向盘一起转动的圆盘和两个遮光器组成。每个遮光器又由相对安装的一发光二极管和一光敏晶体管组成，两组件间的光的变化将被转变成通/断信号。带窄缝的圆盘在发光二极管和光敏晶体管之间旋转。当该盘随转向盘一起转动时，便控制着两组件间光的传导。两个遮光器有相位差，悬架ECU根据两遮光器输出信号的变化检测转向盘的转动方向和角度。

7）高度传感器。轿车的四个车轮部分各装有一个高度控制传感器。通过不断地监测车身与悬架下臂间的距离，从而测出车身高度的变化。

每个传感器都由随连接臂一起转动的带窄缝的圆盘和四对遮光器组成。圆盘在各遮光器的发光二极管和光敏晶体管间转动。电子控制装置（ECU）根据高度传感器各遮光器输出信号的不同组合，判断车身的高度范围（过低、低、正常、高、过高），并据此进行车身高度的调节。

8）空气压缩机、干燥器和排气阀。空气压缩机总成如图4—1—14所示。用来产生提供车身高度调节所需的压缩空气。

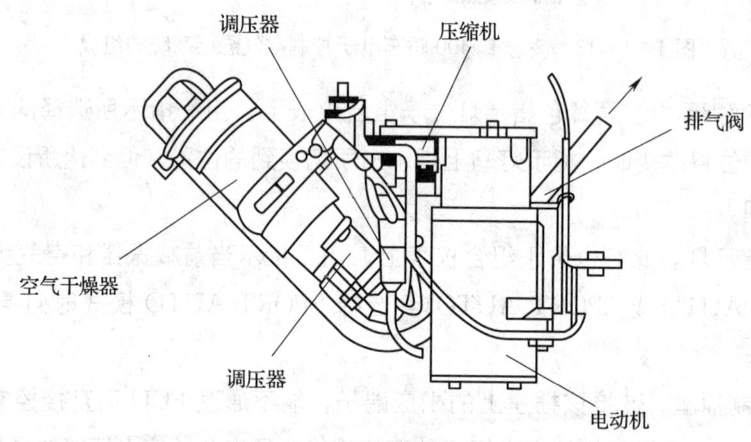

图4—1—14　空气压缩机总成

空气压缩机一般采取单缸活塞式结构，直流电动机带动空气压缩机工作，从压缩机中出来的压缩空气进入干燥器，经干燥后被送到高度控制电磁阀，由高度控制电磁阀来控制悬架空气弹簧的充气量，空气室的压力由调压阀实行控制，排气阀打开时，空气弹簧内的压缩空气从排气阀排入大气，同时将干燥器中的水分带走。

当车内乘客人数或汽车载荷增加时，车身高度降低，车高传感器给出的信号将与控制装置内存储的车高量不符，控制装置会发出指令，启动空气压缩机，打开高度控制电磁阀，给空气弹簧主气室充气，直到车高达到规定的高度为止；当车内乘客人数或汽车载荷减少时，车身高度上升，在电子控制装置的控制下，打开高度控制电磁阀，空气弹簧主气室的气体通过高度控制电磁阀、空气管路、排气阀排出，车身下降。

9）1号和2号高度控制阀。两个高度控制阀分别装于前、后悬架（见图4—1—15），其作用是根据悬架ECIJ的控制信号，控制空气悬架的充气和排气。

1号高度控制阀用于前悬架，此阀中有两个电磁阀，分别控制左右空气弹簧。2号高度控制阀用于后悬架，它也是由两个电磁阀组成，它与1号控制阀不同的是，它们不是单独控制，而是同时动作。在2号高度控制阀中还装有一安全阀，用于防止管路中压力过高。

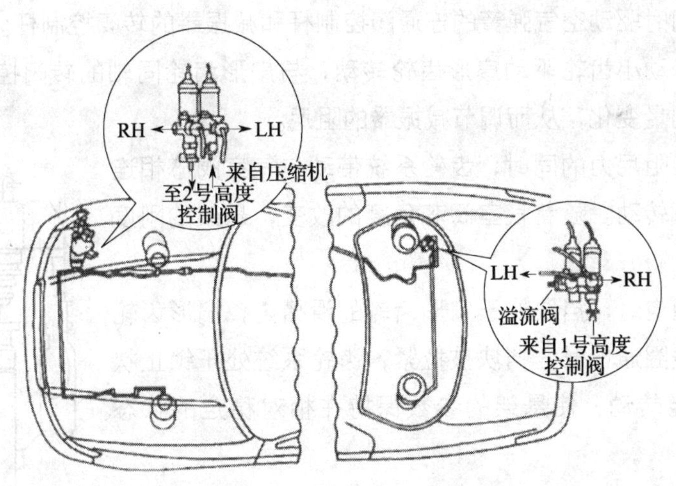

图 4—1—15　前、后高度控制阀的安装位置

10）悬架电子控制装置（ECU）。根据各种传感器的信号和由悬架控制开关（I/RC 开关和高度控制开关）所确定的工作模式，悬架电子控制装置（ECU）控制减振器的阻尼力、悬架的刚度及车身高度。

悬架 ECU 具有故障自诊断功能。工作中一旦发现悬架的电子控制系统出现故障，ECU 便将故障以代码的形式存在内存中，并及时向驾驶员报警。ECU 的失效保护功能使其在系统出现故障时暂停对悬架的控制。

11）悬架控制执行器。悬架控制执行器装在各空气弹簧和减振器的上方，用于同时驱动减振器的转阀和空气弹簧的连通阀，以改变减振器的阻尼力和空气弹簧的刚度（见图 4—1—16）。

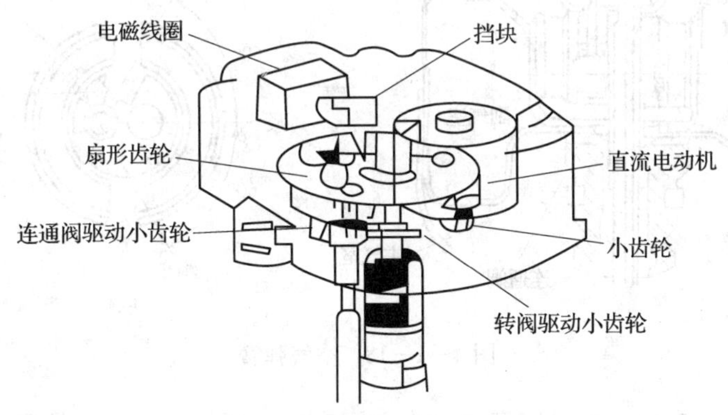

图 4—1—16　悬架控制执行器

直流电动机根据电磁原理工作，能够准确地对频繁变化的行驶工况做出快速响应。直流电动机的电磁线圈由转子铁心和定子绕组（目前经常采用的形式多为 3 相、4 相、5 相、6 相等，一般激磁相数越多，产生的转矩也越大，动作的稳定性越好，步矩角度越小）组成。

电流流过绕组时在定子铁心中产生电磁力，永久磁铁转子在定子绕组的电磁力作用下旋转，并通过一对齿轮同时驱动空气弹簧的连通阀控制杆和减振器的转阀控制杆。

直流电动机带动小齿轮驱动扇形齿轮转动，与扇形齿轮同轴的转阀控制杆带动转阀转动，使阻尼孔开闭量变化，从而调节减振器的阻尼。

在调节减振器阻尼力的同时，齿轮系统带动与气室阀芯相连接的连通阀控制杆转动。随着气室阀芯角度的改变，悬架的刚度也得以调节。

电磁线圈不通电时，挡块处于扇形齿轮的滑槽内，扇形齿轮可以转动；电磁线圈通电时，挡块被拉紧，齿轮系统处于锁止状态，各转阀均不能转动，使悬架的参数保持在相对稳定的状态下。

12）空气弹簧。空气弹簧安装于可调减振器的上端，与可调减振器一起构成悬架支柱，上端与车架连接，下端装在悬架摆臂上（见图 4—1—17）。

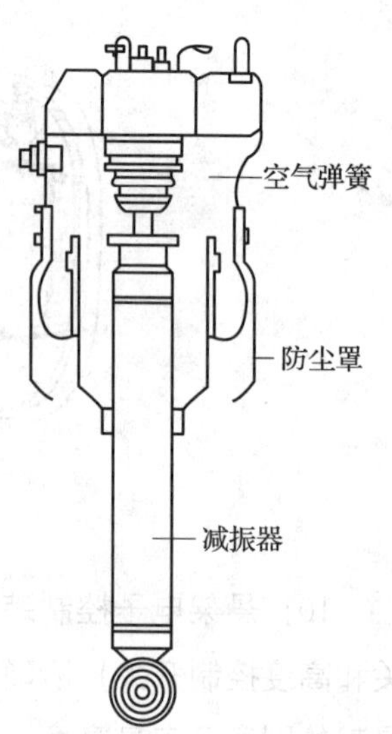

图 4—1—17 空气弹簧和减振器总成

空气弹簧由一个主气室和一个副气室组成，如图 4—1—18 所示。空气弹簧主、副气室之间有大小两个通道，执行器带动连通阀控制杆转动，使阀芯转过一个角度，改变主、副气室之间通道的大小，即改变主、副气室之间的空气流量，使空气弹簧有效工作容积改变，悬架刚度发生变化。

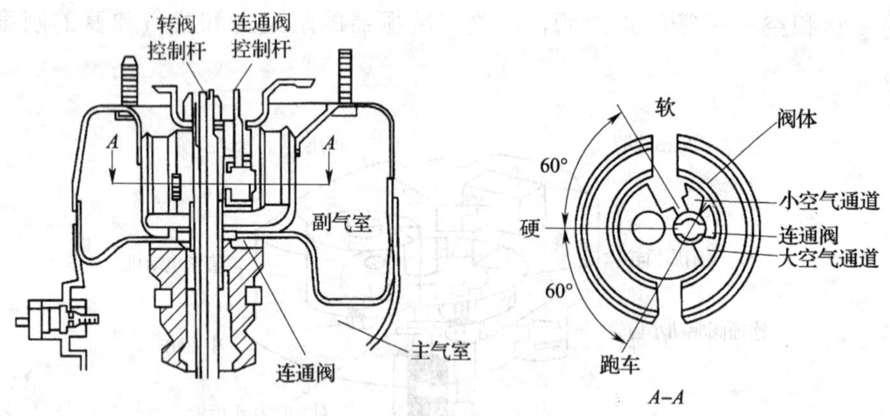

图 4—1—18 空气弹簧

悬架的刚度可以在低、中、高三种状态之间变化。当阀芯的开口转到对准图示的低位置时，大气体通道被打开，主气室的气体经过阀芯的中间孔、阀体的侧面大空气通道与副气室的气体相通，两气室之间的流量大，相当于参与工作的气体容积增大，悬架刚度处于低状态；当阀芯的开口转到对准图示的中间位置时，小气体通道被打开，两气室之间的空气流量小，悬架刚度处于中状态；当阀芯的开口转到对准图示位置的高位置时，两气室的气体通道全部关闭，两气室之间的气体不能相互流动，此时只有主气室中的气体参加工作，所以悬架刚度处于高状态。

13）可调减振器。减振器阻尼力的变化是靠改变活塞阻尼孔的大小来实现的，阻尼孔的大小则由控制杆驱动的转阀控制。

与控制杆连接的转阀上共有三个阻尼孔，通过转动控制杆来控制阻尼孔的开闭，就可以改变悬架阻尼力的大小。当 A、B、C 三个截面的阻尼孔全部被转阀封闭时，只有减振器活塞最下面位置顺时针转动 60°时，B 截面的主阻尼孔参加工作，所以这时减振器的阻尼力最大，减振器处于高阻尼状态；转阀从高阻尼状态位阻尼孔打开，A、C 两截面的阻尼孔仍关闭，因为多了一个阻尼孔参加工作，所以减振器处于中阻尼状态；转阀从高阻尼状态位置逆时针转动 60°，三个截面的阻尼孔全部打开，这时减振器的阻尼力最小，减振器处于低阻尼状态。

车身高度的调节通过 1 号和 2 号高度控制阀以及用以充入或释放主气室内压缩空气的排气阀实现。弹簧刚度和阻尼力的控制及功能见表 4—1—7。系统各部件功能见表 4—1—8。

表 4—1—7　　弹簧刚度和阻尼力的控制及功能

行驶情况	控制状态	功能
倾斜路面	弹簧变硬	抑制侧倾、改善操纵性
凹面不平路面	弹簧变硬或阻尼力中等	改善汽车行驶时的乘坐舒适性
不平坦路面	弹簧变硬或阻尼力中等	抑制汽车上下跳动
制动时	弹簧变硬	抑制汽车制动点头
加速时	弹簧变硬	抑制汽车加速后蹲
高速时	弹簧变硬或阻尼力中等	改善汽车高速行驶稳定性和操纵性

表 4—1—8　　系统各部件功能

序号	部件	功　能
1	悬架控制执行器	改变悬架弹簧刚度和阻尼力
2	1 号高度控制继电器	向空气压缩机供电
3	IC 调节器	调节交流发电机的电压
4	空气压缩机	提供压缩空气
5	干燥器	吸收压缩空气中的水分
6	排气阀	控制空气弹簧中空气的排出
7	高度控制传感器	检测汽车高度变化并输入 ECU
8	1、2 号高度控制阀	向四个空气弹簧充入或放出压缩空气
9	制动灯开关	检测制动踏板是否踩下及踩下快慢
10	汽车高度指示灯	显示汽车高度，当悬架系统出故障时进行报警
11	汽车平顺性指示灯	通过平顺性开关，指示悬架刚度和阻尼力处于自动控制的模式上
12	1 号速度传感器	检测汽车行驶速度
13	悬架控制开关	由平顺性控制开关、悬架刚度和阻尼力选择开关及高度控制开关组成
14	转向传感器	检测转向轮的转向角度

续表

序号	部件	功　能
15	门控开关	检测车门状态（开或关）
16	高度控制 ON/OFF 开关	允许或禁止汽车高度自动调节
17	2 号高度控制继电器	向高度传感器供电
18	高度控制连接盒	不通过 ECU（直接通过连接器）调整汽车高度
19	发动机和变速器 ECU	将节气门位置信号传给悬架 ECU
20	悬架控制 ECU	根据工作方式控制悬架刚度、阻尼力和汽车高度，汽车高度指示灯闪亮时，警告驾驶员汽车悬架系统发生故障，自诊系统可通过代码指出任何故障

四、主动悬架

主动悬架是指能通过油压、气压供给能量，根据检测到的环境与车体状况来控制悬架特性，主动限制车身摇动的装置，它能显著提高汽车的操纵稳定性和乘坐舒适性。

1. 主动悬架的控制方式

目前，主动悬架系统主要以高压液体传递能量，根据其控制方式可分为以下几种。

(1) 流量控制型

如图 4—1—19 所示为莲花公司（LOTUS）开发的流量控制型主动控制悬架系统，该系统主要是由三位四通流量控制阀和双作用油缸等构成，其主要特点为响应速度快，但消耗能量大，使用的传感器数量也较多，给实用化带来困难。

(2) 压力控制型

如图 4—1—20 所示为一压力控制型主动控制悬架系统，目前日本丰田、日产公司的一些高级轿车上装用的系统属于这一类，它主要由压力控制阀及一个单作用油气压缸构成。其压力控制阀实际上由一个电液压力比例阀（针阀）和一个机械式压力伺服滑阀组成，而油气压缸则是一个具有弹性组件（气体弹簧室）和阻尼组件的特殊液压缸。

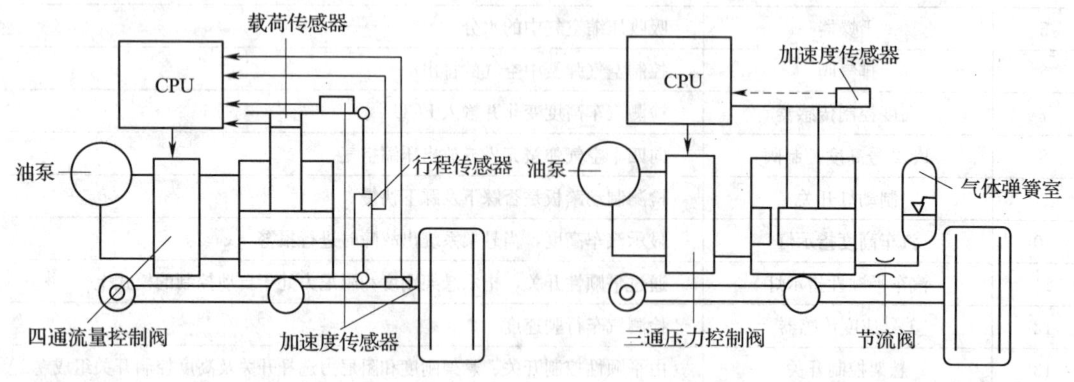

图 4—1—19　流量控制型主动控制悬架　　图 4—1—20　压力控制型主动控制悬架

2. 主动悬架的控制方法

主动控制悬架系统的控制方法主要有天棚阻尼器控制，最优控制、H—控制等现代控制方法，预见控制方法。

(1) 天棚阻尼器控制

一个弹簧加减振器的被动悬架系统的模型如图 4—1—21a 所示。而天棚阻尼器控制则设想将系统中的阻尼器移到车体与某“固定的天棚”之间，如图 4—1—21b 所示，要求由执行器产生一个与车体的上下振动绝对速度成比例的控制力来衰减车体的振动。

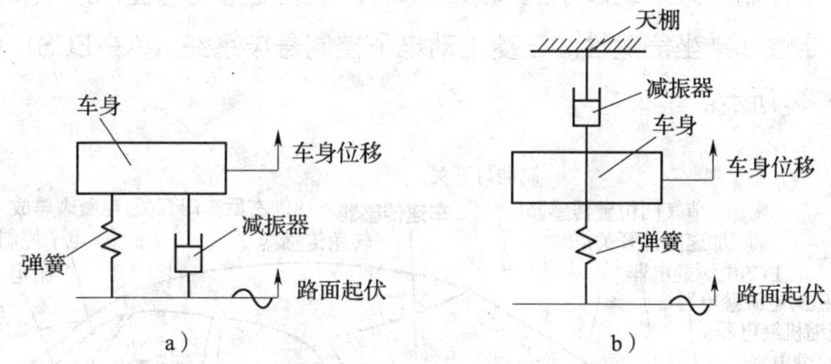

图 4—1—21　悬架系统的控制模型

a）被动控制系统模型　b）天棚阻尼器控制系统模型

(2) 最优控制、H—控制等现代控制方法

这些控制方法通过建立系统的状态方程式提出控制目标及加权系数，然后应用控制理论求解出所设目标下的最优控制方案，与天棚阻尼器控制方式相比，现代控制方法考虑系统中更多变量的影响，因而控制效果更好，而且，现代控制方法的应用，主要是在系统的控制软件方面做一些改善，并不增加系统的复杂性。

(3) 预见控制方法

当遇到较大或突变的干扰时，由于系统的能量供应峰值和组件响应速度的限制，很可能无法输出所需的控制力而达不到希望的控制效果。预见控制方法，可提前检测到前方道路的状况和变化，使系统有余地采取相应的措施，有可能降低系统的能量消耗且大幅度改善系统控制性能。

根据预见信息的获取及利用方法不同，现有的研究中大致有如下两种预见控制系统。

1）对四轮全部进行预见控制。此预见控制系统在车的前部设置有特制的预见传感器，用以检测前方道路情况，并将这些信息传至控制装置，控制装置再对这些信息进行计算并发出控制指令，以控制每个车轮悬架的执行机构。在理论上，此系统可取得最理想的控制效果，但需要设置特殊的传感器，目前尚未普遍应用。

2）利用前轮信息对汽车后轮进行预见控制。此控制方式中，两个前轮采用的仅为反馈控制，根据从前轮各传感器所获得的路面信息，作为预见信息而送至控制装置，控制装置对汽车后轮实施有效控制。

3. 控制器

控制器对汽车后轮进行控制时，不仅考虑当时后轮传感器得到的各种信息，而且还考虑当时的车速和前后轮间距及前轮各传感器所获得的信息，因此，在后轮的控制机构上，实行的是反馈加向前反馈的双作用控制，从而提高了后轮的减振效果，同时可减小整个车体的摆动。

五、三菱主动电子控制悬架系统（A—ECS）

三菱主动电子控制悬架系统属于空气悬架系统，系统能够动态控制悬架特性，使汽车具有较高的操纵稳定性和乘坐舒适性。三菱主动电子控制悬架系统（A—ECS）的主要组成及布置如图 4—1—22 所示。

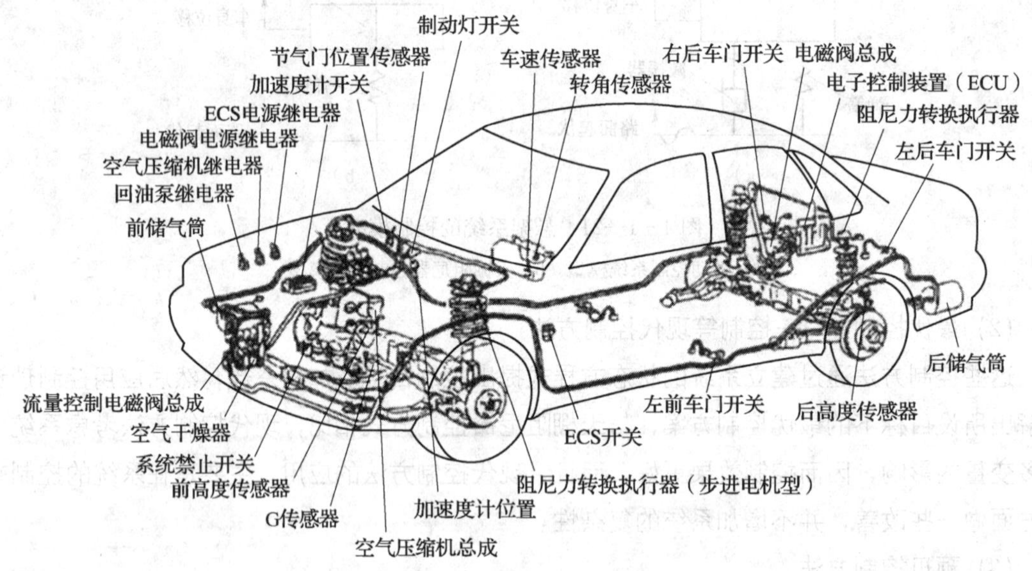

图 4—1—22　三菱主动电子控制悬架系统

本系统用 5 个传感器来检测汽车行驶状态。

- 转角传感器：用于检测汽车转向操作。
- 节气门位置传感器：用于检测汽车加速度。
- 高度传感器：用于检测汽车行驶高度。
- G 传感器：用于检测汽车转弯时的横向加速度。
- 压力传感器：用于检测空气弹簧中的空气压力。

根据以上传感器的输入信号，ECU 控制 9 个电磁阀的开闭，以控制空气弹簧的空气压力，使汽车水平并保持合适的行驶高度，甚至当汽车转向或制动时，仍可以实现汽车水平并保持合适的行驶高度。

ECS 系统空气压力回路构成如图 4—1—23 所示，本系统空压回路为封闭回路，空气弹簧排出的空气不排入大气，而是排入稍加压的低压腔（当空气流速达到音速时，空气流量一

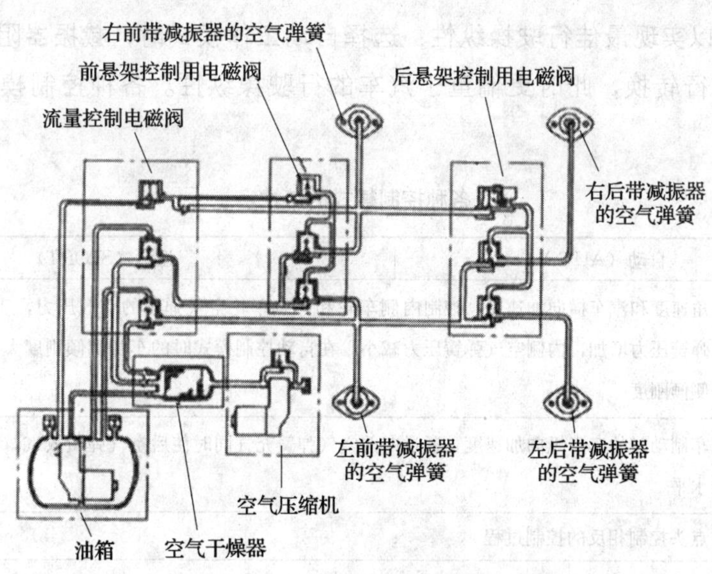

图 4—1—23 ECS 空气压力回路构成图

定，与下游压力无关，所以把空气排入大气或排入低压腔流量都一样）。其次若把空气压缩到高压，则排入低压腔的方式消耗的能量较少。

如图 4—1—24 所示为汽车左转弯时的侧倾控制的过程。汽车左转弯时，车身在离心力作用下欲向外倾斜（图中虚线所示），此时，系统电子控制装置根据转向盘转角传感器、横向 G 传感器和车速传感器的输入信号，计算出汽车转向角速度、车身横向加速度以及汽车车速，通过分析以上行驶状态参数向前后轮电磁阀总成发出控制指令，使外侧车轮空气弹簧充气，使内侧车轮空气弹簧放气，产生与车身侧倾相反的作用力（图中实线所示），达到防止车身侧倾的目的。

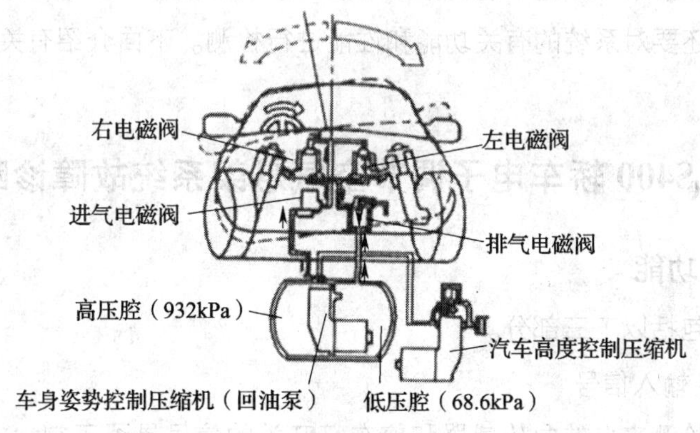

图 4—1—24 汽车左转弯时的侧倾控制过程

在各减振器顶端装有一步进电动机型执行器，在电子控制装置的控制下步进电动机转动相应的角度，使减振器的阻尼力可以在从硬到很软之间的四种设置之间进行转换，通常，系统有两种工作模式：自动和运动。选择自动工作模式时，ECU 可以任意选择一种减振器阻尼力，以实现最佳行驶操纵性；选择自动工作模式时，减振器阻尼力只允许在中等和硬之间进行转换，此时更偏重于汽车的行驶操纵性。各种控制模式的特性见表 4—1—9。

表 4—1—9　　各种控制模式的特性

控制方式	自动（AUTO）	运动（SPORT）
侧倾控制	根据转角速度和汽车横向加速度，控制内侧车轮和外侧车轮空气弹簧的空气压力，实现车身侧倾控制。外侧空气弹簧压力增加，内侧空气弹簧压力减小，在自动控制模式时的车身侧倾刚度大于在运动控制模式时的车身侧倾刚度	
点头控制	根据汽车制动时的车身纵向加速度，通过向前空气弹簧充气同时使后空气弹簧放气，使汽车制动时仍能保持车身水平	
后蹲控制	提供与点头控制相反的控制过程	
车身摇动控制	根据减振器的伸张和压缩（车身高度变化）进行控制，悬架伸张时对空气弹簧充气，悬架压缩时使空气弹簧放气	

§4—2　电子控制悬架系统的故障诊断与检测

学习目标：

掌握电子控制悬架系统故障诊断与性能检测方法。

电子控制悬架系统根据其控制功能和结构形式不同，其故障诊断与性能检测的内容和方法也各不相同。故障诊断可通过系统自诊断功能用解码器或在诊断座上跨接的方式调取故障信息和数据。同时还要对系统的有关功能和性能进行检测。下面介绍有关车型的故障诊断与检测方法。

一、凌志 LS400 轿车电子调节空气悬架系统故障诊断与检测

1. 系统自诊功能

系统自诊功能包括以下三部分。

(1) 检测 ECU 输入信号

此项功能用于检测来自转向传感器和停车灯开关的信号是否正常地输入 ECU。其执行过程如下。

1) 将点火开关转到 ON 位置。

2) ECU 输入信号检测见表 4—2—1，将每个检查项目调到操作 1 栏所示状态。

表 4—2—1 ECU 输入信号检测

检查项目	操作 1	发动机状态		操作 2	发动机状态	
		停机	运转		停机	运转
转向传感器	车向前摆正	A	B	转角 45°以上	B	A
停车灯开关	OFF（不踩制动踏板）	A	B	ON（踩下制动踏板）	B	A
门控灯开关	OFF（所有车门关闭）	A	B	ON（所有车门打开）	B	A
节气门位置传感器	不踩油门踏板	A	B	油门踩到底	B	A
1 号车速传感器	车速低于 20 km/h	A	B	车速 20 km/h 以上	B	A
高度控制开关	NORM 位置	A	B	HIGH 位置	B	A
I/RC 开关	NORM 位置	A	B	SPORT 位置	B	A
高度控制 ON/OFF	ON 位置	A	B	OFF 位置	B	A

备注：

①发动机状态栏中的 A 和 B 表示当检测结果正常时 NORM 指示灯的状态。A 表示指示灯每 0.25 s 闪亮一次，而 B 则表示常亮

②进行此项检测时，减振器的阻尼力控制和弹簧刚度控制被暂时停止，减振器的阻尼力和弹簧刚度都被固定于坚硬状态，而车身高度控制则正常进行

3）短接发动机室内的诊断连接器 TS 端子和 E1 端子。注：这时，在发动机停机状态下高度控制 NORM 指示灯会以 0.25 s 的间隔闪烁，并一直持续到发动机运转时为止。

（2）检测指示灯

当悬架控制系统出现故障时，ECU 通过使 NORM 指示灯每秒闪一次的方式向驾驶员报告。当故障出在 ECU 本身时，两高度指示灯都熄灭。指示灯检测步骤如下。

1）将点火开关转到 ON 位置。

2）检查 I/RC 指示灯和高度控制指示灯应亮 2 s 左右。

如果在检测过程中出现表 4—2—2 所列故障，应按表检查相应电路并进行故障诊断。

表 4—2—2 根据指示灯状态判断系统故障

故障征兆	检查电路
打开点火开关后，SPORT、HT 和 NORM 指示灯不亮	汽车高度控制供电电路
	指示灯电路
打开点火开关后，SPORT、HT、NORM 指示灯亮 2 s，然后全部熄灭	悬架控制执行器供电电路
有些指示灯、SPORT、HT、NORM 或 HEIGHT、照明灯不亮	指示灯电路或 HEIGHT 照明灯电路

续表

故障征兆	检查电路
即使 I/RC 开关拨到 NORM 侧，SPORT 指示灯仍旧亮着	I/RC 开关电路
仍旧亮着的一双高度指示灯与高度控制指示灯与所选定的汽车高度不一致	高度控制开关电路

备注：

①当将 I/RC 开关拨到 SPORT 侧时，I/RC 指示灯仍旧亮着，同样，当将高度控制开关拨到 NORM 或 HIGH 侧时，相应的高度控制指示灯 NORM 或 HI 也仍旧亮着

②即使在点火开关接通和发动机不运转的情况下，拨动高度控制开关也不会改变高度控制指示灯的状态

③当打开点火开关时，HEIGHT 照明灯保持点亮状态

④当高度控制 NORM 指示灯以 1 s 间隔闪烁时，表明 ECU 存储器中存有故障代码

(3) 故障代码显示

1) 打开点火开关。

2) 短接 1 DCL 插座或诊断连接器中的 TC 端子和 E1 端子。

3) 读取高度控制 NORM 指示灯显示的故障代码。注：当高度控制 ON/OFF 开关在 OFF 位置时，会输出故障代码 71，这是正常的。

4) 利用故障代码检查故障情况，故障代码见表 4—2—3。

表 4—2—3　　故障代码表

代码	系统	故障诊断	故障代码显示模式	NORM 指示灯①	存储器②
—	—	正常			
11	前右高度控制传感器电路	高度控制传感器电路开路或短路		○	○
12	前左高度控制传感器电路			○	○
13	后右高度控制传感器电路			○	○
14	后左高度控制传感器电路			○	○
21	前悬架控制执行器电路	悬架控制执行器电路开路或短路		○	○
22	后悬架控制执行器电路			○	○
31	1 号高度控制阀电路	高度控制阀电路开路或短路		○	○
33	2 号高度控制阀电路（右悬架）			○	○
34	2 号高度控制阀电路（左悬架）			○	○

续表

代码	系统	故障诊断	故障代码显示模式	NORM 指示灯①	存储器②
35	排气阀电路	排气阀电路开路或短路		○	○
41	1 号高度控制继电器电路	1 号高度控制继电器电路开路或短路		○	○
42	压缩机电动机电路	压缩机电动机电路短路或压缩机电动机卡住		○	○
51③	向 1 号高度控制继电器（控制压缩机电动机用）的供电时间超限	向 1 号高度控制继电器（控制压缩机电动机用）的供电时间 8.5 min 以上		○	○
52④	向排气阀的供电时间超限	向排气阀的供电时间约 6 min 以上		○	○
61	悬架控制信号	ECU 故障			○
71⑤	高度控制 ON/OFF 开关电路	高度控制 ON/OFF 开关位于 OFF 位置或高度控制 ON/OFF 开关电路短路		○	
72	悬架控制执行器供电电路	悬架控制执行器供电电路开路或悬架保险烧断			

备注：

①本列中“○”表示高度控制 NORM 指示灯以 1 s 的间隔闪烁，“—”表示指示灯不闪烁

②本列中“○”表示存储器中存有故障代码（不论点火开关是打开还是关闭）

③因为压缩空气的溢流压力是 980 kPa，如果试图在坡道上或汽车超负荷情况下进行高度控制，就会输出代码 51，同时汽车高度控制、阻尼力控制和弹簧刚度控制中止，这并非异常。在这种情况下，只要关闭点火开关约 70 min 后再打开，系统即恢复正常

④如果在拆下车轮或支起汽车的情况下进行汽车高度控制，就会显示代码 52，同时汽车高度控制、阻尼力控制和弹簧刚度控制中止，这并非异常。此时只要关闭点火开关后再打开，系统即恢复正常

⑤当高度控制 ON/OFF 开关在 OFF 位置时，输出故障代码 71

5）检查完毕后，将端子 TC 和端子 E1 脱开，并关闭显示器。

（4）故障代码清除

系统故障排除后要将存储器内的故障代码清除，清除方法有以下两种：

1）关闭点火开关，拆下 1 号接线盒中的 ECU－B 熔丝 10 min 以上。

2）关闭点火开关，将高度控制连接器端子 9（端子 CLE）与端子 8（端子 E）短接，同时使诊断连接器端子 TS 与端子 E1 短接。保持这一状态 10 min 以上，然后打开点火开关并脱开以上各端子。

2. 汽车高度调整功能的检查

操作高度控制开关检查汽车高度的变化情况的步骤如下。

(1) 检查轮胎充气是否正确。

(2) 检查汽车高度。

(3) 起动发动机，将高度控制开关从 NORM 位置切换到 HIGH 位置。

检查完成高度调整所需的时间和汽车高度变化量。调整时间：从操作高度控制开关到压缩机起动约需 2 s，从压缩机起动到完成高度调整需 20～40 s。汽车高度的变化量为 10～30 mm。

(4) 在汽车处于 HIGH 高度调整的状态下，起动发动机并将高度控制开关从 HIGH 位置切换到 NORM 位置。

检查完成高度调整所需的时间和汽车高度变化量。调整时间：从操作高度控制开关到开始排气约 2 s；从开始排气到完成高度调整需 20～40 s。汽车高度的变化量为 10～30 mm。

3. 溢流阀的检查

迫使压缩机工作，检查溢流阀动作。

(1) 将点火开关转到 ON 并使高度控制连接器的端子 1 与 7 连接以迫使压缩机工作。

(2) 等压缩机工作一段时间后，检查溢流阀是否放气。

(3) 将点火开关转到 OFF 位置。

(4) 清除故障代码

当迫使压缩机工作时，ECU 中会记录一个故障代码。在完成检查后，务必将这个故障代码清除掉。

4. 漏气检查

检查空气软管和软管接头是否漏气。

(1) 将高度控制开关拨到 HIGH 位置使汽车高度上升。

(2) 发动机熄火。

(3) 在空气软管和软管接头处涂肥皂水检查是否有漏气。

5. 汽车高度调整

注意：必须在高度控制开关处于 NORM 位置时进行汽车高度调整。务必将汽车的高度调整到标准范围以内。应在水平地面上进行高度调整。

(1) 检查汽车高度。

(2) 调整汽车高度。

1) 拧松高度控制传感器连接杆上的两只锁紧螺母。

2) 转动高度控制传感器连接杆的螺栓以调节长度。备注：高度控制传感器连接杆每转一圈能使汽车高度改变约 4 mm。

3）检查高度控制传感器连接杆的尺寸是否小于极限值。极限值为前 13 mm，后 13 mm。

4）暂时拧紧两个锁紧螺母。

5）再检查一次汽车高度。

6）拧紧锁紧螺母。拧紧力矩为 4.4 N·m。

注意：在拧紧锁紧螺母时应确保球节与托架平行。

（3）检查车轮定位。

二、英菲尼迪 Q45 轿车全主动悬架系统的故障诊断

日产汽车公司英菲尼迪（Infiniti）Q45 轿车上安装了全主动悬架系统（简称 FAS）。FAS 系统使用油泵和带控制执行器的液压系统，并通过两个计算机控制，达到使汽车行驶平稳和操纵稳定的目的。

全主动悬架系统可以使用两种不同的自诊方式进行故障诊断：第一种也是优先考虑的是利用 CONSULT 监测器进行故障诊断，CONSULT 监测器能够准确查找故障所在并且能在系统维修后对系统进行检测。第二种是当进行高度控制时，利用主动悬架警告灯显示的故障代码进行故障诊断。

1. 使用 CONSULT 监测器进行故障诊断

（1）关闭点火开关。

（2）将 CONSULT 监测器接到位于接线盒内的诊断连接器上，接线盒位于组合仪表左下侧。

（3）起动发动机。

（4）用手握住 CONSLT 监测器，顺序按下 START——ACTTV SUS 和 SELF—DIAG RE—SULTS 按钮。

（5）自诊结果将显示在监测器上。

（6）完成汽车的修理后，拆下 17 号熔丝或断开蓄电池 10 s 以上，清除存储器内的故障代码。

2. 不使用 CONSULT 监测器进行故障诊断

（1）打开点火开关，但不起动发动机。

（2）点火开关打开后 10 s 内，将组合仪表板上的高度控制开关从 NORMAL 位置切转到 HIGH 位置至少 10 次，最后停在 NORMAL 位置。

（3）主动悬架指示灯将开始闪烁，此时系统处于自诊模式。

（4）读取自诊代码时，只要记录指示灯 0.5 s 的闪亮次数即可。

（5）完成汽车修理后，拆下 17 号熔丝或断开蓄电池 10 s 以上，清除存储器内的故障代码。

3. Q45 轿车故障代码（见表 4—2—4）

表 4—2—4　　Q45 轿车故障代码表

故障代码	故障位置	故障代码	故障位置
11	汽车车速表传感器系统故障	33	压力控制阀系统（右后）故障
12	A/T（自动变速器）输出轴转速传感器系统故障	34	压力控制阀系统（左后）故障
13	前、后 G 传感器系统故障	35	流量控制阀系统故障
14	横向 G 传感器系统（1）或（2）故障	36	失效保护阀系统故障
15	垂直 G 传感器系统（前）故障	41	油泵或压力开关系统故障
16	垂直 G 传感器系统（右后）故障	42	油温传感器系统故障
17	垂直 G 传感器系统（左后）故障	43	油温过高
21	汽车高度传感器系统（右前）故障	44	油泵电磁阀 1 系统故障
22	汽车高度传感器系统（左前）故障	45	油平面过低
23	汽车高度传感器系统（右后）故障	46	点火供电系统故障
24	汽车高度传感器系统（左后）故障	51	汽车行驶时发动机熄火
25	高度控制开关系统故障	52	G 传感器供电系统故障
26	高度传感器供电系统故障	53	控制单元内部故障
31	压力控制阀（右前）故障	54	油泵电磁阀 2 系统故障
32	压力控制阀（左前）故障	55	正常

第五章　其他电子控制装置

§5—1　安全气囊系统（SRS）

学习目标：

1. 了解安全气囊的作用、分类和组成及其控制过程和动作情况。
2. 理解安全气囊系统各组成部件的结构原理。
3. 了解安全气囊系统的安全保险装置的组成和工作原理。
4. 了解安全带紧急收缩触发系统（SRTS）。

汽车安全气囊系统全称是辅助防护系统（Supplemental Restraint System），简称 SRS 或辅助防护气囊系统（Supplemental Restraint Air Bag System），也简称 SRS。因它在汽车发生碰撞时能够起到安全防护作用，所以一直被称为安全气囊系统。

SRS 既是被动安全装置，也是座椅安全带的辅助控制装置，只有在使用安全带的条件下，才能充分发挥其保护作用。

一、安全气囊的作用

当汽车发生碰撞时，汽车与汽车或汽车与碰撞物之间的碰撞称为一次碰撞。而一次碰撞后，汽车会急剧减速，驾驶员和乘员都会在较大惯性力的作用下向前移动，此时，人体与方向盘、挡风玻璃、仪表台等发生碰撞，这种碰撞就是二次碰撞。而在这种车辆事故中，正是这种二次碰撞导致人体的伤害。车速越高，惯性力越大，遭受的伤害也越严重。

安全气囊系统 SRS 的作用是：当汽车发生碰撞且人体的惯性力急剧增大时，使气囊迅速膨胀，在人体与车内碰撞物之间形成一个气垫，利用气囊的及时泄漏、收缩，吸收人体惯性力产生的冲击能量，从而有效地降低人体遭受伤害的程度。

二、安全气囊系统的分类

按控制方式不同，SRS 分为机械控制式 SRS 和电子控制式 SRS 两大类。机械控制式 SRS 在 20 世纪 90 年代就被淘汰，目前汽车上装备的均是电子控制式 SRS。

按 SRS 保护功能的不同，电子控制式 SRS 可分为正面 SRS（保护面部与胸部）、侧面 SRS（保护颈部与腰部）、护膝 SRS 和头部（气帘）SRS 四大类。

按气囊数量不同可分为单 SRS、双 SRS 和多 SRS。单 SRS 只在驾驶室装备气囊。

双 SRS 是指给驾驶员和前排乘员装备两个气囊。装备了 3 个或 3 个以上气囊的称为多 SRS。

汽车品牌不同，档次不同，装备气囊的数量也不相同。在同一辆汽车上，无论气囊数量多少，它们既可以集中控制，也可分别进行控制。一般来说，正面气囊和护膝气囊用一个 SRS ECU 进行控制，侧面气囊和头部气囊（窗帘式气囊）用一个 SRS ECU 进行控制。

三、安全气囊系统的组成

安全气囊系统 SRS 主要由碰撞传感器、防护传感器、安全气囊电控单元 ECU、气囊组件和 SRS 指示灯等组成。正面 SRS 装配有左前和右前碰撞传感器，侧面 SRS 装配有左侧和右侧碰撞传感器，防护传感器一般安装在 SRS ECU 内部，SRS 指示灯安装在组合仪表盘上。SRS 零部件安装位置如图 5—1—1 所示。

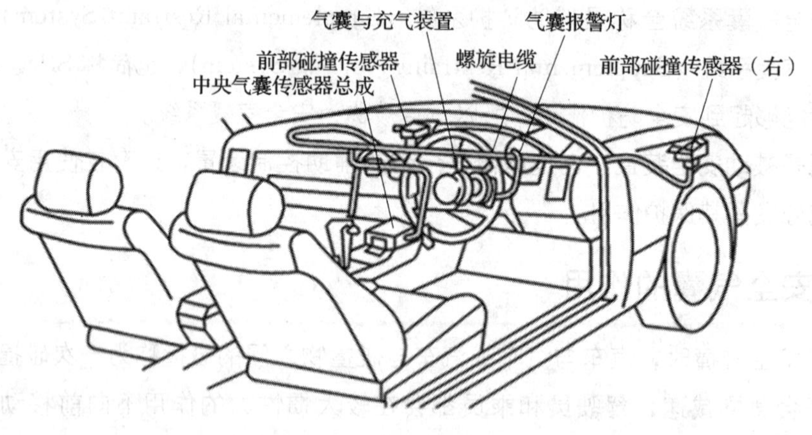

图 5—1—1 SRS 零部件安装位置

四、安全气囊的控制过程

无论是何种保护的安全气囊，当汽车发生碰撞时，其控制过程都是一样的。如图 5—1—2 所示为正面碰撞安全气囊的控制过程。

当汽车遭受前方一定角度范围内的碰撞时，安装在汽车前部和安装在 SRS ECU 内部的碰撞传感器都检测到汽车突然减速的信号，并将信号输给 SRS ECU，SRS ECU 经计算判断是否发生碰撞。

当 SRS ECU 判断汽车发生了碰撞时，它发出控制指令，将气囊组件中的点火器（电雷管）电路接通，点火器引爆点火剂（引药）受热爆炸。当点火剂引爆时，迅速产生大量热量，充气剂受热分解并释放出大量氮气（固态叠氮化钠受热 300℃时就会产生氮气）充入气囊，使气囊冲开气囊组件上的装饰盖向驾驶员和乘员方向膨胀，在人体与车内碰撞物之间形成一个气垫，人体的头部和胸部压靠在充满气体的气囊上，将人体与车内碰撞物之间的碰撞

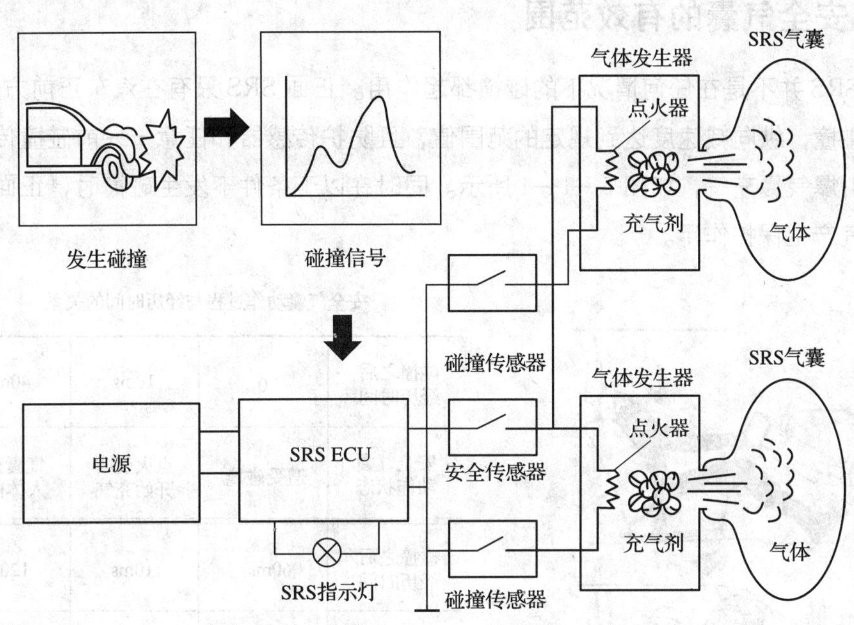

图 5—1—2 正面碰撞安全气囊的控制过程

变为弹性碰撞，通过气囊的泄气变形和收缩来吸收人体碰撞时产生的冲击能量，从而达到保护人体的作用。

五、安全气囊的动作情况

根据德国 Bosch 公司在奥迪轿车上的实验研究表明：当汽车以车速 50 km/h 与前方障碍物发生碰撞时，安全气囊的动作过程如图 5—1—3 所示。

（1）发生碰撞约 10 ms 后，SRS ECU 发出指令，点火器使点火剂引爆并产生大量热量，使充气剂受热分解，开始释放气体，此时驾驶员尚未向前移动，如图 5—1—3a 所示。

（2）发生碰撞约 40 ms 后，气囊完全充满，体积最大，驾驶员身体向前移动，由于安全带的作用，人体的部分冲击能量被吸收，如图 5—1—3b 所示。

（3）发生碰撞约 60 ms 后，驾驶员头部及身体上部压向气囊，气囊和气囊上的排气孔在气体和人体压力作用下泄气、收缩，吸收人体与气囊之间的弹性碰撞所产生的能量，如图 5—1—3c 所示。

（4）发生碰撞约 110 ms 后，大部分气体已从气囊逸出，驾驶员身体回靠到座椅靠背上，汽车前方恢复视野，如图 5—1—3d 所示。

（5）发生碰撞约 120 ms 后，碰撞危害解除，车速降为零。

由此可见，气囊从开始充气到完全充满约需 30 ms，从汽车遭受碰撞开始到气囊收缩为止，所用时间约为 120 ms，而人们眨一下眼睛所用时间约为 200 ms。可见其动作时间极短，其动作状态无法用肉眼确认。

六、安全气囊的有效范围

汽车 SRS 并不是在任何情况下的碰撞都起作用。正面 SRS 只有在汽车正前方±30°角范围内发生碰撞，纵向减速度达到规定的范围值，且防护传感器和任意一只前碰撞传感器接通时，才能引爆气囊充气，如图 5—1—4 所示。同时在以下条件下发生碰撞时，正面气囊都不会引爆充气产生保护作用。

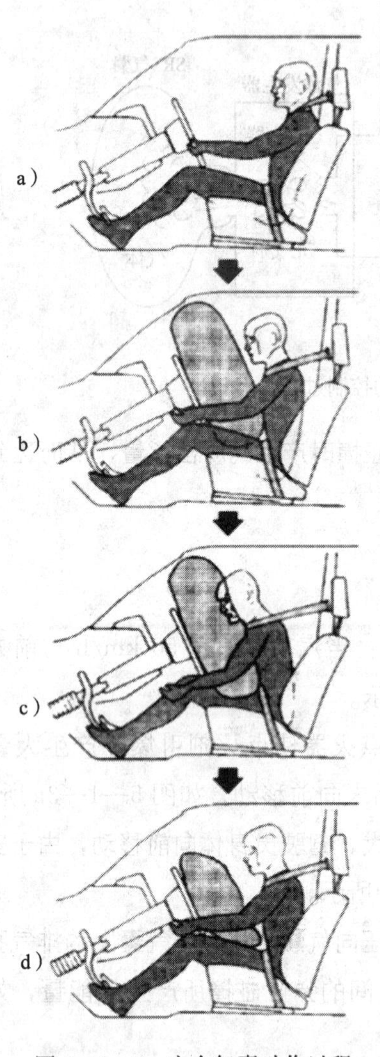

安全气囊动作过程与经历时间的关系

碰撞之后经历时间	0	10ms	40ms
安全气囊动作状态	遭受碰撞	点火引爆开始充气	气囊充满人体前移
碰撞之后经历时间	60ms	110ms	120ms
安全气囊动作状态	排气节流吸收功能	人体复位恢复视野	危害解除车速降零

图 5—1—3　安全气囊动作过程

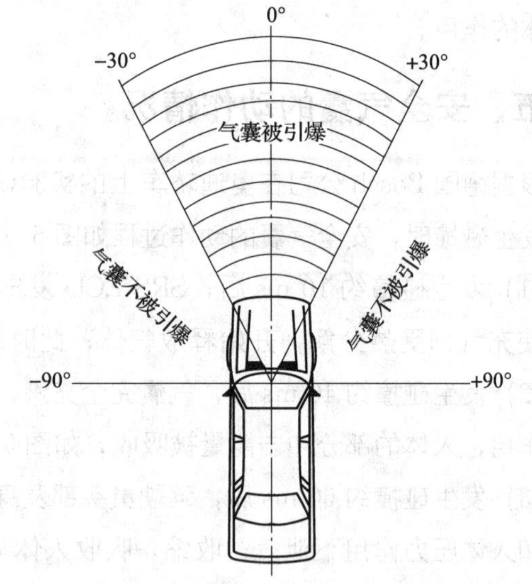

图 5—1—4　安全气囊的有效范围

(1) 汽车遭受侧面碰撞超过正前方±30°角时（如安装有侧面气囊则侧面气囊引爆充气）。

(2) 汽车遭受横向碰撞时（如安装有侧面气囊则侧面气囊引爆充气）。

(3) 汽车遭受后方碰撞时。

(4) 汽车发生绕纵向轴线侧翻时（如安装有侧面气囊则侧面气囊引爆充气）。

(5) 纵向减速度未达到规定的范围值时。

(6) 所有前碰撞传感器都没接通或 SRS ECU 内部的防护传感器未接通时。

减速度范围值是根据 SRS 的性能进行设定的。不同车型 SRS 的减速度范围值各不相同。比如美国汽车的 SRS 是按驾驶员不佩戴座椅安全带进行设计的，气囊的体积大，充气时间较长，所以气囊设在较低的减速度范围值时引爆充气（车速在 25 km/h 发生碰撞时，气囊就引爆充气）。而在日本和欧洲，汽车的 SRS 是按驾驶员佩戴座椅安全带进行设计的，其气囊体积小、充气时间短，所以气囊设在相对较高的减速度范围值时引爆充气（车速在 35 km/h 发生碰撞时，气囊就引爆充气）。

七、安全气囊系统各组成部件的结构原理

安全气囊系统 SRS 由碰撞传感器、电控单元 ECU、气囊组件和 SRS 指示灯四部分组成。气囊组件和 SRS 指示灯是其执行元件。下面对这些组件一一介绍。

1. 碰撞传感器

碰撞传感器实际上是一种减速度传感器，其作用是将碰撞信号输入 SRS 和座椅安全带收紧系统的电控单元（SRS ECU)，以判断是否需要引爆气囊点火器和触发安全带收紧点火器。

(1) 碰撞传感器的分类

1）按用途不同，碰撞传感器可分为碰撞信号传感器和碰撞防护传感器两种。

碰撞信号传感器又称激烈程度传感器，安装在汽车左前与右前翼型板内侧，两侧前照灯支架下面，发动机散热器支架左、右两侧，左右仪表台下面等。

碰撞防护传感器也称为防护传感器，一般安装在 SRS ECU 内部。防护传感器与碰撞信号传感器的结构原理完全相同，不同的是它们所设定的减速度范围值不同。也就是说，一个碰撞传感器既可作碰撞信号传感器，也可用作防护传感器，只是重新设定其减速度范围值即可。设定的原则是：碰撞防护传感器的减速度范围值必须比碰撞信号传感器的减速度范围值稍小。

2）按结构不同，碰撞传感器可分为机电结合式、水银开关式和电子式三种类型。

机电结合式碰撞传感器是一种利用机械机构运动（滚动或转动），使电器触点闭合（或断开）来接通（或切断）气囊点火器电路的装置，常用的有滚球式、滚轴式和偏心锤式三种。

水银开关式碰撞传感器是一种利用水银的良好导电特性，将气囊点火器电路直接接通或切断的装置。

电子式碰撞传感器是一种将碰撞作用力转换为电信号，使电子电路导通（或截止）来接通（或切断）气囊点火器电路的装置。

(2) 滚球式碰撞传感器

下面以典型的滚球式碰撞传感器为例介绍碰撞碰传感器的工作原理。

1）滚球式碰撞传感器组成。滚球式碰撞传感器又称为偏压磁铁式碰撞传感器，结构如图 5—1—5 所示，主要由铁质滚球、永久磁铁、导缸、固定触点和壳体等组成。两个触点分别与传感器引线端子连接。滚球用来感知减速度大小，在导缸内可自由移动或滚动。壳体上印制的箭头标记，有的规定指向汽车前方，有的规定指向汽车后方。因此，在安装传感器时，箭头方向必须符合使用说明书的规定。

2）滚球式碰撞传感器工作原理。当传感器处于静止状态时，在永久磁铁磁力作用下，导缸内的滚球被吸向磁铁，两个触点与滚球分离，如图 5—1—6a 所示，此时传感器电路处于断开状态。

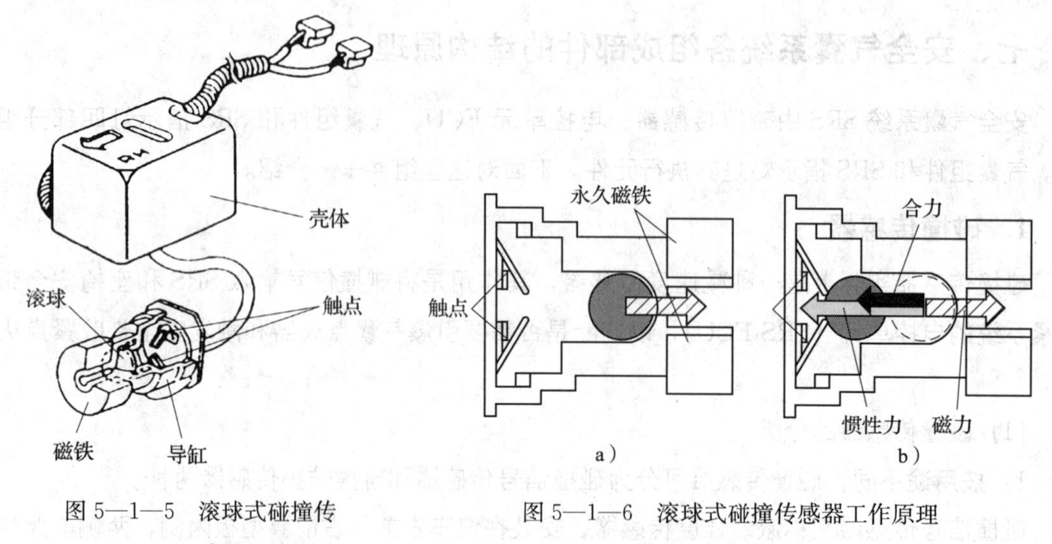

图 5—1—5　滚球式碰撞传感器的结构

图 5—1—6　滚球式碰撞传感器工作原理
a）静止状态　b）工作状态

当汽车遭受碰撞且减速度达到设定的阈值时，滚球产生的惯性力将大于永久磁铁的电磁吸力。在惯性力的作用下，滚球就会克服磁力沿导缸向两个固定触点运动并将固定触点接通，如图 5—1—6b 所示。当传感器用作碰撞信号传感器时，固定触点接通即是将碰撞信号输入 SRS ECU；当传感器用作碰撞防护传感器时，则将点火器电源电路接通，引爆气囊充气。

2. 安全气囊系统电控单元（SRS ECU）

安全气囊系统电控单元（SRS ECU）是安全气囊系统的核心部件，其安装位置依车型而定。当防护传感器与 SRS ECU 组装在一起时，SRS ECU 安装在汽车纵向轴线上。不同车型的 SRS ECU 的结构各有不同，但总的来说由专用中央处理单元 CPU、备用电源电路、稳压电路、信号处理电路、保护电路、点火电路和监测电路等组成。其作用是识别碰撞传感器和其他传感器输入的信号，判断是否点火引爆气体发生器，对气囊充气，同时对系统进行自诊断，并将故障以故障码形式储存。

3. 气囊组件

气囊组件是 SRS 的执行元件。无论是何种功能的气囊组件，虽然它们的安装位置、内部结构和外形均不相同，但其基本组成原理是一样的。

如图 5—1—7 所示是驾驶员气囊组件。主要由气囊饰盖、气囊、气体发生器和安装在气体发生器内部的点火器组成。下面以它为例说明。

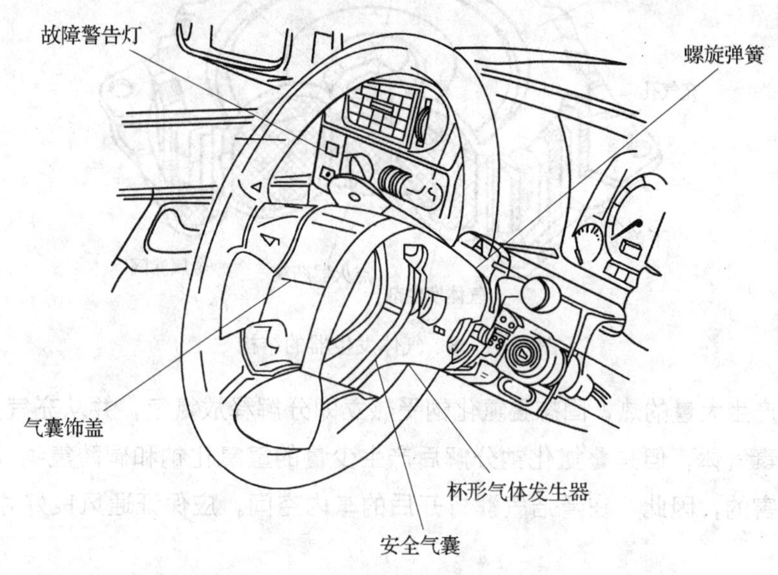

图 5—1—7　驾驶员气囊组件的结构

(1) 气囊

气囊一般采用外表光滑的人造织物制成（如尼龙），内表面敷有树脂，以加强其强度和密闭气体。有的气囊还装有强力材料制成的拉带，以保证膨胀后具有特定的开关，如奔驰车上的气囊膨胀后呈枕头状。气囊内还设有安全阀，即排气孔，当气囊内压力过高时，安全阀打开，起缓冲作用。

气囊不打开时，折叠成包，安放在气体发生器上部与气囊饰盖之间。气囊开口一侧固定在气囊安装支架上，先用金属垫圈与气囊支架座圈夹紧，然后用铆钉铆接。气囊饰盖表面模压有撕印，以便气囊充气时撕裂饰盖，减小冲出饰盖的阻力。

(2) 气体发生器

气体发生器又称为充气泵，其作用来产生气体向气囊充气，使气囊膨胀。它被专用螺栓与螺母固定在转向盘上的气囊支架上，结构如图 5—1—8 所示，由气体发生器盖、金属滤网、充气剂、点火器和引爆炸药组成。

气体发生器壳体由上盖和下盖两部分组成。在上盖上制有若干个长方形或圆形充气孔。下盖上制有安装孔，以便将气体发生器安装到转向盘上的气囊支架上。上盖与下盖用冷压工艺压装成一体，壳体内装充气剂、滤网和点火器。金属滤网安放在气体发生器壳体的内表面，用以过滤充气剂和点火剂燃烧产生的颗粒。

充气剂一般都采用叠氮化钠片状合剂。叠氮化钠有剧毒，在温度约 300℃时分解出氮气。目前，大多数气体发生器都是利用热效反应产生氮气而充入气囊。在点火器引爆点火剂

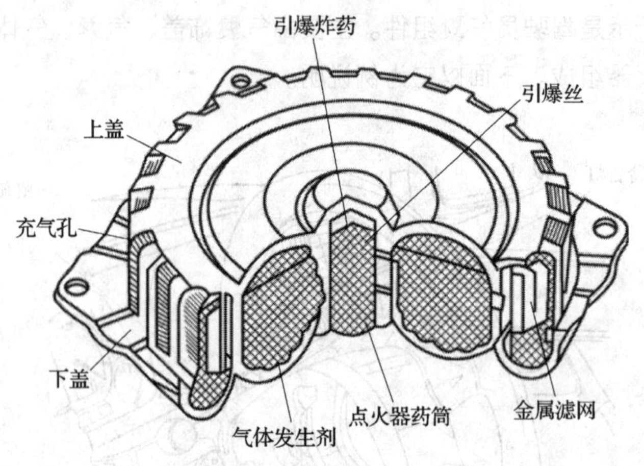

图 5—1—8　气体发生器的结构

瞬间，点火剂产生大量的热，固态叠氮化钠受热立即分解释放氮气，并从充气孔充入气囊。虽然氮气是无毒气体，但是叠氮化钠分解后产生少量的氢氧化钠和碳酸氢钠（白色粉末）。这些物质是有害的，因此，在清洁气囊打开后的车内空间，应保证通风良好并采取防护措施。

(3) 点火器

气囊点火器外包铝箔，安装在气体发生器内部中央位置，其结构如图 5—1—9 所示。主要由引爆炸药、药筒、引药、电热丝、电极和引出导线等组成。

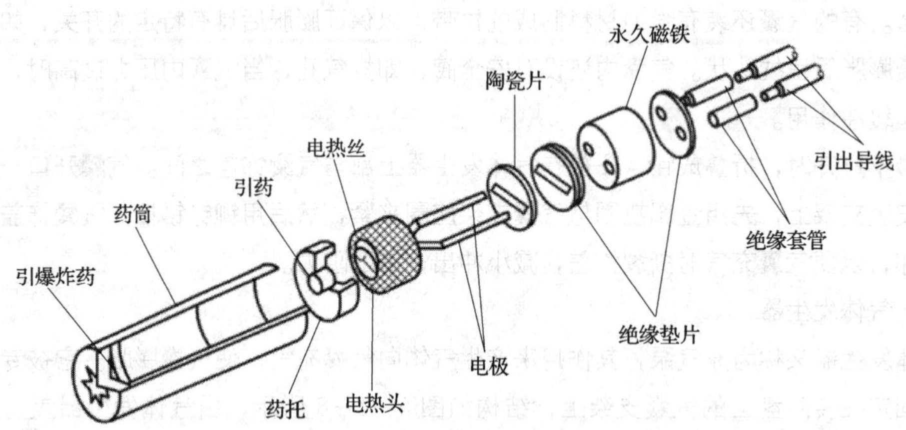

图 5—1—9　驾驶室气囊点火器零部件组成

点火器的作用是：当 SRS ECU 发出点火指令时，电热丝通电，并迅速红热引爆引药，引药瞬间爆炸产生热量，药筒内温度和压力急剧升高并冲破药筒，使充气剂受热分解释放氮气充入气囊。

4. SRS 指示灯

SRS 指示灯又称为 SRS 警告灯，安装在驾驶室仪表盘，同时显示有气囊动作图形或字母 SRS、AIR BAG、SRS AIR BAG 等指示。其作用是显示安全气囊系统是否正常。

当点火开关拨到 ON 或 ACC 位置时，如果指示灯亮，约 6 秒后自动熄灭，表示 SRS 功能正常。如果指示灯不亮、一直发亮或在汽车行驶途中突然发亮或闪烁，说明 SRS 有故障，应及时排除。同时故障会以编码的形式存储在 SRS ECU 存储器中，以便维修时调取。

八、安全气囊系统的保险机构

安全气囊系统工作可靠与否，直接关系到人身安全。因此，为了便于检查和排除故障，安全气囊系统的线束和连接器在结构外形和颜色上与汽车上的其他电器是不一样的。安全气囊系统的线束和连接器大都采用黄色，也有采用红色的。连接器还设计有防止气囊误爆机构、电路连接诊断机构、端子双重锁定机构、连接器双重锁定机构等保险机构。

1. 防止气囊误爆机构

防止气囊误爆机构是连接气囊点火器的连接器中的一块铜质弹簧片（也称为短路片），其作用是当连接器拔开（插头拔下或插头与插座未完全结合）时，短路片自动将靠近气囊点火器一侧插座上的两个引线端子短接，如图 5—1—10 所示，防止静电或误通电而将点火器电路接通而造成气囊误爆。

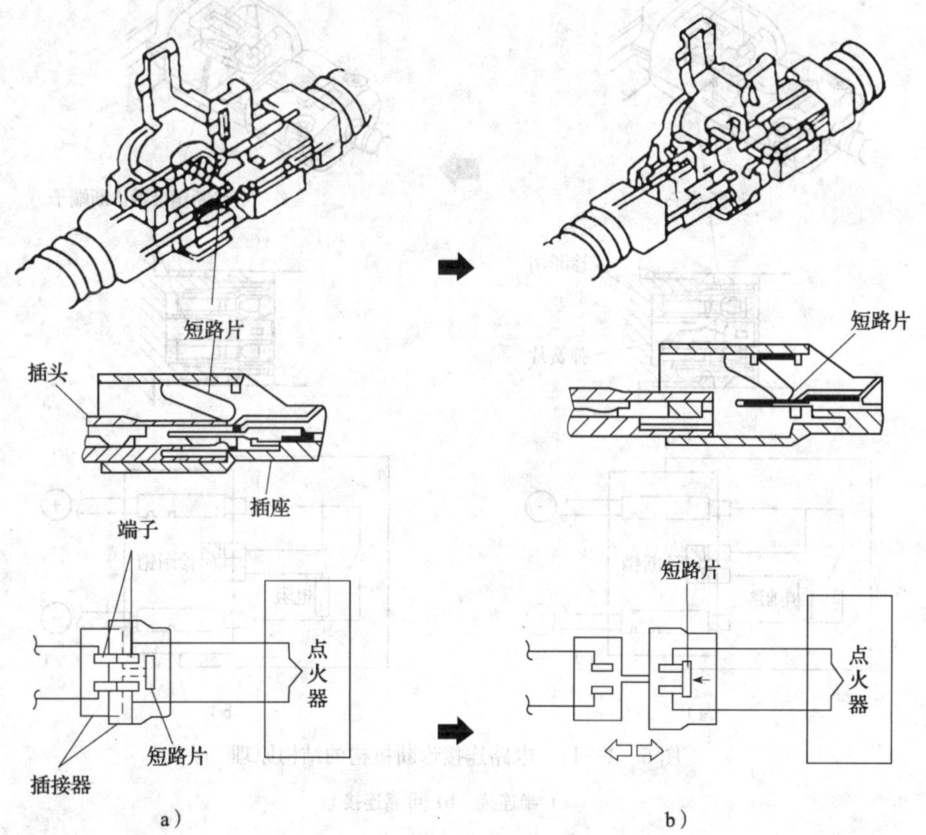

图 5—1—10 防止气囊误爆机构的结构原理

a）插接器正常插接时 b）插接器脱开时

短路片一般设在连接器插座上，当插头与插座正常连接时，插头的绝缘壳体将短路片向上顶起。如图 5—1—10 所示，短路片与连接器端子脱开，插头引线端子与插座引线端子接触良好，点火器电热丝电路处于正常连接状态。

当插头与插座脱开时，短路片将气囊点火器一侧插座上的引线端子短接，使点火器电热丝与短路片构成回路，如图 5—1—10 所示，这时，即使将电源不小心碰到点火器一侧的连接器插座上，由于电源被短路片短路，点火器不会因此而引爆，从而达到防止气囊误爆的目的。

2. 电路连接诊断机构

电路连接诊断机构一般安装在传感器与 SRS ECU 之间的连接器上。它的作用是监测连接器的插座与插头是否连接可靠。

电路连接诊断机构是一块诊断销，如图 5—1—11 所示。在连接器插座上设置有两个诊断端子，端子上设有弹簧片，其中一个诊断端子与碰撞传感器的某一个触点相连，另一个诊断端子经一个电阻（一般为 1 kΩ，具体依车型而定）与碰撞传感器的另一个触点相连。

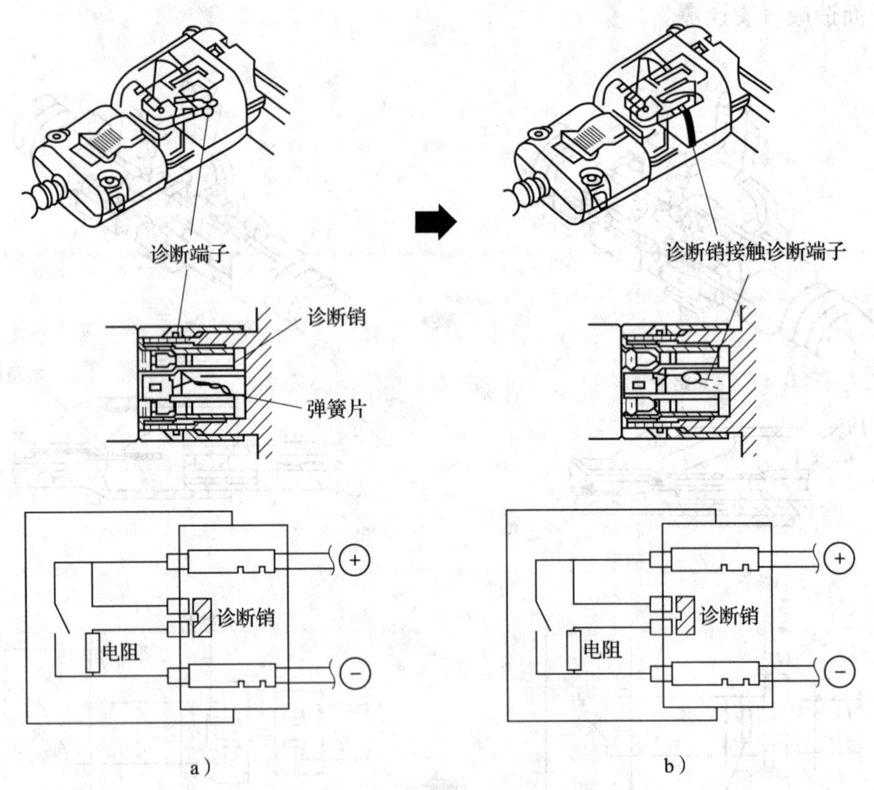

图 5—1—11　电路连接诊断机构的结构原理

a）半连接　b）可靠连接

当传感器插头与插座半连接（未可靠连接）时，诊断端子与诊断销尚未接触，如图 5—1—11a所示。这时电阻与传感器触点没有构成并联电路，连接器两引线“+”与“−”

之间的电阻为无穷大。因此 SRS ECU 检测到碰撞传感器的电阻为无穷大，即判定连接器连接不可靠。SRS 指示灯亮，同时故障以编码的形式存储在存储器中。

当传感器插头与插座可靠连接时，诊断端子与诊断销接触，如图 5—1—11b 所示，这时电阻与碰撞传感器触点构成并联电路。这时 SRS ECU 检测到传感器电路阻值为并联电阻值，即判定连接器可靠连接，传感器电路连接正常。

3. 连接器双重锁定机构

在 SRS 和座椅安全带收紧系统线束中，各种气囊组件和螺旋线束等重要连接部位的连接器都采用了双重锁定机构。其作用是锁定连接器插头与插座，防止连接器脱开。

如图 5—1—12 所示，在连接器插头上设有主锁和两个凸台。在连接器插座上，设有锁柄能够转动的副锁。当主锁未锁定时，插头上的两个凸台就会阻止副锁锁定，如图 5—1—12a 所示；当主锁完全锁定时，副锁锁柄方能转动并锁定，如图 5—1—12b 所示；当主锁与副锁双重锁定后，连接器插头与插座可靠连接，从而防止连接器脱开，如图 5—1—12c 所示。

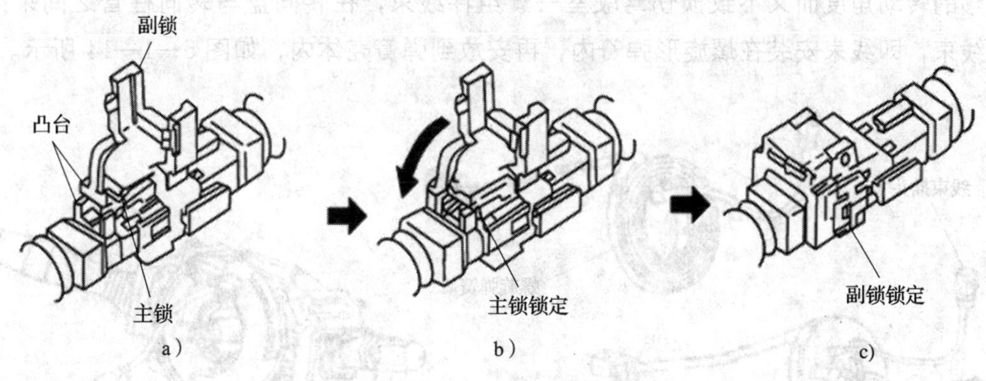

图 5—1—12　连接器双重锁定机构

a）主锁打开，副锁被挡住　b）主锁锁定，副锁可以锁定　c）双重锁定

4. 接线端子双重锁定机构

在安全气囊系统的每一个连接器中，接线端子都设置有双重锁定机构，其作用是防止接线端子滑动而接触不良。

如图 5—1—13 所示，由连接器壳体上的锁柄与分隔片组成。其中，锁柄为一次锁定机构，防止端子沿导线轴线方向滑动；分隔片为二次锁定机构，防止端子沿导线径向移动。两次锁定从而保证导线连接良好。

5. 螺旋电缆

螺旋电缆又称为螺旋弹簧、时钟弹簧、游丝弹簧或游丝。是 ECU 和气囊点火器的连接导线，它将 ECU 的输出信号传递到点火器，使点火器引爆点火剂，产生气体向气囊充气。

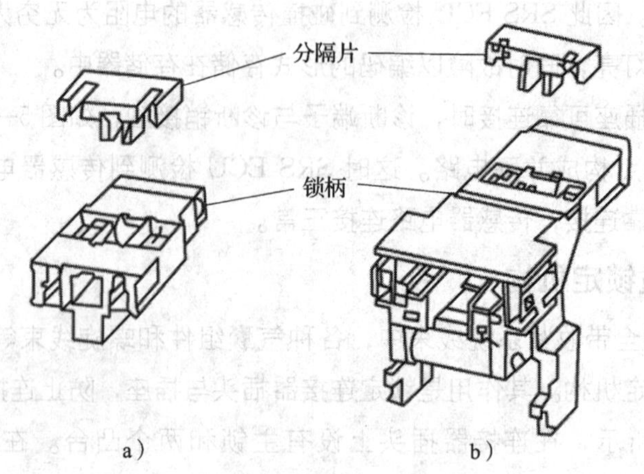

图 5—1—13　端子双重锁定机构

a）插头　b）插接器

为了便于区分和检查排除故障，SRS和座椅安全带收紧系统线束一般都装在具有特殊颜色（一般为黄色）的塑料波纹管内，并与发动机舱线束连成一体。为了保证转向盘具有足够的转动角度而又不致损伤驾驶室气囊组件线束，在转向盘与转向柱管之间采用了螺旋线束，即线束安装在螺旋形弹簧内，再安放到弹簧壳体内，如图 5—1—14 所示。

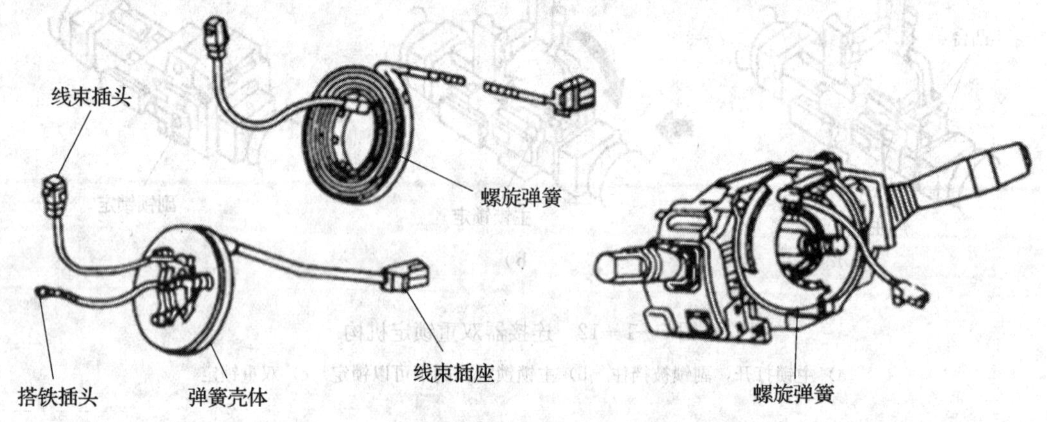

图 5—1—14　螺旋形弹簧与螺旋线束的结构

在装备SRS的汽车上，电喇叭线束也安装在螺旋形弹簧内。螺旋弹簧安装在转向盘与转向柱管之间，安装时应注意安装位置和螺旋方向，否则将会导致转向盘转动角度不足或转向沉重。

九、安全气囊故障自诊断系统

由于安全气囊是一个精密而又重要的装置，一般的气囊系统均设有自诊断系统。自诊断系统由诊断线路、存储电路、SRS指示灯和检测插头等组成，其作用是当SRS系统出现故障时，检测故障发生的部位，并以故障码的形式储存起来，同时通过SRS指示灯向驾乘人员报警。

十、安全气囊使用注意事项

凡使用装有安全气囊的汽车都应遵守不定期的使用规则，否则一旦误操作很可能会造成意外的人身伤害。一般应注意以下事项。

(1) 安全气囊警示灯不亮，或点亮超过 8 s，或行车时点亮，都表明该系统工作不正常，需由专业人员认真检查维修。

(2) 安全气囊装置只能工作一次，发生事故引爆后，必须由专业人员更换新的安全气囊，千万不能从其他车上拆下旧气囊来使用。

(3) 由于车内防盗、音响、时钟、电控座椅、电控倾斜和伸缩转向、电控后视镜等系统均具有存储功能，存储内容会随蓄电池的脱离而被消除，所以在开始检修前，应将各存储系统的内容做好记录。

(4) 维修安全气囊时，必须拆下蓄电池接地线 90 s 以上，以防备用电源使气囊误爆。

(5) 若车辆只发生轻微碰撞，SRS 没有触发胀开，也应对转向盘衬垫、前座安全气囊总成、座椅安全带收紧器和安全气囊前碰撞传感器等进行检查。

(6) 若碰撞车辆的 SRS 已经触发，除需更换已经引爆的气囊与安全带收紧装置外，还必须同时更换全部碰撞传感器和中央气囊传感器总成，并检查线束与插头状况。

(7) 如发现碰撞传感器、安全气囊 ECU、转向盘衬垫、安全气囊总成或座椅安全带收紧器等系统部件，在外壳、托架或插接器处有裂纹、凹陷或其他缺陷，应换装新品。

(8) 不要让碰撞传感器、安全气囊 ECU、转向盘衬垫、安全气囊总成或座位安全带收紧器直接暴露在热空气中或接近火源。

(9) 安装碰撞传感器时，传感器上的箭头应朝向规定方向。碰撞传感器的定位螺栓是经过防锈处理的。当传感器拆下后，必须换用新的定位螺栓。

(10) 拆卸转向盘安全气囊总成时，应将转向盘衬垫顶面向上正置，不可翻转倒置，如图 5—1—15 所示。

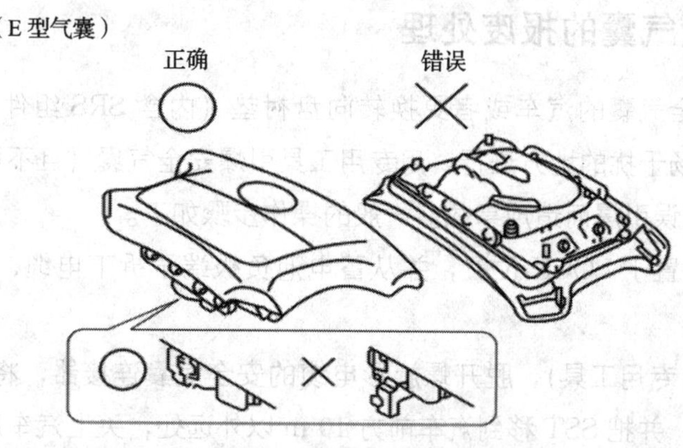

图 5—1—15 转向盘衬垫的正确放置

(11) 切不可用万用表去测量安全气囊点火器的电阻，因为微小电流即可引爆点火器，使安全气囊充气。维修工作完成后，应检查 SRS 警告灯。

安装螺旋线束插线器时，必须将螺旋弹簧预置在转向柱管的中间位置，使转向盘由中间位置向左右两个方向各转 2.5 圈时，不致拉断螺旋导线或引起其他故障。

十一、安全气囊系统故障的检修

1. 用故障诊断仪检查安全气囊故障的程序

(1) 将点火开关置于 OFF 位置，将故障诊断仪电源线插到点火开关插座上，将其信号线接到熔断器盒中的诊断插口上。

(2) 接通点火开关，用故障诊断仪检查读取自诊断代码。

(3) 断开点火开关排除故障。

(4) 接通点火开关，用故障诊断仪清除所存的故障码，从车上拔下故障诊断仪接线。

2. 对受到碰撞而安全气囊未起爆汽车的检查项目

(1) 进行诊断系统检查。

(2) 对从汽车上拆下的转向盘衬垫（带安全气囊）进行下述项目的肉眼检查：检查转向盘衬垫上的表面凹槽部分是否有刻痕、裂纹或明显的污渍；检查插接器和配线是否有切痕、裂纹或碎片；检查转向盘扬声器按钮接触板是否变形。

(3) 检查转向柱、转向盘是否松动、受损或变形。

(4) 检查保险杠、车身覆盖件和车身骨架等是否裂损、变形。

3. 受到碰撞而安全气囊已起爆汽车的检查修理项目

(1) 进行诊断系统检查。

(2) 对从汽车上拆下的转向盘衬垫进行下述项目的肉眼检查：检查转向盘扬声器按钮接触板是否变形；检查螺旋形电缆插接器和配线是否损坏。

(3) 拆卸已报废的 SRS 元件，按维修手册规定的标准更换安全气囊系统。

十二、安全气囊的报废处理

当报废带有安全气囊的汽车或者更换转向盘衬垫（内含 SRS 组件）、扬声器按钮总成时，必须在远离电场干扰的地方进行，用专用工具引爆安全气囊（且不可在车内引爆安全气囊），以防安全气囊误引爆而造成事故。一般的操作步骤如下。

1. 将点火开关置于 LOCK 位置，并从蓄电池负极端子拆下电缆，等待 20 s 或更长时间。

2. 安装 SST（专用工具），脱开螺旋形电缆的安全气囊连接器，将 SST 的连接器连接到电缆的连接器上，并把 SST 移到汽车前方 10 m 以外远处，关上汽车所有门窗。

3. 把 SST 的红、黑两个夹子分别连到蓄电池的正、负极上，在确认人员安全的情况下，按下 SST 起动开关，LED 亮的同时，安全气囊引爆。

4. 最后再作破坏性处理。

§5—2　安全带紧急收缩触发系统（SRTS）

学习目标：

1. 掌握安全带收紧系统的作用和组成。
2. 掌握安全带收紧系统的工作过程。

一、安全带收紧系统的作用

安全带紧急收缩触发系统也称为安全带收紧系统。与安全气囊一样，在汽车发生碰撞事故的一瞬间，乘员尚未向前移动时，卷收器会自动将安全带往回拉一段距离，以消除安全带与身体之间的间隙，减小乘员的位移，然后锁止织带，防止乘员身体前倾，有效保护乘员的安全。瞬间缩短安全带，保护汽车驾驶员与乘员的人身安全，国产轿车大都装备了这个系统。

安全带收紧系统中起主要作用的卷收器与普通安全带不同，除了普通卷收器的收放织带功能外，还具有当车速发生急剧变化时，能够在 0.1 s 左右加强对乘员的约束力。

二、安全带收紧系统的组成

安全带收紧系统是在安全气囊 SRS 的基础上，增设防护传感器和左右座椅安全带收紧器构成。它的前碰撞传感器和 ECU 与安全气囊的 ECU 共用，且防护传感器安装在安全气囊 ECU 内部，用于接通安全带收紧器的电源电路。

安全带收紧系统的执行器即安全带紧急收紧收缩器，分别安装在座椅靠近左、右车身的两侧或左、右车门立柱旁边。有活塞式和钢珠式两种安全带收紧器。

丰田和奔驰轿车采用了活塞式收紧器，捷达和宝来轿车采用了钢珠式收紧器。

1. 活塞式安全带收紧器

活塞式安全带收紧器由缸筒（或称为导管）、活塞、拉索、气体发生器、点火器（图中未示）和安全带收缩鼓轮组成，如图 5—2—1 所示。

当收紧器动作时，由气体发生器释放出的大量气体迫使活塞向下运动。由于拉索与活塞连在一起，所以活塞带动拉索使鼓轮向收紧安全带的方向转动，使安全带收紧。当收紧一定长度后，安全带便无法被拉出或回缩。

2. 钢珠式安全带收紧器

主要由气体发生器、点火器（图中未示）、钢珠、棘爪盘、安全带滚筒和钢珠回收盒组成，如图 5—2—2 所示。

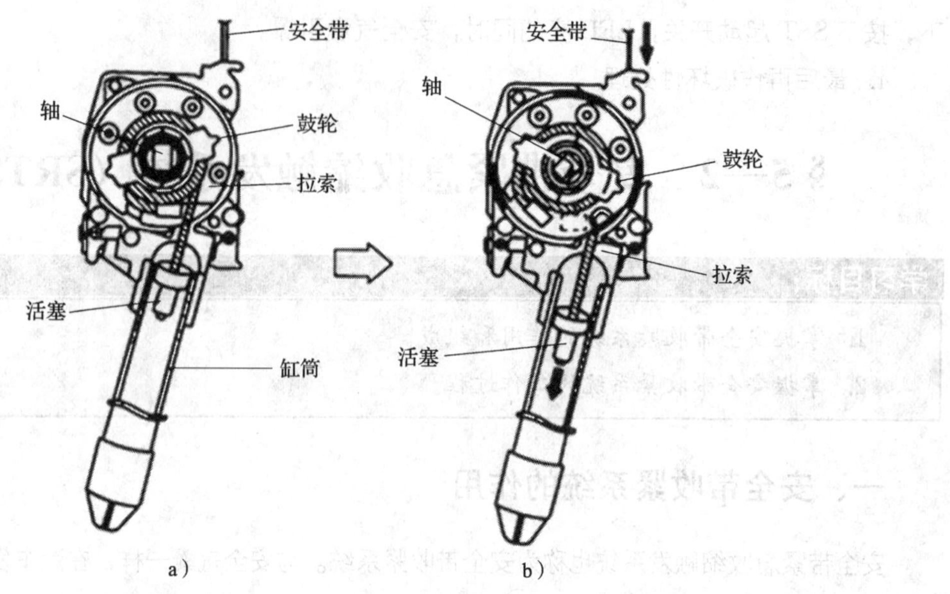

图 5—2—1 活塞式安全带收紧器结构原理图

a）未动作 b）已动作

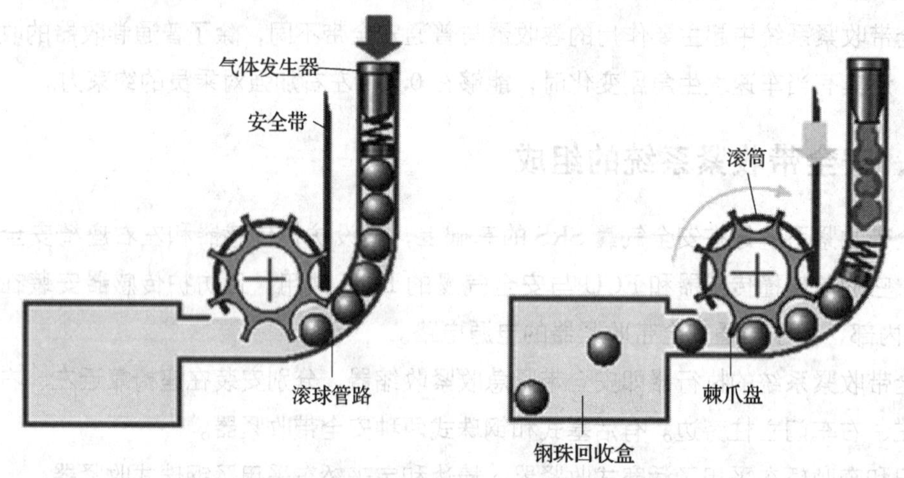

图 5—2—2 钢珠式安全带收紧器的结构原理图

该收紧器由一个传感器负责收集撞车信息，然后释放出电脉冲，该脉冲传递到气体发生器上，引爆气体。爆炸产生的气体在管道内迅速膨胀，压向所谓的球链（钢珠），使球在管路内往前窜，带动棘爪盘转动（棘爪盘跟轴连为一体，安全带就绕在轴上）。

即气体压力使球移动，球带动棘爪盘转动，棘爪盘带动轴转动瞬间实现了安全带的预收紧功能。其从感知碰撞事故到完成安全带预收紧仅持续千分之几秒。管道末端是一截空腔，用于容留滚过来的球。

三、安全带收紧的控制过程

当汽车发生碰撞且减速度达到前碰撞传感器和防护传感器设定值时，防护传感器将安全带收紧点火器的电源电路接通，前碰撞传感器信号输入电控单元 SRS ECU 后，ECU 立即向安全带收紧点火器发出点火指令使收紧点火器电路接通，气体发生器就会产生氮气使收紧器工作，在碰撞后约 10 ms 内将安全带收紧 15～20 cm，缩短驾驶员和前排乘员向前移动的距离，避免或减轻人体因发生二次碰撞而遭受伤害。在安全带收紧工作的同时，安全气囊也点火膨胀，但气囊要在碰撞约 40 ms 后才完全充气到最大体积。也就是说，在坐椅安全带收紧后，驾驶员和乘员的各种安全气囊才会同时膨胀。这就是为什么说安全带收紧系统能避免或减轻人体因二次碰撞遭受的伤害。

§ 5—3　中控门锁与防盗系统

学习目标：

1. 掌握中控门锁控制系统的功能、分类和结构及工作原理。
2. 理解防盗系统的作用、组成及工作原理。

汽车上有前排驾驶员侧车门、乘客侧车门、后排左右乘客车门、发动机舱门和行李箱门等，车门和门锁是汽车车身的重要组成部分，是汽车防盗的第一步。人们为了车辆的安全大都安装了汽车防盗报警系统，而这些防盗系统又与车门锁密切相关。为了操纵方便、安全等多方面的考虑，汽车门锁已经由机械式转变为电子式。目前汽车上的电子锁大多采用中控门锁。

中控门锁是指通过设在驾驶（副驾驶）座车门上的开关或通信设备，来同时控制车门的关闭与开启的一种控制装置。随着计算机技术的发展，中控门锁控制系统不断向着网络化、集成化的方向发展。

一、中控门锁控制系统的功能

中控门锁控制系统具有钥匙联动锁门和开门功能以及钥匙禁闭预防功能，具体如下：

两级开锁功能：在钥匙联动开锁功能中，一级开锁操作，只能以机械方法打开钥匙插入的门。两级开锁操作，则同时打开其他车门。

钥匙占用预防功能：当钥匙插入点火开关时，没有钥匙而将车门锁住。

安全功能：当钥匙从点火开关中拔去而门已锁住时，无论用钥匙或不用钥匙锁门，门都不能用门锁控制开关打开。

电动窗不用钥匙的动作功能：驾驶员和乘客的车门都关上，点火开关断开后，电动窗仍可动作约 60 s。

一般来说，所有车门可以通过前右或前左侧门上的钥匙操纵同时关闭和打开。若已执行了锁门操纵，而一侧前门打开并且点火开关钥匙仍插在锁芯内，则所有的车门会自动打开，以防止点火开关钥匙遗忘在汽车内。

二、汽车中控门锁的分类

汽车电子锁的分类方法很多，既可以按照控制部分中主要元器件的异同进行分类，也可以按照编码方式的异同进行分类。

(1) 按键式电子锁

按键式电子锁采用键盘或组合按钮输入开锁密码，操作方便。内部控制电路常采用电子密码专用集成电路。此类产品包括按键式电子锁和按键式汽车点火锁。

(2) 拨盘式电子锁

拨盘式电子锁采用机械拨盘开关输入开锁密码。很多按键式电子锁可以改造成拨盘式电子锁。

(3) 电子钥匙式电子锁

电子钥匙式电子锁使用电子钥匙作为开锁密码，它由元器件搭成的单元电路组成，做成小型手持单元形式，通过光、声、电或磁等多种形式与主控电路联系。此类产品包括各种遥控汽车门锁、转向锁和点火锁以及电子密码点火钥匙。

(4) 触摸式电子锁

触摸式电子锁采用触摸方式输入开锁密码，操作简单。相对于按键开关来说，触摸式电子锁使用寿命长，造价低，且优化了电子锁控制电路。装备这种锁的车门上没有一般的门把手，代之以电子锁和触摸传感器。

(5) 生物特征式电子锁

将声音、指纹等人体生物特征作为密码输入，由计算机进行模式识别控制开锁，智能化相当高。

三、汽车中控门锁的结构组成

1. 汽车电子中控门锁的结构

汽车电子中控门锁由门锁开关、门锁执行机构（即门锁动作器）和门锁控制器等组成。

(1) 门锁开关

大多数中控门锁开关都是由总开关和分开关组成，总开关装在驾驶员身旁车门上，驾驶员操纵总开关可将全车所有车门锁住或打开；分开关装在其他各个车门上，可单独控制一个车门。

(2) 执行机构

汽车电子门锁的执行机构一般采用电磁铁或微型电动机控制。

1) 电磁铁式自动车门锁。这种汽车电控门锁的开启和锁闭均由电磁铁驱动。其结构如图 5—3—1 所示。它内设两个线圈，分别用来开启、锁闭门锁。门锁集中操作按钮平时处于中间位置，用手按压即可开启或锁闭车门。

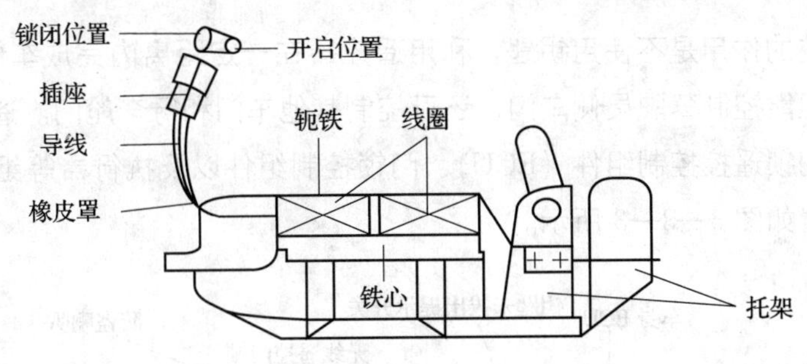

图 5—3—1　电磁铁式自动车门锁结构

2）电动机式自动车门锁。该锁由可逆式电动机、传动装置及锁体总成构成。其工作原理为：由电动机带动齿轮齿条副或螺杆螺母副进而驱动锁体总成，驱动车门的锁闭或开启。其传动装置如图 5—3—2 所示。

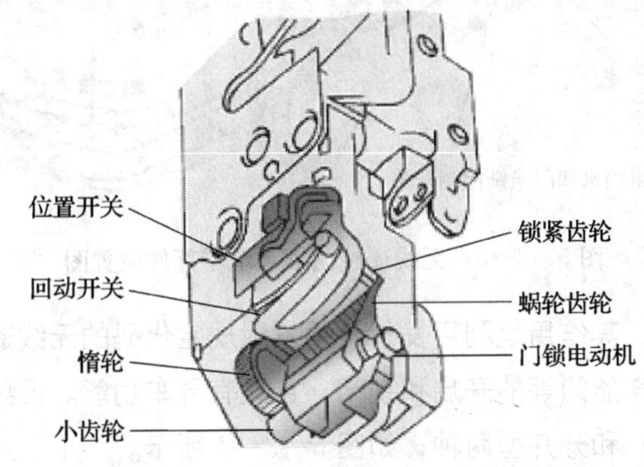

图 5—3—2　电动机式自动车门锁传动装置

（3）门锁控制器

门锁控制器是为门锁执行机构提供锁止/开启脉冲电流的控制装置。无论何种门锁执行机构都是通过改变执行机构通电电流方向控制连杆左右移动，实现门锁的锁止和开启。

门锁控制器的种类很多，按其控制原理大致可分为晶体管式、电容式和车带感应式 3 种门锁控制器。

1）晶体管式。晶体管式门锁控制器内部有两个继电器，一个负责锁门，另一个负责开门。继电器由晶体管开关电路控制，利用电容器的充放电过程控制一定的脉冲电流持续时间，使执行机构完成锁门和开门动作。

2）电容式。该门锁控制器利用电容器充放电特性，平时电容器充足电，工作时把它接入控制电路，使电容器放电，使继电器通电而短时吸合，电容器完全放电后，通过继电器的电流中断而使其触点断开，门锁系统不再动作。

3）车速感应式。装有一个车速为 10 km/h 的感应开关，当车速大于 10 km/h 时，若车门未上锁，驾驶员不需动手，门锁控制器自动将门上锁。

2. 汽车遥控车门的组成

遥控门锁系统的作用是不使用钥匙，利用遥控器在一定距离内完成车门的打开及锁止。遥控门锁系统不但能控制驾驶员侧车门，还可控制其他车门和行李舱门。遥控门锁系统由发射器、接收器、门锁遥控控制组件（ECU)、门锁控制组件以及执行器等组成。无线遥控门锁系统零部件位置如图 5—3—3 所示。

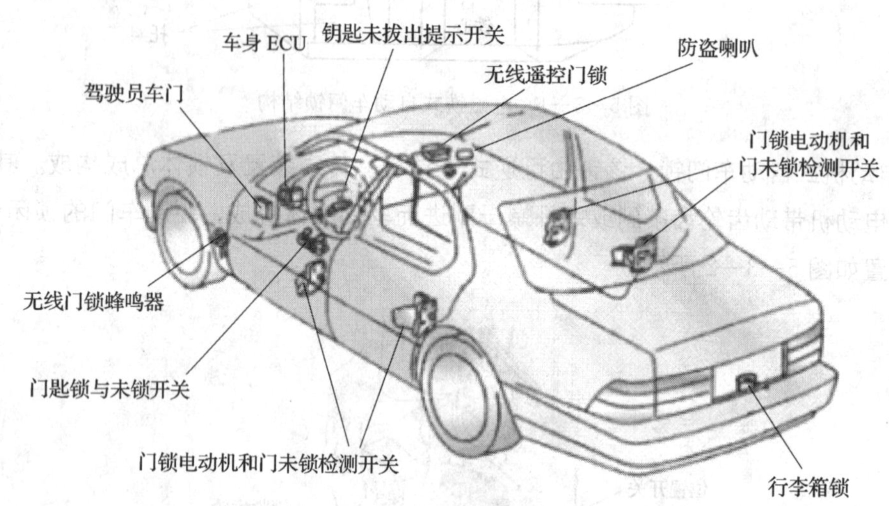

图 5—3—3 无线遥控门锁系统零部件位置图

发射器也称遥控器，其作用是利用发射开关发射规定代码的无线遥控信号，控制驾驶员侧车门、其他车门、行李舱门等的开启和锁闭，且具有寻车功能。发射器分为组合型（发射器与点火钥匙合二为一）和分开型两种，如图 5—3—4 所示。

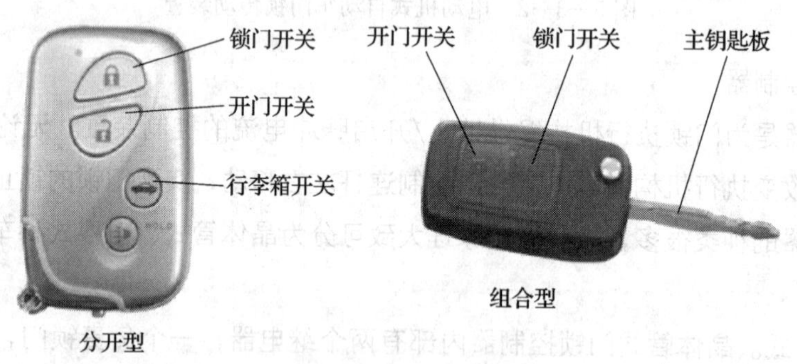

图 5—3—4 发射器的类型

四、汽车中控门锁的工作原理

1. 电控门锁工作原理

电控门锁的作用是通过电磁铁机构或电动机机构来打开及锁止车门锁。由门锁执行机构及联动机构、门锁控制开关、门锁控制继电器等主要部分组成。目前，高档车一般采用的是自动锁门式，它是在可以手动控制门锁开闭的基础上，还可以根据汽车车速自动锁死车门。

电控门锁原理：电路如图5—3—5所示，当门锁开关置于锁止（LOCK）位置时，门锁继电器线圈通电，触点闭合，门锁电磁铁中门锁线圈通电，电磁铁心杆缩回，操纵门锁锁止车门；当门锁开关置于开启（UNLOCK）位置时，开启继电器线圈通电，触点闭合，门锁电磁铁中开启线圈通电，电磁铁心杆伸出，操纵门锁开启。在安装自动门锁的汽车上，设有速度传感器和电子控制线路。当汽车车速达到设定数值时，电子控制电路使门锁继电器线圈通电，自动锁止车门。

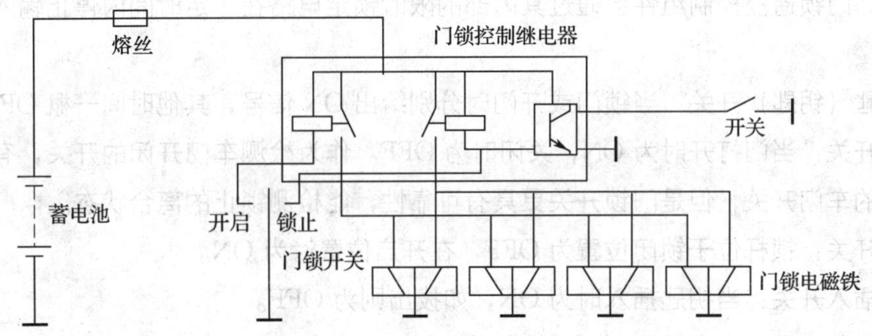

图5—3—5　电控门锁控制电路图

门锁电磁铁的检查：将电压为12 V的蓄电池接入门锁电磁铁的电路，当在LOCK与搭铁接线柱之间加上额定电压时，电磁铁心杆应缩回，当在UNLOCK与搭铁接线柱之间加额定电压时，电磁铁心杆应伸出。如果心杆不能相应伸出或缩回，表明电磁铁有损坏，应进行修理或更换。

2. 门锁操纵原理

在车门开启和闭锁的操纵机构中，通常采用动力车门锁定装置。门锁执行机构如图5—3—6所示。

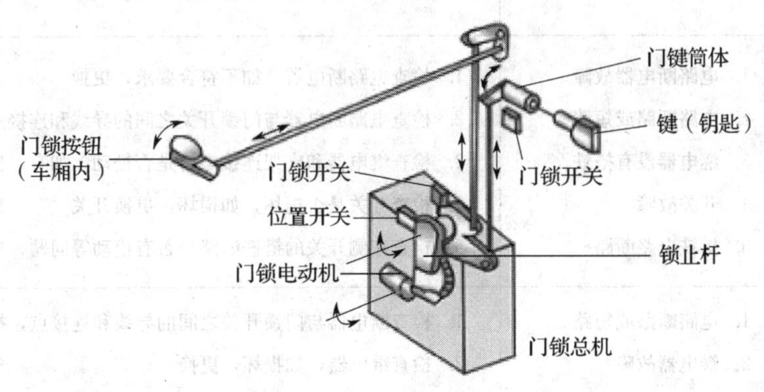

图5—3—6　门锁执行机构

在门锁总成中，由锁止杆控制转动，决定门锁开/闭状态。位置开关用于测定锁止杆是否进行门锁开/闭；门锁开关则是用于检测锁止机构是否进行门锁的开/闭。此外，锁止杆随着门锁电动机的通电作正向/逆向旋转；或把钥匙插入锁孔中，用于操作。也可按车厢内的按钮进行多种操作。当门锁开关用于操作钥匙，使它向开启/关闭方向转动时才能输出信号。

遥控车门系统工作原理：从发射器发出的红外线信号或电磁波信号，被接收并输送到门锁遥控控制组件中。门锁遥控组件对接收器接收到的信号进行比较、判别，若为正确代码，则通过其内部的输出电路将开门或锁门信号交替输入到自动车门锁控制组件中，通过门锁马达或电磁铁来完成车门的打开或锁止动作。若连续输入信号经过门锁遥控控制组件判别为不正确代码，门锁遥控控制组件会通过其内部的限时锁定电路在一定时间内停止输入。开关工况如下：

门钥匙（钥匙）开关：当锁门或开门时分别给出 ON 信号，其他时间一概 OFF。

门锁开关：当门打开时为 ON，关闭时为 OFF。作为检测车门开闭的开关，有直接检测车门开闭的车门开关，但是门锁开关更具有可靠性，能检测锁止的离合状态。

位置开关：锁杆位于锁闭位置为 OFF，在开启位置时为 ON。

钥匙插入开关：当钥匙插入时为 ON，如拔出则为 OFF。

门锁控制开关：在车厢内利用手操作的开关，与门钥匙开关具有相同的开关工况。

3. 中央控制门锁的故障诊断与排除

中央控制门锁的故障原因与排除方法见表 5—3—1。

表 5—3—1　　中央控制门锁的故障原因与排除方法

故障现象	可能原因	排除方法
一个门锁不工作	1. 门闩或连杆障碍 2. 电路断路或短路 3. 执行器故障	1. 将润滑油注入开启的门闩反复手动 10 次，检查弹簧锁及所有的连杆周围有无干涉 2. 检查执行器连接器，操纵开关各挡上的电压，按要求维修电路 3. 检查执行器，如不符合要求，更换
所有的门锁不工作	1. 电路断电器故障 2. 电路断路或短路 3. 继电器没有搭铁 4. 开关故障 5. 搭铁电路断路	1. 检查电路断电器，如不符合要求，更换 2. 检查电路断电器与门锁开关之间的导线和连接点，按要求维修 3. 检查继电器和支架连接螺钉是否松动，如有，按要求紧固 4. 检查开关是否损坏，如损坏，更换开关 5. 检查左侧开关的搭铁电路是否有松动等问题，按要求维修
门锁只以一种方式工作	1. 电路断路或短路 2. 继电器故障 3. 搭铁电路断路	1. 检查断电器与门锁开关之间的导线和连接点，按要求维修 2. 检查继电器，如损坏，更换 3. 检查左侧开关的搭铁电路是否有松动等问题，按要求维修
所有门锁只按一个开关工作	1. 电路断路或短路 2. 开关故障	1. 检查断电器与不工作开关之间的导线及连接器，如损坏则更换 2. 检查开关是否损坏，如损坏则更换

续表

故障现象	可能原因	排除方法
门锁 间歇性工作	1. 连接点松动 2. 继电器搭铁不良 3. 左手开关拱铁不良 4. 开关故障	1. 检查插接器，如有松动则按要求紧固 2. 检查继电器和支架连接螺钉，如有松动则按要求紧固 3. 检查左侧开关的搭铁线路，按要求维修 4. 检查开关是否损坏，如损坏则更换
门锁只在发动机 运转时工作	1. 蓄电池电压低 2. 连接点松动或被腐蚀	1. 检查蓄电池，如损坏则更换 2. 检查导线和连接点，按要求维修
在冰冻天气时 门锁不工作	1. 锁闩或连杆故障 2. 锁闩或连杆冻住	1. 将润滑油注入开启的门闩反复手动 10 次，检查弹簧锁及所有的连杆周围有无干涉 2. 把车开入保暖的车库，让门锁系统的冰雪融化后，再检查所有门锁是否工作

五、汽车防盗系统

随着科学技术的进步，为对付不断升级的盗车手段，人们研制出一代又一代的防盗器。不同时期的防盗器具有不同的结构及功能。

1. 汽车防盗器的分类

汽车防盗器按其结构可分三大类：机械式、电子式、网络式。

(1) 机械式防盗器

主要是靠锁定离合、制动、节气门或转向盘、变速杆来达到防盗的目的，它只防盗不报警。常见的结构形式有：转向盘锁和变速手柄锁。

(2) 电子式防盗器

电子防盗报警器主要是靠锁定点火或起动来达到防盗的目的，同时具有防盗和声音报警功能。

电子式防盗器是目前使用最广泛的类型，包括插片式、按键式和遥控式等。共有四种功能：服务功能、警惕提示功能、报警提示功能和防盗功能。

(3) 网络式防盗系统

该类汽车防盗系统分为卫星定位跟踪系统（简称 GPS）和利用车载台（对讲机）通过中央控制中心定位监控系统。GPS 卫星定位汽车防盗系统主要靠锁定点火或起动来达到防盗的目的，而同时还可通过 GPS 卫星定位系统（或其他网络系统），将报警信息和报警车辆所在位置无声地传送到报警中心。

2. 汽车防盗系统的组成

如图 5—3—7 所示为汽车电子防盗系统的组成，如图 5—3—8 所示为防盗装置在车辆上的布置图。

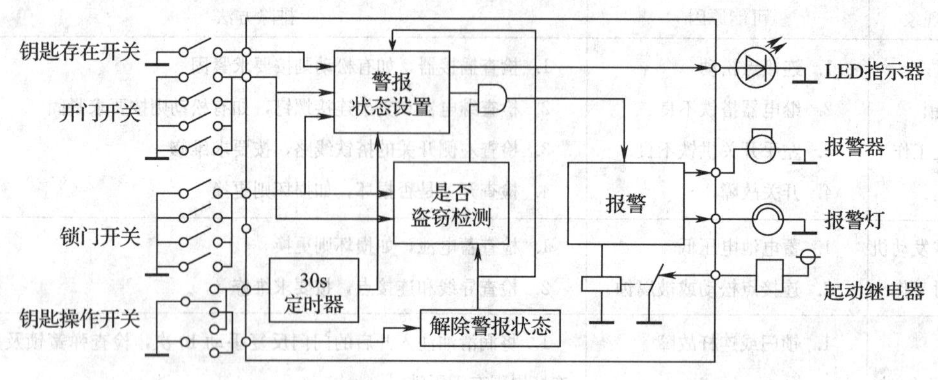

图 5—3—7 电子防盗系统的组成

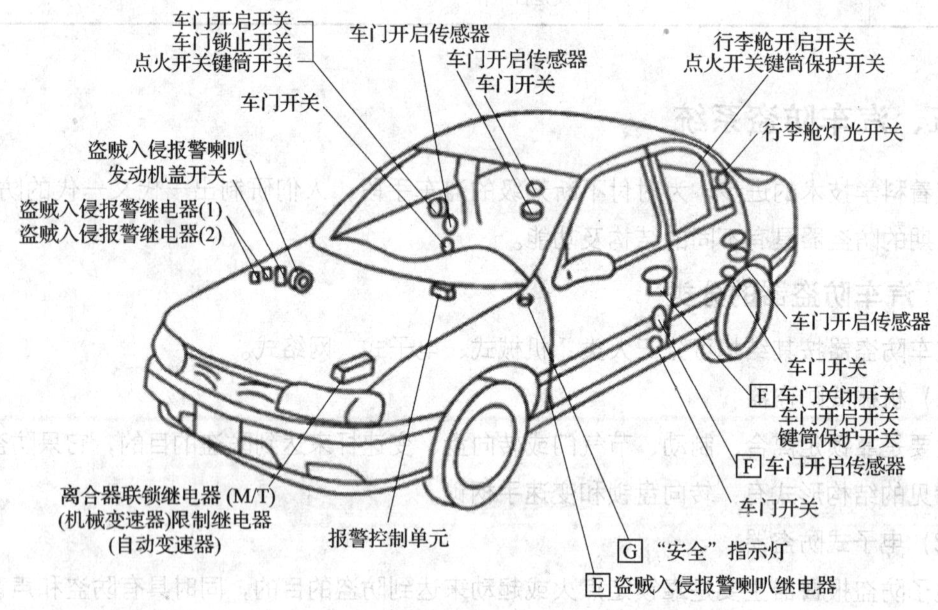

图 5—3—8 防盗装置在车辆上的布置图

当用钥匙锁好所有车门时，该系统处于约 30 s 检测时间报警状态。之后，系统中的指示器（通常为发光二极管 LED）开始断续闪光，表明系统处于报警状态。

当车主用其钥匙开启门锁时，这种报警状态或报警运转解除。警报一般以闪烁灯或发声报警形式发出。警报发生后持续时间约为 1 min，但起动电路直到车主用车钥匙打开汽车门锁之前始终处于断路状态。

六、汽车防盗系统技术原理

1. 点火控制型防盗器

这种防盗器主要采用控制点火装置的模块，对点火系统进行控制。工作原理如下：当点火钥匙插入点火开关时，发射器钥匙 ECU 指令发射器钥匙线圈提供电磁能量，点火钥匙发射器芯片内的电容器将该能量储存起来，发射器芯片利用这一电能发射 ID 码信号。套在点火钥匙胆内的线圈接收到由发射器芯片发射的 ID 码信号并放大送入发射器 ECU，发射器钥匙 ECU 立即判断这个 ID 码是否与其内存储的 ID 码一致。钥匙码的发射和接收过程如图 5—3—9 所示。

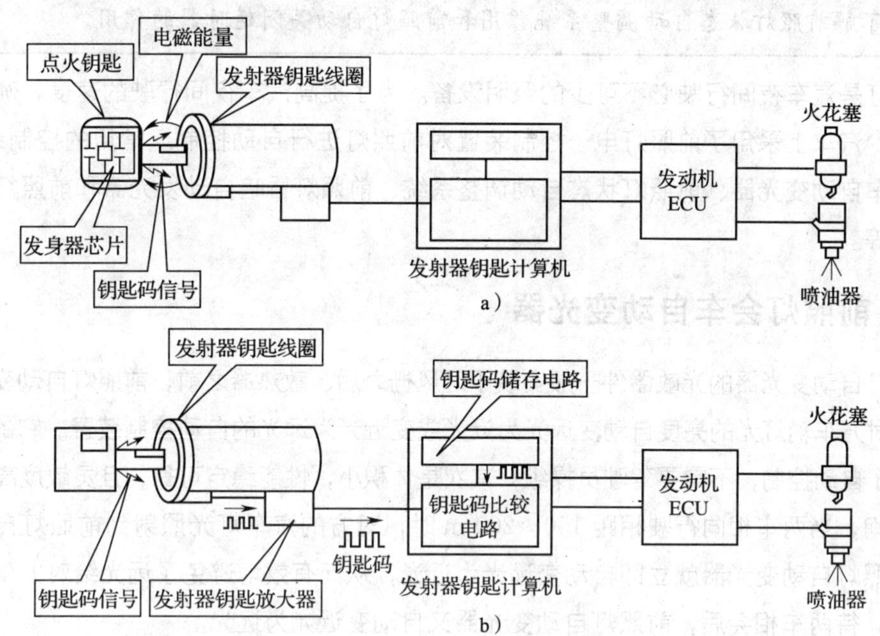

图 5—3—9 钥匙码的发射和接收过程

a）钥匙码的接收过程 b）钥匙码的接收过程

2. 其他防盗系统

(1) 瑞典 Volvo 汽车公司为 S80 型轿车开发出一套新型防盗系统，其中既有机械方式，也有电子方式，还有防砸功能。

(2) 利用电波控制的防盗系统。

七、汽车防盗系统功能的检测

检测防盗系统的功能是否有效，按以下五个步骤进行。

(1) 开启全部车窗。

(2) 按设定防盗系统，锁定前门时用点火钥匙，稍待至安全指示灯闪烁。

(3) 伸手从车内开启一道车门，防盗系统将激活警报信号。

(4) 用点火钥匙开启其中一道前门，解除防盗系统。

(5) 重复以上操作，检测其他车门和发动机罩。检测发动机罩的同时，也检测电池电桩头拆下又装上后系统的激活反应。

§5—4 汽车前照灯电子控制装置

学习目标:

1. 了解前照灯自动变光器作用和前照灯昏暗自动发光器的作用。
2. 了解前照灯状态自动调整系统作用和前照灯自动关闭延时器的作用。

前照灯是汽车夜间行驶必不可少的照明设备。为了提高汽车夜间行驶的速度，确保行车安全，不少汽车上采用了前照灯电子控制装置对前照灯进行自动控制。常用的控制装置有：前照灯会车自动变光器、前照灯状态自动调整系统、前照灯昏暗自动发光器和前照灯关闭自动延时器等。

一、前照灯会车自动变光器

前照灯自动变光器的光敏器件一般安装于通风栅之后、散热器之前，前照灯自动变光器是一种根据对方车辆灯光的亮度自动变远光为近光或变近光为远光的自动控制装置。它的优点首先是实现了自动控制，不需要驾驶员操纵；其次是体积小，性能稳定可靠，且灵敏度高。

在夜间，当两车相向行驶相距 150～200 m 时，对方的汽车灯光照射到前照灯自动变光器上，前照灯自动变光器就立即自动变远光为近光，从而有效地避免了远光给对方驾驶员带来的眩目，待两车相会后，前照灯自动变光器又自动变近光为远光。

如图 5—4—1 所示为具有电阻的自动变光器的电路图。它主要由电子电路（包括晶体管 VT1～VT6，二极管 VD 及电阻 R2～R15），光敏电阻 R 和继电器 K 组成。为了防止电子电路出现故障后影响夜间行驶，还保留了脚踏变光开关。

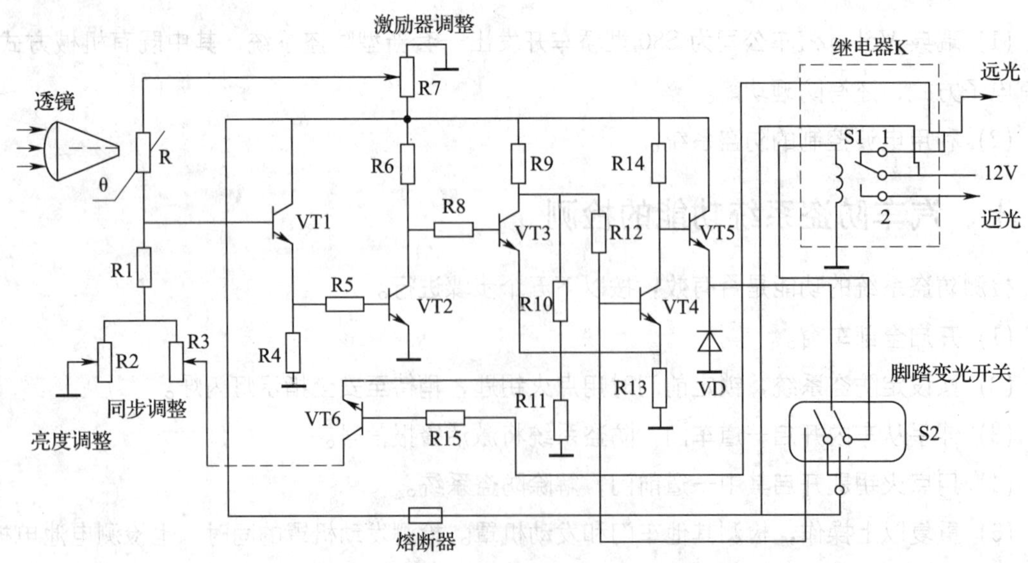

图 5—4—1 具有电阻的自动变光器电路

前照灯会车自动变光器的工作过程：在对方没有驶来车辆时，由于继电器 K 的线圈内没有电流通过，触点 S1 和远光灯的接线柱接触，因此远光灯亮。

当会车相距 150～200 m 时，其灯光照射在光敏电阻 R 上，因而使其电阻值突然减小，于是晶体三极管 VT1 获得较大的正向偏压而导通，VT2 也获得正向偏压导通，VT3 的基极电流被短路，VT3 截止使 VT4 的基极电压升高，VT4 导通，接通了 VT5 的基极电路，产生基极电流，VT5 导通使继电器 K 的线圈内有电流通过，产生较大的电磁力使触点和远光灯接线柱 1 断开，而和近光灯的接线柱 2 接通，因而使灯光由远光变为近光。

在两车会车后，作用到变光器光敏电阻上的强光信号消失，其电阻值迅速增大，使晶体管三极管 VT1 的正向偏压迅速降低，因而 VT1 截止，VT2 的基极电流被断路，VT2 也截止，VT3 的基极电压升高，产生基极电流，VT3 导通，使 VT4 的基极电流被短路，VT4 截止，结果切断了 VT5 的基极电流，VT5 截止，切断继电器 K 线圈中的电流，触点 S1 和近光接线柱 2 断开，又和远光接线柱 1 接触，因而使灯光由近光变为远光。

在近光状态时，由于 VT6 的基极电压为零，因而 VT6 处于截止，并联电阻 R3 被断路，因而使支路的电阻增大，灵敏度改变，使电路的转换出现滞后现象，这样可以有效地防止杂散光的干扰。

如果电子控制部分出现故障或损坏，可用脚踏变光开关变光。当踏下变光开关 S2 时，S2 就由 1 位置变至 0 位置，使继电器 K 的线圈获得电流，产生电磁力，使触点 S1 与接线柱 1 断开，与 2 接触，使前照灯由远光变为近光。松开脚踏变光开关时，S2 由 0 位回到 1 位，切断继电器线圈中电流，触点 S1 又和接线柱 1 接触，变近光为远光。

二、前照灯状态自动调整系统

前照灯的照明范围随汽车的负荷变化而变化，当汽车的负荷较大时，前照灯距地面变近，使照明范围变小；反之，虽然照明范围增大，但会造成对面来车驾驶员的眩目，这样都会造成安全事故。为了克服负荷对照明的影响，有些高级的车上装设有前照灯状态自动调整系统。根据汽车负荷的不同自动调整前照灯前倾的角度，使照明范围保持不变。

如图 5—4—2 所示为博士公司生产的前照灯自动调整系统的工作原理图。

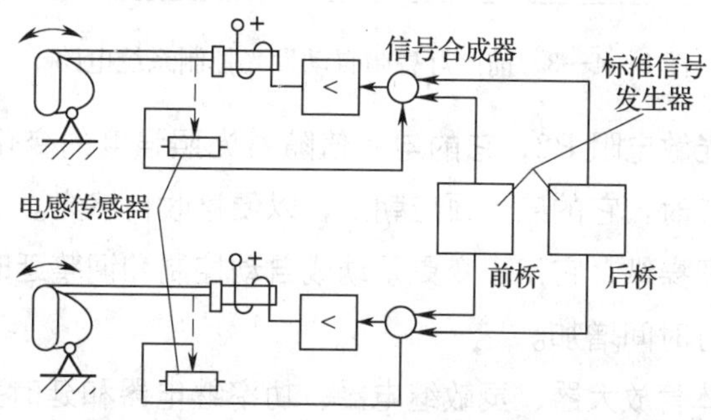

图 5—4—2 前照灯自动调整系统的工作原理

电感传感器接收前、后桥与车身的相对位移，并把这一位移转变成表征车身实际高度的电信号，这一信号被送到信号合成器，与标准信号发生器送来的标准信号进行比较，得到差值信号，经放大器放大后，输送给双金属片执行机构，双金属片随失调信号的变化，得到不同的热量，产生相应的变形，作用于转动杠杆，使前照灯围绕支点转动到适当的位置。

三、前照灯昏暗自动发光器

这种昏暗自动发光器的作用是在汽车行驶过程中（并非夜间行驶），当汽车前方自然光的强度减低到一定程度，如汽车通过高架桥、林荫小道、树林、竹林，或天空突然乌云密布等，发光器便自动将前照灯电路接通，开灯行驶以确保行车安全。

该装置早已作为美国通用和克莱斯勒汽车公司的轿车选装件，一般安装在汽车仪表板上，这种轿车的灯光控制开关设有自动挡位。

如图 5—4—3 所示为前照灯昏暗自动发光控制系统电路，它主要由光电传感器和控制元件及晶体管放大器组件组成。

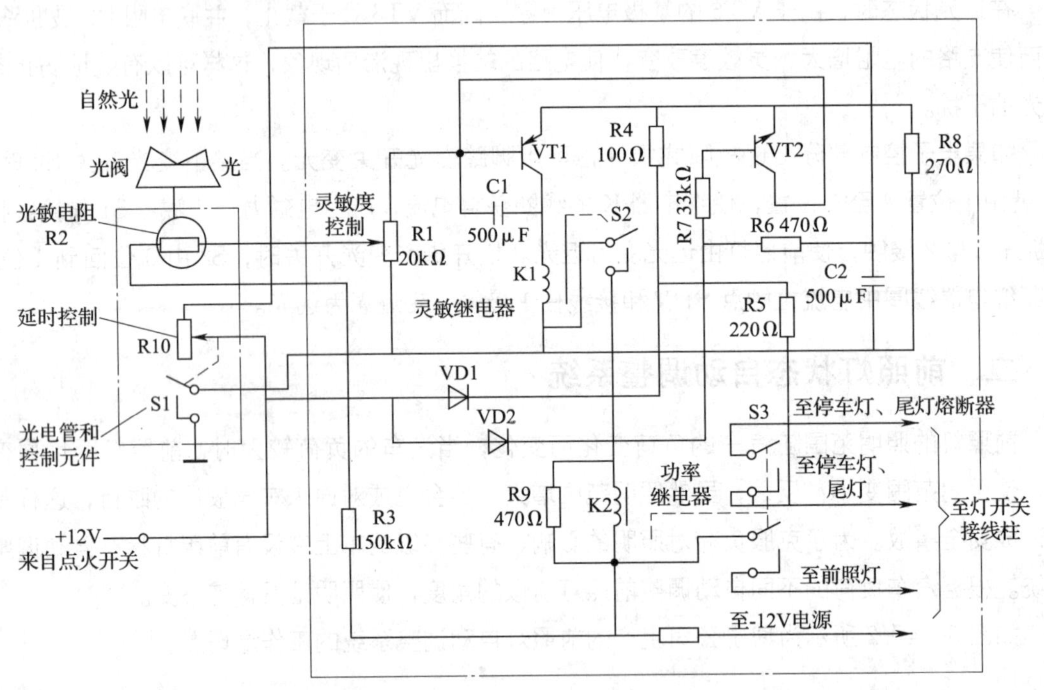

图 5—4—3 前照灯昏暗自动发光控制系统电路

光电传感器是一个光敏电阻 R2，它的电阻值随着光照强度的变化而变化。光的强度越大其电阻值越小。在安装时，它的感光面应朝上，以便接收自然光。

控制元件由控制旋钮操纵，它用于变更手动或自动控制和调整延时关灯的时间。顺时针转动旋钮，可使延时关灯时间增加。

放大器组件包括晶体管放大器、灵敏继电器、功率继电器和延时关灯控制晶体管 VT2。它的作用是根据光传感器传来的光信号，控制前照灯的通断。

昏暗自动发光控制系统的工作过程：在使用自动控制时，先将延时关灯控制放至接通位置（即 S1 接通），再接通点火开关和关掉前照灯开关。此时，昏暗自动发光控制系统即可进行工作。

汽车在行驶中，当自然光的强度降低时，光敏电阻 R2 的阻值增加，使 VT1 基极上的电位降低，当下降到一定程度时，VT1 导通，接通灵敏继电器 K1 线圈的电路，电流由蓄电池正极—VD1—R4—VT1 的发射极和集电极—K1—S1 接地回到蓄电池负极。K1 线圈产生电磁力使触点 S2 闭合，接通了功率继电器 K2 线圈的电路，电流由蓄电池正极—K2—S2—S1—接地，K2 线圈产生电磁力，S3 被吸合，接通至前照灯的电路，前照灯被点亮。

当自然光增强时，光敏电阻 R2 的阻值减小，VT2 的基极电位升高，升高到一定程度，VT1 截止，切断灵敏继电器 K1 线圈的电路，S2 断开，切断前照灯电路，前照灯熄灭。

电路的延时作用是通过电容 C2 和三极管 VT2 来完成的。当点火开关断开时，由于 C2 两端的电压不能马上消失，所以使 VT2 和 VT1 仍然保持导通，S2 和 S3 也处于接通位置，前照灯常亮，直到 C2 上的电压减小到使 VT2 截止为止，VT1 也就截止，灵敏继电器 K1 线圈断电，S2 断开，从而切断功率继电器 K2 线圈的电路，S3 断开，前照灯才熄灭。延时时间的长短由电位器 R10 进行调节。

如果驾驶员希望手动操纵，先要将关灯延时控制放到断开位置（即顺时针将旋钮转到止点），这样前照灯就可使用常规的灯开关控制方法。

四、前照灯关闭自动延时器

前照灯关闭自动延时器是一种自动关闭前照灯的控制装置，当汽车停驶时，为驾驶员下车离去提供一段照明时间，以免驾驶员摸黑走出车库时发生事故。

如图 5—4—4 所示的前照灯关闭自动延时装置的电路图，其延迟关闭时间约为 50 s。

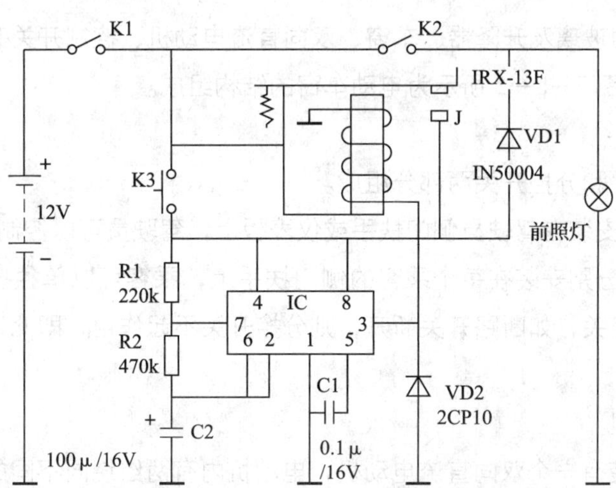

图 5—4—4　前照灯关闭自动延时装置的电路图

当汽车停下后，按下延时按钮K3，蓄电池通过K1、K3、R1和R2向电容器C2充电，然后松开K3，断开K2，C2电压便作用到IC的输入端6和2上，由于作用到6和2上为高电平，所以输出端3输出高电平，使继电器磁化线圈中有电流通过，产生吸力使触点闭合，蓄电池经触点和VD1向前照灯供电，所以前照灯继续亮，直到电容器C2放完电，继电器的磁化线圈断电触点断开，切断前照灯电路，前照灯才熄灭。

在有些汽车上还装有DRL系统，可以自动减弱前照灯在白天使用时的发光强度，以延长灯泡的使用寿命，降低电能的消耗。另外有些汽车的后备箱里装有灯光损坏传感器，可以在大灯、尾灯或制动灯等灯泡损坏时，发出警报，提醒驾驶员。

§5—5 电动车窗和电动后视镜控制系统

学习目标：

1. 了解电动车窗的作用、组成及工作原理。
2. 了解电动后视镜的作用、组成及工作原理。

一、电动车窗的作用、组成和特点

所谓电动车窗，就是用伺服电机驱动玻璃的升降，它取代了传统的转动摇柄升降玻璃。使得玻璃的升降轻便化、舒适化、自动化。

1. 电动车窗的优点

电动车窗可使驾驶员操作方便，更加集中精力驾车，有利于行车安全。电动车窗各部件在车上的布置如图5—5—1所示。

2. 电动车窗的组成

电动车窗一般由玻璃及升降器、车窗、双向直流电动机、控制开关等组成（电路中有熔断器和继电器）。如图5—5—2所示为电动车窗的结构组成。

(1) 控制开关

一般由主控开关和分控开关两部分组成。

1) 主控开关：安装在驾驶员侧门扶手或仪表板上，驾驶员可以控制每个车窗的升降。

2) 分控开关：分别安装在每个乘客的侧门扶手上，乘客可以单独控制。但同时，因主控开关上装有断路开关，如断路开关断开，则分控开关不起作用，即此时乘客无法控制门窗的开关。

(2) 车窗电动机

每一个车窗都装有一个双向直流电动机，电动机内有两组绕向不同的磁场线圈，通过开关的控制可做正转和反转，就可以控制门窗玻璃的上升或下降。

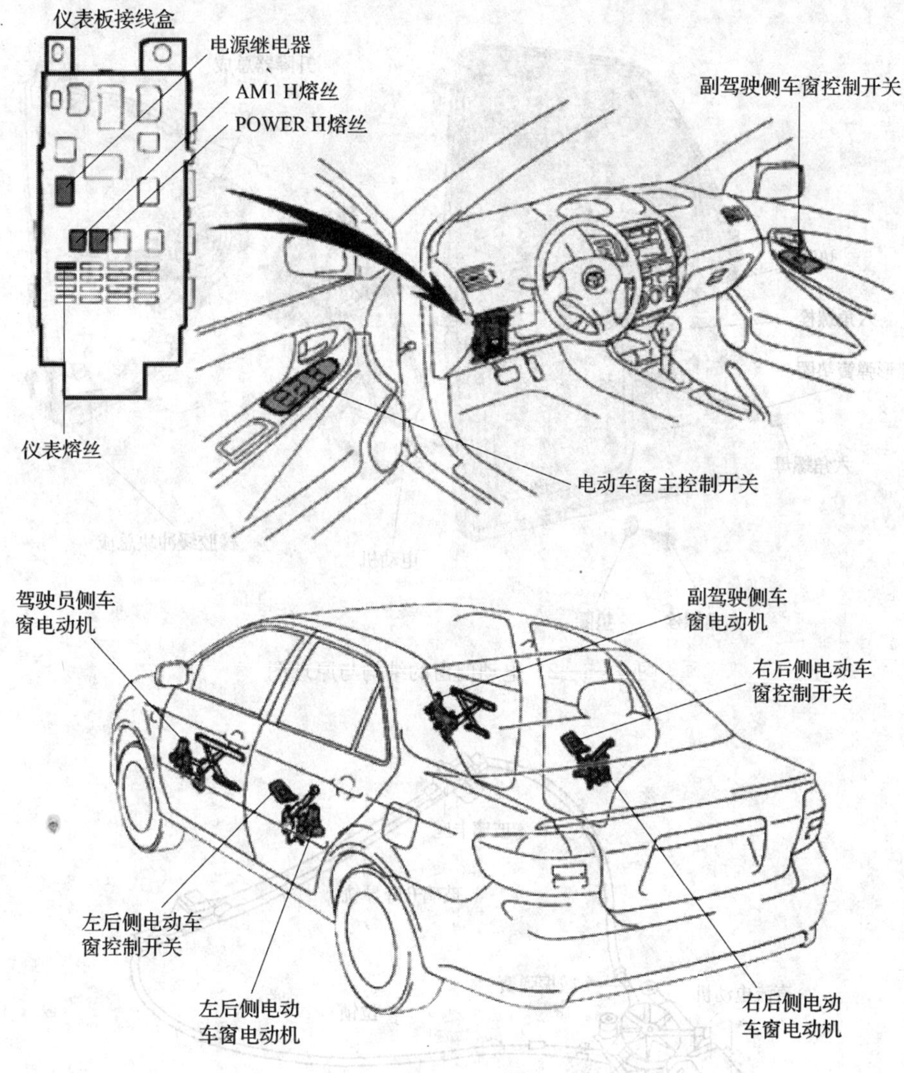

图 5—5—1 电动车窗各部件在车上的布置

车窗电动机的类型有永磁式双向直流电动机和双绕组串励式双向直流电动机。

(3) 车窗玻璃升降器

车窗玻璃升降器的作用是减速增扭，实现运动形式的转换、传递动力。

类型：车窗升降器主要有钢丝滚筒式升降器、齿扇式升降器及齿条式升降器等。钢丝滚筒式升降器因导绳的材料或制作工艺方式不同，又分为绳轮式、软轴式和塑料带式三种电动玻璃升降器。前两种是用钢丝绳作为导绳，后一种是用塑料带作为导绳。钢丝滚筒式升降器、齿扇式升降器及齿条式升降器分别如图 5—5—3、图 5—5—4 和图 5—5—5 所示。

(4) 熔断器

安装在电路或电动机内，是一个热敏熔断器。用以控制电流，防止过载。当车窗完全关闭或者由于结冰等原因，使玻璃不能再自动升降时，即使控制开关没有断开，热敏开关也会因为通电时间过长而自动断路。

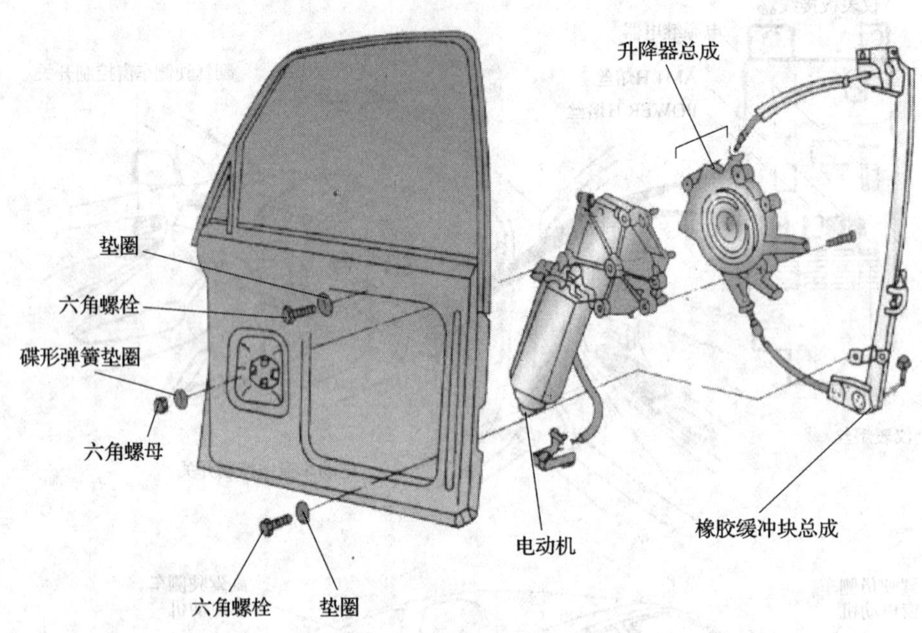

图 5—5—2　电动门窗的结构与原理图

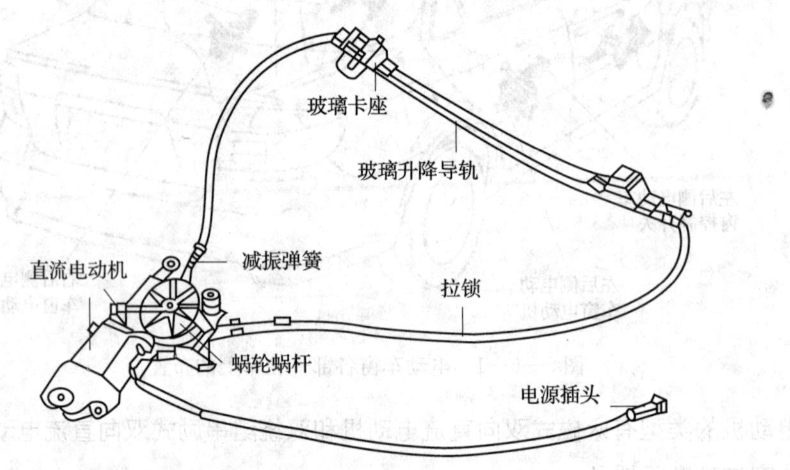

图 5—5—3　钢丝滚筒式升降器结构组成（绳轮式）

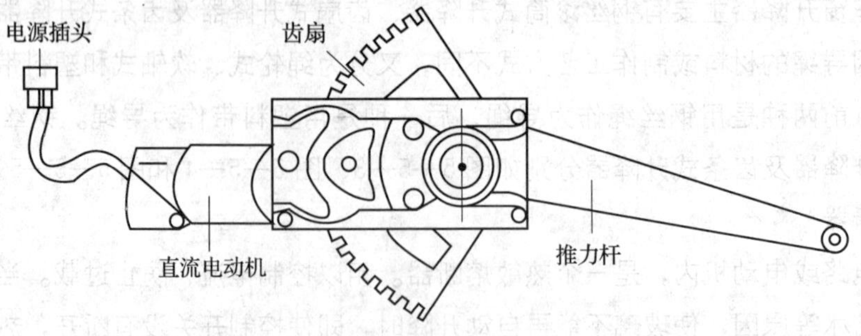

图 5—5—4　齿扇式升降器结构组成

(5) 延迟开关

在点火开关断开以后约 10 min，或车门打开之前，仍有电流供应，使驾驶员和乘客能有时间关闭车窗和操纵其他辅助设备。

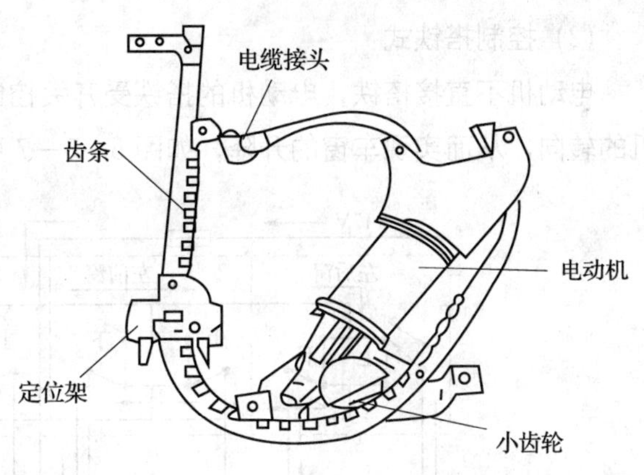

图 5—5—5　齿条式升降器结构组成

3. 电动车窗的工作原理

(1) 永磁式电动车窗工作原理

通过控制开关改变直流电动机的电流方向来改变电动机的运转方向，从而使车窗玻璃上升或下降。

(2) 双绕组串励式电动车窗工作原理

通过控制开关控制直流电动机内两个绕向相反的磁场绕组的电流而产生相反方向的磁场，使电动机的运转方向改变，使车窗玻璃上升或下降。

4. 电动机的控制原理

不同车型所采用的电动车窗的电动机及其控制电路各不相同。电动机可分成直接搭铁式和控制搭铁式两种。

(1) 直接搭铁式

电动机的一端直接搭铁，电动机内部有两组磁场线圈。通过接通不同的线圈，使电动机的转向不同，实现车窗的上升和下降动作，如图 5—5—6 所示。

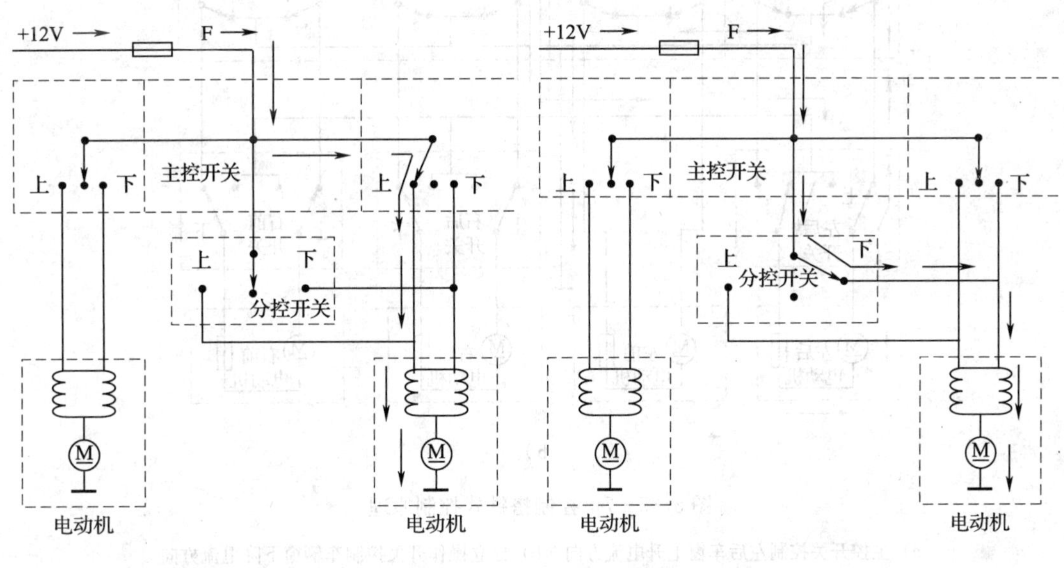

图 5—5—6　直接搭铁式控制原理

a）驾驶员主控开关控制车窗上升电流方向　b）独立操作开关控制车辆窗下降电流方向

(2) 控制搭铁式

电动机不直接搭铁，电动机的搭铁受开关控制，通过改变电动机的电流方向来改变电动机的转向，从而实现车窗的升降，如图 5—5—7 所示。

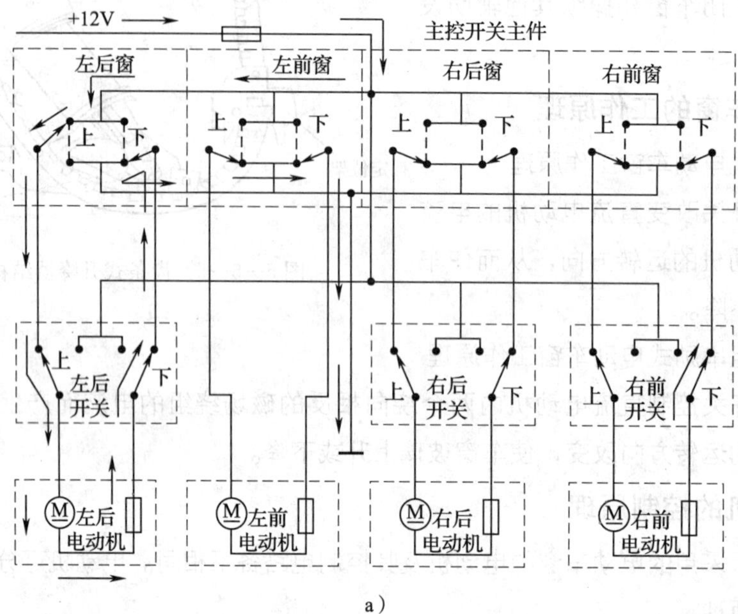

a)

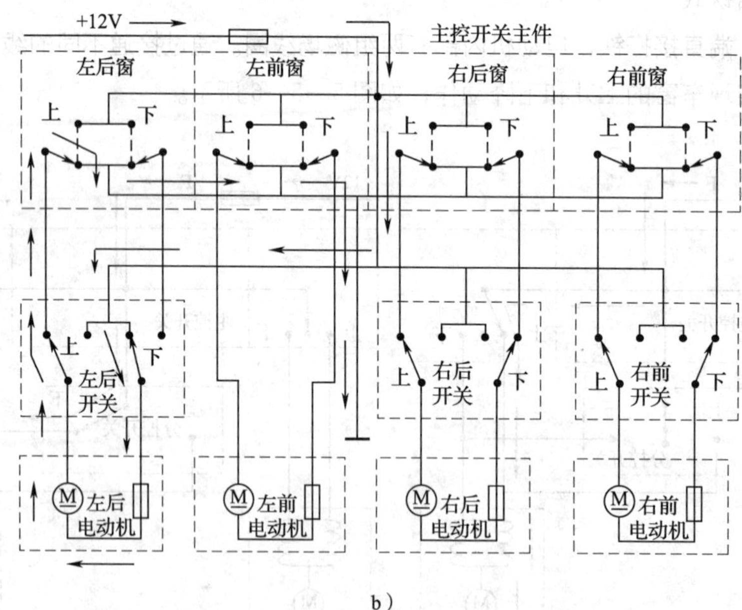

b)

图 5—5—7 控制搭铁式控制原理

a) 主控开关控制左后车窗上升电流方向 b) 独立操作开关控制车辆窗下降电流方向

5. 电动车窗的功能

电动车窗的功能有自动升降、车外控制车窗、赠送电能等功能。

(1) 自动升降功能

自动下降功能在配有电动车窗的汽车上很常见。轻按并松开下降开关，车窗会一直下降。该功能使用的电路可监控按下开关的时间。如果按下开关的时间不足半秒钟，则车窗将会一直下降，直至碰到限制开关。

如果按下开关的时间超过半秒钟，则车窗将会在松开按钮时停止下降。自动上升车窗不太常见。自动上升车窗的问题在于：如果有任何东西挡住了车窗的运动（例如儿童），则车窗必须停止，否则会伤到儿童。汽车制造商控制车窗作用力的一种方法是：设计一种可监控电动机速度的电路。如果速度减慢，则电路会将电能反转到电动机，这样车窗就会下降。

(2) 车外控制车窗功能

指将车钥匙插入驾驶员车门，转动并握住车钥匙，即可降下车窗。这一功能由驾驶员侧车门模块控制，该模块可监控车门锁开关。如果转动车钥匙的时间超过设定的时间，则驾驶员侧车门模块会降下车窗。

(3) 赠送电能功能

某些汽车在熄火后会继续为车窗电路提供电能，如果忘记摇上车窗，拥有此功能就无须将车钥匙插回点火开关。电动车窗电路将在电线上安装可提供电能的继电器。在某些汽车上，车身控制器会使继电器保持关闭的时间延长一分钟左右。而在其他汽车上，除非打开车门，否则继电器会保持关闭状态。

二、电动后视镜的作用和组成

汽车后视镜俗称倒车镜，是汽车必备的安全装置之一。为了驾驶员操作方便，防止行车安全事故的发生，保证行车安全，各国均规定了汽车上必须安装后视镜。且所有后视镜均能调整方向，由于后视镜的位置关系到驾驶员是否能观察到车后的情况，而驾驶员调整它的位置又不方便，尤其前排乘客车门一侧的后视镜，因而现代汽车的后视镜都是电动的。

1. 电动后视镜的类型

现代汽车的电动后视镜分类方式主要有以下四种：

(1) 按安装位置分类

按安装位置分类，后视镜可分为内后视镜、外后视镜和下视镜 3 种。

内后视镜安装在汽车驾驶室内部，供驾驶员观察和注视车内后部乘员或物品的情况。现在多数轿车采用电动外后视镜，其安装在车门或者前立柱附近，而对于内后视镜仍采用传统的方式。下视镜用于驾驶员观察车前或车后地面情况，安装在车身外部的车前或车后部位。

(2) 按镜面形状分类

按后视镜的镜面形状分类，后视镜可分为平面镜、球面镜以及曲率镜 3 种。另外，还有一种棱形镜，其镜表面平坦，截面为棱形，通常用作防眩目的内后视镜。

(3) 按反射膜材料分类

按制镜时涂用的反射膜材料分类，可分为铝镜、铬镜、银镜以及蓝镜 4 种。

(4) 按调节方式分类

按后视镜的调节方式分类，可以分为车外调节和车内调节两种，两者在结构上有较大的差别。

1) 车外调节式。车外调节式是在车停止状态下，通过用手直接调节镜框或镜面位置的方式来完成的调节。一般的大型汽车、载货汽车和低档客车都采用这种方式。

2) 车内调节式。车内调节式是指驾驶员在行驶中调节后视镜。中、高档轿车大都采用车内调节方式。该方式又分为手动调节式（钢丝索传动调节或手柄调节）和电动调节式两种。电动调节式后视镜是目前中、高档轿车普遍采用的标准装备。

2. 电动后视镜的功能

目前，中、高档汽车上使用较多的是电动后视镜，其功能主要有以下几个方面:

(1) 后视镜的记忆存储功能

每个驾驶员可根据个人身高与驾驶习惯的不同以及座椅及转向盘的最佳舒适性，来调节后视镜的最佳视角，然后进行记忆存储。

当其他人驾驶汽车后，或被他人调整已记忆的视角后，由于存储的信息存在，驾驶员都可以非常轻松地开启记忆存储功能，使所有内在设施恢复至最佳设定状态。

(2) 后视镜的加热除霜功能

有的后视镜增设了加热除霜功能，如采用了电加热除霜镜片，驾驶员可以开启加热除霜功能，清洁镜面的积雾、冬天积霜和雨水等。

(3) 后视镜的自动折叠功能

该功能可防擦伤及缩小停车泊位空间，保证在后视安全性上把损害程度降低到最小限度。有的后视镜设计成为电动折叠方式，驾驶员在车内就可方便地调节。

(4) 带刮水器、洗涤器的后视镜

有些后视镜增设了刮水器和洗涤器，用于刮去外后视镜上的雨、雪、泥浆及灰尘等，可以在各种情况下清晰地观察到汽车外部情况。

(5) 有测距和测速功能的后视镜

为提高视认性而安装的测距和测速用后视镜。驾驶员可通过这种特殊的后视镜，看清后面跟随而来的车辆的距离，并估计出其行驶的速度，保证汽车安全行驶。

3. 电动后视镜的组成

电动后视镜主要由镜片、驱动电动机、传动机构和控制开关等组成。

在每个后视镜的背后都装有两套可逆电动机和控制器，可操纵其上下及左右运动。通常垂直方向的倾斜运动由一个电动机控制，水平方向的倾斜运动由另一个电动机控制。电动机为永磁的。通过改变电动机的电流方向，即可完成后视镜的位置调节。其控制开关由旋转开关和摇动开关组成。

如图 5—5—8 所示为后视镜的结构和典型控制开关，它主要以枢轴为中心，由使后视镜能上下、左右方向灵活变换位置的两个独立的微型电动机、永久磁铁和霍尔集成电路等构成。

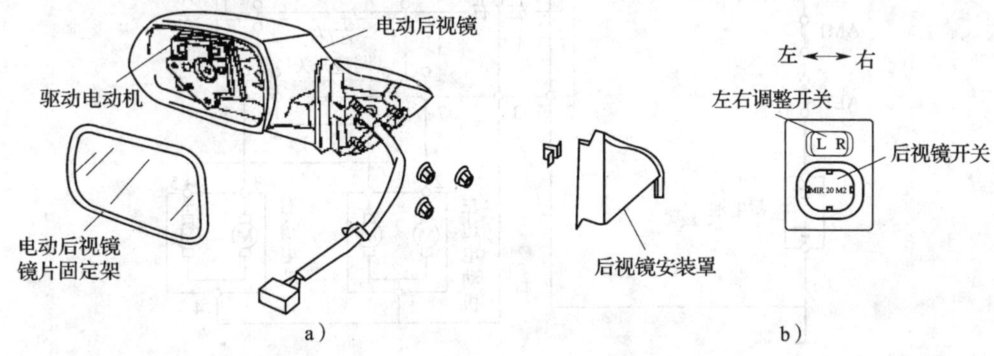

图 5—5—8　电动后视镜的结构与典型控制开关

有的汽车的电动后视镜还带有可伸缩功能，由后视镜伸缩开关控制电动机工作，驱动伸缩传动装置带动后视镜收回和伸出。

有的汽车的后视镜控制电路具有存储功能，它由驱动位置存储器、回复开关和位置传感器等组成。上述操作功能的数据可自动存储在存储器中，如果需要，可直接将存储器中存储的数据调出使用。

4. 电动后视镜的控制电路及工作原理

如图 5—5—9 所示为电动后视镜工作原理基本原理图。当控制开关向下扳时，触头 B 与触头 D、C 及 E 分别相通，电流经电源→触头 E→触头 C→电动机→触头 B→触头 D→接地，电动机转动使后视镜作垂直方向运动；当开关向上扳时，触头 B 与 E，C 与 D 分别接触，电流经电源→触头 E→触头 B→电动机→触头 C→触头 D→接地，由于流过电动机的电流发生改变，因此电动机反方向转动，后视镜作水平方向运动。

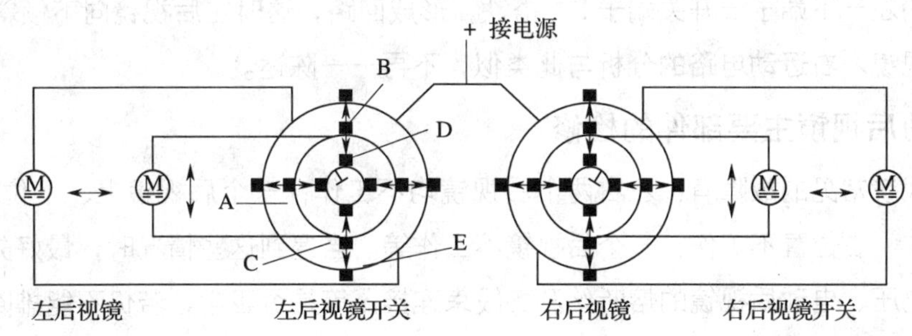

图 5—5—9　电动后视镜工作原理基本原理图

电动后视镜根据功能有不同的控制电路。下面以丰田轿车皇冠非伸缩式电动后视镜的控制电路为例说明工作原理，如图 5—5—10 所示。

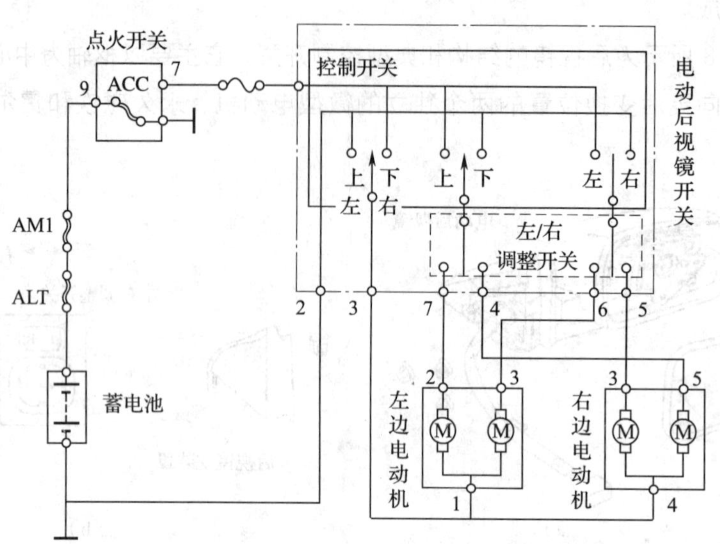

图 5—5—10　丰田皇冠非伸缩式电动后视镜控制电路

电路分析：左/右调整开关负责接通左或右车外后视镜，当上/下或左/右开关均随之动作，以使控制电路形成回路，从而接通不同的电动机，使后视镜作不同角度的调整。在这里只讨论一侧后视镜中一个电动机的工作情况。

当要调节左侧后视镜垂直方向的倾斜程度不同时，按下按键。

(1) 上的过程

点画线框上/下开关中的箭头开关均和上接通，此时电流的方向为：电源—点火开关 ACC 接通—开关端子 1—上端子—调整开关中的左—开关端子 7—左电动后视镜连接端子 2—上/下电动机—端子 1—开关端子 3—上左端子—开关端子 2—搭铁，形成回路。

(2) 下的过程

点画线框上/下开关中的箭头开关均和下接通，电源—点火开关 ACC 接通—开关端子 1—下右端子—开关端子 3—左电动后视镜连接端子 1—上/下电动机—端子 2—开关端子 7—调整开关中的左—下端子—开关端子 2—搭铁，形成回路，这时左后视镜向下倾斜。

电动后视镜左右运动电路的分析与此类似，不再一一陈述。

5. 电动后视镜主要部件的检修

电动后视镜常见的故障有：左右两个后视镜均不工作；一个后视镜上、下位置不工作；一个后视镜左、右位置不工作；一个后视镜不工作等。当遇到这些情况时，最好先检查门控灯、蓄电池电压、电动后视镜的熔断丝及各线束连接器等是否正常，若仍不能排除故障，则应该检查电动后视镜开关、执行器和电动机。

(1) 检查电动后视镜开关

拆下电动后视镜，用欧姆表检查后视镜开关各端子的导通情况，应符合要求。如果开关出了故障，应该及时进行更换。

(2) 检查电动后视镜执行器

拆下车门内板，断开电动后视镜插接器，用跨接线连接指定端子，观察后视镜是否正常活动。如后视镜工作状况与该车的电动后视镜检测表不符，应更换后视镜组件。

(3) 检查电动后视镜电动机

直接给电动机的两端子通电（12 V 蓄电池电压），若电动机不运转，说明电动机损坏，则应更换电动机。